Understanding Global Trade

제2판

글로벌 무역의 이해

4차 산업혁명 시대를 위한 무역학원론

문희철 · 오근엽 · 조혁수 · 김종혁

法 文 社

머리말

우리나라는 경제의 대외 의존도가 세계적으로 매우 높은 국가로, 외부 환경 변화에 민감하게 반응할 수밖에 없는 구조적 특성을 지니고 있습니다. 과거 여러 차례의 글로벌 경제위기를 거치며 타국보다 더욱 심각한 충격을 경험해 왔다는 점은, 이러한 경제구조의 취약성을 명확히 보여줍니다.

게다가 트럼프 2기 행정부 출범과 함께 미국의 보호무역주의적 기조가 다시 강화되며, 글로벌 교역질서에 중대한 영향을 미치고 있습니다. 동시에 중동 지역의 무력 분쟁 격화와 러시아와 주변국 사이의 긴장 고조는 글로벌 공급망을 불안정하게 만들고 있으며, 이는 에너지 가격의 급변, 무역 경로의 재편, 물류비용 상승 등으로 이어지고 있습니다. 특히, 중국이 미국과 함께 세계무역의 중심축으로 부상하면서 양국 간 경제·정치적 갈등은 기존의 무역질서에 구조적인 전환을 촉발하고 있습니다. 이러한 지정학적 리스크의 확대는 공급망의 블록화, 전략 자원의 무기화, 기술패권 경쟁 등의 양상으로 나타나고 있으며, 이는 글로벌 무역의 안정성을 위협하는 주요 변수로 작용하고 있습니다.

이처럼 외부 변수에 민감한 경제구조에서 무역은 우리나라 경제성장의 핵심기반으로 기능해왔습니다. 따라서 안정적인 통상·거시정책의 운용과 더불어, 개별 기업 차원에서는 효과적인 해외시장 진출전략의 수립과 실행이 절실히 요구됩니다. 이를 가능케 하기 위해서는 글로벌 무역 환경과 실무에 대한 종합적이고 체계적인 이해가 전제되어야 합니다.

우리나라는 경제 규모에 비해 내수시장 규모가 작아 국제무역에 크게 의존할 수밖에 없습니다. 따라서 복합적으로 얽혀 있는 글로벌 정세와 무역환경에 대한 정확한 인식과 기민한 대응은, 국가와 기업 모두에게 있어 생존과 직결되는 과제가 되고 있습니다. 시대의 흐름을 면밀히 파악하고, 변화의 방향을 예측하며, 그에 상응하는 국가정책과 기업전략을 수립하는 것이 무엇보다 중요합니다.

이러한 시대적 요구를 반영하여, 본서는 글로벌 무역을 처음 접하는 독자들이 균형 잡힌 시각에서 무역이론과 실무를 쉽게 이해할 수 있도록 구성한 입문서입니다. 기존에도 많은 무역학 입문서가 출간되어 있지만, 본서는 최근의 국제정세와 무역환경 변화를 충실히 반영하면서도, 대학교 한 학기 강의에 적합하도록 4부 14장으로 체계적으로 구성하였습니다.

제1부는 '무역의 이론과 정책'이라는 주제로, 무역의 기본원리를 소개합니다. 국가 간 무역의 필요성과 그로 인한 경제적 파급효과를 설명하고, 실제로 시행되고 있는 통상정책 및 주요국의 무역 흐름을 분석합니다.

제2부는 '국제금융'을 주제로, 외환시장과 국제금융시장의 구조, 환율 결정 메커니즘, 그리고 관련된 거시·금융 정책에 대해 다룹니다.

제3부는 '무역관리의 이해'를 주제로, 무역관리 제도와 수출입절차, 4차 산업혁명과 디지털무역의 발전, 해외시장 진출전략 및 시장조사 등의 내용을 포함합니다.

제4부는 '무역거래의 이해'를 주제로, 무역계약의 흐름에 따라 실무 과정 전반을 설명합니다. INCOTERMS, 운송, 보험, 무역 대금 결제, 클레임, 상사중재까지 무역실무의 핵심을 명쾌하게 설명함으로써 독자의 실무적 이해를 돕습니다.

본서를 집필하는 과정에서 저자들은 SNS, YouTube 등 다양한 매체를 통해 정제되지 않은 방대한 정보에 노출된 대학생 독자들이, 국제무역과 관련한 핵심 개념과 실무 지식을 균형 있게 습득할 수 있도록 하는 데 초점을 맞추었습니다. 디지털 시대의 정보는 양적으로는 넘쳐나지만, 신뢰할 수 있는 체계적 지식은 오히려 부족한 실정입니다.

따라서 본서는 주제를 과도하게 나열하는 방식을 지양하고, 이론과 실무의 핵심을 선별하여 처음부터 끝까지 일관된 흐름을 유지하는 데 중점을 두었습니다. 저자들은 각자의 전공 분야에서 축적한 연구 성과와 강의 경험을 바탕으로, 독자들이 글로벌 무역 현상을 쉽게 이해하고 실무적 감각까지 기를 수 있도록 구성하였습니다.

물론 끊임없이 변화하는 국제무역 전반을 한 권의 책에 모두 담아내는 것은 결코 쉬운 일이 아닙니다. 부족한 점이 있을 수 있음을 겸허히 인정하며, 독자 여러분의 소중한 비판과 제언을 바탕으로 앞으로 더욱 완성도 높은 교재로 발전시켜 나갈 것을 약속드립니다.

2025년 7월

저자 일동

차례

제 2 부 국제금융 이론, 정책 및 동향

제 3 부 무역관리의 이해

제 1 부

무역의 이론, 정책 및 동향

제 1 장

무역의 의의

무역 이야기

북한 경제는 1990년대 이후 극심한 어려움을 겪어 왔다. 남북 분단 및 6.25 전쟁을 겪은 후, 경제개발 초기단계에는 자원의 집중적인 활용을 통해 빠른 경제성장을 이룰 수 있었으며, 그 결과 1970년대 초반까지 1인당 소득을 상당한 수준으로 유지할 수 있었다. 하지만 사회주의 체제에서 무역의 대상을 일부 국가로 한정한 결과 1980년 이후 점차 경제성장률이 하락하였으며, 1990년대 들어서는 급격한 경제침체의 길로 들어섰다.

그나마 1980년대까지는 당시 소비에트 연합(소련), 중국 등 사회주의 국가들과의 무역이 어느 정도 가능했기 때문에 북한 경제가 운용될 수 있었다. 하지만 1980년대 말 소련을 중심으로 한 사회주의가 무너지고 중국과 동유럽 국가 등 북한의 교역 상대국들이 시장경제로 체제를 전환하면서 북한경제는 고립되었으며, 북한 경제에 큰 어려움에 직면하였다. 반면, 중국은 경제 개방을 통해 해외 여러 국가들과의 교역량을 급격히 증가시킨 결과 최근까지 빠른 경제성장을 이루었다. 이와 같은 사례를 살펴볼 때, 한 나라의 경제를 운용함에 있어 무역의 중요성은 두말할 필요가 없다.

자료: 오근엽 · 유진만(2024)

제 1 절 무역의 개념

1. 재화와 서비스의 국제적 교류

오늘날 전세계인들의 매일매일 일상생활은 국내뿐 아니라 해외에서 생산된 재화를 소비함으로써 이루어진다. 즉, 다른 나라와 국제적 교류를 전혀 하지 않는 폐쇄경제(closed economy) 구조에서 살아가고 있는 나라는 지구상에 하나도 없다고 해도 과언이 아니며, 모든 사람들이 개방경제(open economy) 하에서 살아간다. 국토의 면적이나 인구 규모, 혹은 경제 규모와 상관없이 전세계 모든 국가는 재화(goods) 및 서비스(service)를 서로 교환하면서 살아간다.

국내 공장에서 생산된 물품 중 일부는 해외로 보내져 해외 시민들의 생활에 보탬이 되는 반면, 국내 소비자 또한 외국에서 생산된 물품을 사들여와 생활하고 있으며, 이 과정을 통하여 국내·외 사람들의 삶은 풍요로워지고 있다. 예를 들어, 울릉도의 선착장 옆에 있는 한 카페에서 즐겁게 마시는 커피의 원재료는 브라질, 혹은 에티오피아에서 수입한 것이며, 우리가 아침에 주로 먹는 식빵의 원료인 밀가루는 미국에서 수입한 것이다. 신사복의 원료인 양모는 호주산이며, 부모님 댁에 있는 고급 가구의 원료는 동남아시아에서 수입한 원목을 이용하여 만들어졌을 가능성이 높다. 이처럼 우리가 일상을 영위하는 과정에서 꼭 필요한 의식주의 많은 부분이 해외 수입품에 의존하고 있다.

위와 마찬가지로, 우리나라 농부들이 수확한 파프리카나 어부들이 잡은 생선은 일본 도쿄의 식당에서 인기를 끌고 있다. 우리나라 전자제품은 전세계인들이 애용하고 있으며, 한국산 자동차 역시 전세계인들이 잘 타고 있다. 무엇보다 K-POP의 선두주자 BTS의 음악은 전세계 음악팬들의 큰 사랑을 받고 있다.

결과적으로, 생산과 소비가 반복되는 경제활동에서 세계 각국은 자국이 가장 잘 만들 수 있는 재화 및 서비스를 생산·수출하고 그렇지 못한 재화 및 서비스를 수입·소비함으로써 매일매일의 생활을 더욱 풍요롭게 만들 수 있다. 국가간 교류는 세계인들의 생활수준을 유지하고 향상시키는 과정에서 매우 중요한데, 이제부터 그 원리를 살펴보자.

2. 무역의 정의

재화 및 서비스의 국제적 교류는 일반적으로 개인이나 기업이 영리를 목적으로 하는 거래행위에 의해 발생하지만, 비영리적 목적으로 국가가 행한 매매의 결과로서 발생하는 경우도 있다. 이렇듯 한 나라의 경제주체(개인, 기업, 정부 및 국가)가 외국의 경제주체에게 재화 및 서비스를 판매하거나 사들이는 것을 무역(trade, 貿易)이라고 하는데, 이는 해외무역(foreign trade)이나 국제무역(international trade)을 줄여 사용하는 것이다. 재화 및 서비스의 국제적 흐름에 따라 자국에서 타국으로 나가는 것을 수출(export)이라고 하고, 타국에서 자국으로 들어오는 것을 수입(import)이라고 하며, 이를 수출무역(export trade)과 수입무역(import trade)이라고도 하는데, 이를 총괄한 개념을 무역(trade)으로 이해할 수 있다.

대부분의 무역에서 거래대상은 손으로 만질 수 있는 유형의 재화(goods)가 주류를 이루고 있다. 그러나 국가간 무역거래는 재화, 즉 상품 거래만을 포함시키는 것은 아니고, 운송·통신·보험·금융 등과 같이 만질 수 없는 거래인 서비스(service)의 거래도 포함된다.

3. 무역의 필요성

국내에서 생산되는 물품만으로 소비가 충당되는 폐쇄경제(closed economy), 혹은 자급자족경제(autarky economy, 혹은 Robinson Crusoe economy)는 현대 세계에서는 사실상 존재하지 않는다. 오늘날에는 어떤 형태로든 대외무역(개방경제)을 행하게 되며, 나라와 나라 사이에 존재하는 경제적 연결고리는 점점 더 강해져 가고 있다. 그러면 세계의 모든 나라들은 왜 무역행위를 하게 될까? 무역은 기본적으로 시장(market)에서의 교환 행위가 국제적으로 확장되어 형성되는 것을 의미하기 때문에, 이러한 국제 시장 거래가 존재할 경우 국가적으로 이익이 발생하게 된다. 이러한 이익을 '무역의 이익' 혹은 '무역이익'

(gains from trade)이라고 하는데, 무역이익이 발생하는 이유들을 살펴보자.

첫째, 생산에 필요한 자원을 획득하는 방법이 국제무역에 의한 방법 외에는 존재하지 않는 경우를 생각해볼 수 있다. 예컨대 한국의 많은 산업에서 석유가 꼭 필요하지만 국내생산이 불가능하므로, 무역을 통해 이를 외국으로부터 수입하는 수밖에 없다.

둘째, 국가간 자연적·사회적 조건이 다르기 때문에 재화 및 서비스를 생산하기 위한 비용이 상이할 것이다. 예를 들어, 적도 근처의 무더운 지역은 바나나 생산에 적절한 기후를 가지고 있으므로 바나나의 생산비용이 저렴하지만, 북방지역에 위치한 국가의 경우 바나나를 재배하려면 온실을 사용하거나 다른 인위적인 방법을 동원해야 하므로 이에 소요되는 비용은 매우 높을 것이다. 즉, 적도지역 국가들에 비해 생산비용 면에서 매우 불리한 입장에 있다. 한편, 밀(wheat)의 경우에는 반대로 적도지역보다 북방지역이 생산비용에서 유리한 입장에 있다. 상대적으로 생산비용이 낮은 상품을 생산하여 수출하고 생산비용이 높은 상품을 수입하여 소비하는 국제무역을 행하게 되면 경제 전체적인 효율성이 증대된다.

셋째, 설령 국가간 생산비용이 다르지 않다고 하더라도, 모든 물건을 개별 국가에서 만들어 내는 것보다는 국가별로 특화하여 생산하는 것이 더 효율적일 수 있다. 예를 들어, 모든 종류의 자동차를 한 국가에서 모두 생산하는 것보다는, 한 국가는 A 모델을, 다른 국가는 B 모델을 만드는데 특화(specialization)한다면 노동자의 숙련도나 소요되는 원재료의 집중도 등을 고려할 때 생산비용이 절감될 수 있다. 즉, 각 모델의 생산규모가 커지게 되면 규모의 경제(economy of scale)가 발생하게 되어 자동차 한 대를 만드는 평균비용은 더 작아지게 되는 것이다. 이처럼 각국에서 효율적으로 생산한 자동차를 수출·입을 통해 거래하면 각국이 모든 종류의 자동차를 직접 생산하는 것보다 더 높은 이익이 발생한다.

무역이익이 어떠한 원리에 의해 발생하는지에 대해서는 무역이론을 공부하는 과정에서 중요하게 다룰 것이다. 또한, 무역이 이루어지기 위해 필요한 금융부문의 문제들은 본서의 국제금융 부분에서 논의된다. 마지막으로, 실제 기업들이 무역거래를 수행하는 절차와 방법, 혹은 그 과정에서 발생하는 제반 문제들은 무역실무 분야에서 다룰 것이다.

최근 국제무역이라는 용어와 더불어 '국제통상'이라는 용어가 많이 쓰이고 있는데, 국제무역과 국제통상은 영어로는 모두 'international trade'로 쓰이며, 크게 구분되지 않는 경우도 많다. 그러나 대체로 국제무역은 보다 일반적이고 보편적인 개념을 설명하는데 사용되는 반면, 국제통상은 무역 관련 법(국제통상법)이나 무역정책(국제통상정책)의 측면을 강조하는 성격이 강하다.

제 2 절 세계 무역의 추이

1. 세계 무역의 장기적 추이

국제화(internalization)나 세계화(globalization)라는 용어에서 잘 나타나듯이, 국가와 국가 사이의 관계가 밀접해지고 국제적 교류가 확산됨에 따라 현대사회에서 무역의 중요성은 점점 더 커지고 있다. 최근 다수의 자유무역협정(Free Trade Agreement: FTA) 체결로 인해 관세장벽이나 비관세장벽 등 무역장벽(trade barrier)이 낮아진 점, 자본이동제한 철폐 등 정책 및 제도의 변화, 그리고 4차 산업혁명 등 기술의 발달 등을 세계화의 주된 요인으로 생각해볼 수 있다. 이러한 세계화의 진전은 세계무역규모의 성장, 국제적 자본이동의 확대, 금융시장의 국제적 통합, 새로운 기술의 국가간 확산 등의 효과를 가져왔다.

[그림 1-1]은 세계 전체 총생산액(GDP) 대비 수출액 비중을 나타낸 것으로, 지난 2세기에 걸쳐 세계경제에서 무역의 중요성이 크게 증대되어 왔음을 잘 보여주고 있다. 이 비율은 19세기 후반, 그리고 20세기 초반에 급격히 증가하다가 1차대전 이후에 잠시 감소하는 모습을 보였으며, 2차대전 이후 꾸준히 증가하여 왔다. 1950년에 비해 2000년대 수출액이 약 20배 가량 증가한 반면 같은 기간 세계 GDP는 약 8배 증가하였으며, 이에 따라 세계 GDP 대비 수출액 비중은 동 기간 약 7%에서 20% 이상으로 상승하였다. 이는 세계화가 급

[그림 1-1] 전세계 총생산대비 수출 비중 추이

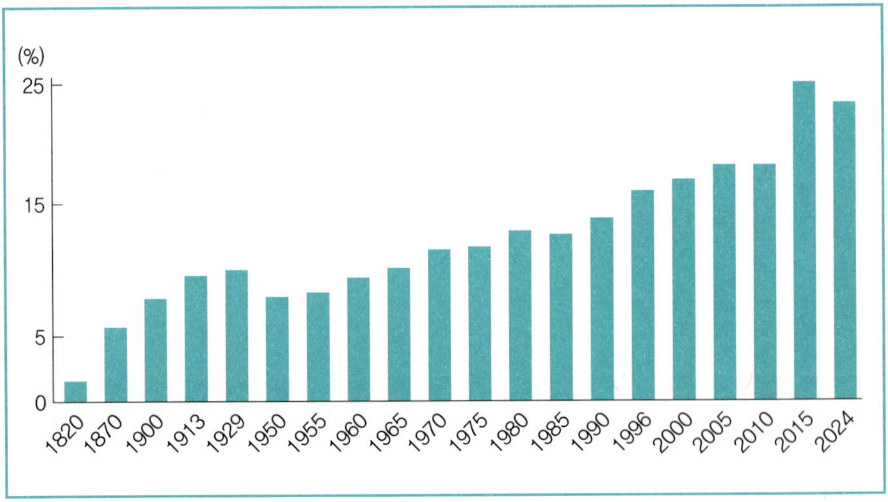

자료: 오근엽·유진만(2025).

속히 진행된 최근 60여년 동안 무역의 중요성이 매우 커지고 있음을 단적으로 보여주는 것이다. 다만, 세계화에 따른 여러 문제들이 함께 발생하여 왔음에 주의해야 한다. 2010년대 중반 이후 미·중 무역분쟁, 브렉시트(Brexit), 코로나19 팬데믹 등의 요인으로 무역이 감소하는 현상이 나타났으며, 소위 '탈세계화(deglobalization)'로 불리는 현상도 곳곳에서 나타나고 있다.

2. 무역의존도

한 나라가 자국 경제발전 과정에서 외국과의 교류(수출과 수입)에 의존하는 정도를 나타내는 지표로 보통 '무역의존도'가 널리 쓰이며, 이는 다음과 같이 정의된다.

무역의존도 = 무역액(수출액+수입액)/GDP

무역의존도는 수출과 수입을 합한 총 무역액이 한 나라의 국내총생산(GDP)에서 차지하는 비중을 나타내는 지표로, 한 나라의 경제가 얼마나 대외적으로

[그림 1-2] 한국과 세계 주요국 무역의존도 추이 비교(%)

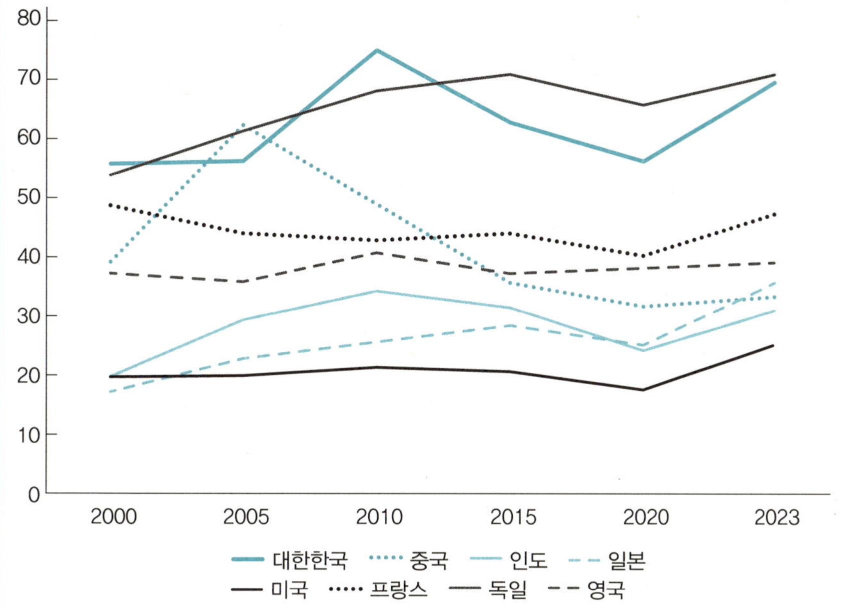

자료: 한국무역협회 통계시스템에서 추출하여 저자가 그림.

개방되어 있는지를 의미한다. 위의 정의에서 총 무역액 대신 수출액이나 수입액을 넣으면 수출의존도 혹은 수입의존도를 표현할 수 있다.

[그림 1-2]는 2000년 이후 한국과 주요국의 무역의존도 변화추이를 나타내고 있다. 한국은 1970년대 이후 한국의 대외 경제개방은 타국에 비해 빠른 속도로 확대되어 왔는데 한국은 주요국 중에서 가장 무역의존도가 높은 국가 중 하나이다. 2000년 이후를 보면 독일만이 한국과 비슷한 수준의 무역의존도를 유지하고 있으며 미국 일본 등 대부분의 국가는 무역의존도가 훨씬 낮다. 이는 경제규모가 큰 국가일 경우 일반적으로 나타나는 현상이다. 중국의 경우에는 최근 급격하게 무역의존도가 낮아지고 있어 내수 확대의 방향을 보여주고 있다. 2015년 이후 보호무역주의 기조 등 탈세계화 흐름이 이어지고 있지만 한국의 무역의존도는 크게 감소하지 않고 있다.

제 3 절 한국무역 현황과 추이

1. 한국의 무역현황 개관

(1) 무역규모 확대 및 흑자구조 정착

한국의 무역규모는 1960년대 이후 급격히 증가하여 왔다. 1980~2025년의 약 45년간, 수출은 29배(175억 달러 → 6,970억 달러), 수입은 21배(223억 달러 → 6,540억 달러) 증가하였다. 무역규모의 증가와 함께 무역흑자 현상도 지속적으로 관찰되고 있다. 1997년 외환위기를 겪은 이후 1998년부터 지속적으로 무역 흑자를 실현하였고, 이후 지금까지 대체적으로 무역 흑자기조가 유지되고 있다. 1998년 390억 달러의 무역 흑자를 기록한 이후 해마다 상품수지 흑자가 유지되고 있으며, 2015년 이후에는 수출액이 크게 증가하지 않았음에도 불구하고 수입액 역시 증가하지 않아 상품수지 흑자폭은 더욱 커져 매년 약 800억~1,300억 달러 규모의 상품수지 흑자 기조가 이어지고 있다. 그 결과, 2011년 우리나라는 세계 무역액 1조 달러 클럽에 9번째로 가입하였고, 현재 상품무역

[그림 1-3] 한국 상품 수출수입 추이

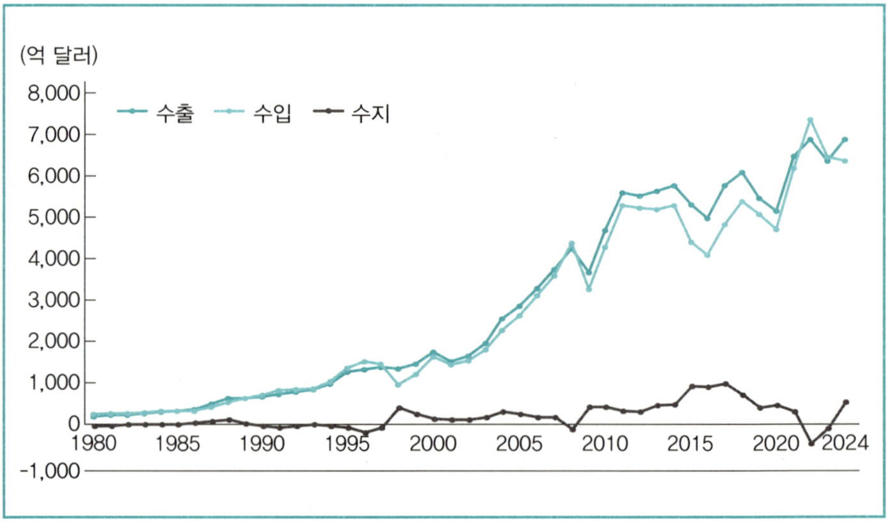

자료: 한국무역협회 통계시스템에서 추출하여 저자가 그림.

액 기준으로 세계 6~7위 무역국가로 자리매김하고 있다. [그림 1-3]은 1980년대 이후부터 현재까지 한국의 상품 수출·수입액, 그리고 상품수지의 변화 추이를 보여주고 있다.

(2) 국가경제에 대한 무역의 기여도 증가

무역규모 확대로 인해 발생한 무역이익(gains from trade)을 정확하게 금액으로 측정하는 것은 매우 어려운 일이다. 따라서 무역이익은 일반적으로 수출이 부가가치, 생산, 고용 등 경제발전에 미친 영향을 기준으로 측정된다. 수출이 경제에 기여하는 비중을 부가가치(value-added) 기준으로 측정하면, [그림 1-4]에서 보듯 최근 19~22% 정도로 추정된다. 한국에서 생산되는 총 부가가치에서 약 1/5 정도가 수출로 인해 발생했다는 의미이다(수출의 부가가치기여율 = 수출로 인한 부가가치/GDP). 또한 수출의 고용기여율(=수출로 인한 고용/총고용)은 최근 13~15% 수준을 나타내고 있다. 우리나라에 발생한 총 고용 중 수출 부문이 기여한 바가 이 정도라는 의미이다. 2000년 이후 수출로 인한 국내 부가가치는 꾸준하게 증가하여 왔지만, 2008년 글로벌금융위기 이후 수출의 고용기여율은 감소추세로 전환된 것을 확인할 수 있다. 이는 수출 부문에서 창출되는 일자리 수가 이전보다 상대적으로 감소하고 있음을 나타낸다.

[그림 1-4] 한국 무역의 경제에 대한 기여도

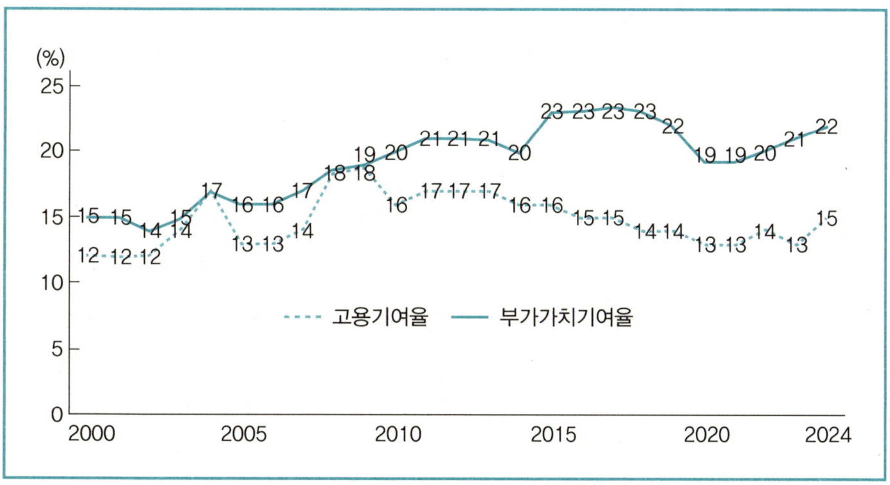

자료: 한국무역협회(2024).

2. 한국의 무역구조

(1) 수출·입 상품 구조

국가차원의 수출주도형 경제성장 전략에 따라 한국의 수출은 1960~1970년대 노동집약적 경공업제품이 주를 이루었으나, 경제가 발전하고 자본이 축적됨에 따라 중화학제품의 수출비중이 지속적으로 증가하였다. 1990년대 이후 산업의 고도화가 진행된 결과 과거 수출을 주도했던 의류·신발 등 경공업제품 및 철강 등 중화학제품의 수출 비중이 감소하고, 반도체·컴퓨터·자동차 등 최첨단 기술집약제품이 상위 수출품목으로 부상하였다.

[표 1-1]에서 확인할 수 있는 주요 수출품목을 중심으로 살펴보면, 2000년대 이후 가장 큰 비중을 차지한 반도체의 경우 지금까지 한국의 주력 수출품목으로 자리 잡고 있으며, 자동차·석유제품·선박해양구조물 등 품목의 수출 비중이 확대되고 있다. 이와 같은 소위 '10대 수출품목'이 전체 수출에서 차지하는 비중을 타 국가와 비교하면 매우 높은 편으로, 수출 편중도가 심할 경우

[표 1-1] 10대 수출 상품의 변화(단위: %)

	2000		2010		2020		2024	
	품목명	비중	품목명	비중	품목명	비중	품목명	비중
1위	반도체	15.1	반도체	11.0	반도체	19.4	반도체	18.7
2위	컴퓨터	8.5	선박	10.1	자동차	7.3	자동차	9.3
3위	자동차	7.7	유무선전화기	8.1	석유제품	4.7	석유제품	6.6
4위	석유제품	5.3	석유제품	6.8	선박해양구조물	3.9	선박해양구조물	3.4
5위	선박해양구조물	4.9	승용자동차	6.8	합성수지	3.7	합성수지	3.1
6위	무선통신기기	4.6	액정디바이스	6.3	자동차부품	3.6	자동차부품	3.0
7위	합성수지	2.9	자동차부품	4.1	평판디스플레이	3.5	철강판	2.7
8위	철강판	2.8	플라스틱제품	3.5	철강판	3.1	평판디스플레이	2.5
9위	의류	2.7	유무기화합물	3.1	컴퓨터	2.6	무선통신기기	2.3
10위	영상기기	2.1	가전제품	2.9	무선통신기기	2.6	정밀화학원료	1.6
10대품목/총수출		56.6	-	62.8	-	54.5	-	53.3

자료: 한국무역협회 통계자료.

특정 품목의 업황에 따라 경기변동 요인이 높아질 위험이 있다.

한편 주요 수입상품의 비중을 살펴보면, 2024년 기준 원유(13.5%), 반도체(11.4%), 천연가스, 석유제품 등의 순서로 나타나며, 이는 대체로 제조업 중심 국가에서 원자재를 많이 수입하는 전통적 수입구조를 보인다고 할 수 있다.

반도체 석유제품 등의 경우 주요수출품목 및 수입품목에 동시에 포함되어 있음에 유의할 필요가 있다. 이는 원자재를 수입하여 가공한 후 수출하거나 반대로 중간재를 수출하고 최종재를 수입하는 등 동일 산업 내에서 수출입이 동시에 발생하는 것을 의미한다.

[표 1-2] 10대 수입 상품의 변화(단위: %)

	2000		2010		2020		2024	
	품목명	비중	품목명	비중	품목명	비중	품목명	비중
1위	원유	15.7	원유	16.1	반도체	10.8	원유	13.5
2위	반도체	12.4	반도체	7.5	원유	9.5	반도체	11.4
3위	컴퓨터	4.9	천연가스	5.1	반도체장비	3.6	천연가스	4.6
4위	석유제품	3.1	석유제품	4.2	천연가스	3.4	석유제품	4.0
5위	천연가스	2.4	유무선전화기	4.1	컴퓨터	2.8	반도체장비	3.5
6위	반도체장비	2.3	석탄	3.1	자동차	2.8	석탄	2.6
7위	금은및백금	1.7	반도체 장비	2.4	무선통신기기	2.8	정밀화학원료	2.5
8위	유선통신기기	1.6	철강판	2.4	석유제품	2.8	컴퓨터	2.1
9위	철강판	1.5	정밀기기	2.3	정밀화학원료	2.3	의류	2.1
10위	정밀화학원료	1.4	플라스틱수지	1.9	의류	2.1	산업용전기기기	1.8
10대품목/총수입		47.1	-	49.2	-	42.8	-	48.1

자료: 한국무역협회 통계자료.

(2) 수출·입 시장 구조

① 수출시장

한국은 미국, 일본 등 주요 선진국에 집중된 수출시장 구조를 가지고 있었으나, 최근 중국·EU·아세안·중남미 등 신규시장에 대한 비중을 늘려가는 추세다. 특히, 최근 중국·홍콩·대만 등 중화권이 한국의 최대 수출시장으로 부상하면서 이들 국가를 대상으로 지속적인 무역수지 흑자를 유지하고 있다. 1995년 이래 총수출의 20% 이상이 중화권에 치중되어 있으며, 2001년 이후에는 미국보다 더 큰 수출시장으로 부상하였다. 중국 한 국가만을 놓고 보면, 2020년을 기준으로 한국 수출의 25% 가량을 차지하여 가장 중요한 수출대상국으로 자리매김하였으나 이후 감소하여 2024년 19.7%를 차지하고 있고 반면 미국은 18.3%로 증가하여 상대적으로 대중 수출의 중요성이 작아지고 있다. 현재, 한국은 중국 미국 베트남 홍콩 일본 대만의 순서로 수출을 많이 하고 있다.

[표 1-3] 한국의 10대 수출대상국 변화(단위: %)

순위	1990		2000		2010		2020	
1	미국	29.8	미국	21.8	중국	25.1	중국	25.8
2	일본	19.4	일본	11.9	미국	10.7	미국	14.5
3	홍콩	5.8	중국	10.7	일본	6.0	베트남	9.5
4	독일	4.4	홍콩	6.2	홍콩	5.4	홍콩	6.0
5	싱가포르	2.8	대만	4.7	싱가포르	3.3	일본	4.9
6	영국	2.7	싱가포르	3.3	대만	3.2	대만	3.2
7	캐나다	2.7	영국	3.1	인도	2.5	인도	2.3
8	대만	1.9	독일	3.0	독일	2.3	싱가포르	1.9
9	프랑스	1.7	말레이시아	2.0	베트남	2.1	독일	1.8
10	인도네시아	1.7	인도네시아	2.0	인도네시아	1.9	말레이시아	1.6
계		72.8		68.7		62.5		71.5

자료: 한국무역협회 통계자료.

② 수입시장

한국의 수입시장은 전통적으로 일본에 대한 의존도가 큰 것이 특징이었다. 하지만 최근 대일 수입의존도가 약화되고 중국·아세안 등 수입시장의 다변화가 실현되는 추세이다. 특히 중국은 수출뿐 아니라 수입 측면에서도 한국의 가장 큰 교역대상국으로 부상하였다. 그럼에도 불구하고 대일 무역적자 기조는 1996년 156.8억 달러 적자를 기록한 이후 지금까지 꾸준히 유지되고 있으며, 이는 자본재 및 원자재의 높은 대일 수입의존도에 기인하고 있다. 한국의 적자 순위를 보면 2024년의 경우 일본 약 180억달러 적자이며 2위는 호주, 3위 독일이다. 흑자국은 1위 미국으로 연 500억달러 이상 흑자를 시현하며 베트남 홍콩 등이 주요 흑자대상국이다. 대 중국무역의 경우 무역을 시작한 1990년대 이후 계속 흑자였으나 2023년에는 적자로 바뀌었다.

[표 1-4] 한국의 10대 수입국 변화(단위: %)

순위	1990		2000		2010		2020	
1	일본	26.6	일본	19.8	중국	16.8	중국	23.3
2	미국	24.3	미국	18.2	일본	15.1	미국	12.3
3	독일	4.7	중국	8.0	미국	9.5	일본	9.9
4	호주	3.7	사우디	6.0	사우디	6.3	독일	4.3
5	중국	3.2	호주	3.7	호주	4.8	베트남	4.3
6	사우디	2.5	인도네시아	3.3	독일	3.4	호주	4.1
7	인도네시아	2.3	말레이시아	3.0	인도네시아	3.3	대만	3.9
8	말레이시아	2.3	아랍에미리트	2.9	대만	3.2	사우디	3.5
9	캐나다	2.1	대만	2.9	아랍에미리트	2.9	러시아	2.4
10	대만	2.1	독일	2.9	카타르	2.8	말레이시아	1.9
계		73.8		70.7		68.1		69.9

자료: 한국무역협회 통계자료.

3. 남 · 북한 교역현황

통일부는 남·북한간 상품 및 서비스의 거래는 '무역'이라고 칭하지 않고 '반출입'이라는 용어를 사용할 것을 권장하고 있다. 앞서 살펴보았듯이 무역(international trade)은 타국과의 거래를 의미하지만, 남한과 북한 간의 거래는 헌법에 의거하여 한 국가 안에서 거래하는 것이므로, '무역' 대신 '반출입'이라는 용어를 사용한다. 하지만 일상에서는 '교역'이라고 칭해도 무방하다.

남·북한 교역은 상업적 거래와 비상업적 거래로 구분하는데, 상업적 거래에는 일반교역, 위탁가공, 개성공단, 금강산 및 기타거래가 포함된다. 비상업적 거래는 민간지원과 정부지원 그리고 사회문화협력이 포함된다.

남·북한 교역은 '5.24조치'(2010)로 대부분 교역이 중단된 이후 개성공단에서의 교역이 전적으로 대부분을 차지하고 있었다. 개성공단 거래의 경우 섬유류(2013년 전체 교역의 38.7%, 2014년 35.47%)와 전기 및 전자(2013년 전체의 31.4%, 2014년 37.7%)를 중심으로 하는 원부자재를 개성공단으로 반출한 후 가공을 거쳐 완제품을 다시 남한으로 반입하는 형태로 진행되었는데, 이러한 교역은 남북한의 정치적 관계에 따라 큰 영향을 받아왔다. 최근의 동향을 보면, 일반교역 중지, 개성공단 폐쇄 등으로 인해 교역액이 매우 미미한 상황이다.

주요용어

- 폐쇄경제
- 개방경제
- 수출
- 수입
- 무역의 이익
- 국제통상
- 세계화
- 탈세계화
- 무역의존도
- 수출의존도
- 수입의존도
- 서비스무역
- 반입
- 반출
- 남북교역

연습문제

01. 오늘 아침에 잠자리에서 일어나 밤에 잠자리에 들 때까지 하루의 일상생활에서 국산품과 외국물품을 각각 얼마나 활용하였는가를 회상해 보시오.

02. 나라마다 자연적 및 사회적 조건이 차이가 나서 제품생산 비용이나 효율이 달라지고 있는 현상을 각각 예를 들어서 설명해 보시오.

03. 세계 거의 모든 나라들은 왜 개방경제, 즉 무역행위를 하고 있는가?

04. 경제에서 무역이 차지하는 중요성을 나타내는 지표로서 수출의존도, 수입의존도 및 무역의존도가 있는데, 이들은 각각 무엇을 나타내는가?

05. 한국의 무역의존도 추이를 보면 매우 높은 수준이 유지되고 있는데 타국에 비해서 이렇게 높은 이유를 설명하시오.

06. 한국의 최대수출국은 어느 국가인가? 최대수입국은 어느 국가인가?

07. 한국의 top 10 수출품은 어느 것인가?

08. 남한과 북한 사이의 무역은 수출 수입이라는 용어 대신에 반출 반입이라는 용어를 사용하고 있다. 이에는 어떤 이유가 있는가?

제 2 장

무역이론

무역 이야기

어느 회사 내 비교우위

한 수출 중심 중소기업의 업무로 크게 두 가지가 있다고 하자. 하나는 외국인 바이어와 영어로 하는 상담(商談)이고 또 하나는 거래를 위해 수출서류를 만드는 일이다. 그런데 이 기업의 사장은 아주 유능한 사람이어서 외국인 바이어와 거래를 잘 성공시킬 뿐 아니라 서류작성도 잘 한다. 처음에 사장이 사업을 시작했을 때에는 혼자서 모든 일을 다 처리했으나 사업규모가 커짐에 따라 직원을 고용했다. 문제는 이 직원이 사장보다 영어를 잘 하지 못할 뿐 아니라 수출서류를 만드는 일도 서투르다는 것이다. 이러한 상황에서 사장은 두 가지 업무 중 상담은 자신이 맡고 수출서류 부분은 직원에게 맡기기로 결정하였다.

'절대생산성'이라는 측면에서 보면, 사장이 직원보다 상담과 서류작성 두 업무 모두 실력이 나으므로 생산성 역시 더 높다. 그런데도 사장은 왜 모든 일을 직접 처리하지 않고 직원을 고용하여 두 업무 중 하나를 맡기는 것일까? 자신이 모든 업무를 다 하는 것보다는 서류작성은 직원에게 맡기고 사장 본인은 상담에 전념하는 것이 회사의 사업에 더 도움이 될 것이라고 판단하였기 때문이다.

위의 상황을 무역용어를 빌려 설명하면 다음과 같다. 사장은 직원에 비해 상담이나 서류작성 모두 '절대우위'를 가지고 있지만, 상대적인 관점에서 직원에 비해 서류작성보다 상담에 대해 잘하는 정도가 더 크므로, 상담에 '비교우위'를 가지고 있다. 직원의 경우 절대적으로는 두 가지 일 모두에서 우위가 없지만, 그래도 상대적으로 수출서류작성을 상담보다는 더 잘한다고 할 수 있으므로 이에 대해 비교우위를 갖고 있다. 이때 사장은 상담에 '특화(specialization)'하고 나머지는 직원에게 맡기는 것이 기업의 전체 생산성을 높일 수 있는 방법이 된다. 이와 같은 국제무역의 기본원리를 이 장에서 자세히 살펴보자.

제 1 절 리카도의 비교우위론

여러 국가들이 외국과 수출과 수입을 할 수 있는 경제학적 근거는 무엇일까? 무엇보다, 국내가격이 외국가격보다 비싼 재화라면 이를 외국으로부터 수입하고, 국내가격이 상대적으로 싼 재화는 외국에 수출할 수 있을 것이다. 다시 말하면, 어떤 상품의 절대적인 생산비용이 낮은 국가에서 높은 국가로 상품이 이동하며, 그 결과 세계 각국의 생산자와 소비자에게 더 효율적인 자원배분이 이루어지게 되고, 이에 따라 무역이익(gains from trade)이 발생한다. 이와 같은 이론을 절대우위론(absolute advantage theory)이라고 하며, 이 이론은 아담 스미스(Adam Smith)에 의해 정리되었다.

하지만, 절대적인 생산비용의 차이로 인해 무역이 발생한다기보다는 생산비용의 상대적 차이에 의해서 발생한다고 보는 것이 더 정확한 설명이라고 할 수 있는데, 이를 비교우위론(comparative advantage theory)이라고 한다.

1. 비교우위론과 국제무역

근대의 경제학자 리카도(David Ricardo)는 각국의 노동생산성 차이로부터 생산비용의 차이가 발생하고, 이에 따라 국가간 비교우위가 발생한다고 주장하였다. 또한 이러한 비교우위에 입각하여 무역을 하면 무역의 이익이 발생한다고 보았다. 이 비교우위 이론을 우리나라와 중국의 예를 통하여 공부해보자.

[표 2-1] 한국과 중국의 예: 노동자 1명이 한 시간에 생산할 수 있는 양

	반도체	자전거
한국	4	2
중국	1	1

(1) 노동생산성과 비교우위의 개념

한국과 중국 두 나라에서 반도체와 자전거를 생산하고 소비한다고 가정하자. 한국에는 100명의 노동자가, 중국에는 300명의 노동자가 반도체와 자전거를 생산하고 있다. 또한, 한국의 기술수준이 중국의 기술수준보다 높아서 다음과 같은 노동생산성을 갖고 있다고 가정하자. 한국 노동자는 시간당 반도체를 4개 만들 수 있고 자전거는 2대 생산할 수 있는 반면, 중국 노동자는 시간당 반도체 1개를 생산할 수 있으며 자전거를 만든다면 시간당 1대를 만들 수 있다.

양국의 생산성을 정리한 위의 표로부터, 한국은 중국에 비해 두 산업에서 모두 절대우위(absolute advantage)를 가지고 있음을 쉽게 확인할 수 있다. 그런데, 한국의 '상대적' 생산성을 살펴보면, 반도체 생산에서 한국의 생산성은 중국에 비해 4배나 되는 반면 자전거 생산에서는 두 배밖에 되지 않는다. 중국은 두 재화 모두에서 절대우위가 없지만(혹은 절대열위 상태에 있지만), 상대적으로는 자전거를 만드는 기술이 반도체 만드는 기술에 비해 한국과 비교해 볼 때 기술수준이 낮은 정도가 심하지 않다. 이러한 경우, 한국은 중국에 비해 반도체에 비교우위(comparative advantage)를 가진다고 말하며, 중국은 한국에 비해 자전거에 비교우위를 가진다고 표현한다.

혹은 다음의 [표 2-2]와 같이 표현할 수 있다. [표 2-2]는 재화 1단위 생산에 필요한 노동량을 나타내고 있는데, 이는 위의 표를 다시 쓴 것에 불과하다. 이 표에서, 한국은 반도체 1개를 만드는 데 1/4단위의 노동이 필요하고 자전거 1대를 만드는 데에는 1/2단위의 노동이 필요한 반면, 중국은 반도체와 자전거 생산에 각각 1 단위의 노동이 필요하다. 한국에서는 반도체 1개를 만드는 노동량은 자전거를 1/2대 만드는 노동량과 같지만, 중국에서는 반도체 1개를 만

[표 2-2] 한국과 중국의 예: 재화 1단위 생산에 필요한 노동량

	반도체	자전거
한국	1/4	1/2
중국	1	1

드는 노동량은 자전거 1대 생산을 위해 들어가는 노동량과 같다. 반도체 1개를 만들기 위해서는 한국에서는 자전거 1/2대를 생산할 기회를 포기해야 하지만 중국에서는 자전거 1대 생산할 기회를 포기해야 한다. 따라서 반도체 1개를 생산하기 위해 포기되어야 하는 자전거의 량은 한국에서 더 작다. 반대로, 자전거 한 대를 생산하기 위해 포기되어야 하는 반도체의 량은 한국에서 더 크고 중국에서 더 작다. 이와 같이 어떤 재화를 생산하기 위해 포기되어야 하는 타 재화의 량을 기회비용(opportunity cost)이라고 한다. 이 예에서 한국은 자전거 생산량으로 표시한 반도체 생산 기회비용이 중국에 비해 작다. 이러한 경우 한국은 반도체에, 중국은 자전거 생산에 비교우위가 있다고 말한다.

(2) 무역을 하지 않는 경우

위와 같은 생산구조에서, 한국과 중국이 서로 무역을 하지 않으면 얼마나 많은 상품을 생산할 수 있을까? 노동을 어느 산업에 투입하느냐에 따라 반도체와 자전거의 생산량은 달라지겠지만, 논의를 단순화하기 위해, 양국에서 각 산업에 정확히 절반씩의 노동자를 반도체와 자전거에 투입하여 생산한다고 가정하자. 즉, 한국에서는 반도체와 자전거 산업에 50명씩의 노동력이 투입되고 중국에서는 150명씩의 노동이 투입된다. 이 경우 양국에서는 다음과 같은 양을 생산할 수 있다.

[표 2-3] 한국과 중국의 예: 무역을 하지 않는 경우 생산수준과 소비수준

	반도체	자전거
한국	200	100
중국	150	150
합계	350	250

양국이 무역을 하지 않는 경우, 생산한 양만큼 소비가 가능하다. 따라서 [표 2-3]의 생산량 수치가 바로 각국에서 소비할 수 있는 재화의 양이며 세계 전체적으로는 반도체와 자전거를 각각 350, 250 소비 가능하다.

(3) 무역을 하는 경우

① 효과 1: 생산수준 증가

이제 한국과 중국은 각각 자국이 비교우위를 가진 산업에 특화하여 해당 재화를 더 생산하고 비교우위를 갖지 못한 재화는 덜 생산하다고 가정하자. 예컨대, 한국은 반도체 생산 쪽으로 노동자를 20명 이동시키고 중국은 자전거 생산 쪽으로 노동자를 50명 이동시켜 생산을 한다고 하자. 이 경우 양국은 다음 [표 2-4]에서 제시되는 바와 같은 양의 반도체와 자전거를 생산할 수 있다.

[표 2-4] 한국과 중국의 예: 비교우위에 따른 특화

	반도체 생산	자전거 생산
한국	280	60
중국	100	200
합계	380	260

위의 표에서 두 재화 모두 세계 전체(한국과 중국) 생산량이 증가하는 것을 확인할 수 있다(반도체 350개, 자전거 250대 → 반도체 380, 자전거 260대). 즉, 비교우위에 따라 생산을 특화할 경우 전 세계적으로 생산량이 증대되는 효과가 발생한다.

② 효과 2: 소비수준 증가

이제 한국과 중국이 서로 무역을 시작하여 한국의 반도체 60개와 중국의 자전거 40대를 교환한다고 해보자. 그 결과, 양국은 다음의 [표 2-5]와 같은 수준의 소비가 가능하다. 이를 [표 2-3]의 소비수준과 비교해보면, 무역을 하는 경우 한국이나 중국 모두 이전보다 소비량이 증가하는 것을 볼 수 있다. 즉,

[표 2-5] 한국과 중국의 예: 무역을 하는 경우 최종 소비수준

	반도체 소비	자전거 소비
한국	220	100
중국	160	160
합계	380	260

한국과 중국 모두 반도체와 자전거를 전보다 더 많이 소비하게 된다.

위와 같이 비교우위의 원리에 의하여 특화를 결정하고 생산을 한 뒤 무역을 하게 되면 두 가지 측면에서 이익이 발생한다. 첫째, 전 세계적 생산량이 많아진다. 이는 각 국가가 상대적으로 더 효율적인 생산구조를 가진 재화에 특화하였기 때문이다. 둘째, 적절한 가격을 정하여 무역을 하면 무역을 하기 전보다 각국이 모두 소비를 더 많이 할 수 있게 된다. 이러한 두 가지 이점이 바로 무역이익이자 국제무역의 근본원리이다.

생산과 소비가 증가하는 위의 과정에서, 노동자들이 더 많은 시간동안 일을 했다거나 노동자의 생산기술이 향상되었다거나 하는 변화는 전혀 없었다. 즉, 생산기술이 발달하거나 투입되는 자원의 양이 증가하지 않더라도, 현재 주어진 여건을 그대로 이용하여 무역이라는 행위만 더한다면, 전보다 생산과 소비 모두 증가하게 되는 결과가 발생하는 것이다.

③ 효과 3: 완전특화

위의 예에서 가장 효율적인 경우는 어떤 상황일까? 한국은 반도체만 생산하고 중국은 자전거만 생산하는 경우일 것이다. 이 경우 세계 전체 생산량은 반도체가 400개, 자전거는 300대가 된다. 이렇게 생산한 후, 한국과 중국이 적절한 가격을 설정하여 교환하면 각국의 효용은 극대화될 수 있다. 이와 같이 자국이 비교우위를 보유한 재화만 생산하는 경우를 완전특화(complete specialization)라고 한다. 하지만 현실 경제에서는 이러한 완전특화보다는 수출재와 수입재를 함께 생산하는 부분특화(incomplete specialization)가 더 일반적이다.

2. 비교우위의 의미

(1) 기회비용

위의 예에서, 한국에서 반도체 하나를 생산하는 데 투입하는 노동량은 자전거 1/2대를 생산하는 데 필요한 노동량과 같다. 따라서, 반도체 하나의 생산비용은 자전거 1/2대의 생산비용과 같다. 이 경우, 반도체 하나의 생산비용을 자전거 단위로 표현하면 '자전거 1/2대'라고 표시된다. 국제경제학 개념으로 설명하면, 반도체 하나 생산을 위한 기회비용(opportunity cost)은 자전거 1/2대가 된다. 기회비용이란 '한 재화를 생산하기 위해 포기되어야 되는 다른 재화량'으로 정의되는데, 위의 예에서 반도체 하나를 생산하기 위해서는 자전거 1/2대를 생산할 기회를 포기하게 된다는 의미이다.

기회비용의 개념을 이용하여 비교우위를 설명할 수 있다. 반도체 하나의 기회비용은 한국에서는 자전거 1/2대에 해당하지만 중국에서는 자전거 한 대에 해당한다. 따라서, 반도체 생산의 기회비용은 중국이 더 크다. 반대로 자전거 한 대의 기회비용은 한국에서는 반도체 두 개이고 중국에서는 반도체 1개이므로, 자전거 생산의 기회비용은 한국에서 더 크다. 그 결과 한국은 상대적으로 기회비용이 작은 반도체 생산에 비교우위를 갖게 되고 중국은 자전거 생산에 비교우위를 갖게 되는 것이다.

그렇다면 앞서 언급한 '적절한 가격'은 무엇을 의미할까? 반도체의 기회비용(자전거 단위로 표현)으로 표현하면, 한국의 기회비용과 중국의 기회비용 사이 어떠한 값도 적절한 교환 가격이 될 수 있다. 즉 반도체의 국제무역 적정가격은 자전거 1/2대에서 1대 사이 그 어떤 값도 가능하다. 무역을 하기 이전의 양국에서 가격 사이에 있는 어떤 가격 수준에서 서로 교환을 할 때 두 국가는 모두 이익이 된다.

(2) 비교우위의 발생원인

조금 단순히 말하면, 비교우위는 각 국가가 '다르다'는 사실 때문에 발생한다. 위의 한국과 중국의 예를 보면, 두 국가 간 비교우위의 차이는 각국 노동자의 생산성 '비율'이 서로 다르기 때문에 발생한 것이다. 한 국가의 절대적 생산성 수준이 타국에 비해 더 높은가 혹은 더 낮은가의 문제는 무역의 방향을 결정하는 데 영향을 미치지 않는다. 따라서 다음의 두 가지 사실을 확인할 수 있다.

첫째, '한 국가가 어떠한 산업에서도 비교우위를 가질 수 없다'는 명제는 불가능하다. 흔히 기술개발을 게을리 하면 그 나라는 모든 산업에서 비교우위를 잃게 되고 수출할 수 있는 것이 없어질 수 있다는 생각을 하는 경우가 있는데, 이는 비교우위의 개념을 잘못 이해한 것이다. 비교우위 이론에 따르면, 만약 한 국가가 모든 산업에서 타국보다 더 낮은 효율성을 가진다고 하더라도 상대적으로 효율성이 덜 낮은 산업에서 반드시 비교우위를 갖게 된다. 둘째, 위와 반대로, 한 국가가 모든 산업에 있어서 타국보다 더 효율적이라도 모든 산업에서 비교우위를 가질 수는 없다. 따라서 비교우위에 의해서 생산과 무역을 하면 자국에서 모든 것을 생산하는 것보다 낫다.

그렇다면 비교우위는 왜 발생하는가? 앞서 언급한 리카도는 국가간의 노동생산성 차이, 혹은 기술수준 차이가 비교우위를 발생시킨다고 주장하였다. 최신 현대무역이론에 따르면, 국가간 노동생산성 차이 이외에도, 이제부터 공부하는 여러 가지 다른 요인들로 인해 비교우위가 발생한다.

제 2 절 요소부존이론

1. 요소부존과 비교우위

(1) 요소부존도와 요소집약도

리카도는 노동이 생산에 필요한 유일한 자원, 즉 생산요소일 때, 노동생산성의 차이로 인해 비교우위가 발생하고 이 비교우위를 바탕으로 무역이 행해진다고 설명하였다. 하지만 리카도의 비교우위 이론은 노동생산성 및 생산비용의 차이가 발생하는 근본적인 원인을 설명하지는 않았다. 스웨덴의 경제학자 헥셔(E. Heckscher)와 올린(B. Ohlin)은 재화의 생산과정에서 생산요소의 집약도(factor intensity)가 다르다는 가정을 세우고, 양국의 요소부존도(factor endowment) 차이에서 발생하는 비교생산비 차이를 이용하여 무역의 흐름을 설명하였다. 요소부존도란 경제 내에 어떤 생산요소가 더 풍부한지, 희소한지를 의미하는 개념이며, 요소집약도란 재화를 생산하는 데 어떤 생산요소를 더 집약적으로 이용하는지 나타내는 개념이다.

한국과 미국 두 나라에서 자동차와 밀을 생산하는 경우를 예로 들어보자. 먼저 미국과 한국의 의류와 밀 생산기술 수준은 동일하다고 가정한다. 한국은 미국에 비해 좁은 국토면적과 적은 인구수를 가지고 있다. 하지만 상대적으로 보면 토지면적에 비해 인구수 비율은 미국보다 높다. 이에 따라 토지에 대해 지불하는 지대(rent)에 비해 노동력에 대해 지불하는 임금(wage)은 낮을 것이다. 미국은 넓은 토지에 비해 상대적으로 낮은 인구밀도를 보이므로, 한국에 비교하여 지대에 비해 임금 지불수준이 상대적으로 높을 것이다. 만약 자동차와 밀 생산 모두 토지와 노동이라는 두 생산요소를 필요로 하고 자동차 생산에는 노동이, 밀 생산에는 토지가 상대적으로 많이 투입되어야 한다면, 미국은 밀 생산비용이 상대적으로 낮고 한국은 자동차 생산비용이 상대적으로 낮을 것이다. 이러한 경우 한국은 자동차 생산에 비교우위를 갖게 되고, 미국은 밀 생산에 비교우위를 갖게 된다. 따라서 한국은 미국에 자동차를 수출할 것이고, 미국은 한국에 밀을 수출할 것이다.

위 논리 전개 과정에서 양국의 비교우위를 발생시킨 요인은 미국에는 상대적으로 토지가 풍부하고 한국에는 상대적으로 노동이 풍부하다는 가정이다. 위의 예에서 미국을 토지풍부국(land abundant country)이라고 하고 한국을 노동풍부국(labor abundant country)이라고 한다. 밀 생산을 위해서는 노동력에 비해 상대적으로 넓은 땅이 필요하고 자동차생산을 위해서는 상대적으로 많은 노동력이 요구된다. 즉, 자동차는 노동집약적(labor intensive) 재화이고 밀은 토지집약적(land intensive) 재화이다. 한국은 노동이 풍부하여 임금이 상대적으로 저렴하므로 노동집약재인 자동차 생산에 비교우위를 갖게 되고 미국은 토지가 상대적으로 풍부하여 지대가 저렴하므로 토지집약재인 밀 생산에 비교우위를 갖게 되는 것이다.

헥셔와 올린이 전개한 이 이론에서는 국가별로 보유한 생산요소 부존도에 따라 무역의 흐름이 결정되므로 요소부존이론(factor endowment theory)이라고 한다. 또한, 최초 주창자들의 이름을 따서 헥셔-올린 이론(Heckscher-Ohlin theory)이라고도 한다.

(2) 헥셔-올린 정리

위에서는 노동과 토지라는 두 생산요소를 이용하여 설명했지만, 현대 경제에서 가장 중요한 생산요소는 노동과 자본이므로, 헥셔-올린 이론에서는 이 두 생산요소만을 고려하여 무역의 방향을 다음과 같은 정리(theorem)로써 설명하고 있다.

헥셔-올린 정리(Heckscher-Ohlin theorem)

노동이 상대적으로 풍부한 국가는 노동집약재에 비교우위를 가지며, 자본이 상대적으로 풍부한 국가는 자본집약재에 비교우위를 갖는다.

이러한 헥셔-올린 이론에 의하면, 무역을 하는 국가는 비교우위를 가진 재화 생산에 특화하여 외국에 수출하고 다른 재화를 수입한다. 이 경우 수출로 인해 수입이 발생하고 저렴한 가격으로 수입을 할 수 있게 되어 무역 발생 전보다 경제 전체적으로 이익이 증대된다.

리카도가 제기한 비교우위의 기본적 원리는 요소부존이론에도 그대로 적용된다. 다만, 리카도의 경우 비교우위의 원인이 되는 노동생산성 차이가 발생하는 이유에 대하여는 설명하지 않고 있지만, 헥셔-올린 이론에서는 비교우위 차이가 양국의 요소부존도 차이에 의해서 결정된다고 밝히고 있다.

실제 경제에서는 노동과 자본뿐만 아니라 여러 가지 생산요소가 존재하므로 그에 따라 무역의 방향이 결정된다. 예컨대, 노동이라는 생산요소도 숙련노동(skilled labor)과 미숙련노동(unskilled labor)으로 나눌 수 있다. 미국과 같은 나라는 숙련노동이 풍부하고 미숙련노동이 희소한 국가라고 할 수 있으며, 중국과 같은 나라는 그 반대라고 할 수 있다. 그러한 경우, 미국은 숙련노동이

집약적으로 이용되는 재화에 비교우위를 갖게 되고, 중국은 미숙련노동집약재에 비교우위를 갖게 된다.

2. 무역과 요소가격 변화

헥셔-올린 정리에 의해 요소부존도가 서로 다른 국가 사이에 무역이 발생하면 생산요소의 가격에는 어떠한 변화가 발생할까? 자본이 상대적으로 풍부한 국가로 알려진 미국과 노동이 상대적으로 풍부하다고 알려진 중국이 자유무역을 실시하게 될 경우, 미국은 노동의 가격, 즉 임금이 높고 자본의 가격, 즉 이자율이나 임대료는 낮으므로, 헥셔-올린 정리에 따라 미국은 자본집약적 산업(기계산업 등)에 비교우위를 가지게 된다. 중국은 이와 반대로 노동집약적 산업(섬유산업 등)에 비교우위를 가지게 되어 이 산업에서 만들어내는 제품을 수출한다.

자유무역을 실시한 후 세계적으로 중국산 의류에 대한 수요가 증가하므로, 중국산 의류 가격은 상승하고 중국 기업의 의류생산은 증가한다. 그 결과 중국에서는 전보다 더 많은 노동력을 필요로 하므로, 노동에 대한 수요가 증가하여 임금이 상승하게 된다. 미국은 기계산업 제품에 대한 세계적 수요가 증가하므로 기계 생산을 증가시키기 위해 자본에 대한 수요가 증가하여 자본에 대한 가격, 즉 임대료나 이자율이 상승할 것이다. 즉, 자유무역의 결과로 인해 노동이 풍부한 중국은 임금이 상승하고, 자본이 풍부한 미국은 자본의 가격이 상승하게 되는 것이다. 이를 다음의 표로 정리할 수 있다.

[표 2-6] 미국과 중국의 예: 자유무역 이후 양국의 생산요소 가격 변화

		노동풍부국(중국)		자본풍부국(미국)	
무역 전		임금 낮고	이자 높음	임금 높고	이자 낮음
무역개시 후 변화	가격 변화	섬유가격↑	기계가격↓	섬유가격↓	기계가격↑
	생산 특화	섬유생산↑	기계생산↓	섬유생산↓	기계생산↑
	요소 수요	노동수요↑	자본수요↓	노동수요↓	자본수요↑
	요수 가격	임금 상승	이자하락	임금 하락	이자 상승

요소가격 균등화정리(factor price equalization theorem)

노동풍부국과 자본풍부국이 자유무역을 하면 임금이 낮은 노동풍부국에서는 임금이 상승하고 이자율(혹은 임대료)이 낮은 자본풍부국에서는 이자율(혹은 임대료)이 상승하여 양국의 요소가격은 균등화된다.

한국의 경우, 대외무역을 본격적으로 시작한 1960년대와 현재를 비교해보면, 과거에 비해 최근 선진국과의 임금, 혹은 이자율 격차가 많이 줄어든 모습을 확인할 수 있다. 과거에 비해 한국의 임금수준은 매우 빠르게 상승하였으며(하지만 여전히 선진국에 비해서는 낮은 수준이다), 이자율의 경우에도 과거 한국이 월등히 높았던 것에 비하면 최근 그 격차가 많은 줄어드는 경향을 보이고 있다. 즉, 선진국에 비해 노동이 풍부하고 자본이 부족한 한국은 지난 몇십년 간 요소가격 균등화 현상을 경험하여 왔다고 할 수 있다.

제 3 절 규모의 경제와 산업내 무역

1. 규모의 경제와 무역의 이익

기업의 생산규모가 커질수록 생산비용이 절감되어 생산공정이 보다 효율적으로 변화하는 현상을 규모의 경제(economy of scale)라고 한다. 앞서 공부한 무역이익(gains from trade)은 규모의 경제와 깊은 연관성을 지닌다.

경제주체의 궁극적인 목표는 재화 및 서비스를 소비(consumption)함으로써 효용(utility)을 극대화하는 것이다. 그런데 소비를 하기 위해서는 시장에 충분한 공급이 이루어져야 하며, 이에 따라 생산이 효율적으로 이루어지는 것이 소비자 입장에서도 매우 중요하다. 한 나라의 생산수준을 늘리는 방법에는 생산공정에 투입되는 생산요소의 양을 증가시키는 방법과 각 생산요소의 생산성, 즉 생산효율성을 증가시키는 방법이 있다. 그런데, 생산에서의 효율성을 높이는 데는 규모의 경제라는 개념이 중요하며 이는 무역과도 관련이 깊다.

규모의 경제로부터 무역의 이익을 얻을 수 있음을 확인하기 위해 '경제학의 아버지' 아담 스미스(A. Smith)의 『국부론』의 한 구절을 살펴보자.

"핀을 만드는데, 나름대로 숙련되고 기계를 잘 다루는 기능공이 혼자서 핀을 만들면 기껏해야 하루에 20개를 만들지는 못한다. 그런데, 실제로 핀 만드는 과정은 약 18개의 공정으로 나누어져 있다. 철사를 잡아 빼는 사람, 곧게 펴는 사람, 자르는 사람, 뾰족하게 하는 사람, 머리를 붙이기 위해 끝을 가는 사람 등이 있으며, 머리를 만드는 공정도 두세 가지의 다른 일로 이루어져 있다. 하얗게 광내고, 종이에 담고, 포장하고 … 18개의 공정을 10명이 나누어서 각 사람이 한 공정 혹은 몇 공정씩 나누어서 일을 할 때 하루에 약 48,000개를 만든다. 한 사람당 4,800개를 만드는 것이다."

스미스가 지적하듯이, 한 사회의 생산성은 분업(division of labor)에 의해 크게 증가될 수 있다. 이렇게 효율적으로 만들어낸 재화가 시장에서 판매가 되어야 이익이 실현될 수 있으므로, 충분히 큰 시장의 크기와 분업으로 인한 효율성은 필연적으로 연결되어 있다. 시장의 크기를 확장하기 위해서는 무엇을 해야 할까? 바로 자유무역의 실시가 시장을 확장시키는 좋은 방법일 것이다. 무역의 발생에 의해 지역과 지역이 통합되고 국가와 국가가 합쳐져 큰 시장이 형성되고, 생산자는 분업을 생산성을 높이고 생산비용을 줄여 이익을 극대화하게 된다. 이러한 점을 고려하면 규모의 경제와 무역이익을 다음과 같이 도식화할 수 있다.

무역과 규모의 경제

무역 → 시장규모의 확대 → 분업가능, 적정규모에서 생산 → 생산성 증가

2. 산업내 무역

리카도와 헥셔-올린의 전통적 무역이론은 서로 다른 산업 사이에 발생하는 무역만을 설명한다. 예컨대 한국은 미국에 자동차를 수출하고 미국은 한국에

농산물을 수출하는 경우를 공부하였다. 수출산업과 수입산업이 서로 다른 이러한 무역을 산업간무역(inter-industry trade)이라고 한다. 하지만, 최근의 무역 동향을 보면 오히려 동일 산업 내 무역규모가 증가하고 있는데, 미국과 한국이 모두 자동차를 생산하며, 상대국에 자국의 자동차를 수출하는 한편 상대국으로부터 자동차를 수입하기도 하는 것이다. 한국의 현대자동차와 미국의 포드자동차의 생산요소 집약도 및 자동차 생산 기술수준이 비슷하다면 양국의 자동차산업은 동일산업이라 할 수 있는데, 이렇게 동일 산업내에서 무역이 이루어지는 현상을 산업내무역(intra-industry trade)이라고 한다. 리카도의 이론과 헥셔-올린의 이론은 산업간 무역을 설명하는 데에는 탁월한 해석능력을 발휘하지만 산업내 무역을 설명하는 데에는 한계를 지닌다.

산업내무역을 이론적으로 이해하기 위해서는 앞서 설명한 규모의 경제(economy of scale)와 더불어 제품차별화(product differentiation) 및 다양성에 대한 선호(love of variety)라는 개념을 알아야 한다. 규모의 경제는 간단히 말해 생산규모가 커짐에 따라 단위당 생산비용이 감소하여 생산성이 향상되는 현상이다. 그리고 제품차별화란 각 기업이 생산하는 제품이 동일 산업 내 존재하지만 자국의 제품과 타국의 제품간에 소비자가 차별화를 느낄 정도의 특징을 가지고 있음을 의미한다.

자동차 산업을 예로 들면, 동일 산업 내에서 대형차와 소형차가 다른 제품으로 인식되는 경우가 바로 제품차별화에 해당한다. 이 경우 모든 나라가 소형차와 대형차를 모두 생산하게 되면 각각의 자동차 종류에 대해서는 시장의 규모가 작아 생산규모가 작을 수밖에 없으며, 이에 따라 자동차 한 대당 생산비용은 높을 수밖에 없다. 이 때 자유무역을 하게 되어 각국 기업들이 타국 소비자에게도 자동차를 공급할 수 있게 된다면, 한국가는 대형자동차만 생산하고 다른 국가는 소형자동차만 생산하여 이를 상호간에 수출-수입할 수 있다. 한 형태의 자동차만 생산하므로 생산규모가 커지고 이에 따라 규모의 경제를 통해 경쟁력 있는 분야의 자동차 생산에 주력하여 생산비용을 줄일 수 있다. 이러한 과정을 거치며 경쟁력이 약한 기업들은 국제 시장에서 퇴출되어 전체 기업 수는 줄어들겠지만, 살아남은 기업은 낮은 생산비용으로 높은 효율성을 누리게 된다. 한편, 소비자들은 국산 자동차와 함께 수입산 자동차도 소비할 수 있게 되므로 더 다양한 상품들을 소비할 수 있게 된다. 결과적으로 규모의 경제로 인한 생산비용 절감과 소비자의 선택의 다양성 증가가 무역으로부터 얻는 이익이라고 할 수 있다.

3. 산업내 무역과 산업간 무역의 공존

실제 경제에서는 산업내 무역과 산업간 무역이 동시에 이루어지고 있다. 이를 정리하면 다음과 같다.

① 국가간 기술차이(생산능력)가 많이 나거나(리카도 이론), 요소부존도 차이가 크게 나는 경우(헥셔-올린 이론), 국가들 사이에는 산업간 무역이 많이 발생할 것이며, 기술이나 요소부존의 차이가 작은 국가들 사이에는 산업내 무역이 많이 발생할 것이다. 즉, 소득수준이 비슷한 국가들(이 국가들은 요소부존 정도, 기술수준 등이 비슷할 가능성이 높다) 사이에는 산업내 무역이 더 잘 이루어진다.

② 자본집약도가 극도로 크거나 아주 작은 산업에서는 헥셔-올린 이론이 설명하는 바와 같이 요소부존도 차이가 무역의 흐름을 결정하는 데에 중요한 역할을 할 것이고, 자본집약도가 중간 정도인 산업에서는 산업내 무역이 중요한 역할을 할 것이다.

산업간무역과 산업내무역이 동시에 일어나는 사례를 보기 위해, 자동차는 제품이 차별화되어 있고(예컨대 소형차와 대형차) 농산물은 제품차별화가 되어 있지 않으며, 한국은 소형자동차를 수출하고 미국은 대형자동차와 농산물을 수출한다고 가정하자.

먼저, [그림 2-1]의 왼쪽 그림에서는 한국은 미국에 자동차를 수출하고 미국은 한국에 농산물을 수출하는 산업간무역이 이루어지고 있다. 이 무역흐름은 우선 산업간무역이 될 것이다. 하지만 실제 경제에서 한국은 소형 자동차를 수출하면서 미국은 대형자동차를 수입하기도 한다. 이러한 상황은 오른쪽 그림에서와 같이 산업간무역뿐 아니라 산업내무역도 동시에 일어나고 있는 것을 의미한다. 만일 양국간에 무역수지 균형이 이루어진다면 수출액과 수입액이 같아야 할 것이므로, 결국 오른쪽 그림과 같은 관계가 성립할 것이다.

[그림 2-1] 산업간 무역과 산업내 무역의 공존

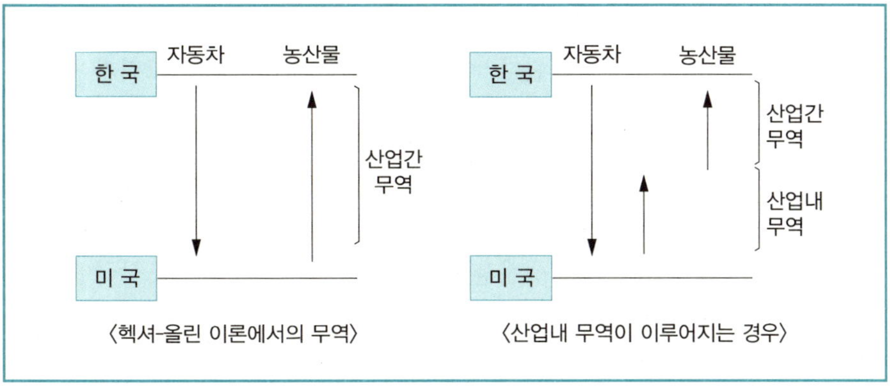

제 4 절 기타 무역이론

1. 제품수명주기이론(Product Life Cycle Theory: PLC)

(1) 수명주기에 따른 무역 발생

버논(R. Vernon) 등의 경제학자는 제품의 생산기술 변화 추이가 무역의 흐름과 어떤 관계가 있는지 연구하였다. 이들의 이론에 따르면, 제품의 생산기술에 존재하는 여러 단계의 수명주기(life cycle, 혹은 생애주기)가 무역의 패턴 및 흐름을 결정하는 데 큰 영향을 미친다. 이를 조금 더 자세히 설명하면 다음과 같다.

① **신상품 도입단계**: 신상품이 개발되어 국내시장에서 생산되는 시기이다. 신상품은 주로 수요가 강하게 발생하는 선진국에서 개발되며, 생산과 함께 자국에서 소비된 후 빠른 속도로 주변 선진국에도 수출된다. 이 시기의 수요의 가격탄력성은 매우 작은 편이어서, 국가 간 생산비용 및 수송비용 차이는 무역의 흐름에 큰 영향을 미치지 못한다.

② **성숙단계**: 시간이 흘러 세계적으로 해당 제품에 대한 수요가 증가하고, 이에 따라 제품을 최초 개발한 선진국에서 대량생산이 이루어지며 규모의 경제가 발생한다. 이때부터 생산비용에 대한 고려가 중요하게 여겨지기 시작하는데, 주변 선진국에서 우선 생산기술을 도입하여 자체적인 생산을 시도한다. 하지만 이들 국가에서는 아직 규모의 경제가 발생하지 않아 상대적으로 높은 생산비용을 감수해야 하므로, 이들 국가는 성숙단계에서 수입과 생산을 병행하게 된다. 또한 개발도상국에도 추가적인 수요가 발생하여 선진국의 전체 수출량은 증가하게 된다.

③ **표준화단계**: 시간이 충분히 흐르게 되면 생산기술이 표준화되어 선진국의 기술적 우위는 사라지고 생산요소의 가격 차이에 의한 비교우위가 무역의 흐름을 결정하게 된다. 즉, 개발도상국보다 임금수준이 높은 선진국에서 오히려 생산비용이 높아져 비교우위를 가진 개발도상국으로부터 해당 제품을 수입하게 된다.

이를 그림으로 표현하면 [그림 2-2]와 같다. 그림에서 실선은 생산규모를, 점선은 소비규모를 나타내며, 가로축은 시간의 흐름에 따른 제품의 수명주기를, 세로축은 생산과 소비의 양적 수준을 나타낸다. 즉, 어떤 한 시점에서 생산규모와 소비규모의 수직적 차이가 순수출(수출-수입) 규모가 될 것이다.

이 그림은 한 기술의 진화과정 및 표준화과정이 무역의 방향을 결정짓는 중요한 요소임을 보여준다. 처음 상품이 개발되었을 때에는 선진국이 독점적으로 점유하는 기술의 우위가 무역의 패턴을 결정짓는 중요한 요인이나, 시간이 흘러 기술이 다른 국가로 전파되고 세계적으로 표준화됨에 따라 무역의 흐름이 생산비용 등 비교우위 요인들에 의해 결정되는 것을 알 수 있다.

[그림 2-2] 제품수명주기설에 의한 무역 패턴

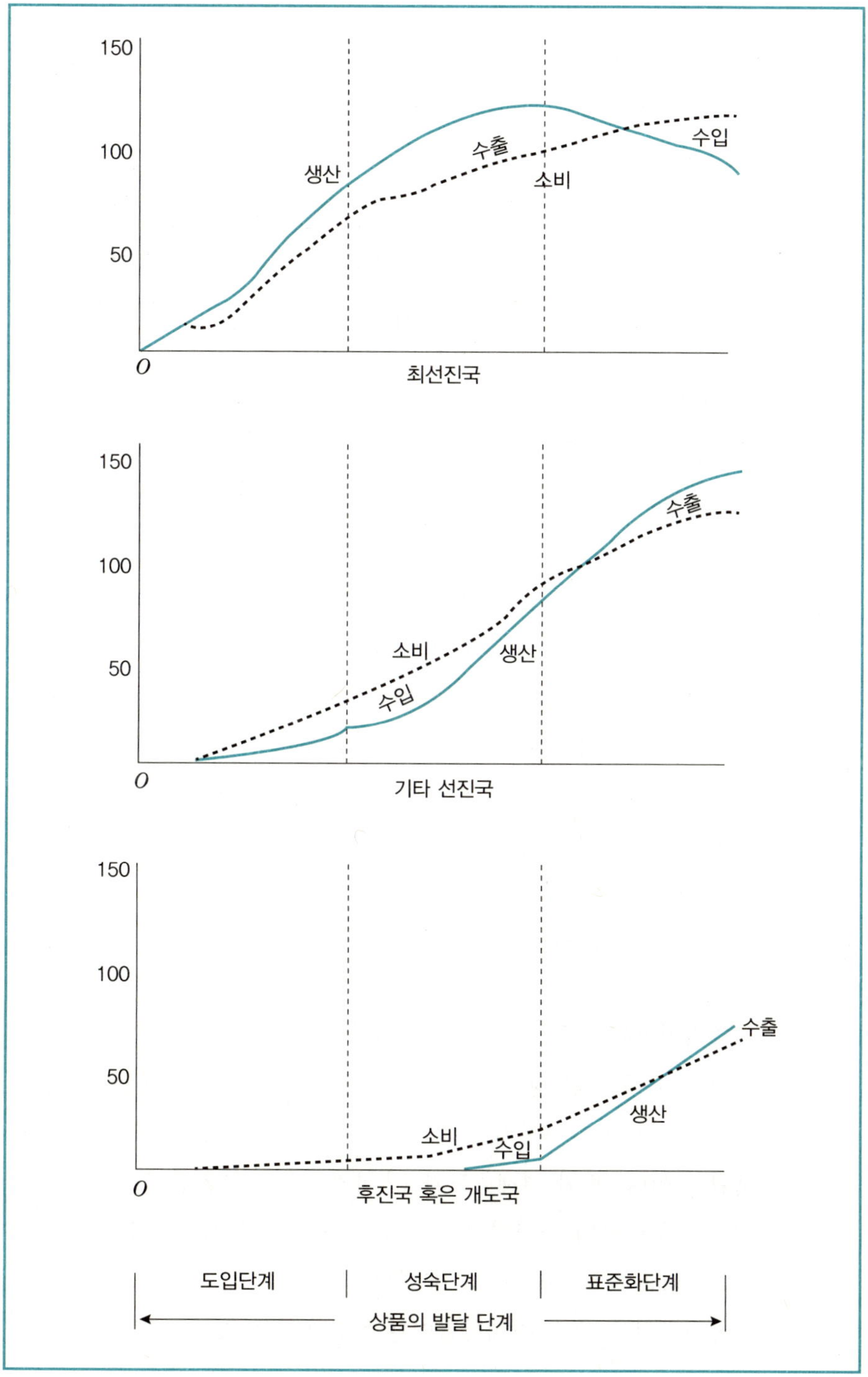

2. 대표수요이론(Representative Demand Theory)

린더(S. B. Linder)가 주장한 대표수요이론은 다음과 같이 요약될 수 있다.

① 국내시장이 존재하는 상품만이 수출 가능하다.

② 국민소득에 의해 국내시장의 크기가 결정된다.

즉, 어떤 상품이 수출되기 위해서는 먼저 국내에서 생산이 이루어져야 하는데, 이는 국내수요가 충분히 있어야만 가능할 것이다. 국내에서 우선 어느 정도 크기의 시장이 형성되어야 대량생산이 가능하며, 생산비용도 낮아지고 수출도 가능할 것이기 때문이다. 결국 대표수요이론은 그 나라에서 가장 수요가 큰 재화를 수출하게 된다는 이론이다.

그런데 소득수준이 비슷한 나라들 간에는 수요의 형태 및 구조도 비슷하므로, 소득수준이 비슷한 국가들끼리 수출도 더 활발할 것이다. 즉, 이 이론을 통해 소득이 비슷한 선진국간 교역량이 월등히 높은 이유를 설명할 수 있다.

이는 헥셔-올린 이론의 단점을 보완하는 것이기도 하다. 헥셔-올린 이론에 의하면, 생산요소의 부존도 차이가 큰 국가들 간에 무역이 더 활발하게 발생해야 하며 요소 부존도가 비슷한 국가들 간에는 무역이 발생할 가능성이 적다. 하지만 현실에서는 오히려 요소부존도가 비슷한 국가들, 즉 소득수준이 비슷한 국가들 사이에서 무역량이 큰 현상을 쉽게 확인할 수 있는데, 이는 린더의 대표수요이론 혹은 위의 산업내무역이론을 적용하여 설명할 수 있다.

3. 중력이론(Gravity Theory)

중력이론이란 두 나라 사이의 무역량이 두 국가 사이의 물리적 거리에 반비례하고 두 국가의 경제규모에 비례한다는 이론이다. 예를 들면, 미국과 멕시코, 혹은 한국과 일본처럼 거리가 가까운 국가들 사이에는 무역이 활발히 발생할 것이다. 또한 경제규모가 큰 국가일수록 무역량이 클 것이다. 이와 같은 이론이 물리학의 중력법칙과 유사한 구조를 가지고 있다는 점에 착안하여 중력모형(gravity model)이라고 부른다.

중력모형은 주로 경제통합이론에 응용되고 있다. 중력모형을 이용하여 무역량을 계산한 뒤, 예상 무역량이 큰 국가들끼리 경제통합을 하는 것이 좋다는 것이다. 한국의 경우, 과거에는 미국이나 유럽 등 거리가 먼 국가들과의 무역이 주를 이루었다면, 최근에는 동남아, 중국 등 가까운 국가들과의 무역규모가 급격히 확대되고 있어 중력모형을 어느 정도 따른다고 할 수 있다. 이러한 중력이론은 무역의 방향 즉 어느 것이 수출되고 수입될 것인가를 설명하기보다는 무역량을 설명하는데 유용한 이론이다.

4. 글로벌가치사슬과 부가가치기준 무역

현대 경제에 존재하는 대부분의 재화는 그 재화를 초기생산단계부터 완성품에 이르기까지 한 국가 내에서만 생산할 수는 없을 정도로 복잡한 생산구조를 가지고 있다. 즉, 생산의 각 단계에서 각기 다른 국가들이 역할을 나누어 맡는 분업의 형태가 활발해지고 있는데, 이를 수직적 국제분업이라고 한다. 또한, 재화 및 서비스의 각 생산 단계별 비용이 세계에서 가장 낮은 국가에서 그 단계를 전담하여 생산한 결과 여러 국가에 걸쳐 가치가 창출된다는 의미에서 이를 글로벌 가치사슬(global value chain, GVC)이라고도 한다.

국제무역의 구조가 위와 같이 변화하는 시점에서 한 나라의 무역액을 총액(gross) 기준으로 측정하게 되면 중간재 무역액이 각 단계별로 중복 계상되는 등 현실을 정확하게 반영하는 데 한계가 존재한다. 따라서 각국에서 실제 생산에 참여한 가치를 측정하는 부가가치(value added) 기준의 무역액 측정이 보다 정확한 무역규모 추정에 도움이 될 것이다.

최근 미·중 무역분쟁이 부가가치 기준 무역의 중요성을 확인할 수 있는 좋은 사례이다. 미국은 중국의 대미 무역흑자가 너무 크기 때문에 중국의 대미 무역을 제한하여야 한다고 주장하였다. 하지만 중국은 대미수출품에 포함된 실제 가치, 즉 부가가치는 한국이나 일본에서 생산된 것이라고 주장할 수 있다. 중국은 이들 국가로부터 수입한 자본재나 중간재를 이용하여 가공한 후 미국에 수출한 것이기 때문에, 실제로는 한국이나 일본이 미국에 간접적으로 수출한 것이라고 주장하였다. 이 사례에서 미국의 주장은 총액 기준의 주장이며, 중국은 부가가치 기준으로 중국의 대미수출액을 측정한 것이다.

[그림 2-3] 총액기준 무역과 부가가치기준 무역 비교

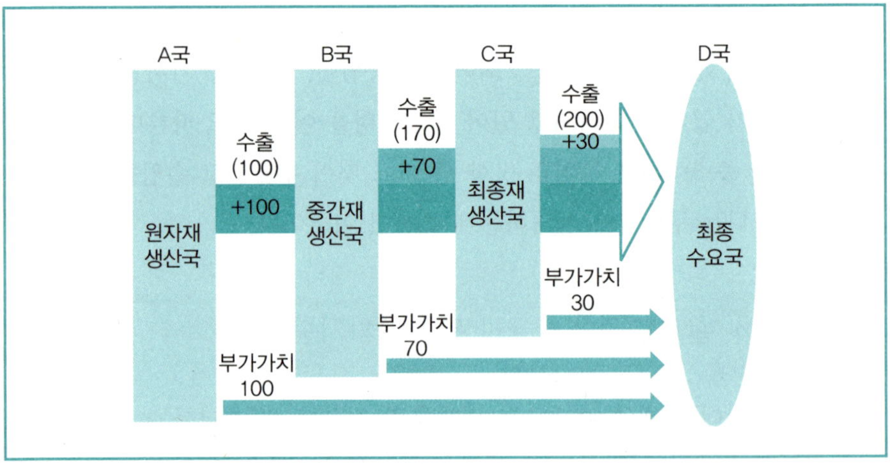

자료: 이우기(2013).

[그림 2-3]을 보면, B국은 A국으로부터 100만큼의 원자재를 수입하여 부가가치를 70만큼 창출하고 170만큼 C국에 수출한다. 이때 총액기준으로는 B국이 C국에 170만큼 수출한 것으로 측정되지만, 부가가치 기준으로는 A국이 C에 100, B국이 C에 70만큼 수출한 것이 된다.

제 5 절 무역과 소득분배

1. 소득재분배의 의미

(1) 무역과 소득재분배

앞서 살펴본 바와 같이, 자유무역을 하면 국가 경제 전체로 무역이익을 얻을 수 있다 하지만 국가적으로 무역자유화 정책을 시행하려 할 때 이에 반대하는 집회가 열리는 모습을 종종 목격하게 된다. 우리나라의 경우, WTO가 출범할 당시, 혹은 한-미 FTA나 한-중 FTA의 협상과정에서, 국내 농어업 관련

종사자들이 극심하게 반대한 경험이 있다.

또한, 미국 역시 GATT법안의 처리 과정이나 한-미 FTA 협상과정에서 의회 내 반대가 극심하여 비준절차에 상당한 어려움을 겪은 경험이 있다. 미국 트럼프 대통령도 관세인상을 천명하였으며, 영국은 EU로부터 탈퇴한 브렉시트(Brexit) 현상을 보여주었는데, 이들은 모두 무역자유화에 대한 반대 움직임이라고 할 수 있다. 이러한 현상은 어떻게 설명할 수 있을까?

자유무역은 한 나라의 경제 전체적으로는 분명한 이익을 가져다 주지만, 경제 내의 각 이해집단 중에서는 무역으로 인해 손해를 보는 경우도 발생할 것이다. 국제무역이론에서는 이와 같은 문제를 '소득재분배'(income redistribution) 문제로 인식하여 매우 중요한 이슈로 다루고 있다.

(2) 장기 소득재분배 효과

무역을 통해 생산요소의 소득, 즉 임금소득이나 자본소득(이자, 임대료 등)에 어떠한 변화가 발생하는지는 앞서 헥셔-올린 이론의 '요소가격 균등화 정리'에서 학습한 바 있다. 즉, 무역의 발생으로 인해 한 나라에 풍부한 요소의 가격은 상승하고 희소한 요소의 가격은 하락하게 되며, 그 결과 양국의 생산요소가격은 균등화된다. 무역으로 인해 생산요소의 가격이 변화하면, 그 생산요소를 보유한 사람의 소득 역시 변화할 것이며, 이로 인해 '소득재분배'가 이루어질 것이다. 미국이 자본풍부국이고 중국이 노동풍부국일 경우, 미국은 자본집약재를, 중국은 노동 집약재를 수출하게 되어 미국에는 자본에 대한 수요가, 중국에는 노동에 대한 수요가 증가할 것이다. 그 결과, 미국은 자본의 가격(이자율 혹은 임대료)이 올라갈 것이고 중국은 노동의 가격(임금)이 상승할 것이다.

이러한 논리에 의하면, 미국과 같이 노동이 상대적으로 희소한 국가에 무역이 발생하면 장기적으로 노동 소유자들(임금노동자들)은 임금하락이라는 손해를 볼 수 있다. 노동이 매우 풍부한 중국과 같은 국가는 노동집약재를 수출한 결과 임금 상승의 효과를 누릴 수 있는 것과 대비된다. 이를 [그림 2-4]와 같이 정리할 수 있다. 즉, '자유무역은 그 나라에 풍부한 생산요소에게는 이익이고 희소한 생산요소에게는 손해를 가져다 준다'.

[그림 2-4] 무역의 장기적 소득재분배 효과

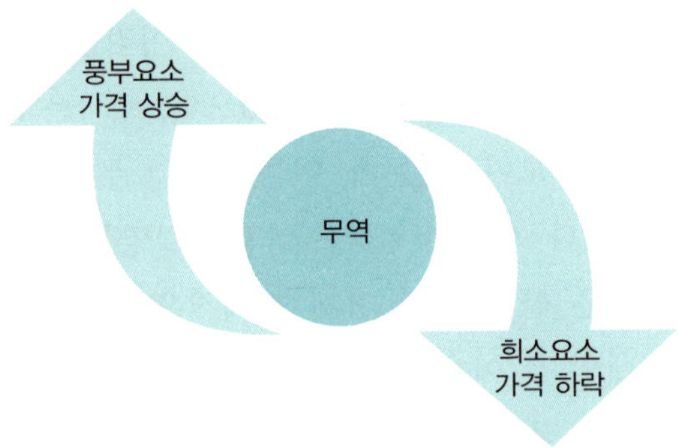

장기적으로 위의 효과가 나타나기 위해서는 생산요소가 각 산업 간에 자유롭게 이동할 수 있다는 전제가 충족되어야 한다. 예컨대 중국은 상대적으로 자본보다 노동이 풍부한 국가로 알려져 있다. 중국의 무역은 노동집약적인 산업(섬유산업 등) 등이 수출 분야가 될 것이고, 이 분야의 수출이 증가함에 따라 중국의 의류가격은 상승하며 이 부문에 종사하는 노동자의 임금도 상승한다. 따라서 중국 경제 전체적으로 노동에 대한 수요 증가와 임금소득 상승이 발생한다. 그러나 자본의 경우, 외국으로부터 자본 집약재를 수입하게 되므로 중국내 자본에 대한 수요가 하락하여 결국 임대료와 이자율 등 자본에 대한 가격이 하락한다.

(3) 단기 소득재분배 효과

단기적으로 무역이 발생하면 수출재를 생산하는 산업과 수입재와 경쟁하는 산업에는 어떤 변화가 발생할까? 수출재 생산 산업은 무역으로 인해 수출재의 가격이 상승하고 생산량이 증가하여 경제적 이익을 누릴 수 있다. 그러나 수입재와 경쟁하는 산업의 경우 값싼 수입제품의 국내유입으로 인해 가격이 하락하고 생산이 감소하여 경제적 이익이 줄어들 것이다. 한국의 전형적인 수입재 경쟁 분야인 농업 부문을 자유무역으로 개방할 경우, 외국의 값싼 농산물이 들어와 농업 종사자의 수입을 감소시키게 될 것이므로, 무역자유화가 국가

[표 2-7] 무역의 장·단기 소득재분배 효과

	장기	단기
노동풍부국	노동자 이익, 자본가 손해	수입재 분야의 노동·자본 모두 손실 수출재 분야의 노동·자본 모두 이익
자본풍부국	노동자 손해, 자본가 이익	

적 차원에서 이득이 되는 일이라고 해도 농업 종사자인 농민들 입장에서는 자유무역정책을 반길 수만은 없는 것이다.

장기적으로, 수입재 경쟁 산업에 종사하는 이들이 수출재 생산 부문으로 이동하는 결정을 할 수도 있겠지만, 이는 직업 재교육 및 직업 탐색 등의 과정이 필요하므로 단기적으로 가능한 일은 아니다. 따라서, 무역개방으로 인해 농업 부문 종사자는 경제적 손실을 입을 수밖에 없다.

위에서 설명한 무역의 소득재분배 효과는 [표 2-7]과 같이 정리할 수 있다.

2. 소득재분배 문제와 무역정책

(1) 소득재분배 정책 실시의 어려움

무역정책의 실시과정에서는 반드시 무역으로 인한 소득재분배 효과를 고려해야 한다. 어떤 정책을 사용해야 소득재분배의 부정적 효과를 최소화할 것인지 고려해야 하는 것이다. 자유무역의 경제 전체적인 순효과는 분명하므로, 자유무역의 이익을 저해하지 않는 범위 내에서 소득재분배를 수정하는 정책이 시행되어야 한다.

가능한 정책 중 하나로, 무역의 이익을 얻은 집단으로부터 그 이익의 일부를 회수하여 손실을 입은 집단에 분배하는 방법이 있다. 실제로 각국 정부는 조세정책 등을 활용하여 소득재분배 문제를 해결하기 위하여 노력하고 있다. 그러나 이와 같은 재분배 정책은 다음과 같은 이유로 현실적으로 성공 가능성이 높지 않다.

① 어느 산업이 얼마나 이익을 얻고 손실을 입었는지 계산하는 것은 매우 어려운 일이다.

② 이익과 손실을 계산할 수 있다고 해도 소득재분배 정책을 시행하는 구체

적 방법이 마땅치 않은 경우가 많다.

한국에서도 1995년 WTO 출범과 동시에 '농어촌특별세'를 신설(2010년 폐지되었다)하고 이를 재원으로 하여 「장기 농어촌 구조개선 프로그램」을 만들어 농어업에 보상을 하기 위해 노력한 바가 있다. 그런데 무역으로 인해 이익을 얻은 집단에 대하여 직접 과세하지 못하고 광범위한 대상(예컨대, 주식 거래에 대하여도 농특세를 부과하였다)에 대하여 과세하였다는 한계가 존재한다. 이 사실은 무역관련 소득재분배 정책 시행의 어려움을 단적으로 시사하는 것이다.

(2) 현실에서의 소득재분배 문제

선진국들에서도 자유무역에 반대하는 집단이 제법 많은 편이다. 유럽의 경우, 오래 전부터 높은 실업률 문제는 유럽경제의 고질적인 문제였다. 자유무역을 통한 경제개방은 비교우위가 없는 분야(예컨대 수입재 경쟁 산업)의 쇠락을 발생시키며, 해당 분야의 실업이 발생하게 된다. 이렇게 일자리를 잃은 이들이 자유무역에 반대하는 것은 어찌 보면 당연한 현상이다.

미국의 경우 무역으로 인한 실업문제는 유럽에 비해 상대적으로 덜 심각하지만, 그 대신 임금 불평등 문제가 심각한 수준이다. 어느 연구에 의하면, 미국의 미숙련 노동자들의 실질임금은 1970년대보다 20년이 지난 1990년대에 더 낮아졌다고 한다. 미국 전체의 경제는 매년 성장하였고 1인당 GDP 역시 매년 상승하였지만 저소득 미숙련 노동자 계층의 소득은 오히려 더 줄어든 것이다. 왜 그럴까? 미국은 자본이 상대적으로 풍부하고 노동(특히 미숙련노동)이 타국에 비해서 희소하여 임금수준이 매우 높았다. 그런데 외국과 자유무역을 하게 된 후 외국으로부터 노동집약적 산업 재화를 수입하게 되어 미국 내 미숙련 노동자의 임금은 점차 하락하게 되었다. 그 결과, 미국의 노동자들은 외국으로부터 섬유나 의류 등의 노동집약재를 수입하는 것에 규제를 가하도록 정부 측에 요구하였고, 그 결과 다자간 섬유류 협정(Multi-Fibre Arrangement: MFA) 등의 수량 제한정책이 실제로 도입되었다.

하지만 미국 미숙련 노동자들의 임금 하락 현상이 무역 때문이 아니라 미국의 경제·산업 구조의 국제적 조정에 따른 국내산업간 자연적인 변화 때문이라는 주장도 있다. 지난 몇십년간 산업내 기술수준이 급격히 상승해 왔으며,

이에 따라 높은 기술수준이 요구되는 산업에서 고소득을 창출하게 되었기 때문에 미숙련 노동자들의 임금이 상대적으로 줄어든 것이지 무역 때문은 아니라는 것이다.

제 6 절 무역과 경제성장

1. 경제성장에서 무역의 역할

(1) 경제성장 요인

한 나라의 경제성장은 크게 다음의 두 가지 측면에서 이루어진다.

① 노동이나 자본 등 생산요소 투입량이 증가하는 경우(물리적 증가)

② 각 생산요소의 생산성이 향상하는 경우(기술적 진보)

무역은 이 두 가지 측면에서 모두 경제성장에 도움이 될 수 있다. 첫째, 무역이 발생하면 외국과의 교류를 통하여 노동과 자본의 유입이 이루어지고, 생산요소의 증가는 경제성장으로 이어진다. 둘째, 무역이 발생하면 앞에서 설명한 바와 같이 생산요소의 생산성이 증가한다. 생산비용이 절감되거나 기술수준이 향상되어 경제성장을 촉진하는 것이다.

(2) 무역에 의한 경제성장 촉진

자유무역이 경제성장에 영향을 미치는 경로는 조금 더 자세히 설명해보자.

① **자본축적**: 자유무역은 한 나라의 자본축적에 도움을 준다. 무역의 이익(gains from trade)은 그 나라 구성원의 실질소득 증가를 의미하며, 그 결과 저축 및 투자가 증가한다. 투자의 증가는 GDP에 긍정적인 영향을 미치므로, 결국 자유무역의 실시로 인해 자본축적량이 증가하여 경제성장이 촉진되는 것이다. 또한, 한 나라의 자본축적은 국내저축뿐만 아니라 해외저축(외자도입, 외국투자 등)으로부터 형성되기도 하는데, 무역은 해

외저축을 촉진시키기도 한다.

② **수요 창출**: 무역은 교역상대국과의 교류를 통하여 새로운 수요를 창출하는 역할을 한다. 무역 발생 전에는 외국문물을 접할 기회가 적기 때문에 국내 생산에 맞추어 수요가 제약을 당했다면, 무역 발생 이후에는 해외와의 접촉 기회가 증가하여 새로운 상품 및 문화 등에 대한 지식과 정보의 양이 증가하고, 이로 인해 새로운 수요와 시장이 창출될 수 있다. 이러한 수요의 증가는 경제성장으로 이어진다.

③ **시장 확대**: 앞서 살펴 본 바와 같이, 무역의 발생은 기업의 판매경로를 국내시장뿐 아니라 해외시장으로 확대할 수 있게 만들어 전체적인 시장의 크기가 확대되고, 이로 인해 규모의 경제(economy of scale)를 누릴 수 있게 되어 생산성 향상 및 생산비용 절감 등이 발생한다. 생산성의 향상은 경제성장을 촉진시킨다.

④ **기술전파**: 무역은 재화 및 서비스의 국제적 이동이라는 개념으로 이해되기 쉽지만, 본질적으로 그 재화 및 서비스 안에 들어간 수출국의 기술을 함께 이동시키는 것이다. 수입국 입장에서는 수입한 재화 및 서비스에 녹아있는 기술을 유·무형의 형식을 통해 전파 받게 되므로 기술발달의 속도가 촉진될 수 있으며, 그 결과 경제성장 역시 긍정적인 영향을 받게 된다.

2. 무역정책과 경제성장

빠른 경제성장이 국가적 차원의 목표가 되는 개발도상국의 경제발전 전략은 크게 두 가지 로 나눌 수 있다. 첫째, 외향적 성장정책(outward looking policy)은 수출부문의 생산을 증가시킴으로써 성장을 추구하는 수출주도형 경제성장(export-leading economic growth) 전략이다. 둘째, 내향적 성장정책(inward looking policy)은 기존에 수입하던 부문을 국내에서 생산함으로써 경쟁력을 확대하는 수입대체형 성장(import-substituting growth)전략을 의미한다.

1960년대 이후 아시아의 신흥공업국가(Asian Newly Industrializing Countries: ANICs)들과 중남미 국가들의 무역정책은 이 두 정책의 효과를 대조적으로 잘

[그림 2-5] 무역과 경제성장 관계

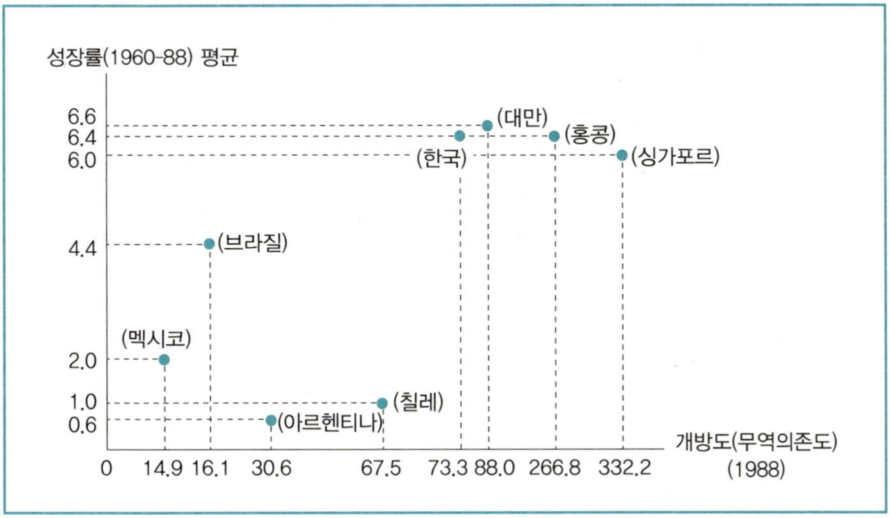

자료: 유창근(1993).

[그림 2-6] 경제성장률과 무역의존도 증가율(1945-2014)

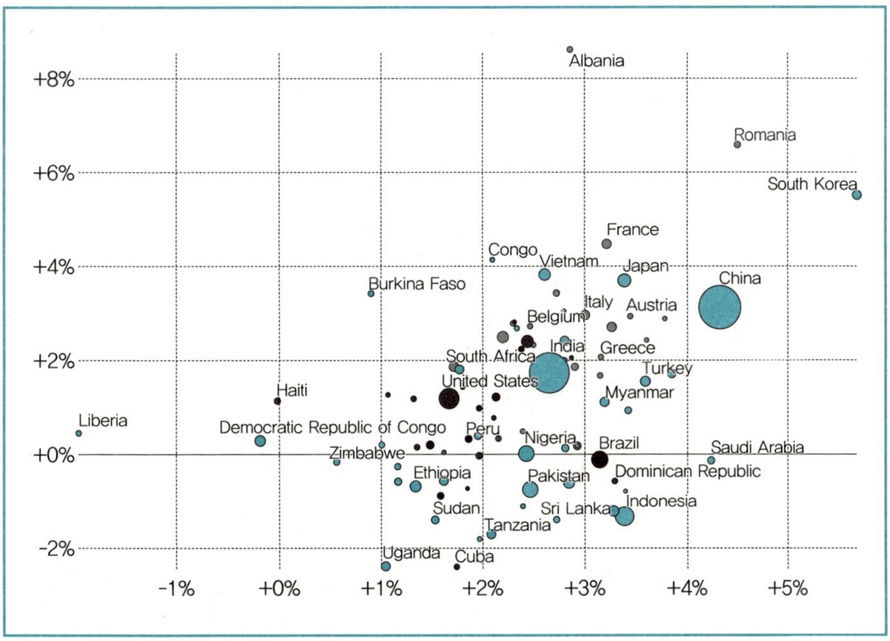

자료: https://ourworldindata.org/trade-and-econ-growth.

보여준다. [그림 2-5]에서 외향적 정책을 수행한 아시아 국가들은 경제의 개방도와 경제성장률도 높은 반면 내향적 전략을 택한 중남미 국가들은 개방도와 평균성장률 모두 낮은 것을 확인할 수 있다.

또한, [그림 2-6]은 지난 70여년 동안 세계 각국의 경제성장과 무역의존도 사이의 관계를 보여주고 있다. 가로축에는 70년 평균 경제성장률, 세로축에는 70년 평균 무역의존도 상승률이 나타나 있는데, 전체적으로 둘 사이의 관계는 양(+)의 관계를 보여준다.

3. 경제성장과 교역조건

(1) 교역조건 의미

경제성장이 이루어지면 소득이 함께 증가하는 것이 일반적이다. 그러나 무역의 발생으로 경제는 성장하지만 수출하는 재화의 국제가격이 지나치게 하락하여 실질소득은 무역 전보다 더 작아질 수 있는데, 이러한 현상을 '궁핍화성장'(immiserizing growth)이라고 한다. 이때 수출재화의 가격과 수입재화의 가격의 비율로 표현한 것을 교역조건(terms of trade: TOT)이라고 한다. 즉, 경제성장이 발생하더라도 교역조건이 악화되면 그 나라의 실질 소득수준은 오히려 감소할 수 있다.

예를 들어, 한 국가가 자유무역 하에서 수출재 관련 산업에 특화한 결과 생산량이 늘고 경제가 성장했다고 가정하자. 만약 이 나라가 수출하는 재화의 국제시장 공급증가로 인해 국제시장 가격이 충분히 떨어지면, 이 나라의 실질소득 증가분은 그리 크지 않거나 심지어 감소할 수도 있다.

(2) 교역조건 지수

교역조건은 수출품과 수입품의 상대가격을 의미한다. 교역조건이 개선된다는 것은 일국의 수출품의 상대가격이 수입품에 비하여 비싸진다는 것을 의미하며, 교역조건이 악화된다는 것은 이와 반대로 한 나라의 수출품의 가격이 수입품에 비해 상대적으로 저렴해졌다는 것을 의미한다. 수출품의 상대가격이 상승한다는 것은 이 나라가 수출한 대가로 보다 많은 양의 수입품을 구매할 수 있음을 의미하므로 그 나라의 실질소득이 증가하는 효과를 발생시킨다. 이를 교역조건 개선이라고 한다.

교역조건 중 대표적인 것이 순상품교역조건지수인데, 이는 수출단가와 수입단가의 비율을 나타내는 경제지표다. 이 지수가 상승하면 수출품의 상대가격이 높아지고 교역조건이 개선되는 것을 의미하며, 하락하면 수입품의 상대가격이 높아지고 교역조건이 악화되는 것을 의미한다. 이 외에도 수출물량을 함께 고려하여 수출로 인한 실질소득 변화를 나타내는 소득교역조건지수가 있다. 수출품의 상대가격이 하락하여도 수출물량 증가분이 가격의 하락폭을 상쇄하면 총수출액으로 구입할 수 있는 수입품의 양이 증가할 것이므로 소득교역조건이 개선될 수 있다.

(3) 한국의 교역조건 추이

[그림 2-7]은 한국은행에서 2015년을 기준연도(=100)로 설정하여 발표한 순상품교역조건지수와 소득교역조건지수의 변화수치를 보여주고 있다. 우리나라의 순상품교역조건지수는 2000년대 이후 지속적으로 하락하다가 2015년 다소 개선되었으나 이후 다시 100 이하 수준에 머무르고 있다. 이는 한국

[그림 2-7] 한국 교역조건 추이

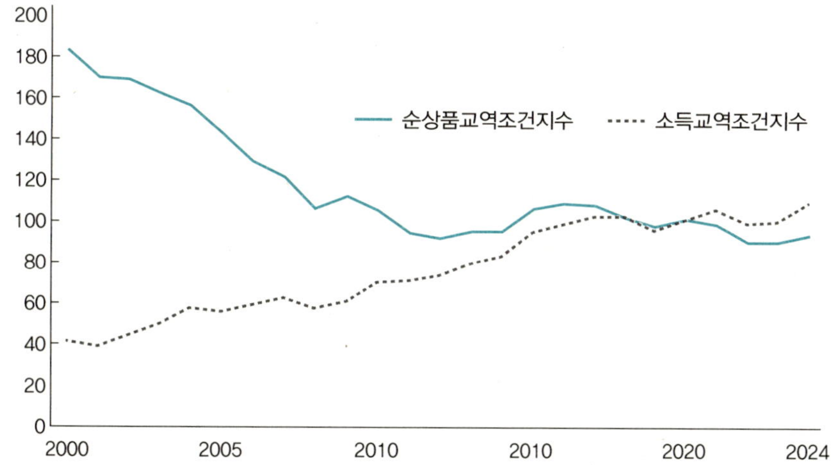

자료: 한국은행 경제통계시스템.

의 수출품의 가격이 수입품 가격에 비해 상대적으로 떨어진다는 의미로 해석된다. 이에 비해 소득교역조건지수는 꾸준하게 상승하고 있는데, 비록 수출품의 상대가격은 낮아지고 있지만 총수출액이 증가하여 왔으므로 이를 함께 고려한 실질소득은 점차 개선되어 온 것으로 해석할 수 있다.

주요용어

- 절대우위론
- 비교우위론
- 완전특화
- 기회비용
- 요소부존이론
- 헥셔-올린 정리
- 요소가격균등화정리
- 산업내 무역
- 산업간 무역
- 제품차별화
- 규모의 경제
- 제품수명주기이론
- 대표수요이론
- 중력이론
- 소득재분배
- 정태적 무역이익
- 외향적 정책
- 내향적 정책
- 궁핍화성장
- 교역조건
- 순상품교역조건
- 소득교역조건
- 수출단가
- 수입단가

연습문제

01. 리카도의 비교우위론에서의 무역의 이익을 수치를 이용한 예를 통하여 설명하시오.

02. 노동이 풍부한 국가는 노동집약재를 수출한다는 헥셔-올린 이론을 노동풍부국의 입장에서 전개하시오.

03. 산업내 무역이론에서 무역의 이익을 규모의 경제라는 측면에서 설명해 보시오.

04. 요소가격균등화의 정리는 현실경제에 부합된다고 생각되는가? 한국과 미국의 임금과 이자율의 추이를 생각해 보고 이에 대해 답하시오.

05. [그림 2-3]에서 C국의 D국에 대한 수출은 총액기준으로 보면 얼마인가? 부가가치기준 수출액은 얼마인가?

06. 자유무역을 하면 무역의 이익이 발생하므로 경제전체적으로 이익이 된다. 그런데도 왜 일부 사람들은 자유무역에 대하여 반대할까? 이를 무역의 소득재분배 효과라는 측면에서 설명하시오.

07. 헥셔-올린 무역이론에서 자유무역을 하면 장기적으로는 누가 이익을 얻고 누가 손해를 입는가?

08. 단기적으로는 생산요소가 산업간에 자유롭게 이동하기 어렵다. 이 경우 자유무역을 하면 이익을 얻는 자는 누구이고 손해를 입는 자는 누구인가?

09. 무역을 통해서 수출부문이 성장하고 경제가 성장해도 경제의 후생수준이 증가하지 않을 수도 있음을 궁핍화성장론을 이용하여 설명하시오.

제3장
무역정책

무역 이야기

로런스 서머스 하버드대 교수가 도널드 트럼프 행정부의 관세정책을 두고 "역사상 미국 경제에 가한 가장 큰 자해"라며 강하게 비판했다. "시장은 미국이 2차 세계대전 이후 시행한 가장 파괴적인 경제 정책에 반응하고 있다"며 이같이 말했다. 서머스 교수는 과거 빌 클린턴 행정부에서 재무장관을 지냈고, 오바마 행정부에선 백악관 국가경제위원회(NEC) 위원장을 역임했다.

그는 트럼프 대통령의 상호관세 발표 이후 미국 대표 주가지수 스탠더드앤드푸어스(S&P)500이 10.5% 급락한 사실을 언급하며 이번 폭락이 제2차 세계대전 이후 4번째로 큰 하락이라고 지적했다. 1987년 10월 '블랙 먼데이'(-26.4%), 2020년 3월 코로나19 팬데믹(-13.9%), 2008년 11월 금융위기(-12.4%)가 앞선 하락이었다.

"시장에 더 많은 격변이 있을 가능성이 매우 크다"며 "이러한 낙폭은 앞으로 어려움이 있을 것이라는 신호로, 매우 조심해야 할 것"이라고 경고했다. 그는 "시장에서 관세 부과가 시작되기 전보다 기업 가치가 5조달러 감소할 것"이라며 "소비자 손실을 더하면 30조달러(약 4경4000조원) 정도가 합리적 (타격) 추정치"라고 했다. 이어 "모든 유가가 2배로 뛴 것과 같은 경제 손실에 맞먹는다"면서 "이런 일을 본 적이 없다"고도 했다(경향신문 2025.4.7.).

트럼프 대통령의 관세 조치는 무역의 이익(gains from trade)을 무시하는 정책을 실시하였을 경우 어떤 손해가 나타날 것인가를 예시해주는 하나의 사례가 되고 있다.

제 1 절 보호무역이론

과연 역사적으로 '완전한' 자유무역을 실시한 나라가 존재했을까? 과거부터 현재에 이르기까지 세계 대부분의 나라는 수출 및 수입에 대해 다양한 형태의 규제를 적용하여 왔다. 앞서 우리는 자유무역을 실시하는 것이 모든 국가에 이롭다고 배웠는데, 현실적으로는 대부분의 국가가 상당한 보호무역 정책을 실시하고 있는 모순된 현상을 어떻게 설명할 수 있을까? 다음의 몇 가지 이론을 살펴보면 보호무역이 정당화될 수 있는 근거를 정리해볼 수 있을 것이다.

1. 유치산업 보호론

(1) 유치산업 보호론의 의미

보호무역의 가장 강력한 이론적 근거로 인정받는 주장은 유치산업 보호론(infant industry argument)이다. 이에 의하면, 비교우위를 가진 재화의 수출을 통한 무역이익은 현재 상태에서의 비교우위만을 생각한 것이며 단기적이고 정태적(static) 무역의 이익이라고 할 수 있다. 진정한 의미의 비교우위를 알아내기 위해서는 장기적이고 동태적(dynamic)인 비교우위를 살펴보아야 한다.

예를 들어보자. 특정 시점에서, 선진국은 공업부문에, 후진국은 농업부문에 비교우위를 가진다고 가정하자. 전통적인 비교우위론에 의하면, 선진국은 공산품 수출에 특화하고 후진국은 농업부문에 특화해야 한다. 시간이 흘러감에 따라 선진국은 공업국으로, 후진국은 농업국으로 점차 고착화될 것이다.

그런데, 현재 농업 부문에 비교우위가 있는 후진국이라 할지라도 미래 어떤 시점에서는 공업 부문에 비교우위를 가질 수 있는 잠재적 능력이 있을 수도 있다. 다만, 훌륭한 공업국가로 성장할 수 있는 기회가 아직까지는 주어지지 않아 현재 시점에서 이 부문에 비교우위를 갖지 못할 수도 있는 것이다. 이러한 경우 자유무역의 초기 단계에서 비교우위론에 따라 농업부문에 특화하는 것만이 능사가 아닐 것이다. 오히려, 후진국 입장에서 무역 초기에는 공업부분을 강력하게 보호하여 성장할 수 있는 발판을 마련해주고, 이 산업이 충분히 성장하여 국제적 경쟁력을 갖게 되었을 때 비로소 자유무역을 실시하는 것이 전략적으로 유리할 수 있다. 이와 같이, 당장 현재에는 아직 어린 산업이라서 비교우위를 갖고 있지 못하더라도 잠재적으로 성장할 가능성이 높다고 판단되는 경우 이 산업을 보호하는 것이 국가적으로 유리하며, 이와 같은 산업을 유치산업(infant industry)이라고 한다.

유치산업 보호론에 의하면, 비교우위를 가진 산업은 시간의 흐름에 따라 변화할 수 있으므로, 현 시점에서 유리한 재화 혹은 산업에만 특화하면 잠재적인 미래의 비교우위를 살릴 수 없을 것이다. 현실적으로 많은 후진국들이 이 논리를 이용하여 자국의 유치산업(현재의 비교열위산업)을 적극 보호하고 있다.

(2) 유치산업 보호론의 문제점

역사적으로 유치산업을 적극적으로 보호하여 경제성장을 이룬 경우는 많이 찾아볼 수 있다. 19세기 미국과 독일의 경우, 제조품 수입에 대해 높은 관세를 부과하여 당시 자국의 유치산업 분야였던 자국의 제조업 분야를 보호한 바 있고, 일본의 경우 1970년대까지 여러 가지 형태의 수입규제조치를 실시하여 자국의 산업화를 이룩하였다. 이 외에도 현재 많은 신흥개도국들이 유치산업 보호론에 입각하여 자유무역을 제한하고 보호무역을 실시하여 자국의 산업을 발전시키고자 노력하고 있다. 그러나 유치산업 보호론은 다음의 몇 가지 비판에서 자유로울 수 없다.

① 한 산업이 장래에 비교우위를 가질 수 있다고 해도, 언제부터 비교우위를 가질 것인지 그 시점을 특정하기 어렵다. 즉, 유치산업을 언제부터 언제까지 보호해야 하는지 기간 설정이 모호하다는 한계가 존재한다.

② 국가적인 차원에서 보호할 만한 가치가 있는 유치산업을 정확히 파악하고 판단하는 과정도 쉽지 않다. 대부분의 산업에 종사하는 이들은 자신들이 보호받아야 하는 유치산업이라고 주장하며 정부가 보호해 주기를 원할 것이다. 하지만 정부 입장에서 미래 비전이 없는 산업을 보호할 경우 시간이 지나도 비교우위를 가질 수 없을 뿐 아니라 보호 기간 동안 경제에 부담만 줄 가능성이 있다.

③ 위의 어려움들을 잘 극복한다 해도, 산업보호를 통해 얻는 이익은 미래 시점에서 발생하지만 미래의 불확실한 이익을 위하여 현재 자유무역으로부터 얻을 수 있는 이익을 포기하는 것은 미래 세대와 현재 세대 간 희생과 갈등의 문제를 불러 일으킬 수 있다.

2. 시장의 왜곡

자유무역이 최적의 정책(optimal policy)이라는 주장은, 완전경쟁이 전제된 경제구조에서 자유무역이 발생하면 자원이 가장 효율적으로 배분된다는 가정을 품고 있다. 그러나 국내 경제구조가 완전경쟁시장 형태가 아니라 불완전경쟁 상태에 있거나 시장의 왜곡(market distortion)이 발생할 때, 사회적 후생(social welfare)의 관점에서 자유무역보다 보호무역 정책이 더 효율적일 수 있다.

(1) 시장의 왜곡

국제무역 분야에서 흔히 논의되는 시장왜곡의 형태로는 생산과 소비의 과정에서 외부효과(externality)가 존재하는 경우를 들 수 있다. 외부효과는 생산이나 소비 행위가 다른 사람 혹은 사회전체에 긍정적 혹은 부정적 영향을 미치지만 그에 대해 시장에서 적절한 보상 혹은 비용지불을 받지 못하는 것을 의미한다.

이중에서 긍정적 영향의 경우를 외부경제(external economy)라고 한다. 예컨대, 한 산업에서 기업이 재화를 생산, 수출하는 과정에서 기술이 타 산업으로 무상 이전되거나 기타 다른 긍정적 효과를 발생시키는 경우이다. 이러한 경우 한 기업이 재화를 생산하는데 소요되는 사적비용(private cost)보다 사회가 전체적으로 지불하는 사회적 비용(social cost)이 더 낮다고 할 수 있다. 반대로 어떤 기업의 행동으로 인해 사회 전체적인 효용이 감소하거나 비용이 증가하는 경우 부정적 외부효과라고 할 수 있는데 이를 외부불경제(external diseconomy)라고 하며, 이 경우 사적비용보다 사회적 비용이 더 큰 상황이 된다.

이처럼 외부효과가 발생하는 경우 시장에 왜곡(distortion)이 발생한다. 이러한 시장왜곡 현상이 존재할 때 자유무역에 맡겨둔 채 아무런 정책을 추가하지 않는다면 어떻게 될까? 각 기업의 입장에서 생산비용을 계산할 때 사회적 비용이 아니라 사적 비용만을 고려하게 되므로, 외부효과가 존재하는 재화의 생산수준은 사회에서 필요로 하는 수준(사회적 최적 생산량)과 일치하지 않을 가능성이 높다. 예컨대 외부경제가 있을 경우 자유무역을 하게 되면, 즉 시장에 맡겨두면, 생산과 소비가 사회적 최적량에 비해서 너무 적은 생산과 소비가 이루어지게 된다.

(2) 왜곡이 있을 때의 최선의 정책

시장의 왜곡에 의해 최적 생산수준에 달성하지 못하는 경우, 사회 전체적인 관점에서 최적 생산수준을 찾아가는 과정을 다음과 같이 설명할 수 있다. 긍정적 외부효과의 예를 들어 이야기해보자.

① 긍정적인 외부효과가 발생하는 경우, 그 산업의 생산을 늘리기 위해 해당 산업과 같은 종류의 수입품에 대해 관세(tariff)를 부과하는 방법이 있다. 수입품에 관세를 부과하면 관세액만큼 국내 재화의 가격이 상승하게 되며, 국내 생산자들은 경제적 유인을 얻어 생산량을 증가시키게 된다. 따라서, 적정 관세를 부과하면 사회적으로 최적수준의 생산량까지 기업의 생산을 유도할 수 있다. 하지만 이 경우 가격이 상승하게 되므로 소비자 입장에서는 후생이 감소할 수 있음에 유의해야 한다.

② 관세 외에도 긍정적 외부효과 발생에 따라 사회 전체적인 생산수준을 높여야 하는 경우 국내 생산품에 대해 생산보조금(production subsidy)을 지급하는 방법이 있다. 생산단위당 적정 보조금을 책정하면 생산자는 보조금만큼 비용이 절감되므로 생산수준을 증가시키게 되고, 사회적 최적 생산수준에 근접할 수도 있을 것이다. 이 경우 시장가격을 상승시키지 않고도 생산량을 증가시킬 수 있다는 장점이 있지만, 보조금의 재원마련이 필요하다는 어려움이 있다. 또한 타국의 입장에서는 이러한 보조금 지급은 공정한 경쟁을 방해하는 불공정 행위가 될 수 있다는 문제가 있다.

3. 전략적 무역정책

세계 무역시장이 독점 및 과점 등 불완전 경쟁시장일 경우, 어떤 나라의 세계적 기업이 국제시장에서 독점적 시장지배력을 가지고 있다면 다른 나라는 상대방의 독점적 지위를 낮추고 자국의 경제적 이익을 취하기 위해 다양한 보호무역 정책을 실시할 수 있는데, 이러한 무역정책을 전략적 무역정책(strategic trade policy)이라고 한다. 이는 과점시장(oligopoly) 이론 중 게임이론(game theory)을 통해 이해될 수 있다.

세계 항공기산업의 유명한 사례를 살펴보자. 이 산업은 미국과 EU(European Union)라는 두 대륙이 보유한 보잉과 에어버스라는 항공기 회사가 양분하고 있다. 게임이론을 이용하여 항공산업의 무역전략을 분석해보자. 두 항공사는 항공기 생산을 하거나 생산을 하지 않거나, 두 가지 선택을 할 수 있다. 항공기 생산에는 규모의 경제가 존재하는데 시장 규모를 고려할 때, 두 회사가 모두 생산하게 되면 두 회사 모두 손실을 입게 되는 상황이라고 하자. 세계 항공기 시장의 크기는 제한되어 있기 때문에 일종의 치킨게임이 되기 때문이다. 이 경우 두 회사가 각 전략을 선택할 때 얻는 이윤은 다음의 표로 정리될 수 있다.

[표 3-1] 에어버스와 보잉의 전략선택에 따른 이익

에어버스사 \ 보잉사	생산	생산중단
생산	(-5, -5)	(100, 0)
생산중단	(0, 100)	(0, 0)

[표 3-1]에서 괄호 안에 있는 수치 중 앞의 수치는 에어버스가 얻는 이익이고 뒤의 수치는 보잉사가 얻는 이익이다. 예를 들어 두 회사가 모두 생산을 선택하면 두 회사 모두 손실을 5씩 입을 것이고(-5, -5), 한 회사만 생산할 경우 그 회사는 이익을 100만큼 얻지만 생산을 하지 않는 회사의 수익은 0이 된다(100, 0 혹은 0, 100). 이 시장의 균형은 어떻게 결정되는가? 노벨경제학상 수상자인 내쉬(J. Nash)의 이름을 따라서 붙여진 내쉬 균형(Nash equilibrium)에 따

르면 에어버스와 보잉 모두 상대방의 전략선택을 가정하고 최선의 선택을 하게 되며, 이 때 균형은 에어버스와 보잉 모두 '상대방이 생산하면 생산하지 않는 전략을, 상대방이 생산을 하지 않으면 생산하는 전략'을 택할 것이다. 만일 이미 보잉이 생산하고 있는 상황이라면 에어버스는 생산하지 않게 된다.

만일 EU가 에어버스에 25만큼의 보조금을 지불한다면 균형은 어떻게 될까? 위의 표는 아래의 [표 3-2]와 같이 바뀔 것이다. 이에 따라, 만약 보잉에서 생산을 하고 있다고 하더라도 에어버스는 생산에 참여하여 20만큼의 이익을 얻게 된다(20, -5). 하지만 보잉 입장에서, 에어버스가 생산할 경우 최적의 선택은 생산하지 않는 것이다(-5보다 0이 낫기 때문이다). 결과적으로, 에어버스의 최적선택은 보잉의 선택에 관계없이 생산을 하는 것이며, 이 경우 보잉이 생산을 하지 않는 것을 택할 것이므로 시장을 독점하게 되어 총 125의 이익을 얻게 된다. 보잉사는 전략적으로 0의 이익을 택할 것이다. EU 전체적으로 보면, 보조금 25를 제하더라도 총 100만큼의 이익이 발생한다. 즉, 시장이 불완전경쟁 상태에 있을 경우 국가정책의 전략적 선택에 따라 무역의 이익이 변화할 수 있으므로, 보호무역 정책을 실시하고자 하는 유인이 존재한다.

[표 3-2] EU의 보조금 지급 이후 에어버스와 보잉의 이익

보잉사 / 에어버스사	생산	생산중단
생산	(20, -5)	(125, 0)
생산중단	(0, 100)	(0, 0)

4. 경제외적 목표

세계화와 자유무역이 확산된 오늘날, 우리나라 농업의 장래를 걱정하여 농업을 외국으로부터 보호해야 한다는 주장을 매체 등을 통해 자주 접하게 된다. 자유무역이 발생하면 외국의 값싼 농산물이 들어와 우리 농업이 설 자리가 줄어든다는 논리다. 그런데 값싼 농산물을 소비하는 소비자로서는 무역을 통해 더 큰 이익을 얻게 될 것인데, 이 이익의 크기는 농업부문 생산자가 자유무역으로 인해 입는 손실보다 더 크다는 것이 바로 자유무역의 핵심이론이다.

전체 사회적 후생을 증가시킬 수 있는 자유무역을 포기해가며 농업을 보호해야 하는 이유가 있을까?

국가적 정책은 경제적 논리에 의해서만 결정되지는 않는다. 정치·사회·노동·복지 등 많은 차원의 이해관계를 고려하고 국민의 전체적인 합의과정을 통하여 정책이 결정된다. 농업부문을 보호해야 한다는 논리 중 하나가 농민보호이다. 우리나라 쌀 생산 농민들의 대부분은 노인들인데, 쌀 시장을 개방하면 이 농민들이 살아갈 수가 없다. 쌀 국내 생산을 감소시키고 수입으로 메꾸는 자유무역이 우리나라 경제 전체적으로는 더 큰 경제적 후생을 얻을 수 있는 길일 수 있지만 경제적 측면 이외의 다른 측면인 농촌 및 농민 보호를 위해서는 일정부분 보호무역을 하는 것이 더 좋을 수 있다.

이외에도 환경문제, 안보문제 등 많은 이유로 무역에 대하여 제한을 할 수 있다. 우리가 일반적인 무역이론에서 가정하는 것과는 달리 소비를 통한 효용극대화 외의 다른 목표를 가지고 있다면, 이를 위해 무역을 제한하는 것이 정당화될 수 있으며, 이를 '경제외적 목표'라고 부른다. 국제무역협상에서는 「비교역적 관심사」(non trade concerns: NTC)라고 부른다. 실제로 WTO출범시 한국 일본등의 주장으로 쌀 시장 개방은 이러한 논리로 유예하기로 합의한 바 있다.

제 2 절 보호무역수단: 관세

1. 관세의 의의

(1) 관세의 개념

보호무역 정책의 수단은 크게 관세와 비관세장벽으로 나뉜다. 이 중 관세는 보호무역 정책에 있어서 가장 중요한 수단이다. 관세(custom duties, customs, tariff)란 관세선(customs line)을 통과하는 물품에 대하여 부과하는 조세를 의미한다. 여기에서 관세선이란 수출입화물에 관세를 부과할 수 있도록 법으로 정한 관세구역을 의미한다. 관세선은 반드시 국경선을 의미하는 것은 아니며, 자국의 영역일지라도 관세제도상 외국과 동일한 개념으로 취급하는 관세제외지역 또는 자유항이 있는가 하면 외국의 영역일지라도 관세제도상 내국과 동일하게 취급하는 FTA 등 지역무역협정(RTA) 등이 있다.

관세율은 국가별, 지역별, 품목별로 다양하며, 이를 취합하여 전체적인 관세율, 혹은 보호수준을 측정하는 것은 결코 쉽지 않은 일이다. 제조업 분야를 예로 들어 살펴보면, 1948년 GATT(General Agreement on Tariffs and Trade: 관세와 무역에 관한 일반 협정) 출범 당시 선진국들의 제조업분야 평균관세율은 40% 정도였으나, 2000년 이후에는 이 수치가 4% 이하로 떨어졌다고 추정된다. 한국의 경우 기본관세율은 8%이며 실제로는 상품별로 다르다.

(2) 관세의 목적

관세는 주로 재정수입과 산업보호라는 두 가지의 목적을 가지고 있다. 이 중 전근대까지는 주로 재정수입을 충당하기 위한 목적으로 관세가 부과되었으나, 현대 경제에서는 국내 산업을 보호하려는 목적이 더 강화되었다. 물론 현재에도 신흥개도국 중에는 관세수입이 국가재정 중 무려 80%나 차지하는 국가도 있지만, 선진국을 비롯한 대부분의 국가들에서는 국내산업 보호가 더 중요한 목적이 되고 있다.

2. 관세의 종류

관세는 여러 가지 분류 기준에 따라 다음과 같이 정리될 수 있다.

(1) 상품이동방향에 따른 분류

상품이동방향에 따른 관세의 종류에는 수출세, 통과세, 수입세가 있다.

① **수출세**(export duties): 내국 물품이 수출될 때 부과되는 관세로서, 전략적 가치를 가지고 있는 물품의 수출을 조절하기 위해 이용되는 특별한 경우에 부과될 뿐 통상적으로는 거의 부과하지 않는다.

② **통과세**(transit duties): 타국의 상품이 자국을 통과하여 제3국으로 운송되는 경우에 부과하는 관세이다. 이와 같은 관세는 중상주의 시대 재정수입을 목적으로 부과하였던 경우가 많으며, 교통이 발달하지 못하였던 시대에 외국상품이 인접국의 시장에 판매되는 것을 저지하고 자국 상품의 판로를 확보하기 위한 목적으로 유지되었다. 그러나 운송기술이 발달한 오늘날에는 거의 부과되지 않고 있다.

③ **수입관세**(import duties): 수입품에 부과하는 관세로서 현재 유력한 수입규제 수단으로 활용되고 있다. 일반적으로 관세는 수입관세를 지칭하며, 본서에서도 특별한 경우가 아니면 관세는 수입관세를 지칭한다.

(2) 과세목적에 따른 분류

과세목적에 따라 재정관세와 보호관세로 분류한다.

① **재정관세**(financial duties): 세입 또는 수입관세(revenue duties)라고도 부르며, 국고수입을 주목적으로 부과되는 관세다. 세수를 효과적으로 확보하는 것이 주목적이므로 관세 대상품목은 국내에서는 생산되지 않고 수입에 의존해야 하는 물품이 대부분이다. 예를 들어 커피, 차, 향료 등 생산지역이 제한적이나 습관적으로 다량 소비되는 외래 기호품에 부과하는 경우가 많다.

② **보호관세**(protective duties): 외국산 수입품과의 경쟁에서 국내 산업을 보호·육성하고 국내 판로를 선제적으로 확보하려는 목적으로 부과되는 관세이다. 산업보호를 목적으로 관세율이 인상될 경우 결과적으로 재정수입 역시 증대될 수 있으므로, 관세율만으로는 재정관세와 보호관세의 구별을 명확히 할 수 없으며, 관세의 입법과정에서도 관세의 두 목적을 종합적으로 고려하여 판단하는 경우가 많다.

(3) 관세율의 결정방법에 따른 분류

관세율의 결정방법에 따라 종가세, 종량세, 복합관세, 선택관세로 분류한다.

① **종가세**(ad valorem duties): 수입품의 가격을 관세의 결정 기준으로 하여

부과하는 관세이다. 수입가격, 혹은 법률로 정한 법정 과세가격을 표준으로 하여 이에 일정 비율의 세금을 부과한다.

② **종량세**(specific duties): 수입품의 수량을 과세의 결정 기준으로 하여 부과하는 관세이다. 개수, 중량, 길이, 용적 혹은 면적을 관세 산정의 기준으로 한다.

③ **혼합관세**(mixed duties, compound duties): 종가세와 종량세를 혼합한 것으로, 일반적으로 복합관세와 선택관세가 있다. 복합관세(double duties)는 동일한 하나의 과세대상 품목에 대하여 두 가지 관세를 동시에 부과하는 것이다.

④ **선택관세**(alternative duties): 동일한 하나의 과세대상 물품에 대하여 종가세와 종량세를 각각 부여하여 계산한 다음, 상황에 따라 세액이 높거나 낮은 쪽을 취사선택하여 부과하는 방법이다. 따라서 선택관세는 동일한 과세대상 품목에 대하여 관세부담을 신축적으로 조절할 수 있다.

3. 탄력관세

급변하는 국내외 경제 환경에 신속히 대응하여 적용하기 위한 목적으로 허용된 관세를 탄력관세(flexible tariff)라고 한다. 탄력관세는 조세법률주의의 예외조항으로 인정되는 관세다. 즉, 국정관세율은 법률개정에 의해서만 변경되며 타국과의 협정관세율도 국회의 비준을 받아야 하는 반면, 탄력관세는 관세율 변경 범위를 법률로써 한정하여 변경권을 행정부에 위임함으로써 정부가 위임된 범위 내에서 세율을 정책방향에 따라 임의적으로 인상·인하할 수 있도록 허용하는 것이다.

(1) 덤핑방지관세(anti-dumping duties)

수출국에서 덤핑행위를 하고 있을 때 이에 대응하여 부과하는 관세이다. 덤핑이란 동일한 상품을 수출국의 국내 가격보다 현저히 저렴한 가격으로 외국시장(수입국)에 판매하는 행위를 말한다. 덤핑의 결과로 수입국 시장이 부당한 방법에 의해 교란될 위험이 있으므로 덤핑방지관세, 혹은 반덤핑관세를 이용하여 이를 방지하는 것이다.

(2) 상계관세(countervailing duties)

수출국의 정부가 수출기업에 보조금 등의 혜택을 제공하여 수출품의 수출 가격을 인위적으로 낮출 경우 국내 경쟁 산업에 피해를 입힐 우려가 있으므로, 예상되는 수출보조금이나 수출장려금의 지원액의 범위 내에서 기본관세율에 추가하여 그 효과를 상계(상쇄)할 정도의 관세를 부과할 수 있는데, 이것이 상계관세이다.

(3) 보복관세(retaliatory tariffs)

상대국이 우리나라의 수출품에 대하여 부당한 조치를 취하여 우리나라의 무역이익이 침해되는 경우 이에 대응하여 부과하는 관세이다.

(4) 긴급관세(emergency duties)

특정 품목의 수입증가로 인하여 국내 동일 품목 또는 경쟁관계에 있는 품목을 생산하는 국내 산업이 심각한 피해를 받거나 받을 우려가 있을 때 부과하는 관세이다.

이외에도 농축산물에 대한 특별긴급관세(special safeguard), 조정관세(adjustment tariff), 할당관세(quota tariff), 계절관세(seasonal tariff), 국제협력관세(international cooperation tariff), 편익관세(beneficial tariff) 등이 관세법에 규정되어 있다.

4. 관세부과의 경제적 효과

오늘날 관세라 하면 일반적으로 수입관세만을 의미하므로 본 소절에서는 수입관세의 부과가 수입재화 시장에 미치는 효과를 논의한다. 수입관세는 수입품의 가격을 상승시켜 수입량 및 국내소비를 감소시키지만 국내생산은 증가시킨다. 이에 따라 무역수지는 개선되며 정부의 관세수입은 증가한다.

(1) 수입품 가격의 상승

자유무역에서는 비교우위에 의해 국내로 수입되는 재화의 국제가격(수입가격)은 폐쇄경제에서의 국내가격보다 낮을 것이다. 수입관세를 부과할 경우, 국내 수입업자는 관세부과분만큼 수입품의 국내가격을 상승시켜 판매할 것이다. 이로 인해 해당 재화의 국내가격은 관세부과분만큼 상승한다.

(2) 국내생산, 국내소비, 수입량, 관세수입

① 국내생산 증가: 관세로 인한 수입품 가격 상승은 동일 재화를 국내에서 생산하는 생산자로 하여금 공급량을 증가하게 만드는 유인으로 작용한다. 공급곡선은 가격에 우상향하기 때문이다. 즉, 관세의 부과로 인해 국내 산업을 보호하는 효과가 발생한다.

② 국내소비 감소: 낮은 가격으로 수입품을 소비하던 소비자 입장에서 관세의 부과로 인한 수입품 가격 상승은 소비의 감소로 이어진다. 수요곡선은 가격에 우하향하기 때문이다. 즉, 소비자후생은 관세로 인해 감소할 것이다.

③ 수입량 감소: 국내소비에서 국내생산을 뺀 만큼이 수입에 해당하므로, 위의 두 결과를 통해 수입량이 감소하고 해당 품목에 대한 무역수지가 개선됨을 알 수 있다.

④ 관세수입증가: 관세율에 수입량을 곱한 만큼의 관세수입(tariff revenue)이 발생하게 되어 정부에 귀속되므로, 정부의 조세수입은 증가한다.

(3) 사회후생효과

관세가 부과된 수입품을 구매하는 소비자는 국내 가격 상승과 국내소비 감소로 인해 관세 부과 이전보다 후생(welfare)이 감소한다. 즉, 소비자잉여(consumer surplus)가 감소한 것이다. 반면 국내 동일 품목 생산자는 이전보다 높은 가격에 더 많은 양을 판매하므로 생산자잉여(producer surplus)의 증가를 경험한다. 한편, 정부로서는 자유무역 하에서는 존재하지 않던 관세수입이 발생한 것이므로 경제 전체적으로 보면 이 관세수입 부분도 후생의 증가분으로 볼 수 있다. 사회 전체적인 후생의 변화분은 소비자잉여, 생산자잉여, 정부의 관세수입을 합한 것으로 측정된다.

(4) 소득재분배 효과

관세부과는 소득재분배 효과를 발생시킨다. 관세부과로 인해 소비자잉여는 줄고 생산자잉여는 증가하므로, 소비자에서 생산자로 소득이 재분배되는 효과가 있다고 할 수 있다. 이는 현실 경제에서 매우 중요한 의미를 지닌다. 우리나라의 수입재인 농산물을 생각해 보자. 자유무역을 실시할 경우 소비자는 저렴한 가격에 농산물을 살 수 있으므로 이익이지만 농민에게는 큰 손실로 다가온다. 이때 농산물에 관세를 부과할 경우 농민에게 이익이 발생하겠지만 소비자의 효용은 줄어들 것이다.

제 3 절 비관세장벽

1. 비관세장벽의 의의

관세 이외의 보호무역 규제수단을 일반적으로 비관세장벽(non-tariff barriers: NTBs)이라고 부른다. 비관세장벽의 종류는 매우 다양한 편인데, GATT 출범 이후 전세계적으로 관세율이 지속적으로 낮아지는 추세인 현대 경제에서는 관세에 비해 비관세장벽의 중요성이 상대적으로 더 크다고 할 수 있다. 비관세장벽 중 상당수는 겉으로 잘 드러나지 않은 경우가 많아 그 유형이나 종류를 정확하게 파악하기 힘들 정도로 다양하다.

이러한 비관세장벽의 특징으로 인해 비관세장벽을 일목요연하게 설명하는 것이 쉬운 일은 아니지만, 관세와 비교하면 대체로 다음과 같은 특징을 갖는다: ① 비공개적이다. ② 효과측정이 어렵다. ③ 협상이 곤란하다.

WTO(World Trade Organization: 세계무역기구) 체제 하에서는 특별히 예외적인 경우가 아니면 비관세장벽을 금하고 있으며, 모든 무역장벽을 관세화(tariffication)하는 것을 원칙으로 하고 있다.

2. 비관세장벽의 종류

비관세장벽 중 가장 일반적인 형태는 수입품의 수량을 제한하는 것이다. 여기에는 수량할당(quota)과 수출자율규제(VER, voluntary export restraints) 등이 해당된다. 이외에도 보조금(subsidy), 무역기술장벽(technical barrier to trade) 등 다양한 형태의 가격규제 및 수량제한 규제수단이 존재한다.

(1) 수량할당

비관세장벽의 가장 대표적인 예라고 할 수 있는 수량할당(quota)은 수출입 물량을 직접적으로 규제하는 것을 의미한다. 그 중에서도 수입할당(import quota)이 가장 흔한 예인데, 이는 특정 수량을 기준으로 그 이상의 수입은 못하도록 정함으로써 국내 산업을 보호하려는 목적을 달성하는 규제수단을 의미한다. 수입할당의 경제적 효과는 관세와 유사하지만, 다음과 같은 몇 가지 점에서 차이가 있다.

① 관세는 시장의 가격기구를 통한 간접적인 수입규제 수단이지만, 수입할당제는 수량규제를 통한 직접적인 수입규제 수단이다.

② 직접적으로 수량을 규제하므로 수입제한의 효과가 가장 확실하고 국내 산업을 보호하는 강력한 수단이 된다. 예컨대, 관세를 부과하여 수입재의 국내가격이 상승하는 경우에는, 국내 수요의 가격탄력성이 충분히 작으면 수입량이 별로 줄어들지 않을 수 있지만, 수량제한은 정부가 원하는 만큼 수입물량을 줄이는 것이 보장된다. 또한, 경제환경이 변화하여 수입품에 대한 국내 수요가 증가하여도 수입할당의 경우 수입량을 일관되게 제한할 수 있다.

③ 관세는 WTO 체제에서 기본적으로 인정되는 보호무역조치이지만, 수량제한은 그 수입제한 효과가 강력하기 때문에 원칙적으로 금지되며, 안보문제일 경우 혹은 농산물 분야일 경우 등 특정 상황 하에서만 수량제한이 일시적으로 허용되었다.

(2) 수출자율규제

수출자율규제(voluntary export restraints: VER)는 수출국이 그 무역상대국과 협정을 맺어 자국 수출품을 일정량 이내로 규제하는 것이다. 수입할당과 비슷하지만, 수입국이 아니라 수출국이 자국의 수출량을 규제한다는 점에서 차이가 있다. 하지만, 실제 무역에서는 일반적으로 수입국의 요구에 의해 수출규제가 이루어지고 있는 경우가 대부분이다. 과거 GATT 체제에서는 수입국이 일방적으로 수량제한 등의 무역규제조치를 취했을 때 수출국이 이에 상응하는 보복조치를 취할 수 있도록 하되, 미리 수출국과 수입국이 협의하도록 하였다. 수출자율규제는 이러한 GATT 조항으로부터 출발한 것인데, 현재의 WTO 체제에서는 명시적으로 VER을 인정하지 않고 있다.

VER의 효과는 수입량이 감소된다는 점에서 수입할당과 비슷하다. 다만 수입할당과 달리 수량제한으로부터의 이익이 수입국의 수입업자나 정부에 귀속되지 않고 수출국에 귀속된다는 점이 다르다. 수출국은 수출을 적게 하게 되므로 수입국의 수입가격이 상승하게 된다. 이에 따라 수출국의 수출자는 수출량은 감소하지만 높은 가격으로 수출할 수 있게 되어 이익을 얻는다는 특징을 갖는다.

(3) 생산보조금

무역정책으로서의 보조금 정책은 크게 생산보조금(production subsidy)과 수출보조금(export subsidy)으로 구분할 수 있다.

수입재생산에 대해 보조금을 지급하는 경우, 각 생산 단위에 대하여 일정액의 보조금이 지급되는데, 보조금을 지급하면 생산자 입장에서는 생산비용이 그만큼 절감될 것이므로 이전과 같은 시장가격을 유지하여도 상대적으로 이윤이 더 커지게 된다. 그 결과 생산량이 늘어나고, 해당 산업이 보호되는 효과가 발생한다. 그런데 시장가격은 상승하지 않기 때문에 소비측면에서는 영향을 받지 않아, 생산자 잉여는 증가하는 반면 소비자잉여는 감소하지 않는다는 점에서 관세보다 더 좋은 점이 있다. 다만 보조금은 정부의 재원이 필요하다는 점이 어려움이다.

(4) 수출보조금

정부입장에서 수출증대가 주된 정책적 목표라면, 모든 생산 단위에 대하여 보조금을 지급하지는 않고 수출 물량에 대해서만 보조금을 지급할 수 있을 것이다. 수출보조금은 정부가 수출업체의 수출 실적이나 수출 조건을 기준으로 정하여 수출업자, 혹은 국내 생산자에게 융자 및 무상지원 등 각종 혜택을 제공하는 제도를 말한다. 이 경우 국내 생산자는 국내에서 판매하는 것보다 수출하는 것이 더 이익이므로 수출에 더 주력할 것이다. 즉, 생산보조금보다는 수출보조금 정책이 수출증가와 국제수지 개선을 위해서는 더 효과적인 제도라 할 수 있다.

이러한 보조금 지급은 국제시장에서 불공정한 행위가 될 수 있다. 따라서 WTO는 보조금 지급에 대해 허용보조금, 상계가능보조금, 금지보조금 등으로 구분하여 규제하고 있다. 이중 수출과 직접적으로 관련된 보조금들은 금지보조금에 속하고 있다.

(5) 세이프가드

세이프가드(safeguards)는 외국으로부터 특정 물품의 수입이 급격히 증가하여 수입국의 산업에 피해를 주거나 경제 전반에 큰 피해를 줄 때 발동되는 긴급수입제한조치다. 이 제도는 긴급적인 경우에만 사용할 수 있으므로, 너무 남용될 경우 자유무역에 해를 끼칠 가능성을 우려하여 발동요건을 까다롭게 설정한 것이 특징이다.

(6) 무역기술장벽

무역기술장벽(technical barrier to trade: TBT)은 표준 및 품질규격에 의한 규제수단이다. 구체적으로는, 보건 및 안전기준, 함량기준, 제조기준, 포장 및 용기기준, 환경관리 등 각종 표준(standards)이나 기술규정(technical regulation) 등을 제정하여 시행함으로써 발생하는 무역장벽을 의미한다. 새로운 표준이나 기술규정을 만들게 되면 수출국 입장에서는 제품 생산시 이를 준수해야만 수출할 수 있으므로, 상당한 추가비용이 소요되며 결과적으로 무역에서 하나의 장벽으로 기능한다. 예컨대, 한 나라의 환경기준이 강화되면 타국에서 만든 생산물이 이를 통과하지 못할 수 있고, 이 경우 수입이 불가능하게 된다. EU의 자동차 배기가스 관련 규정 강화가 대표적인 무역기술장벽의 예라고 할 수 있다. WTO 출범 이후 가장 활발하게 나타나고 있는 비관세장벽의 형태라고 할 수 있다.

(7) 기타 비관세장벽

수많은 비관세장벽 중에서 위에서 제시한 것들 외에도 규제방법과 규제수단을 중심으로 다음과 같은 비관세장벽을 구분할 수 있다.

① 가격규제수단: 수입과징금, 수입담보금, 최저수입가격제, 관세평가 등
② 수량규제수단: 시장질서협정, 다자간섬유협정(MFA) 등
③ 정부개입에 의한 규제수단: 국영무역, 차별적 정부구매 등
④ 제도 및 행정절차에 의한 규제수단: 수입허가제, 영사수속 등

제 4 절 세계화와 그 비판

IMF는 세계화(globalization)를 "재화와 서비스 및 금융자본, 기술 등이 무제한으로 국경을 넘어 거래되는 현상의 증대"라고 정의하였다. 조금 더 자세히 말하면, 기술의 발달로 인해 국가 간, 지역 간 존재하던 각종 장벽이 낮아지고 상품·서비스·노동·자본·기술 등이 자유롭게 이동하여 경제적 공동체의 범위가 국가를 초월하여 확대되는 현상이 세계화라고 할 수 있다. 세계화를 바라보는 시각은 엇갈리는 편이다. 자유무역에 기초하여 국가의 이익을 극대화시킨다는 옹호론적 입장과 국가별 특성을 침해하고 국가간 격차를 벌리는 데 이용된다는 비판론이 공존한다.

1. 신자유주의

(1) 자유주의와 신자유주의

자유주의(liberalism)는 아담 스미스의 저서에서 나타나듯 정부의 개입 없이 개별 경제주체에게 선택을 맡기면 '보이지 않는 손'(invisible hand), 즉 시장(market) 및 가격기구(price mechanism)에 의해 가장 효율적인 경제적 균형상태가 달성된다는 이론이다. 그러나 20세기 초반 자본주의의 여러 한계 및 문제점들이 드러나자 케인즈(J. M. Keynes)를 중심으로 한 케인즈학파의 탄생 등으로 인해 정부의 개입이 어느 정도 정당화되었다. 제2차 세계대전 이후에는 선진국 정부를 중심으로 사회복지부문의 지출을 확대하여 복지국가를 지향하는 움직임도 관찰되었다.

현재 통용되는 신자유주의(neo-liberalism)의 개념은 1970년대 세계경제가 침체되고 신보호무역주의가 나타남에 따라 이를 극복하기 위한 과정에서 등장하였다. 기존의 정부의 적극적인 개입에 의한 경제 운용을 비판하고, 자유로운 경쟁의 도입을 주장하였는데, 특히 높은 국제적 수준의 경쟁을 통하여 효율성을 최대한 확보해야 한다는 세계화의 경향과 흐름을 함께 하여 나타난 이론이라 할 수 있다.

(2) 세계화와 신자유주의

세계화는 세계적 수준에서의 자유로운 경쟁을 옹호한다. 신자유주의 역시 자유로운 경쟁을 강조하는 이론으로, 다음과 같은 주장으로 이루어져 있다.

① 공정한 경쟁이 이루어져야 하므로 공정무역(fair trade)을 위한 환경조성이 필요하다.

② 정부정책은 자유로운 경쟁을 지원하기 위한 '작은 정부'의 역할에 그쳐야 한다.

③ 노동과 환경 문제를 해결하기 위해 기업을 지나치게 규제하면 국제경쟁력이 약해지므로 규제를 완화해야 하며, 특정 기업, 혹은 산업을 지원하는 보조금도 폐지해야 한다.

④ 정부는 재정적자를 줄이고 균형예산을 추구해야 하며, 낮은 세율, 국영

기업의 민영화, 금융자유화 등을 추구해야 한다.

2. 세계화에 대한 비판

세계화를 비판하는 이들은 세계화 추세에서 많은 부작용이 발생한다고 주장한다. 따라서 세계화는 아예 저지되거나, 혹은 느린 속도로 이루어져야 한다고 주장한다. 이들이 지적하는 세계화의 부작용은 크게 다음과 같이 정리할 수 있다.

(1) 빈부격차의 확대

세계화가 진행됨에 따라 자본의 국제적 이동이 활발해지고, 이를 기반으로 하는 대규모 다국적기업은 생산비용이 가장 낮은 국가에 생산기지를 건설하는 방법으로 생산 효율성을 극대화한다. 이러한 과정에서 다음과 같은 빈부격차가 확대될 수 있다.

① 부국(富國)과 빈국(貧國) 간 격차 확대: 국제적 이동이 가능한 자본은 대부분 부국 혹은 선진국들에서 소유하고 있으므로, 세계화 과정은 이러한 국가들의 부를 확대시켜 줄 뿐 신흥개도국이나 빈국에게 부의 재분배가 이루어지지 않는다.

② 국가 내에서의 빈부격차 확대: 세계화의 추세에서 한 국가 안에서도 자본가들만 부를 축적할 뿐 노동자들은 더욱 가난해진다.

위와 같은 주장은 세계화에 대한 비판서적인 『세계화의 덫』에서 “80:20”의 표현으로 잘 나타나고 있다. 세계화 과정에서 20%의 국가들은 이익을 보지만 나머지 80% 국가들은 손해를 입으며, 한 국가 내에서도 이러한 비율의 법칙은 성립된다는 것이다. 다른 책 『우리는 왜 불평등해졌는가』에 의하면, 20세기 말에서 21세기 초에 이르는 시기의 활발한 세계화로 인해 세계 각국의 최상류층과 아시아 국가의 중산층이 큰 이익을 얻었으나, 선진국의 최하층 및 빈국의 대다수 국민들은 상대적으로 더 가난해졌다.

(2) 바닥을 향한 경쟁

각국 정부는 노동문제, 혹은 인권문제나 환경문제 등을 개선하기 위해 기업 활동에 대하여 많은 규제를 가하고 있다. 그러나 세계화 추세에서 국내 기업은 타국의 기업과도 경쟁해야 하므로, 이러한 규제는 기업의 국제경쟁력을 감소시킬 수 있다. 따라서 많은 국가에서 외국과의 경쟁을 위해 규제를 완화하려는 시도가 발견되는데, 세계화 비판론자들에 의하면 이러한 규제완화 조치로 인해 노동자들은 국가로부터 보호를 받을 수 없게 되고, 지구의 환경은 악화된다는 것이다. 이러한 현상을 '바닥을 향한 경쟁(race to the bottom)'이라고 부른다.

(3) 정부의 역할 축소

정부는 자국 국민의 안전과 복지를 위해 정치 및 경제정책을 수행하는 역할을 할 의무가 있다. 그런데, 국영기업의 민영화 및 각종 규제 완화 등 세계화 과정에서 발견되는 각종 경제정책에서 확인할 수 있듯이, 세계화는 다국적기업의 시장지배력을 강화시키고 정부의 역할과 힘은 감소시킨다. 또한 각국 정부는 외국자본을 유치하기 위해 이들에 많은 특혜를 제공하게 된다. 이는 정부의 역할을 포기하고 외국 기업의 요구에 따라 경제정책을 변경시킬 수밖에 없게 만든다는 것이다.

3. 세계화 비판에 대한 논의

그러면 이와 같은 세계화 비판 논리에 대해서 어떻게 평가할 수 있겠는가? 위의 비판에 대하여 세계화 옹호론자들은 다음과 같은 반론을 제기한다.

① 세계화는 소득분배를 악화시키는 경향이 있다고 할지라도, 국가 평균적으로 소득수준의 향상을 가져온다. 또한, 일국의 소득분배 악화의 주된 원인은 기술진보 등 다른 곳에서 찾을 수 있다.

② 세계화로 인해 빈국, 혹은 일부 개도국의 소득이 상대적으로 감소하는 것은 사실이지만, 세계화에 적극적인 개도국의 경제성장률은 선진국보다 훨씬 더 높은 것이 사실이다.

③ 노동문제와 환경문제의 경우, 실제 경제에서는 소득이 높은 국가, 혹은 세계화에 적극적인 국가일수록 노동자의 권리가 확보되며 환경오염이 덜 발생하는 경향이 있다.

④ 각국 정부의 역할은 세계화로 인해 줄어들지 않았다. 각국 정부의 예산액이 경제규모(GDP)에서 차지하는 비중은 줄어들지 않고 오히려 늘어나는 추세이다.

주요용어

- 유치산업보호론
- 최적정책
- 전략적 무역정책
- 경제외적 목표
- 탄력관세
- 긴급관세
- 수량할당
- 수출보조금
- 세계화의 덫
- 동태적 비교우위
- 외부경제
- 이득행렬
- 비교역적 관심사
- 덤핑방지관세
- 조정관세
- 수출자율규제
- 세이프가드
- 바닥을 향한 경쟁
- 정태적 비교우위
- 외부불경제
- 게임이론
- 관세
- 상계관세
- 비관세장벽
- 생산보조금
- 신자유주의

연습문제

01. 현재 상황에서 비교우위를 갖지 못한 산업을 유치산업이라고 해서 보호되어야 하는 이유는 무엇인가?

02. 생산에 외부경제가 있을 때는 자유무역이 좋은가 보호무역이 좋은가, 혹은 다른 더 좋은 정책이 있는가?

03. 쌀 농업은 우리나라에서 비교우위를 갖지 못하고 있다. 그런데도 보호해야 하는 이유는 무엇인가?

04. 소국의 경우에, 관세부과는 경제 전체의 후생수준에 좋은 영향을 미치는가?

05. 관세는 조세이므로 법률에 의해서만 변경되어야 하는데 탄력관세는 왜 필요한가?

06. 수량할당과 관세 중 어느 것이 수입규제효과가 더 큰가? 예를 들어 설명하시오.

07. 비관세장벽은 관세에 비하여 어떠한 특징을 갖고 있는가?

08. 무역기술장벽은 왜 무역에 장애가 되는가? 예를 들어 설명해 보시오.

09. 하랄드 슈만이 저술한 『세계화의 덫』이라는 책 중 '80:20'이라는 것은 무엇을 의미하고 있는가?

10. 세계화는 좋은 것인가, 아니면 피할 수는 없지만 환영받지 못할 것인가? 본인의 논리를 세워 설명하시오.

제4장

현대 무역 동향

무역 이야기

최근 발표된 국제통화기금(IMF)의 경제성장률 전망치에 가장 충격을 받은 나라 중 하나가 영국이다. 서방의 주요 선진국 중에서 유일하게 전망치가 기존보다 하향 조정되면서 올해 -0.6% 역성장이 예고됐다. 우크라이나와의 전쟁으로 각종 제재를 받고 있는 러시아보다도 낮았다. 영국의 유럽연합(EU) 탈퇴 3주년을 맞아 수낵 총리가 "브렉시트로 얻은 자유 덕에 엄청난 진전을 이뤄냈다"고 자찬한 기념 성명은 빛이 바랬다.

'정치적으로는 대혼란, 경제적으로는 참사.' 영국 일간 가디언을 비롯한 언론의 평가는 냉혹하다. "브렉시트는 망상", "국가적 자해" 같은 노골적 비판이 쏟아진다. 브렉시트를 후회한다(Brexit+regret)는 의미의 '브레그렛(Bregret)'이라는 신조어도 퍼졌다. 최근 한 여론조사에서는 "EU로 되돌아가기 위한 재투표 의향이 있다"는 답변이 57%로 절반을 넘었다. 영국 여론이 단순히 후회의 감정을 넘어 실제적인 복귀 요구로 옮아가고 있는 것이다.

영국 중앙은행에 따르면 브렉시트 이후 영국과 EU의 무역거래 규모는 15% 줄었다. 각종 통관, 승인 절차 등 무역 장벽이 높아진 탓이다. 자동차 생산량부터 외국인 투자까지 각종 수치는 하락세다. 동유럽 노동자 행렬이 끊기면서 인력난이 심화했고, 물자 공급망 또한 적잖게 훼손됐다. 국가적 생산성 손실 규모는 290억 파운드(약 45조 원), 가구당으로 따지면 1000파운드(약 155만 원)에 이른다고 한다. 파업과 시위 횟수는 1970년대 이후 최대를 기록했다. 영국이 다시 '유럽의 병자'가 됐다는 말이 공공연하게 나온다.

자료: 동아일보(2023. 2. 21.) 일부 발췌 및 수정.

제 1 절 자유무역과 보호무역의 흐름

국제무역의 역사를 보면 자유무역과 보호무역의 흐름이 오랫동안 반복되어 왔음을 알 수 있다. 자유무역정책은 국내경제를 대외적으로 개방시킴으로써 경제성장을 이루고 시장경제의 효율성을 증가시키고자 한다. 반면 보호무역정책은 가격과 품질 면에서 국제적으로 경쟁력이 부족한 국내 상품을 수입상품과의 경쟁으로부터 배제하고 보호함으로써 국내 생산 증가를 도모하여 경제발전을 추구한다. 이러한 두 주장은 모두 경제성장 및 효용수준의 증가를 목표로 하고 있다는 점에서는 동일하지만, 정책방향과 수단은 서로 상당히 다르다.

대체적으로, 세계경제 호황기에는 자유무역 정책기조가 나타나는 경향이 짙고, 경제상황이 어려운 때에는 보호무역 기조가 나타나는 경향이 있다. 세계무역의 흐름을 간단히 요약하면 다음과 같다. 제1차 세계대전과 제2차 세계대전 사이에는 세계경제가 대공황(Great Depression)을 겪던 시기가 있었고, 이 때에는 주로 보호무역 정책기조가 주류를 이루었다. 제2차 세계대전 이후에는 자유무역질서인 GATT를 출범시킴으로써 세계 무역시장이 자유무역 기조를 갖게 되었고, 그 결과 세계 무역량은 증가하였다.

1960년대까지는 GATT를 중심으로 자유무역 흐름이 세계 경제의 기조를 이루어 왔으나, 1970년대 미국 등 선진국이 경제적 어려움을 겪기 시작한 이후 자국 경제를 보호하는 것이 우선인 '신보호무역주의'(New Protectionism) 기조가 유지되었으며, 1980년대 이후 자유무역을 추구하는 GATT 체제와 다자간 협상인 우루과이라운드(UR)를 거쳐 1995년 WTO 체제가 출범하였다.

WTO 체제의 출범 이후 조금 더 강화된 자유무역 환경 구축을 위해 새로운 라운드인 도하개발어젠다(Doha Development Agenda: DDA)가 시작되었으나, 회원국들의 이해관계가 엇갈려 지지부진한 상황을 면치 못하였다.

여기에 더해 2008년 미국의 서브프라임모기지(Sub-Prime Mortgage)사태로 촉발된 글로벌금융위기가 실물위기로 확산되자 보호무역주의적 정책을 추구하는 국가들이 나타나기 시작하였으며, 2010년대 중반 이후 브렉시트, 미·중 통상마찰 등 탈세계화(deglobalization) 움직임이 강화되었다. 2020년의 코로나 팬데믹과 뒤이은 러시아-우크라이나 전쟁, 트럼프의 재집권을 통한 보호무역 기조의 강화로 인해 자유무역과 세계화에는 큰 타격이 발생하였다.

1. 근대 중상주의와 보호무역주의

국제무역은 기원전부터 이루어져 왔지만, 현대적인 의미에서 국제무역의 시작은 유럽에서 근대국가가 형성된 16세기 이후 상업을 중시하는 중상주의(mercantilism) 시대부터로 보는 것이 합당하다. 당시 학자들은 국부(wealth of nation)는 금이나 은 등의 귀금속으로 대표되는 자산의 양이라고 생각하였으며, 한 국가가 부유해지기 위해서는 각종 수출지원 정책을 통하여 수출을 늘리고(귀금속의 유입 증가) 수입제한 정책을 통하여 수입을 줄임으로써(귀금속의 유출 감소) 무역수지 흑자를 이루는 것이 중요했다. 이러한 중상주의 시대에 각국은 수입에 대하여 높은 관세를 경쟁적으로 부과하여 수입을 규제하였고, 때로는 금과 은(화폐)의 국외유출을 금지하기도 하였다. 또한 수출장려금, 수출 관련 관세 경감, 외국의 공업 발전에 도움이 되는 상품·기계·노동자의 유출 금지 등을 통하여 자국산업을 보호·육성하였다. 식민지와 본국 간 무역상품의 수송을 본국 선박에 한정하는 것을 골자로 하는 '항해조례'(Navigation Act)도 이 시대의 산물이었다.

이와 같이 수출은 증가시키고 수입은 규제하여 자국의 부를 늘리려는 중상주의적 사고는 오늘날에도 남아 있다. 즉, 여전히 세계 각국은 수출을 늘려 무역수지를 개선하기 위해 노력하고 있으며, 이중 많은 국가들이 수출 지원정책을 시행하고 있다. 이와 같은 움직임을 '신중상주의'(new mercantilism)라고 부르기도 한다.

2. 18세기 중농주의와 자유무역주의

18세기 후반(중상주의시대 말기) 프랑스의 경제학자 케네(F. Quesnay)와 그의

제자들에 의하여 형성된 농업을 중시하는 경제 사상을 중농주의(physiocracy)라고 한다. 중농주의자들의 정책목표는 농업생산의 증대였으며, 이를 위하여 중상주의적 시각에 입각한 국가중심의 통제에서 벗어나 자유방임(laissez-faire) 정책을 실시해야 한다고 주장하였다. 이러한 사상이 아담 스미스(A. Smith)에 의해 계승되어 영국에서 자유무역주의 사상이 발달하게 되었다.

각 개인의 자유로운 활동에 위임하는 것이 경제발전을 위한 최대의 효과를 거둔다는 것이 경제적 자유주의의 핵심논리다. 인간은 원래 이기심을 기반으로 자신의 효용을 극대화하기 위해 노력하기 때문에 정부가 간섭하지 않고 시장에 맡겨 두면 가격기구인 '보이지 않는 손'(invisible hand)에 의해 개인과 사회에 가장 효율적인 자원 배분을 가져올 수 있다는 것이다.

자유무역주의 세부적인 정책목표는 경제발전 단계에 따른 국가개입의 성격에 따라 달라지는데, 19세기 자유무역주의는 관세의 인하가 핵심이었다. 즉, 다른 나라보다 먼저 산업혁명을 성공시킨 영국이 원료와 식량을 유럽대륙으로부터 저렴한 가격으로 수입하는 한편, 이렇게 수입한 원료를 바탕으로 생산한 공업제품을 비싼 값으로 유럽대륙으로 수출하기 위해서는 수출입에 장애가 되는 관세를 폐지하거나 인하시키는 것이 중요하였다.

20세기 자유무역주의는 관세인하 이외에도 직접적인 무역통제의 철폐를 주요 내용으로 하고 있는데, 여기에는 수입제한(import restriction)이나 각종 비관세장벽(non-tariff barriers: NTBs) 등과 같은 무역장애 요인을 배제하는 것이 핵심이 된다.

무역에 대한 국가의 태도는 그 국가가 처한 상황에 따라 달라지기도 한다. 18세기 이후 세계 최고 수출국이었던 영국에서는 자유무역주의가 주된 무역정책 기조를 형성하였지만, 독일이나 미국과 같은 후발주자 국가에서는 보호무역주의를 옹호하였다. 산업혁명을 최초로 성공시킨 영국은 당시 세계의 유일한 선진국으로서 자유무역으로 자국의 이익을 극대화할 수 있었던 반면, 미국이나 독일은 당시 후발 공업국으로서 유치산업보호 등을 이유로 보호무역주의를 중시하였던 것이다.

3. 제2차 세계대전 이전의 보호무역주의

제1차 세계대전 이후, 세계무역의 기조는 보호무역주의로 전환되었다. 이는 후발공업국들이 선진국들로부터의 수입에 대한 무역규제를 높이는 과정에서 나타난 흐름이었다. 또한, 세계경제가 침체되면서 각국은 자국의 산업을 보호하기 위해서 보호무역을 지향하여 왔으며, 그 결과 세계 전체의 무역량은 1930년대 이후 급격히 감소하였다.

예컨대 미국은 세계대공황(Great Depression, 1929~1933) 이후 제조업에 대한 평균관세율을 60% 정도 인상하였으며, 이에 대하여 미국의 주요 교역대상국들은 보복관세(retaliative tariff)를 부과함으로써 무역전쟁(trade war), 혹은 관세전쟁(tariff war) 수준의 갈등을 보였다. 결국 세계경제는 극단적인 보호무역주의로 치닫게 되었으며, 이로 인해 세계대공황은 악화되었다.

4. 제2차 세계대전 이후 무역의 흐름

(1) 자유무역과 경제호황

제2차 세계대전 이후, 세계 여러 나라는 대공황과 전쟁 등 극단적인 국가간 갈등양상은 보호무역주의와 깊은 관련성이 있음을 인식하고, 자유무역을 향한 새로운 국제경제질서를 구축하기 위해 IMF(International Monetary Fund: 국제통화기금)와 IBRD(International Bank for Reconstruction and Development: 국제부흥개발은행)로 대표되는 브레턴우즈 체제(Bretton Woods system)를 구축하였다. 또한 1948년 관세 및 무역에 관한 일반협정(General Agreement on Tariffs and Trade: GATT)을 창설하였다. GATT 체제 하에서 자유무역의 기조가 자리잡음에 따라 세계 무역량은 급격히 증가하였으며, 경제상황도 1960년대까지 호황국면으로 접어들었다.

(2) 신보호무역주의

1970년대 이후 브레턴우즈 체제의 붕괴, 석유파동(Oil Shocks)과 그에 따른 선진국의 경제침체 등의 영향으로 WTO 체제 이전까지 신보호무역주의(new protectionism)가 나타났는데, 이는 기존의 유치산업 보호론과는 다른 특징을 갖는 새로운 형태의 보호무역주의였다.

1970년대 이후 등장한 신보호무역주의는 ① 선진국 중심의 보호주의였으며, ② 보호 대상이 유치산업이 아닌 섬유나 철강 등과 같이 선진국의 사양산업 위주였고, ③ 무역의 보호수단으로는 비관세장벽을 주로 이용하였다.

(3) 다자간 무역협상

제2차 세계대전 이후 GATT 체제 하에서는 다자간무역협상이 계속되었는데, 마지막 협상인 우루과이라운드(UR, 1986~1994)의 결과 1995년부터 세계무역기구(World Trade Organization: WTO)가 발족되었으며, 이로 인해 세계무역의 흐름은 새로운 국면을 맞이하게 되었다.

5. GATT 체제의 성과와 한계

(1) 성과

제2차 세계대전 이후, 세계 주요국은 세계무역의 자유화를 위해 GATT를, 일시적인 국제수지 불균형에 처한 회원국들에게 단기자금을 공급하여 경제회생을 돕기 위해 IMF를, 그리고 후진국의 장기 경제개발 자금을 공급하기 위해 IBRD(세계은행(World Bank)의 전신) 등 국제기구를 창설하였다.

이 중 GATT는 '관세 및 무역에 관한 일반협정'이라는 기구의 이름에서 드러나듯 관세 협상 분야에 중점을 두고 다자간무역협상을 통해 관세인하 및 비관세장벽 철폐를 목적으로 창설되었다. 다자간무역협상은 회원국들이 한 자리에 모여 진행하는 무역협상으로, 일정기간 동안 회원국 간 관세율의 인하나 철폐, 혹은 기타 무역정책에 대하여 논의하는 자리였다.

GATT 조항에는 최혜국대우(Most Favored Nation: MFN) 원칙이 있는데, 이는 두 회원국 간 성립된 관세인하 합의는 이외 다른 모든 회원국에도 그대로 똑같이 적용된다는 조항이다. 이와 같은 GATT의 노력으로 40% 가까이 되었던 세계 공산품 평균실행 관세율은 이후 약 2~3% 수준으로 인하되었으며, 이후 GATT 소속 회원국들은 비관세장벽(NTBs)의 철폐를 위해 노력하였다.

(2) 한계

GATT를 중심으로 한 2차대전 이후의 자유무역 체제는 서구 선진국의 경제 발전에 기여했지만, 각국 경제가 한층 긴밀하게 연결되고 상호의존적이 되어 가면서 수입량 증가에 따른 국내 산업이 피해를 입는 등 부작용도 발견되었다. 국가 간 분쟁을 중재하는 법적 효력을 가지고 있지 못한 GATT 체제에서는 이러한 무역 분쟁을 국제적인 차원에서 해결할 수 없었으므로, 결국 필연적으로 국가 차원의 보호주의적 대응조치를 유발할 수밖에 없었다. 또한, 서비스무역과 지적재산권의 발당 등 세계경제의 발전으로 인해 새롭게 등장한 무역 흐름도 GATT 체제가 신축적으로 대응할 수 없는 부분이었다.

제도적 측면에서, GATT의 규정은 최혜국대우, 관세인하, 가입 및 탈퇴 등의 절차에 대해서는 어느 정도 국제적인 구속력을 가지고 있었지만, 수량제한의 금지 등 세부적인 무역규제와 관련된 부분에 대해서는 각국 국내법의 범위 내에서만 이행의무가 부여되었기 때문에 GATT가 가지는 법적 구속력은 매우 약한 편이었다.

결과적으로, GATT 체제는 선진국 간 수평적 무역은 활성화시켰으나, 신흥개도국 간 무역의 확대에는 큰 역할을 하지 못했다는 평가가 많다. 이를 보완하기 위해 개도국의 주력 수출품인 제조업 상품에 대하여 선진국이 일반적으로 관세를 면제해 주는 일반특혜관세(Generalized System of Preference: GSP) 제도 등을 추가적으로 만들기도 하였다.

제 2 절 WTO와 최근 무역 동향

1. WTO의 창설과 발전

(1) 우루과이라운드와 WTO의 창설

GATT의 제8차 다자간무역협상인 우루과이라운드(Uruguay Round: UR)에서는 GATT 체제가 지니고 있었던 한계를 극복하고 향후 새로운 국제무역질서를 효과적으로 재편하기 위하여 세계무역기구(World Trade Organization: WTO)를 창설하는 것에 합의하였다. 이 시점부터 1948년 창설되어 세계무역을 관장해 오던 GATT 체제가 막을 내리고, 1995년 WTO 체제가 본격적으로 도래한 것이다.

(2) WTO 설립 협정내용

최초의 WTO 협정내용을 구체적으로 살펴보면 아래의 [그림 4-1]과 같다. WTO 협정은 설립 당시에는 WTO 설립협정, 다자간무역협정(GATT 1994, 농산물, 섬유협정, 동경MTN협정 등 13개의 협정과 새로운 다자간협정인 서비스협정, 지적재산권협정, 분쟁해결관련양해, 무역정책검토제도 4개 등 총 17개 협정) 및 복수국간무역협정(민간항공기무역, 정부조달 등 2개)으로 구성되어 있다.

다자간무역협정(Multilateral Trade Agreement: MTA)은 모든 회원국에 적용되

[그림 4-1] WTO 협정

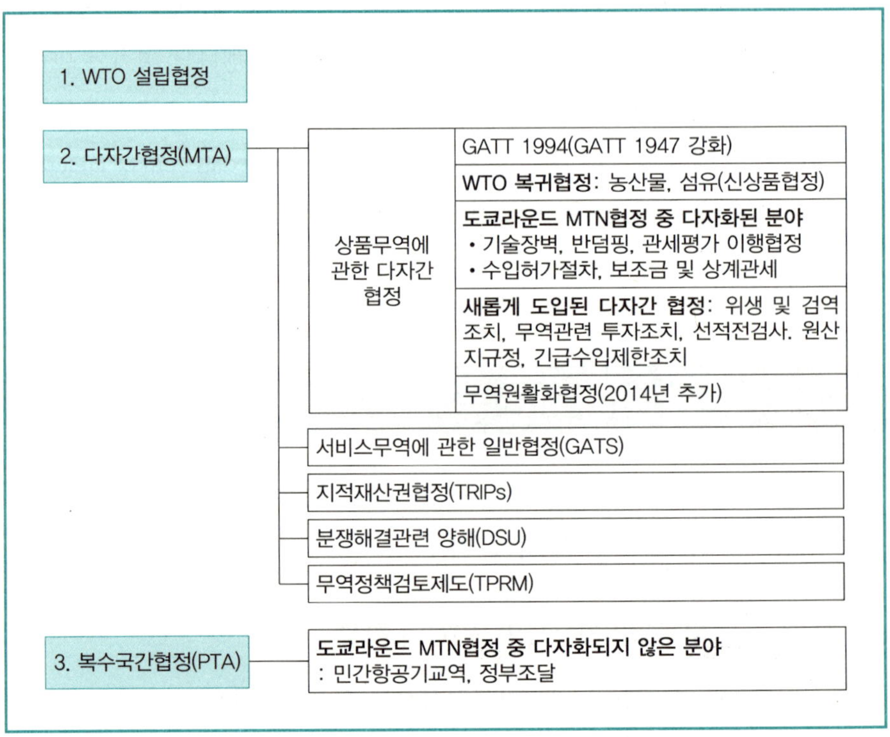

는 반면 복수국간무역협정(Plurilateral Trade Agreement: PTA)은 해당 협정문을 수락한 회원국에게만 적용된다는 차이점이 있다. 즉 복수국간무역협정 분야는 모든 회원국에게 널리 적용될 수 없는 특수한 분야에 한정하여 진행된다. 상품무역에 관한 다자간협정 중「GATT 1994」는 WTO 협정 중 가장 중요한 협정이라고 할 수 있다.

(3) WTO의 조직구조 및 분쟁 해결방법

WTO의 조직구조는 WTO 협정 안의 모든 문제에 대한 의결권을 갖는 각료회의를 정점으로 하며, 각료회의 휴회 기간 중 필요에 따라 상시적으로 각료회의의 결정을 수행하는 일반이사회, 그리고 산하 위원회로 구성되어 있다.

WTO의 분쟁해결협정에 따라 국제무역질서를 어지럽히는 회원국에 대해 WTO의 무역분쟁해결기구(Dispute Settlement Body: DSB)에서 규제가 가능하므로, WTO는 국제 무역분쟁에 대한 '국제법원'의 역할을 수행할 수 있게 되었다. 이에 따라 회원국은 상대국의 무역관행에 대해 이의가 있을 경우 GATT 체제 관행이었던 쌍무적 해결방법 대신 WTO에 정식으로 제소하는 방법을 택하게 되었다.

2. WTO의 주요원칙

(1) 무차별원칙(non-discrimination)

WTO의 무차별원칙은 크게 최혜국대우(Most Favored Nation Treatment: MFN) 원칙과 내국민대우원칙(National Treatment)으로 구분할 수 있다.

최혜국대우는 통상관계에서 제3국에 부여하고 있는 조건보다 불리하지 않은 대우를 다른 국가에도 부여한다는 원칙으로, 회원국 사이에 차별을 두지 않는 것을 대원칙으로 한다. 다만 관세동맹 및 자유무역지대, 개도국에 대한 특혜관세 등은 예외로 둔다.

내국민대우원칙은 수입품에 적용되는 국내 조세가 국내상품에 부여하는 대우보다 불리하지 않게 대우한다는 원칙으로, 외국상품에 대해서 국내상품과 차별하지 않는 것을 대원칙으로 한다.

(2) 관세화(tariffication)

WTO는 수량제한은 금지하는 대신 관세를 통하여 국내산업을 보호할 수 있도록 규정한다. 이는 수량제한이 관세에 비하여 더욱 엄격한 규제조치이기 때문이다. 이에 따라 WTO 출범 이후 많은 비관세장벽이 관세화되었는데, 물론 관세로 전환된 경우에도 엄격한 규정과 심사를 거쳐 궁극적으로 관세의 인하 혹은 철폐를 목표로 한다.

(3) 공정한 무역 원칙(fair trade)

WTO는 자유무역을 지향하지만 다른 한편으로 공정하고(fair) 왜곡 없는 경쟁을 추구한다는 원칙을 갖고 있다. 예컨대, 덤핑(dumping) 및 보조금(subsidy) 등 불공정한 경쟁에 대하여는 보복관세를 부과할 수 있도록 허용하고, 공정경쟁을 위하여 농산물협정, 지적재산권 보호, 서비스경쟁조건 향상, 정부조달의 구매규칙을 강화하는 등 다양한 규정을 두고 있다.

(4) 개발도상국 우대원칙(developing countries preference)

개도국들의 경우 무역자유화의 속도에 유연성을 부여함으로써 경제개발을 지원한다. 홍콩각료회의에서 합의한 '무역을 위한 원조'(Aid for Trade: AfT)는 개도국들이 자유무역을 수행하여 경제발전을 이룰 수 있도록 무역 관련 인프라에 지원한다는 내용을 특별히 포함하였는데, 이는 WTO 차원에서 개도국을 우대하는 조치로 해석할 수 있다.

3. WTO 동향

(1) 도하개발어젠다(DDA)의 출범

WTO 출범 후 좀 더 자유로운 무역을 추진하기 위하여 추가적인 다자간무역협상의 출범에 대한 논의가 계속되었다. 그 결과 2001년 11월 카타르의 도하에서 열린 WTO 제4차 각료회의에서 WTO 체제 하에서의 첫 다자간무역협상인 '도하개발어젠다'(Doha Development Agenda: DDA)가 출범하였다. 전통적으로 매 다자간무역협상에는 '라운드'(Round)라는 용어를 붙였으나, 도하 각료회의에서는 저개발국이나 개도국의 입장을 중시하여 개도국의 경제발전을 지원하기 위한 의제(agenda)를 중심으로 무역자유화를 추구한다는 취지에서 개발어젠다(의제)라는 용어를 붙이기로 하였다.

DDA협상은 UR협상에서 논의되었으나 타결이 되지 않아 차기 무역협상에서 논의하기로 하였던 농업과 서비스분야(이를 기설정의제, built-in agenda라고 부른다)를 기본 의제로 선정하고 수산업·반덤핑·보조금·투자·경쟁정책·무역원활화 등도 협상대상으로 포괄하여 세계 무역의 기본구조를 새롭게 설계하고자 노력하였다.

(2) DDA 협상의 결렬

협상을 위해서는 당초 3년의 협상기간이 설정되어 2004년 말까지 협상을 끝내고 2005년부터 새로운 자유무역체제가 시작되도록 설계되었으나, 2001년 11월 시작한 DDA협상 의제 중 농산물과 비농산물(Non-Agricultural Market Access: NAMA)의 관세감축, 농업보조금 감축 등에 대하여 선진국(미국, EU)과 개도국(브라질, 인도 등)간 이견이 극심하여 현재까지 완전한 타결을 이루지 못하고 있다.

DDA 협상의 주요 의제는 농산물과 비농산물 뿐 아니라 서비스, 규범, 지적재산권, 환경, 분쟁해결양해(DSU), 개발 및 무역원활화 등에 이르기까지 광범위하다. 현재까지 DDA협상은 지지부진하여 완전 타결될 가능성은 낮은 편이며, 다만 DDA협상 의제를 중심으로 FTA 등 지역별 무역협정이 국가들 사이에 활발하게 이루어지고 있다.

(3) 최근 논의 동향

DDA 협상이 지지부진한 상황에서 WTO 회원국들은 양자간 혹은 몇 개 국사이에 지역무역협정(Regional Trade Agreement: RTA)을 체결하여 무역자유화를 지향하고 있다. 회원국이 FTA 등 지역무역협정을 체결하면 WTO 지역무역협정 위원회에 통보해야 한다. 주요 무역 의제가 FTA 등 지역무역협정을 중심으로 이루어지고 DDA 협상이 소규모 쟁점조차 해결하지 못할 정도로 힘을 잃은 것은 WTO 주도의 다자통상구조가 흔들리고 있음을 의미한다.

WTO 협상을 이끌었던 미국과 EU는 물론 개도국을 대표하는 중국·인도까지 DDA에 미련을 두지 않는 분위기이다. 오히려 환태평양경제동반자협정(TPP)·역내포괄적경제동반자협정(RCEP)과 같이 5~20개국이 참여하는 지역단위 FTA가 각광을 받고 있다. 우리나라 역시 RCEP에 참여하고 있으며 주요 교역대상국과 FTA 확대에 주력하고 있다.

이러한 상황에서 2018년 7월 미국 트럼프 행정부가 340억달러 규모의 800여개 중국 상품에 대하여 25%의 관세를 부과하면서 미·중 무역분쟁이 시작되었다. 중국은 즉시 농산물과 자동차 등에 보복관세 조치를 시행하면서 WTO에 미국을 제소하였으며, 양국이 몇 차례 경쟁적으로 추가 관세를 부과한 결과 관세 대상 무역규모가 2,000억달러 수준까지 늘어나기도 했다.

가장 최근 개최된 2024년 제13차 WTO 각료 회의에서는 전자적 전송물에 대한 무관세 조치를 2026년 3월까지 연장하기로 했고, 코모로와 동티모르가 새롭게 회원국으로 가입하는 등 아직도 WTO의 활동은 세계 무역자유화에 중요한 역할을 하고 있다. 최빈개도국의 졸업 지원과 개발을 위한 투자원활화 협정이 채택되기도 하였다. 하지만 주요한 다른 의제인 농업과 수산보조금 분야에서는 합의에 도달하지 못했다. 미국의 트럼프 대통령은 WTO 탈퇴를 언급한 바 있고 각국을 대상으로 관세 부과를 추진하고 있어 이에 대한 타국의 대응을 초래하여 세계적으로 보호무역주의를 일으키고 있다.

4. 최근 세계 무역의 흐름

최근 무역의 흐름의 특징을 정리해보면 다음과 같은 특징을 가진다.

(1) 보호무역주(Protectionism)의 회귀

미국을 중심으로 자국우선주의 정책, 산업 보조금 경쟁, 무역제한 조치 등이 확산되면서 보호무역주의가 다시 강해지고 있다. 이러한 흐름은 각국의 산업 보호와 일자리 유지 등을 명분으로 정당화되며, WTO의 자유무역 원칙을 위협하고 있다. 영국의 유럽연합(EU) 탈퇴인 브렉시트 역시 이러한 보호주의 경향의 하나로 해석될 수 있다.

(2) 디커플링(Decoupling)

미·중 간 전략경쟁 심화로 인해 양국은 기술과 공급망 측면에서 상호 의존도를 낮추려는 '디커플링' 전략을 강화하고 있다. 반도체, 배터리 등 주요 전략 산업에서 이러한 경향이 뚜렷하다. 더불어 코로나19 팬데믹, 우크라이나 전쟁 등 글로벌 리스크로 인해 공급망 안정성이 주요 이슈로 떠오르며, 이를 해결하기 위한 리쇼어링(국내복귀), 니어쇼어링(인접국 이전), 프렌드쇼어링(우방국 중심) 전략도 주목받고 있다. 이러한 흐름은 보호무역주의와도 맞물려 있다.

(3) 환경문제와 무역의 연계

기후위기 대응이 국제정치·경제의 핵심 과제로 부상하면서, 지속가능성(sustainability)과 탄소중립(carbon neutrality)을 고려한 무역 정책이 확대되고 있다. 예를 들어, EU는 탄소국경조정제도(CBAM)를 도입하여 탄소 배출이 많은 상품의 수입 시 탄소 비용을 부과함으로써 자국 생산업체와의 형평성을 확보하려 하고 있다. 이는 환경 규제가 새로운 형태의 무역 장벽으로 기능할 수 있다는 점에서 '녹색 보호무역' 논쟁을 불러일으키고 있다.

(4) 디지털무역(Digital Trade)의 부상

디지털 기술의 발전으로 무형재의 국경 간 거래(전자상거래, 클라우드 서비스 등)가 급증하고 있다. 위에서 설명하였듯이 WTO 제13차 각료회의에서는 '전자적 전송물에 대한 무관세 조치'를 2026년까지 연장한 바 있는데, 디지털 전환은 무역의 양상 자체를 변화시키고 있다. 물리적 상품보다 데이터, 서비스, 콘텐츠의 이동이 늘어나며, 국경 없는 전자상거래가 핵심 무역 영역으로 자리잡고 있다.

(5) WTO 기능 약화 및 지역무역협정의 확산

다자간 무역 자유화를 추진해 온 WTO는 도하개발의제(DDA) 협상의 지연과 상소기구(Appellate Body)의 기능 마비 등으로 제 역할을 다하지 못하고 있다. 미국은 상소기구 인선 거부를 통해 WTO 분쟁 해결 기능을 사실상 중단시켰고, 트럼프 행정부는 WTO나 FTA를 무시하고 독자적인 관세 부과를 추진하고 있다. 반면, 역내포괄적경제동반자협정(RCEP), 포괄적·점진적 환태평양경제동반자협정(CPTPP) 등 지역무역협정(RTAs)이 빠르게 확산되고 있다. 그럼에도 WTO는 최빈개도국 지원, 투자원활화협정 채택 등을 통해 포용적 무역 질서를 지속적으로 추구하고 있다.

제 3 절 경제 통합

1. 경제통합의 의의

(1) 경제통합의 의미

오늘날의 국제경제 질서는 다자주의(multilateralism), 세계주의(globalism) 및 지역주의(regionalism)가 동시에 진행되는 특징을 지니고 있다. WTO 체제는 다자주의를 표방하며 자유무역을 통해 세계가 하나의 시장으로 통합되는 것을 지향한다. 한편 지역주의의 흐름 역시 급속히 확산되고 있는데, 이는 특정 지역 내에서의 경제통합(economic integration)이라는 형태로 나타나고 있다. 예를 들어 EU, NAFTA 등은 세계경제의 중심으로 자리하고 있으며, 한국의 경우 한-칠레 FTA, 한-미 FTA, 한-EU FTA 및 한-중 FTA와 같이 다양한 지역무역협정을 통해 이러한 흐름을 따라가고 있다.

경제통합은 역내의 회원국 사이에 각종 무역장벽을 철폐하여 하나의 시장(single market)을 지향함으로써 자유무역으로 나아가고자 하는 반면(역내 자유무역), 역외의 다른 국가들에 대해서는 차별적인 대우를 함으로써 보호무역주의적 요소(역외 차별조치)를 지닌다는 양면성을 가진다.

(2) 무역창출효과와 무역전환효과

경제통합은 자유무역주의적 측면과 보호무역주의적 측면을 동시에 가지고 있으므로, 다음과 같은 상반된 경제적 효과를 발생시킨다. 첫째, 비교우위 원리에 따라 회원국 간 자유무역을 한다는 점에서 회원국의 무역이익과 소비자 후생(소비자 가격 인하 및 소비자 선택의 폭 증가 등)을 증가시킨다. 둘째, 비회원국들에게는 차별적인 조치를 취하므로 비회원국의 무역이익과 소비자 후생을 감소시킨다. 따라서, 경제통합의 세계경제 전체적인 순효과는 모호하며, 전자의 총효과가 후자의 총효과를 능가할 때만 경제통합의 순효과가 양(+)의 방향을 갖게 되어 경제통합 체결의 타당성을 갖게 된다.

경제통합의 경제적 효과는 정태적 효과(static effect)와 동태적 효과(dynamic effect)로 구분된다. 여기서 정태적 효과는 무역창출효과(trade creation effect)와 무역전환효과(trade diversion effect)로 다시 세분화된다. 동태적 효과는 시간의 흐름을 고려하는 것으로서 경제성장효과, 고용효과, 교역조건 개선효과 등이 이에 해당한다.

무역창출효과와 무역전환효과를 설명하기 위해, 한국, 미국, 일본 3국의 경우를 가정해보자. 또한 미국, 한국, 일본의 순서로 생산비용이 높다는 가정을 추가하자.

먼저, 미국이 한국과 일본의 수입품에 대해 매우 높은 관세를 부과하는 경우를 생각해 보자. 이 경우, 미국 내에서는 미국 제품가격이 가장 낮을 것이므로 외국으로부터 수입을 전혀 하지 않을 것이다. 이때, 만약 한국과 미국이 FTA를 체결하면 한국으로부터의 수입품에 대해서는 관세가 부과되지 않으므로, 미국은 생산비용이 낮은 한국에서 수입을 하게 된다. 즉, FTA로 인해 미국과 한국 간 무역이 창출되며, 미국은 생산 및 소비 측면에서 무역이익을 얻게 된다. 이것을 무역창출효과(trade creation effect)라고 한다. 무역창출효과는 자원을 보다 효율적으로 사용하게 되는 것이므로 긍정적인 효과가 발생한다.

두 번째, 만일 FTA 체결 전 그다지 높지 않은 관세율이 부과되고 있어 관세를 포함한 수입가격이 미국 내에서의 생산비용보다 낮은 경우를 생각해 보자. 이 경우, 미국은 생산비용이 제일 낮은 일본에서 수입하고 있었을 것이다. 그러나 미국이 한국과 FTA를 맺으면 한국으로부터는 관세 없이 수입이 이루어지고 일본 제품에 대해서는 여전히 관세를 부과한 가격으로 수입하게 된다. 미국 소비자는 관세까지 포함한 일본 제품값이 한국 제품값보다 더 싸지 않은 한 한국에서 수입할 것이다. 따라서 무역의 흐름은 일본에서 한국으로 전환되며, 이 경우 미국 소비자가 한국에 지불해야 하는 비용은 FTA 이전에 일본에 지불한 것보다 비싸다. 이를 무역전환효과(trade diversion effect)라고 부른다. 일본과의 무역이 한국과의 무역으로 전환되어 효율성이 더 작아진 것이다. 무역전환효과는 자원을 비효율적으로 사용하여 부정적인 효과가 발생된 측면을 지칭한다.

이와 같이 양국이 자유무역협정(혹은 관세동맹)을 체결하면 어떤 부문에서는 무역창출효과(긍정적 효과)가 발생되고, 또 다른 부문에서는 무역전환효과(부정적 효과)가 발생하게 된다. 전체적으로 볼 때 무역창출효과(긍정적 효과)가 무역전환효과(부정적 효과)보다 크면 경제통합을 체결하는 것이 국가의 이익 측면에서 좋을 것이다.

2. 경제통합의 형태

경제통합은 결속의 정도에 따라 자유무역지대, 관세동맹, 공동시장, 경제동맹, 완전경제통합 등으로 구분되는데, 이들은 서로 배타적인 형태가 아니라 경제통합이 진행됨에 따라 결속도가 더 강한 다음 단계로 진전되게 된다. 실제 적용되는 과정에서 경제통합이라는 개념은 다양한 지역무역협정(RTA)이라는 형태로 나타나고 있다.

(1) 자유무역지대(FTA)

자유무역지대(free trade area, 혹은 자유무역협정)는 역내에서는 무역장벽을 완전히 철폐하여 자유무역을 하고, 역외의 국가에 대해서는 각 회원국들이 독자적인 관세정책을 실시하는 형태의 경제통합이다.

(2) 관세동맹

관세동맹(customs union)은 역내에서 자유무역을 한다는 점에서는 자유무역지역과 똑같지만, 여기에서 한 발자국 더 나아가 역외국에 대해서도 대외공통관세(Common External Tariff: CET) 등 공통적인 대외 정책을 취하는 단계이다. 역사적으로 보면 이러한 관세동맹이 가장 전형적인 형태의 경제통합의 형태라고 할 수 있다.

(3) 공동시장

공동시장(common market)은 관세동맹에서 한 걸음 더 나아가 회원국 간에 생산요소의 자유로운 이동까지도 포함하는 형태이다. 사실 경제통합의 기본적인 목표는 이렇게 재화나 생산요소를 하나의 시장에 편입하여 자원의 효율적 배분을 이루려는 데 있다.

(4) 경제동맹

경제동맹(economic union)은 각 회원국들의 국내 경제정책(화폐, 이자율, 물가 등)을 서로 조정하는 데까지 나아가는 형태이다. EU는 현재 유로(Euro)라는 단일 통화를 통용하고 있기 때문에 경제동맹의 단계를 이미 지났다고 볼 수 있다.

(5) 완전경제통합

완전경제통합(complete economic integration)은 화폐, 금융, 재정, 사회정책 등까지 통합하며 궁극적으로는 정치적 통합을 이루는 단계를 지칭한다. 현재 EU는 정치적 통합체를 두고 있어 완전경제통합의 단계를 완성해가고 있다.

3. 자유무역협정의 의의

(1) 원산지규정

최근 DDA가 지지부진함에 따라 이를 대신하여 급격히 증가하고 있는 것이 FTA협정이다. 그런데 FTA의 큰 문제점은, 회원국들이 독자적 대외정책을 갖고 있기 때문에 역외의 국가들이 일단 역내의 국가 중 가장 자유무역주의적인 국가에 물품을 수출한 뒤 역내에서 해당 재화를 다시 이동시킬 수 있는 우회 수출이 가능하다는 점이다. 이렇게 되면 강한 무역규제를 하고 있는 회원국들의 규제가 의미가 없어지게 된다. 이를 저지하기 위하여 흔히 원산지규정(rule of origin)을 사용한다. 예를 들어 한-미 FTA의 경우, 중국이 어떤 물품을 미국으로 수출하기 위해 먼저 관세가 낮은 한국에 수출하고, 이후 한국에서 미국으로 한-미 FTA를 이용하여 다시 수출하려는 전략을 세울 수 있다. 이와 같은 우회적 무역을 막기 위해서 설정한 것이 원산지규정으로, 간단히 말해 각 수입품에 대하여 원산지가 어디인가를 규정하는 제도이다. 하지만 현실적으로 너무 많은 원산지규정들이 중첩되어 있어 무역에 장벽으로 작동되는 경우가 많다. 이러한 상황을 '스파게티보울'(spagetti bowl)이라고 부르기도 한다. 결과적으로 세계 자유무역의 확대를 위해서는 중복된 자유무역협정보다는 관세동맹의 확대가 상대적으로 더 바람직하다고 할 수 있다. 관세동맹 하에서는 대외공통관세율(CET)이 적용된다는 점에서 역외교역의 문제점이 훨씬 간결해지기 때문이다.

(2) 최근의 FTA 특성

앞에서 설명한 다섯 단계의 경제통합협정은 전통적인 방식에 의한 분류에 불과하며, 실제 경제에서는 이러한 구분이 명확하지 않다. 이들 중 자유무역협정(free trade agreement: FTA)이 가장 흔히 이루어지고 있는데, 이는 본래 회원국 간 제조업 위주의 관세 인하 및 철폐를 의미했다. 여기에 더해 비회원국에 대해 대외공통관세(CET)를 부과하면 '관세동맹', 자본·노동 등 생산요소의 회원국간 자유로운 이동까지 아우르면 '공동시장'이라고 규정했다.

그러나 최근의 FTA협상에서는 제조품의 관세·비관세 문제만 다루는 것이 아니라 DDA협상에서 다루는 거의 모든 분야를 의제에 포함시키고 있다. 즉, 오늘날에는 투자·서비스·지적재산권 등이 자유무역협정에 포함되는 소위 '포괄적 자유무역협정'(Comprehensive Free Trade Agreement)이 체결되면서 전통적 경제통합 단계 구분은 큰 의미가 없어졌다. 심지어 유럽연합(EU)도 높은 수준의 자유무역협정으로 볼 수 있다. WTO에서 경제통합이라는 용어 대신 지역무역협정(regional trade agreement: RTA)이라는 표현을 쓰는 것은 이러한 흐름을 반영하는 것으로 볼 수 있다.

4. 세계의 주요 경제통합

제2차 세계대전 이후 현재까지의 지역무역협정(RTA)의 수는 점차 증가하는 추세에 있으며, 2025년 6월 기준 376개의 지역무역협정이 체결되어 있다. 이들의 90% 정도가 자유무역협정(FTA) 형태이다. 오늘날 세계무역기구(WTO) 회원국 중에서 적어도 한 개 이상의 지역무역협정을 체결하지 않은 국가는 거의 찾아볼 수 없다.

자유무역주의를 표방하고 있는 WTO 체제 하에서 보호무역주의 성향이 있는 이러한 지역주의 및 경제블록화가 확산되고 있는 것은 WTO 내의 협정인 「GATT1994」의 최혜국대우(Most Favored Nations Treatment: MFN) 예외조항(제24조)에 근거하고 있다. 여기에서는 모든 회원국에 대한 무차별대우원칙으로서 최혜국대우 원칙이 적용되고 있는데 예외적으로 RTA에 대해서는 차별대우를 할 수도 있음을 인정하고 있다. 이를 허락하는 이유는 RTA가 일부 지역에서나마 자유무역주의를 지향하는 측면이 있음을 인정하고 있기 때문이다.

(1) 유럽연합(EU)

EU는 세계의 경제통합체 중 가장 대표적인 형태이다. 유럽의 경제통합과정은 1921년 벨기에, 네덜란드 및 룩셈부르크간의 베네룩스관세동맹에서부터 시작되어, EEC, EC 등의 단계를 거쳐 현재까지 계속되고 있다. EU 내에서는 노동·자본·상품의 완전한 자유이동을 위한 역내시장통합을 구축하기 위하여 노력하고 있다.

특히 단일통화인 'Euro'를 사용하고 있으며, 민주주의를 통한 정치적 통합을 목적으로 하는 EU헌법에 해당하는 유럽연합 개정조약(EU Reform Treaty, 일명 리스본 조약)이 2009년 발효됨으로써 EU대통령이라고 할 수 있는 EU정상회의 상임의장과 EU외무장관에 해당하는 외교·안보정책고위대표를 선출하였다.

(2) 북미자유무역협정(NAFTA)

미국·캐나다·멕시코 3개국이 1994년 북미자유무역협정(North American Free Trade Agreement: NAFTA)을 발효시킴으로써 인구와 GDP 면에서 세계의 약 25%를 차지하여 EU보다 더 큰 거대한 경제통합체가 탄생되었다. NAFTA는 미국의 자본과 기술, 캐나다의 풍부한 천연자원 그리고 멕시코의 상대적으로 풍부한 노동력과 그에 따르는 저렴한 임금을 상호 보완적으로 결합하여 단일시장(single market)을 형성시켜, 고용을 새로이 창출시키고 나아가 각국의 경제성장을 가속화시킬 목적으로 성립시킨 그리고 선진국-개도국간 FTA(南-北간 FTA)를 성공시킨 최초의 무역 및 투자에 관한 자유무역협정이다.

다만, 2020년 7월부터 NAFTA는 USMCA(US, Mexico, Canada) 협정으로 이름을 바꾸고 디지털무역, 환경, 지재권 등 최근의 이슈들을 반영하여 새로 출범하였다.

(3) 아시아·태평양경제협의체(APEC)

아시아·태평양지역은 세계경제활동(GDP)의 57% 정도를 차지하고 있으며, 세계 수출의 43%, 수입의 45%, 무역의 44%를 차지하고 있다. 이는 그 비중이 다른 어느 지역보다도 크다는 것을 의미한다. 또한 회원국가 사이의 경제발전단계로 인한 다양한 경제구조를 가지고 있다는 점과 매우 역동적인 경제성장지역이며, 국가간 상호의존성이 심화되고 있다는 특징을 가지고 있다.

전반적으로 아시아태평양지역은 세계 경제성장의 중심이며, 견인차로서 21세기 세계경제성장을 주도할 것으로 기대되고 있다. 하지만 아직까지 APEC는 느슨한 형태의 협력기구이지 전형적인 경제통합체가 아니어서 회원국간 협력의 진전이 느린 편이다. 그래서 APEC는 최근 경제통합체로 탈바꿈하기 위해서 협의 중이다.

(4) 남미공동시장(MERCOSUR)

남미공동시장은 아르헨티나, 브라질, 우루과이, 파라과이 등 4개국에 의해서 1995년 정식으로 발효된 공동시장이다. MERCOSUR는 경제적으로 밀접하게 연관되어 있는 주변국가간에 경제성장 및 국제경쟁력 강화, 역내국에 대한 투자증대 등을 위한 상호보완적 산업협력 체제의 구축의 필요성이 대두되어 탄생하게 되었다. 특히 브라질은 미국과의 통상마찰 심화에 대처하기 위한 역내무역 확대의 필요성이 크게 요구되었고, 아르헨티나는 매년 큰 폭의 무역수지적자를 기록하고 있는 브라질과의 무역불균형 개선을 위하여 경제통합을 적극적으로 추진하게 되었다.

5. 메가-FTA

WTO/DDA 협상이 부진함에 따라 급격히 진전되어 온 FTA는 최근 메가-FTA(거대 FTA)로 발전하고 있다. 이러한 거대 FTA는 세계무역체제와 세계경제에 영향을 미칠 수 있는 규모의 다수 회원국으로 구성된다. 무역 장벽의 획기적인 철폐, 무역 규범 및 경제 규범의 체계적 도입 등을 통해 역내 경제뿐만 아니라 역외경제에도 영향을 미친다. 대표적인 것으로는 흔히 TPP(환태평양경제동반자협정, Trans-Pacific Partnership)와 RCEP을 들 수 있다.

TPP는 본래 APEC의 소국인 칠레, 싱가포르, 뉴질랜드, 브루나이 4개국이 결성하였으나 미국과 일본의 참여로 APEC 12개국이 참여하여 메가FTA로 2018년 말 발효되었다. 하지만 트럼프 대통령의 탈퇴 후 CPTPP(포괄적 점진적 TPP)로 타결되었다.

미국과 일본 주도의 TPP에 비하여 중국 및 ASEAN국가들이 중심이 되어 출범한 FTA가 '역내포괄적경제동반자협정'(Regional Comprehensive Economic Partnership: RCEP)이다. 아세안 10개국과 한국, 중국, 일본, 뉴질랜드, 호주, 인도 등 16개국으로 구성되어 있다. 이들 국가들 사이의 중복된 양자간 FTA의 부정적 효과를 불식시키고 지역 전체를 아우르는 통합체를 추구한다. TPP는 매우 높고 포괄적인 수준의 자유화를 지향하지만 RCEP은 개도국 및 체제전환국의 비중이 높아 자유화의 수준이 상대적으로 낮다는 특성을 가진다.

6. 한국의 경제통합

한국은 GATT와 WTO로 대표되는 다자무역체제의 가장 큰 수혜국 중의 하나이며, 한국은 무역을 통한 성장을 이루어 가고 있는 전형적인 국가이다. 최근 각국의 FTA 체결 경쟁은 현재 진행중인 DDA협상이 합의 도출에 난항을 겪고 있어 많은 국가들이 지역협정에 의존하는 경향이 더욱 뚜렷해지고 있는 가운데 나타나고 있다. FTA를 많은 국가와 체결함으로써 결국 WTO 전체 회원국들과의 자유무역을 실시하는 것과 유사한 효과를 얻고자 하는 것이다.

한국은 2004년 한-칠레FTA 이래 동시다발적으로 FTA를 추진해 왔으며, 최근에도 한-영 FTA 발효, RCEP가입 등 거대경제권과 자원부국 및 주요 거점 경제권을 중심으로 FTA 네트워크를 구축해 나가고 있으며 메가 FTA에도 적극적으로 참여하고 있다.

한국은 FTA 체결 효과를 극대화하기 위하여 상품분야에서의 관세철폐뿐만 아니라, 서비스·투자·정부조달·지적재산권·기술표준 등을 포함하는 포괄적인 FTA를 지향하고 있다. 또한, WTO의 상품과 서비스관련 규정에 일치하는 높은 수준의 FTA를 추진함으로써 다자주의를 보완하고, FTA를 통해 국내제도의 개선 및 선진화를 도모하고 있다. 한국의 FTA 상황은 [표 4-1]에서 나타나고 있다.

[표 4-1] 한국의 FTA 현황 (2025.7 현재)

구분	상대국
발효(21건)	칠레, 싱가포르, EFTA, ASEAN, 인도, EU, 페루, 미국, 튀르키예, 호주, 캐나다, 중국, 뉴질랜드, 베트남, 콜롬비아, 중미5개국, 영국, RCEP, 인도네시아, 이스라엘, 필리핀, 캄보디아
서명/타결	조지아, GCC, UAE, 에콰도르
협상진행	한중일, MERCOSUR, 몽골, 러시아, 말레이시아, 태국, 우즈베키스탄

주요용어

• 중상주의	• 신중상주의	• 중농주의
• 자유방임	• 보호무역정책	• 유치산업론
• 신보호무역주의	• 도하개발어젠다	• DDA
• 비관세장벽	• NTBs	• 보복관세
• 관세전쟁	• 무역전쟁	• 우루과이라운드
• GATT	• IMF	• IBRD
• GSP	• WTO	• 다자간무역협정
• 복수국간무역협정	• GATT1994	• 최혜국대우(MFN)
• 내국민대우	• round	• 비교역적 관심사
• 관세화	• 공정무역	• 무차별원칙
• 개도국우대원칙	• TRIPs	• 지역무역협정
• 다자주의	• 지역주의	• 경제통합
• 무역창출효과	• 무역전환효과	• 자유무역지대
• 관세동맹	• 공동시장	• 경제동맹
• 완전경제통합	• 원산지규정	• 유럽연합(EU)
• 북미자유무역협정(NAFTA)	• 아시아·태평양경제협력기구(APEC)	
• 남미공동시장(MERCOSUR)	• 메가-FTA	• TPP
• RCEP	• TTIP	

연습문제

01. 중상주의와 중농주의의 무역관을 차이점을 중심으로 설명해 보시오.

02. 신보호무역주의는 언제 나타났는가? 어떤 배경에서 나타났는가? 그 내용은 기존의 유치산업보호론과 어떻게 다른가?

03. WTO협정 중 다자간 무역협정에서는 어떠한 내용들이 들어 있는가? 복수국간무역협정은 무엇을 다루고 있는가? 둘 사이의 성격 차이는 어떤 점에 있는가?

04. WTO 주요 원칙 중 최혜국대우 원칙과 내국민대우의 원칙은 무엇이며 둘 사이에는 어떤 차이가 있는가?

05. DDA협상에서 가운데 D는 Development의 약어인데, 이 D는 무슨 의미를 가지고 있는가?

06. 경제통합의 형태에 대하여 설명하되 각 단계별 차이를 중심으로 설명하시오.

07. 경제통합을 이루면 어떤 경제적 효과가 발생하는가? 무역창출효과와 무역전환효과를 중심으로 생각해보라.

08. 한국이 맺은 FTA에는 어떤 것들이 있는가?

제 2 부

국제금융 이론, 정책 및 동향

제5장

국제수지와 개방 거시경제

무역 이야기

뉴스나 신문 등 언론매체에서 우리나라를 일컬어 "수출강국"으로 표현하는 경우를 자주 접하게 된다. 그렇다면 우리나라 전체 살림살이를 나타내는 국내총생산(Gross Domestic Product: GDP)에서 수출과 수입이 차지하는 비중은 얼마나 될까? 한국은행과 통계청에서 발표한 지출항목별 국내총생산 지표에 따르면, 2024년 국내총생산(GDP) 약 2,556.8조원 중 순수출(net export, 총수출에서 총수입을 뺀 값)은 약 101.1조원 규모로 전체 GDP의 3.9%에 해당한다. 이 수치만 보면 대외 수출입 부문이 우리나라 경제에 기여하는 바가 매우 작다고 느껴질 수 있지만, 2024년 수출과 수입 총액은 각각 1,134.1조원과 1,030.0조원으로 총 국제교역량이 GDP에서 차지하는 비중은 84.6%에 이른다. 이는 국내 민간소비지출(1,239.7조원)과 정부소비지출(447.0조원)의 합이 GDP에서 차지하는 비중인 65.9%보다 월등히 높은 수치다. 이를 통해 우리나라는 국내에서 발생하는 민간과 정부의 소비지출보다 해외 부문의 거래(총 국제교역량)가 GDP에서 차지하는 비중이 더 높은 개방경제(open economy) 구조를 가지고 있음을 짐작할 수 있다. 우리나라 경제에서 이처럼 중요한 해외 부문의 거래 흐름을 정확히 측정하는 방법은 무엇이고, 이것이 우리나라 거시경제에 미치는 영향을 어떻게 파악할 수 있을까? 국제수지(balance of payments)의 개념과 자본의 국제적 이동을 공부하면 이에 대해 보다 구체적으로 이해할 수 있다.

자료: 통계청.

제 1 절 국제수지의 개념과 한국의 국제수지

1. 국제수지의 정의와 구성항목

(1) 국제수지의 정의

국제수지(balance of payments: BOP)는 '일정기간 동안 한 나라의 거주자와 비거주자 사이에 일어난 경제적 거래를 체계적으로 기록한 통계'로 정의된다. 이 정의를 조금 더 구체적으로 살펴보면 다음과 같다.[1]

먼저, '일정기간'은 특정 기간, 예를 들어 월별, 분기(quarterly), 또는 1년 동안의 거래를 집계함을 의미한다. 이는 국제수지가 일정기간 동안 발생하는 모든 행위를 기록하는 유량(flow) 지표임을 의미한다.

국내 '거주자(resident)'와 '비거주자(non-resident)'의 구분은 국적의 유무를 의미하지 않으며, 기록된 거래행위를 한 중심지역이 어디인지가 판단의 기준이 된다. 통상 1년 이상 거주 여부로 거주자를 판단한다.

'경제적 거래'는 실제 시장가격으로 평가하는 것을 원칙으로 하나, 증여·원조 등 이전거래(transfer)의 경우 시장가격을 별도로 추정하여 판단한다.

'체계적인 기록'을 위해 국제수지는 복식부기의 원리에 의해 작성된다. 이를 위해 차변(debit)과 대변(credit)으로 나누어 함께 표기된다. 거주자와 비거주자 간 경제적 거래로 인해 자산의 증가가 발생한 경우 차변에 기록하고, 자산의 감소가 발생한 경우 대변에 기록한다. 현금 등 해외로부터 수취한 자산은 적자로 기록되고, 국제수지 흑자를 불러 일으키는(수취를 발생시키는) 거래는 대변에 기록한다고 이해하면 쉽다.

국제수지에 계상(計上)하는 시점은 발생주의 회계원칙을 따르는데, 이는 경제적 가치가 생성되거나 소멸, 이전 또는 교환된 시점을 기준으로 계상한다는 의미이다. 우리나라의 국제수지표는 미 달러화를 기본 단위로 작성되고 있다.

---

1 국제수지처럼 유량 개념으로 표시되는 대표적 경제지표로는 국내총생산, 가계최종소비지출 등이 있다. 이와 대비되는 저량(stock) 경제지표는 특정 시점에 관찰되는 수준(level)을 기록한 지표로, 대표적으로 가계신용, 물가지수 등이 있다.

[표 5-1] 우리나라의 국제수지표 구성

구분	항목	계상기준	하위 편제내역	수지흑자 유발요인
경상수지	상품수지	상품의 수출·입 거래를 본선 인도(FOB) 조건으로 계상	일반상품, 중계무역 순수출 등	상품의 수출
	서비스수지	서비스의 수입(收入)과 지급(支給)	가공서비스, 운송, 여행, 건설, 보험·금융서비스, 통신·정보서비스, 지식재산권 사용료 등	서비스의 수출
	본원소득수지	급료 및 임금, 투자소득의 수입 및 지급	급료 및 임금, 투자소득 등	해외로부터의 지급
	이전소득수지	거주자가 비거주자에게 경제적 대가없이 제공한 상품, 서비스 등	일반정부이전(구호물자 및 무상원조 등), 기타부문이전(송금, 기부, 세금 등)	해외로부터의 지급
금융계정	직접투자	직접투자관계에 있는 투자자와 투자기업 간 발생하는 대외거래	직접투자(자산), 직접투자(부채)	외국인의 국내 투자
	증권투자	주식, 부채성증권 거래는 포함되나 직접투자 또는 준비자산에 해당하는 주식 및 부채성증권은 제외	증권투자(자산), 증권투자(부채)	외국인의 국내증권 매입
	파생금융상품	파생금융상품으로 실현된 손익 및 옵션 프리미엄 지급 및 수취	다양한 기초자산의 가치변동에 의해 결정되는 금융상품을 포괄	파생거래 손실
	기타투자	직접투자·증권투자·파생금융상품·준비자산에 포함되지 않는 모든 금융거래	무역신용, 대출·차입, 현금 및 예금, 기타지분, 특별인출권 및 기타자산·부채	금융자산의 감소
	준비자산	통화당국이 정책상 사용가능하며 통제가능한 외화표시 대외자산	유가증권, 외화예치금, 금 및 SDR, IMF포지션	외환보유 감소
자본수지		자본이전과 비생산·비금융자산의 취득 및 처분	자본이전(자산소유권의 무상이전, 현금이전, 채무변제 등), 상표권, 영업권, 독점판매권 등 무형자산의 취득과 처분	
오차 및 누락		경상수지, 금융계정, 자본수지의 합계가 0이 되지 않는 경우 그 차액에 대하여 (-) 부호를 붙임		

자료: 한국은행(2016)의 자료를 기초로 저자가 정리.

현재 사용되는 국제수지표는 2010년 개정된 IMF의 지침을 따르고 있으며, 크게 경상수지와 자본수지, 금융계정, 그리고 오차 및 누락 항목으로 구성되어 있다. [표 5-1]은 우리나라 국제수지표의 구성항목을 간략히 나타낸다.

(2) 국제수지의 구성항목

국제수지의 각 항목을 조금 더 자세히 살펴보면 다음과 같다.

① 경상수지

경상수지(current account)는 상품 및 서비스의 수출 및 수입이 기록된다. 예전에 '무역수지'로도 불렸던 상품수지는 상품의 수출과 수입 거래 내역을 표시하며, 과거 '무역외수지'로 불렸던 서비스수지는 서비스의 수출과 수입을 기록한다. 본원소득수지와 이전소득수지는 각각 투자소득 및 임금소득, 이전소득 등을 계상한다. 우리나라의 상품 수출이 상품 수입보다 많으면 상품수지 흑자가 되며, 서비스 수출이 서비스 수입보다 많으면 서비스수지 흑자가 된다. 만약 외국인 근로소득자가 1년 미만의 기간 동안 한국에 살면서 한국 소재 기업에서 일한 대가로 받은 임금이 한국인 근로소득자가 외국에서 받은 임금보다 많은 경우, 한국의 국제수지표에는 본원소득수지 적자가 발생한다.

② 금융계정

금융계정(financial account)은 직접투자(direct investment)와 증권투자(portfolio investment), 파생금융상품(financial derivatives), 기타투자(other investment) 및 준비자산(reserve assets)으로 구성된다.

직접투자는 직접투자관계(foreign direct investment relationship)에 있는 투자자와 투자 대상 기업 간 일어나는 대외거래를 계상한다. 투자자가 투자 대상 기업의 경영에 대해 통제 혹은 상당한 영향력을 행사할 경우 투자자와 기업 간 직접투자관계에 있다고 판단한다.

증권투자 항목에는 국내 거주자와 비거주자 간 일어나는 주식 및 부채성증권(debt-backed security) 거래를 기록한다.[2] 만약 증권에 대한 투자라 하더라도

2 주식에는 지분, 주식예탁증서 등이 포함되고 부채성증권에는 만기 1년 이하의 단기채권, 만기 1년 이상의 중장기 채권, 양도 가능한 금융상품 등이 포함된다.

직접투자관계라고 판단될 경우 증권투자 계정에 계상하지 않고 직접투자 계정에 계상한다.

파생금융상품은 금융 및 실물자산 등의 가치변동에 의해 시장가치가 결정되는 금융상품을 의미하는데, 이 과정에서 발생하는 각종 리스크를 상품화하여 국제금융시장에서 거래할 수 있다. 즉 파생상품거래는 '위험(risk)'을 거래하는 계약이므로, 파생상품의 국제적 거래로 실현된 손익 및 프리미엄(premium)의 지급·수취가 이 계정의 자산 및 부채로 계상된다.

기타투자는 다른 네 계정에 포함되지 않는 대외 금융거래를 계상하는 항목으로, 무역신용, 대출·차입, 현금 및 예금, 기타지분, 특별인출권 및 기타자산·부채 등으로 구성된다. 마지막으로 준비자산은 통화당국이 국제수지의 불균형을 해소하고 외환시장 및 금융시장을 안정시킬 목적으로 사용 가능하며 통제 가능한 외화표시 대외자산을 계상한다.

③ 자본수지

자본수지(capital account)는 금융시장에서 거래되지 않은 자본의 이동을 기록하는 계정으로, 보통 자본이전(capital transfer)과 비생산·비금융자산(nonproduced, nonfinancial assets)의 취득 및 처분을 기록한다. 자본이전에는 자산 소유권의 무상이전, 거래 상대방의 자산 취득·처분과 관련된 현금이전, 채권자에 의해 채무면제 등이 포함되며, 비생산·비금융자산에는 상표권, 영업권, 독점판매권, 임차권 등 양도 가능한 무형자산의 취득 및 처분이 포함된다.

2. 한국의 국제수지

(1) 한국의 국제수지 현황

우리나라의 국제수지 자료는 매달 통계청과 한국은행을 통해 집계·발표되고 있다. [표 5-2]는 2024년 우리나라의 국제수지표를 각 계정별로 간략히 나타낸 것이다. 2024년 우리나라의 국제수지를 살펴보면, 경상수지는 약 990억 달러 가량 흑자를 기록하였는데 이는 대부분 상품수지 흑자로부터 비롯된 것이다. 2024년 우리나라의 상품수지 흑자 규모는 약 1,000억 달러 규모였으나, 서비스수지가 약 237억 달러 가량 적자를 기록하여 전체 경상수지 흑자 규모는 이보다 약간 적은 수준을 기록하였다. 상품수지 흑자의 대부분은 일반상품 수출 부문으로부터 창출되었으며, 서비스수지 적자의 대부분은 가공서비스 부문과 여행서비스 부문에서 발생하였다. 국제수지표는 복식부기 원칙에 의해 작성되었으므로, 경상수지와 자본수지의 합을 오차 및 누락 계정으로 조정한 값이 금융계정의 값과 정확히 일치하는 모습을 확인할 수 있다.

[표 5-2] 우리나라의 국제수지(2024년) (단위: 억달러)

국제수지 계정	세부항목	2024년	
경상수지	상품수지	1,000.2	990.4
	서비스수지	-237.0	
	본원소득수지	266.2	
	이전소득수지	-40.0	
자본수지	자본이전	3.9	3.0
	비생산비금융자산	-0.9	
금융계정	직접투자	333.6	952.1
	증권투자	502.9	
	파생금융상품(순자산)	99.4	
	기타투자	46.9	
	준비자산	-30.7	
오차 및 누락		-41.3	

(2) 한국의 국제수지 변화추이

[그림 5-1]은 1980년부터 2024년까지 약 45년 간 우리나라의 경상수지 변화추이를 나타낸 것이다. 해방 이후 1970년대까지 경상수지 적자를 기록한 우리나라는 1980년대 이후 경제가 견실한 성장세를 지속하면서 제조업 부문의 수출이 증가하기 시작하였고, 상품수지 흑자에 힘입어 1989년까지 경상수지 흑자를 지속하였다. 1990년대 들어 생활이 풍족해짐에 따라 수입이 증가하여 경

[그림 5-1] 우리나라의 경상수지 변화 추이(1990~2024년) (단위: 억달러)

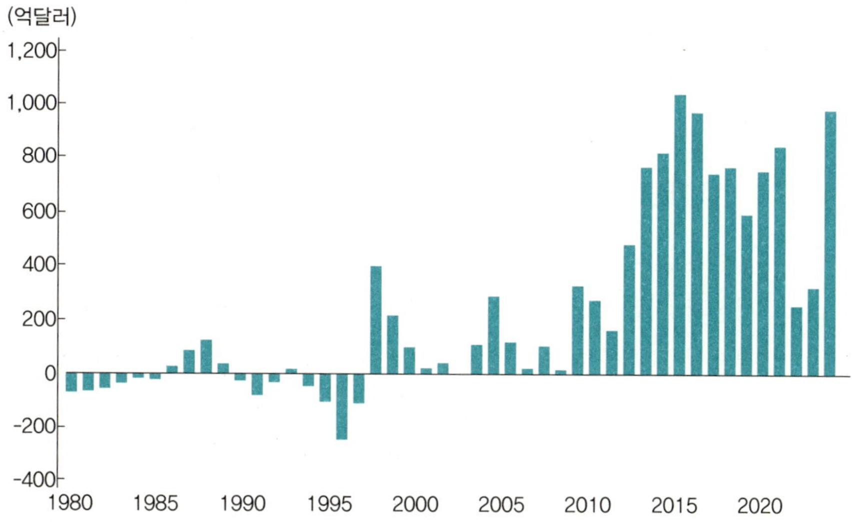

상수지는 적자로 전환되었는데, 1996년 기록한 약 245억 달러의 경상수지 적자는 지금까지 사상 최대치로 남아있다. 이는 1997년 외환위기의 원인 중 하나로 작용하였지만, 위기를 슬기롭게 극복한 이후 지금까지 수출 강국의 위치를 공고히 하며 경상수지 흑자를 지속하고 있다. 그림을 보면 2008년 글로벌 금융위기로 인한 세계 교역량 침체, 그리고 2020년 COVID-19 팬데믹으로 인한 교역량 급감 등에 의해 일시적인 경상수지 폭 감소를 확인할 수 있지만, 전 세계적인 경제 위기 시기를 제외하면 2010년 이후 현재까지 우리나라의 경상수지 흑자 규모는 견조한 수준을 지속하고 있다.

제 2 절 국제수지와 개방 거시경제

1. 개방경제의 GDP와 저축-투자 항등식

(1) 개방 거시경제의 정의

한 나라의 경제는 극단적으로 폐쇄적인 국가가 아닌 이상 재화 및 서비스 시장과 자본시장, 혹은 노동시장의 국제적 개방을 통해 해외의 많은 국가와 경제적 교류를 하게 되는데, 이러한 경제구조를 개방경제(open economy)라 부른다. 또한, 국제시장에서 결정되는 국제 균형가격에 영향을 미치지 못할 정도로 규모가 작은 개방경제 국가를 소규모 개방경제(small open economy)라 칭한다. 한국의 경우, 제조업 위주의 수출 증대를 국가 경제발전의 기본 전략으로 삼은 이후 일찌감치 재화 시장에서의 국제적 교류를 경험하였으며, 자본의 국제적 이동이 허용되고 해외여행이 자유화된 1980년대 이후 자본시장과 서비스시장, 노동시장 등의 국제적 개방도 점진적으로 이루어졌다.

(2) 한국의 개방 거시경제

세계 경제와 주고받는 교류의 정도가 우리나라 거시경제에 미치는 영향을 어떻게 파악할 수 있을까? 이를 위해 먼저 우리나라의 지출 측면의 국내총생산(Gross Domestic Product: GDP) 구조를 살펴보아야 한다. 지출 측면의 GDP는 다음 (식 5-1)에서 정의되는 바와 같이 네 가지 지출 항목으로 구성된다.

$$GDP = C + I + G + NX \quad \text{(식 5-1)}$$

위의 식에서 C는 가계소비(household consumption), I는 기업투자(firm investment)를, G는 정부지출(government expenditure), 그리고 NX는 총수출에서 총수입을 뺀 순수출(net export)을 의미한다. 즉, 한 나라의 지출측면의 GDP는 가계소비, 기업투자, 정부지출 그리고 순수출이라는 네 개 지출 항목의 총합에 의해 추정된다.

[표 5-3]은 2024년 우리나라의 지출 측면의 GDP 각 항목을 나타낸 것이다. 첫 번째 항목인 '최종소비지출'의 세부 항목은 민간 부문과 정부 부문으로 나누어지는데, 여기서 민간 부문의 최종소비지출이 위의 (식 5-1)의 우변 첫 번째 항인 가계소비(C)에 해당한다. '총자본형성'은 건설, 설비, 지식재산생산물 등에 대한 투자를 의미하며, 이 중 민간 부문 투자액인 648.0조원이 (식 5-1)의 기업투자(I) 부분에 해당한다. 위 식의 정부지출(G)은 최종소비지출 중 정부 항목과 총자본형성의 정부 항목을 합한 것으로, 2024년 기준 약 565.5조원 규모로 추정된다. 순수출은 재화와 서비스의 총수출액에서 총수입액을 뺀 값으로, 아래 표에 따르면 2024년 우리나라의 순수출 규모는 약 104.2조원이다.

[표 5-3] 우리나라의 국내총생산에 대한 지출(2024년) (단위: 조원, %)

항목	세부항목	규모(조원)	GDP 대비 비율(%)
최종소비지출		1,686.8	66.0
	민간	1,239.7	48.5
	정부	447.1	17.5
총자본형성		766.4	30.0
	민간	648.0	25.3
	정부	118.4	4.6
순수출		104.2	4.1
	재화와 서비스의 수출	1,134.2	44.4
	재화와 서비스의 수입	1,030.0	40.3
통계상 불일치		-0.5	-0.1
국내총생산에 대한 지출(GDP)		2,556.9	100

2024년 우리나라 국내총생산 규모는 약 2,556.9조원으로 이 중 민간(가계)소비가 약 48.5%로 가장 큰 비중을 차지한다. 그 다음으로 민간 부문의 기업투자가 약 25.3%의 비중으로 전체 지출의 큰 부분을 담당하며, 정부 부문의 소비와 투자를 합한 정부지출 항목 역시 전체 GDP의 약 22.1% 비중으로 결코 작다고 할 수 없다. 반면 순수출 규모가 전체 GDP에서 차지하는 비중은 약 4.1% 정도로 다른 항목에 비해 매우 작은 수준으로 비추어질 수 있다. 하지만

앞서 설명한 바와 같이 수출과 수입을 더한 총 무역 규모는 GDP의 84.7%에 육박하며, 이는 민간과 정부 부문의 최종소비지출이 차지하는 비중(66.0%)보다 월등히 큰 수준이다. 즉, 우리나라의 개방적인 경제 구조는 수출과 수입에 절대적으로 의존하고 있음을 확인할 수 있다.

(3) 개방 거시경제의 저축–투자 항등식

이제 앞서 배운 국제수지 개념을 개방경제의 GDP와 연결시켜 보자. 앞서 경상수지는 상품 및 서비스 수지에 더해 본원소득수지와 이전소득수지를 포함한다고 정의하였다. 하지만 GDP에 포함되는 순수출은 상품과 서비스 수지만을 의미하므로, 무역학원론 수준에서 이해를 쉽게 하기 위해 이 소절에서는 본원소득수지와 이전소득수지가 모두 '0'이라는 가정을 추가하겠다. 이 가정에 의하면 '순수출(NX)=경상수지(CA)'를 의미한다. 더 나아가 한 나라 안에서 생산된 산출물의 시장가치는 분배된 소득 측면, 지출 측면, 그리고 부가가치 측면 중 어떤 측면에서 측정해도 동일하다는 'GDP 삼면 등가의 법칙'이 성립한다고 가정하자. 그러면 지출 측면의 GDP는 국민소득(Y)과 같을 것이다($GDP=Y$). 이를 이용하여 위의 (식 5-1)을 경상수지에 대해 정리한 뒤 조세수입(T)을 더하고 빼면 아래와 같다.

$$NX=CA=Y-(C+I+G)+(T-T) \qquad \text{(식 5-2)}$$

위의 식 우변에서 순서만 다시 정렬하면 다음과 같이 쓸 수 있다.

$$CA=(Y-T-C)+(T-G)-I \qquad \text{(식 5-3)}$$

위의 (식 5-3)의 우변의 첫 번째 괄호는 한 나라의 가처분 소득($Y-T$)에서 가계소비(C)를 뺀 것으로, 민간저축(private saving)에 해당한다. 두 번째 괄호는 조세수입(T)에서 정부지출(G)을 뺀 것이므로 정부저축(government saving)에 해당한다. 즉, (식 5-3)의 우변의 첫 두 항을 합하면 한 나라의 총저축(S)을 구할 수 있으며, 여기서 한 나라의 총투자(I)를 빼면 그 나라의 경상수지(CA)

와 같다는 (식 5-3)이 도출된다. 이를 개방경제의 저축-투자 항등식(saving-investment identity)이라 한다. 이 항등식을 조금 더 간단히 다시 쓰면 아래와 같다.

$$CA=S-I \qquad \text{(식 5-4)}$$

위의 저축-투자 항등식을 쉽게 이해하기 위해 예를 하나 들어보자. 만약 그 나라 안에 축적된 총저축의 양이 총투자액보다 많다면($S>I$), 위의 항등식에 의해 경상수지는 흑자를 기록할 것이다($CA>0$). 이것은 어떤 의미를 가지는가? 먼저 (식 5-4)의 좌변을 보자. 경상수지 흑자는 수출이 수입보다 많다는 뜻으로, 해외로 유출된 외화보다 국내로 유입된 외화가 더 많다는 것을 의미한다(우리나라 수출품을 구입하기 위해 해외에서 지급해야 하는 우리나라 통화가 우리나라가 수입을 위해 해외로 지출해야 하는 외국 통화보다 많기 때문이다). 이를 다르게 표현하면 국내 거주자가 보유한 해외자산(foreign asset)이 증가했다고 말할 수 있다. 한편, 위 식의 우변을 보면, 저축이 투자보다 많다는 것은 한 나라에서 저축의 잉여분이 발생한다는 의미로, 이 잉여 저축분은 해외투자로 이어져 역시 해외자산을 증가시킨다. 즉, (식 5-4)의 좌변과 우변은 경제적으로 완전히 동일한 결과를 발생시키며, 이 항등식이 성립한다면 한 나라의 순저축($S-I$)과 경상수지는 항상 같은 방향으로 움직일 것이다.

2. 쌍둥이 적자와 글로벌 불균형 현상

(1) 미국의 쌍둥이 적자

앞서 학습한 개방경제의 저축-투자 항등식과 관련된 사례 두 가지를 살펴보자. 먼저 세계 경제사에서 중요한 사건으로 회자되는 플라자 합의(Plaza Accord)와 그 배경이 되는 미국의 '쌍둥이 적자(twin deficits)' 현상이 있었다. 플라자 합의는 미·일·독·프랑스 등 선진국 5개국이 모여 달러의 명목가치를 인위적으로 하락시키기로 합의한 것을 말한다. 이러한 결정의 원인으로 작용한 미국의 쌍둥이 적자는 1980년대 미국의 만성적인 재정수지 적자(fiscal deficit)

와 경상수지 적자(current account deficit)가 동시에 발생한 현상을 일컫는다.

미국의 쌍둥이 적자는 자국의 정책적 실수와 국제무역의 큰 흐름 변화에 기인하였다. 1980년대 초반, 일본과 독일 등 신흥 제조업 강국은 저렴하고 질 좋은 제품을 미국으로 수출하여 지속적인 경상수지 흑자를 기록하였다. 미국에서는 공화당 출신의 레이건 대통령이 당선되어 법인세 인하 및 고금리를 통한 미 달러화 강세 유지 등 친시장적인 경제정책을 실시하였다. 한편, 당시 극단적으로 치닫고 있던 냉전 시대에 미국 정부는 소비에트 연합과의 군비경쟁을 위해 막대한 재정지출을 감수할 수 밖에 없었다. 그 결과 미국의 재정 상황은 악화되었으며, 일본과 독일, 프랑스 등 주요 교역 대상국을 상대로 한 경상수지 역시 적자를 벗어나지 못했다.

이 현상은 (식 5-3)과 (식 5-4)를 통해서도 쉽게 이해할 수 있다. (식 5-3)의 우변에서, 미국의 조세수입(T) 감소와 군비경쟁으로 인한 재정지출의 확대(G)는 정부저축의 크기(T-G)를 감소시켜 재정수지 적자(T-G<0)를 발생시킨다. 정부저축의 감소는 총저축의 감소를 의미하며, 항등식 (식 5-4)에서 우변의 감소는 좌변, 즉 경상수지의 감소를 의미하므로, 재정수지 적자는 경상수지 적자와 깊은 연관성을 가지게 된다. 물론, 당시 미국을 상대로 경상수지 흑자를 기록했던 일본과 독일 등 신흥 제조업 강국의 상품 경쟁력 역시 미 경상수지 적자의 중요한 요인이었다.

1980년대 미국의 쌍둥이 적자는 [그림 5-2]에 잘 나타나 있다. 미국은 쌍둥이 적자 문제를 해소하기 위해 일본, 독일, 프랑스, 영국 등 주요 교역대상국의 미 달러 대비 통화가치를 절상(appreciation)시키는 협상을 진행하였는데, 이 협상의 결과가 바로 플라자 합의다. 일반적으로 환율의 하락, 혹은 자국 통화가치의 상승은 자국 통화로 표시된 수출 상품 가격의 상승을 의미하므로 수출에 부정적인 영향을 미친다. 일본과 독일 등 미국의 우방국은 스스로 자국 통화가치를 상승시킴으로써 자국의 대미 수출액을 감소시키는 결과를 초래하였으며, 그 결과 미국은 1980년대 말부터 경상수지 적자에서 서서히 벗어날 수 있었다. 재정수지 적자의 경우, 냉전시대의 종식 등으로 인해 일시적으로 해소되는 양상을 보였으나 1990년대 초반 이라크 전쟁 등 또 다른 군비지출 요인이 발생하여 이 재정적자 문제는 2000년대까지 완전히 해결되지 못하

[그림 5-2] 1980년대 미국의 쌍둥이 적자 현상

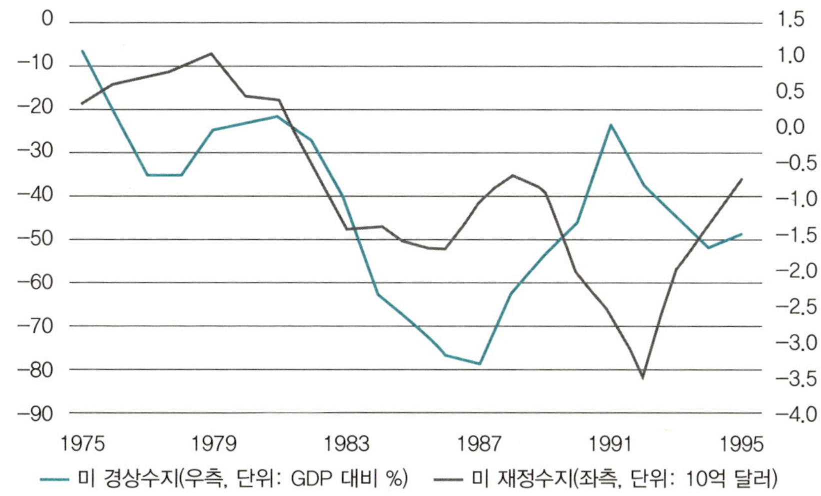

고 지속되었다. 그 결과 2010년대 중반 재정적자 누증에 따른 예산안 처리 지연으로 연방정부가 단기적으로 폐쇄되는 등 부작용이 발생하였다.

(2) 글로벌 불균형 현상

위에 언급한 미국의 쌍둥이 적자 현상은 글로벌 불균형(global imbalances) 문제와도 깊은 연관성을 지닌다. 글로벌 불균형 현상이란 각국의 경상수지가 막대한 규모의 흑자 및 적자를 지속적으로 기록하는 현상인데, 이는 한 나라의 경상수지가 흑자와 적자를 반복한다는 거시경제 및 국제금융의 기본적인 이론을 거스르는 것이다. 전 세계에서 경제 규모가 가장 큰 국가들인 미국과 일본의 사례를 살펴보면, 미국의 경우 최근 30년 간 지속적인 경상수지 적자를 보여온 반면 일본은 같은 기간 지속적인 경상수지 흑자를 경험하여 왔다.

위의 예를 보면 일본이 미국보다 더 나은 상황에 있는 것처럼 느껴질 수 있으나, 실상을 조금 더 자세히 들여다보면 꼭 그렇지만은 않다. 먼저 미국의 경우, 최근의 경상수지 적자는 미국 전체 GDP의 약 6% 규모로 결코 작지 않은 수준이다. 그 이유는 위에 설명한 (식 5-4)에 있는 총저축의 증가속도보다 총투자의 증가속도가 더 빠르기 때문이다. 즉, 미국은 전통적으로 가계소비가 왕성한 특징을 가지고 있어 민간저축의 규모가 크지 않은 편이며, 실리콘밸리 등 4차 산업혁명과 관련된 신흥산업의 발전으로 기업투자가 지속적으로 증가하고 있어 전체적인 투자 규모가 다른 나라에 비해 상대적으로 큰 편이다. 즉, 경제 구조적인 측면에서 미국의 최근 경상수지 적자 현상은 반드시 나쁘다고 볼 수만은 없다. 반면 일본의 경우, 1990년대 자산시장 버블(bubble) 붕괴 이후 지금까지 이어지고 있는 장기적인 경기침체 현상으로 인해 신규 투자수요가 그리 크지 않은 반면, 고령화가 가속화되어 은퇴 후 기간을 대비하기 위한 민간 부문의 저축수요가 상당한 수준이다. 즉, 일본은 (식 5-4)에서 총저축의 증가속도가 총투자의 증가속도를 앞질러 경상수지 흑자가 발생한다고 해석할 수 있다. 일본의 경상수지 흑자 현상은 국가경제가 활력을 잃어가는 과정에서 발생하는 현상이므로, 결코 바람직하지 않은 경상수지 흑자인 셈이다.

제 3 절 자본의 국제적 이동

1. 국제자본이동의 형태 및 변천, 원인

(1) 국제자본이동의 의의

오늘날 우리는 세계 주요국의 금융시장이 서로 개방되어 있는 시대에 살고 있다. 대전의 충남대학교 기숙사에서 미국 애플(Apple)사의 주식을 매매할 수 있고, 미국 테슬라(Tesla)사의 CEO인 앨런 머스크의 말 한마디에 비트코인(BitCoin)의 국제거래가격이 출렁거려 우리나라 비트코인 투자자의 가상계좌에 찍힌 숫자가 실시간으로 달라진다. “자본에는 국적이 없다”라는 격언에서 유추할 수 있듯, 국가 간 자본의 이동은 수익률이 낮은 곳에서 수익률이 높은 곳으로 자연스럽게 흘러가는 속성이 있다(이를 ‘이자율평가’ 조건이라 하는데 다음 장에서 조금 더 자세히 살펴볼 것이다). 전세계적으로 자본의 국제적 이동 규모가 확대된 1990년대 이후, ‘국적이 없어진’ 거대자본은 세계경제에 상당한 영향을 미치게 되었다. 이러한 배경 하에 자본의 국제적 이동이 갖는 의미와 형태, 이와 관련된 최근 이슈를 살펴보자.

(2) 국제자본이동의 형태

자본의 국제적 이동은 다양한 형태로 나타난다. 국제수지표를 기준으로 하면 금융계정의 네 항목, 즉 직접투자, 증권투자, 파생금융상품, 기타투자의 거래를 떠올리면 이해가 쉬울 것이다. 즉, 국경을 넘어 대출(간접금융)의 형태로 돈을 빌려주고 빌리는 행위, 경영에 참여할 목적으로 해외 기업의 주식이나 자본을 매매하는 직접투자 행위, 그리고 투자수익을 목적으로 해외 자본시장이나 주식시장에 포트폴리오 투자를 하는 경우(직접금융) 등이 자본의 국제적 이동에 해당한다.

(3) 한국의 국제자본이동 변화추이

[그림 5-3]은 1987년부터 2020년까지 우리나라의 국제수지표 상 금융계정 변화추이를 나타내고 있다. 이 그림에 따르면, 1980년대에서 1990년 말까지 우리나라의 자본 순유입에서 기타투자가 차지하는 비중이 높은 편인데, 그 이유는 기타투자의 상당 부분을 차지하는 통화당국과 정부, 은행의 무역 관련

[그림 5-3] 우리나라의 국제수지표 상 금융계정 변화추이

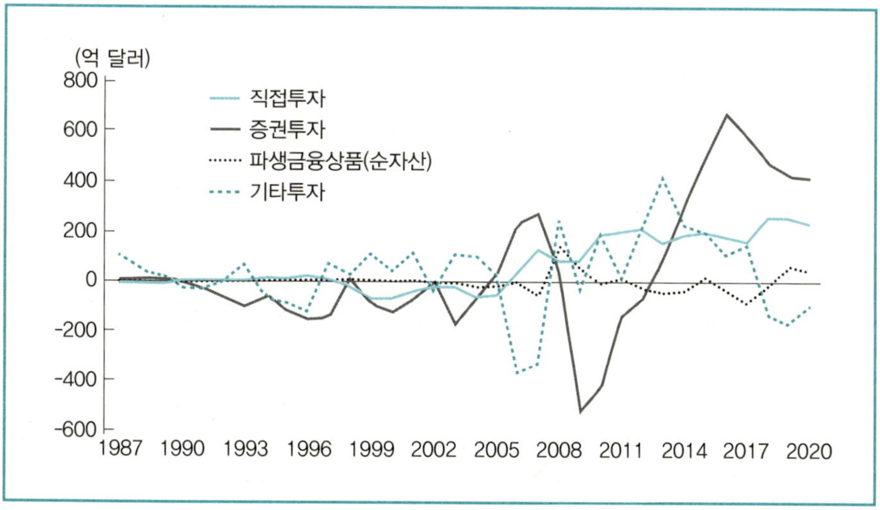

차입이 다량 발생하였기 때문이다. 증권투자의 경우, 1992년부터 주식시장을 외국인에게 개방한 이후 거래량이 큰 폭으로 증가하였다. 다만, 1997년 동아시아 외환위기와 2008년 글로벌 금융위기 직후 외국인 투자자금의 유출입 변동성이 극심해진 모습도 함께 확인할 수 있다. 이처럼 자본시장을 대외적으로 개방할 경우 해외자본 유출입에 따른 국내 금융시장 안정성 확보 문제가 통화·금융정책 당국의 새로운 과제로 주어진다. 직접투자의 경우 2000년대 중반 이후 꾸준히 규모가 증가하는 모습을 확인할 수 있는데, 이는 국내 기업의 해외 진출과 해외 투자자들의 국내 기업 진출 모두 활발해졌기 때문이다.

(4) 국제자본이동의 원인

자본의 국제적 이동이 발생하는 원인은 무엇일까? 자본은 조금이라도 더 높은 수익률을 기대할 수 있는 상품으로 이동하려는 속성을 가진다. 국경이라는 진입장벽을 낮춘 국제금융시장에도 자본의 이러한 속성은 그대로 발현된다. 즉, 똑같은 100달러를 투자할 때 미국의 한 자산에 대한 기대수익률이 한국의 자산에 대한 기대수익률보다 높다고 판단되면, 한국의 거주자는 100달러를 미국으로 이동시키는 것이 합리적인 선택이다. 이와 함께 국가 간 정책·규제 리스크(risk) 차이, 지정학적 리스크 등이 종합적으로 작용하여 자본의 이동에 영향을 미친다. 한편, 투자자에 따라 위험을 분산(risk diversification)시킬 목적으로 다양한 국가의 금융자산에 자본을 나누어 투자하기도 하며, 무역장벽의 극복 및 현지 생산기술, 혹은 노하우를 습득하기 위한 목적으로 자본의 이동이 이루어지기도 한다.

2. 자국편중현상과 신흥시장

(1) 자국편중현상

자본의 국제적 이동과 관련하여 최근 생각해볼 만한 이슈로는 국제주식투자의 자국편중현상(home bias)을 들 수 있다. 이는 많은 국가들 사이에서 자본 이동에 대한 제약이 없음에도 불구하고 대부분의 주식이 자국민에 의해 보유되는 현상을 의미하는데, 이와 같은 현상이 수익률에 기초한 일반적인 자산

선택이론으로는 설명이 불가능할 정도로 극심하다는 통계치가 다수 발견되었다. 즉, 예를 들어 자산가격결정모형(Capital Asset Pricing Model: CAPM)에 따라 추정된 미국인의 자국 주식에 대한 최적 보유비중은 약 50% 정도인 반면, 실제 미국인이 보유한 자국 주식 비중은 90%를 상회한다는 연구결과가 있다(Lewis, 1999).

이와 같은 자국편중현상의 이유로는 정보의 불완전성과 비대칭성(information asymmetry)을 들 수 있다.[3] 많은 투자자들은 자국의 경제상황이나 기업의 경영활동에 대해 상대적으로 잘 안다고 생각하는 경향이 있다. 즉, 외국의 기업에 대한 투자는 언어, 문화, 제도 등 많은 부분에서 장벽이 존재하여 정확한 정보의 습득이 어렵다고 생각하는 것이다. 이와 같은 해외 투자정보에 대한 불완전성이 해외자산에 대한 기대수익률을 지나치게 평가절하하여 해외로의 자본이동을 제약하는 요인으로 작용할 수 있다. 국가 간 금융상품의 거래에는 앞서 언급한 언어, 문화, 제도 등의 이유로 정보의 비대칭성이 조금 더 빈번하게 발생하는 경향이 있다.

(2) 선진국과 신흥시장 간 자본거래

선진국과 신흥시장(emerging markets) 간 자본거래가 활발하지 않은 현상도 주목할 만 하다. 중국, 브라질, 러시아, 인도 등 신흥시장국의 금융시장은 제도적으로는 개방되어 있지만 자본의 국제적 거래가 선진국만큼 활발하지 않은 것이 일반적이다. 주식보다는 채권시장에서 이러한 경향이 두드러지는데, 미국 등 선진국의 대외 금융투자 비중에서 신흥시장국의 채권시장에 대한 투자 비중은 매우 낮은 것으로 알려져 있다. 신흥시장국의 금융시장에 대한 투자가 잘 이루어지지 않는 이유로는 다음의 현실적 제약요건들이 거론된다.

첫째, 신흥시장국의 자본시장 발달이 상대적으로 더딘 편이다. 이들 국가는 채권 등 자본상품의 유통이 원활하지 않아 유동성이 떨어지는 특징을 보이므로, 선진국의 헷지펀드 등 대규모 기관투자자 입장에서는 보유 자산을 언제든

3 정보의 비대칭성은 금융상품의 판매자와 구매자 간 상품정보에 대한 접근성에 차이가 있을 경우 주로 발생한다. 금융상품 판매자가 상품에 대한 위험성 등을 제대로 설명해주지 않고 판매하는 불완전판매(incomplete contracts)가 대표적인 예이다.

처분할 수 있는 유동성 측면에서 이들 국가에 대해 투자를 망설일 수 있다.

둘째, 신흥시장국의 환위험(foreign exchange risk)이 상대적으로 높은 편이다. 해외투자의 수익률은 환율에 의해 좌우되는 경향이 존재한다. 이들 국가에 투자하고 회수하는 과정에서 환율이 개입하기 때문이다. 주식시장의 경우 환율의 변동분까지 가격에 반영되는 경향이 큰 반면, 채권시장은 환위험에 대한 헷지가 이루어지지 않는 경우가 대부분이므로, 선진국 입장에서 환율변동성이 큰 신흥시장국의 채권시장에 투자하는 것은 상대적으로 큰 위험을 감수해야 하는 투자행위라고 할 수 있다.

셋째, 신흥시장국의 경우 자본시장에 대한 국가의 통제 등 제도적인 불안정성과 불확실성이 상존한다. 법과 제도가 시장의 규칙을 보호해준다는 확실성이 부족한 형편이다.

넷째, 신흥시장국의 국가신용도가 상대적으로 낮은 것도 이들 국가에 대한 투자를 저해하는 요소로 작용한다.

3. 국제자본이동의 효과

(1) 국제자본이동의 긍정적 효과

자본의 국제적 이동에 따른 긍정적인 효과를 살펴보면 다음과 같다.

첫째, 자본이 상대적으로 풍부한 선진국의 경우 자본에 대한 수익률이 낮고 자본이 상대적으로 부족한 신흥개도국의 경우 자본에 대한 수익률이 상대적으로 높은 경향이 존재한다. 따라서, 국가 간 자본이동의 자유화가 이루어질 경우 선진국으로부터 개도국으로의 자본이동이 발생할 가능성이 높으며, 이는 개도국의 경제발전을 촉진시키고 선진국의 자본 수익률을 높이는 등 세계경제 전체적으로 자원을 효율적으로 분배하는 역할을 수행한다. 자본의 국제적 이동으로 인해 세계 경제 전반에 걸쳐 사회적 후생(welfare)이 증대되는 것이다.

둘째, 앞서 설명한 위험분산효과 역시 국제적 자본이동의 긍정적 효과 중 하나다. 투자자 입장에서 다양한 국가에 투자할수록 특정 국가로부터 발생하는 리스크를 줄일 수 있다. 또한, 자본의 이동은 투자자와 수혜국 모두 상대방의 원천 기술 및 노하우, 생산공정, 문화 등 다양한 무형의 자산을 취득할 수 있는 장점도 가진다.

셋째, 소비의 평탄화(consumption smoothing)가 자본의 국제적 이동에 의해 촉진될 수 있다. 개별 소비자는 소득이 높은 시기에 저축을 하고 소득이 낮은 시기에는 차입을 하여 소비 수준을 일정하게 유지하려는 경향이 있는데, 이를 국가 전체적으로 확대하면 총소득이 높은 경우와 낮은 경우 자본의 국제적 이동을 통해 경기순환주기를 평탄화할 수 있다.

(2) 국제자본이동의 부정적 효과

자본의 국제적 이동에는 단점이나 부작용이 함께 존재한다. 먼저, 자본이 단기간에 대규모로 유입될 경우 여러 가지 부작용이 발생할 수 있다. 1980년대 이후, 동남아시아 및 중남미 등 신흥시장국은 공통적으로 자본의 대규모 유입을 경험하였는데, 전체 신흥시장국에 대한 자본 유입은 1990년 532억 달러에서 1996년 2,311억 달러로 급증하였다.

이와 같은 대규모 자본의 단기적 유입은 환율을 급격하게 떨어뜨린다. 자국 통화가치를 지나치게 절상(appreciation)시키는 것이다. 통화가치의 상승은 자국 통화로 판매되는 수출품 가격을 상승시켜 경상수지 적자를 발생시킨다. 또한, 국내로의 대규모 자본 유입은 유동성을 지나치게 팽창시키는 문제도 발생시킨다. 유동성의 급격한 팽창은 마땅한 수익처를 찾지 못한 투자자들이 리스크를 감수하고 부동산 및 자본 등 금융시장에 투자하는 행위를 자극하며, 이로 인해 금융부문에 버블(bubble)이 발생할 수 있다.

교역재(tradable goods)와 비교역재(nontradable goods) 사이의 비대칭적 수요 증가 문제도 이와 관련이 있다. 국내로의 대규모 자본 유입은 국내 금리를 하락시켜 국내 지출을 증가시킨다. 이 중 교역재에 대한 수요 증가는 해외로부터의 공급으로 충족될 수 있지만, 비교역재, 즉 국제무역이 이루어지지 않는 주거, 서비스 등에 대한 수요 증가는 단기적으로 국내 공급만으로는 충족되기 힘들다. 이로 인해 비교역재 가격이 상대적으로 가파르게 상승하게 되고, 비교역재 가격의 상승은 수출산업 등 교역재를 생산하는 부문의 상대적 위축을 발생시켜 경상수지 적자 문제를 심화시킨다.

주요용어

- 국제수지
- 경상수지
- 금융계정
- 자본수지
- 국내총생산
- 순수출
- 저축투자항등식
- 쌍둥이적자
- 글로벌불균형
- 자본의 국제적 이동
- 신흥시장
- 자국편중현상
- 버블
- 교역재
- 비교역재

연습문제

01. 한국으로 여행을 온 중국인 관광객이 대전 갤러리아 백화점에서 현금을 지급하고 화장품을 구매하였다면, 이는 한국의 국제수지 중 어느 계정에 기록되어야 하는가?

02. 한국으로 여행을 온 중국인 관광객이 대전 갤러리아 백화점에서 중국 카드사에서 발급한 신용카드를 이용하여 화장품을 구매하였다면, 이는 한국의 국제수지 중 어느 계정에 기록되어야 하는가?

03. 우리나라의 국제수지 규모가 2010년 이후 지속적으로 증가한 원인은 무엇인가? 국제수지 중 어느 계정이 가장 크게 변화하였는가?

04. 지출 측면의 GDP의 정의로부터 저축-투자 항등식을 도출하고 경상수지는 일국의 저축에서 투자를 뺀 값과 일치함을 보이시오.

05. 해외자본의 대규모 유입이 초래하는 문제점을 기술하시오.

06. 글로벌 불균형 현상이란 무엇을 의미하며, 현재 이 현상을 관찰할 수 있는 국가의 사례를 분석하시오.

07. 신흥시장국이 가진 국제금융상 특징은 무엇이며, 이러한 특징은 자국편중현상에 어떠한 영향을 미치는가?

08. 최근 자본의 국제적 이동이 발생한 사례를 찾아 조사하고, 그로 인한 경제적, 사회적 변화상을 요약해보자.

09. 플라자 합의가 미국과 일본에 각각 미친 영향을 요약하고, 이후 두 국가의 경상수지가 어떠한 양상으로 변화하였는지 조사해보자.

10. 미국에서 유학 중인 철이의 용돈이 떨어졌음을 감지한 철이의 어머니가 국제송금시스템을 이용하여 한국에서 미국으로 $100의 용돈을 철이에게 송금하였을 경우, 이는 한국 국제수지의 어떤 계정을 어느 방향으로 변화시키는가?

제6장

환율과 외환시장

무역 이야기

글로벌 커피업체 스타벅스(Starbucks)는 전 세계에 직영매장을 두고 있다. 재미있는 점은 우리나라 대전시 봉명동에 위치한 스타벅스와 미국 시애틀에 위치한 스타벅스에서 판매하는 음료의 종류와 제조법이 정확히 일치한다는 사실이다. 예를 들어 스타벅스에서 판매하는 카페라떼(Caffé Latte)의 경우, 대전, 도쿄, 홍콩, 혹은 베를린에 있는 스타벅스에서 모두 동일한 라떼의 양과 맛을 즐길 수 있다. 그렇다면 이들 국가에서 판매되는 스타벅스 라떼 한 잔의 가격 역시 똑같을까?

미국의 경제일간지 『월스트릿저널(Wall Street Journal)』에서 발표하는 '라떼 지수(The Latte Index)'는 전 세계에서 판매되는 톨 사이즈(tall size) 라떼 한 잔의 가격을 미국 달러화로 환산한 경제지표다. 이 지표는 각국에서 동일한 품질로 판매되는 제품의 가격이 얼마나 상이한지 단적으로 보여주는 좋은 사례다. 예를 들어, 2025년 서울에서 판매되는 라떼 한 잔의 가격은 미 달러화로 환산할 경우 약 4.11달러로 미국 뉴욕시에서 판매되는 라떼 한 잔의 가격 3.26달러보다 약 26% 정도 비싼 편이다. 하지만 일본 도쿄에서 판매되는 라떼의 가격은 3.57달러로 서울보다 저렴하지만, 베를린의 경우 같은 라떼 한 잔이 4.49달러로 서울보다 비싸다. 왜 이런 현상이 발생하는 것일까? 환율의 정의와 환율을 결정짓는 요인들을 공부하면 이 지표의 이면에 숨은 재미있는 원리를 이해할 수 있다.

자료: Wall Street Journal.

제 1 절 환율과 외환시장의 개념

1. 환율과 외환시장의 정의

(1) 환율의 정의

환율(foreign exchange rate)은 외국통화 한 단위와 교환되는 자국 통화의 비율, 외국 통화 한 단위와 교환 가능한 자국 통화의 양으로 정의된다. 즉, 환율이란 일반적으로 국내 통화 단위로 표시한 외환(foreign exchange)의 시장 가치, 혹은 가격을 의미하며, 여기서 외환이란 외국의 통화뿐 아니라 외화로 표시된 결제수단(어음·수표 등)까지 포괄하는 개념이다. 외환을 구입·판매하기 위해서는 이를 거래하는 시장이 필요한데, 이를 외환시장(foreign exchange market)이라 한다.

(2) 외환시장의 정의

외환시장의 참가자는 일반적으로 일반고객, 은행 등 금융기관, 외환중개인, 중앙은행 등으로 구분된다. 일반고객은 다시 외환에 대한 실수요자와 외환의 거래를 통해 차익을 얻고자 하는 투자자로 구분할 수 있다. 외환시장은 단 하루의 예외도 없이 매시간 매분 전세계 곳곳에서 운영되며, 외환시장의 이러한 특징으로 인해 환율 역시 전세계에서 실시간으로 동일하게 결정된다. 외환시장은 조직화된 거래소의 형태보다 전 세계 곳곳에서 시장 참가자들이 전화나 인터넷을 사용하여 거래하는 장외거래(over-the-counter) 형태로 주로 구성되며, 시장의 규모가 매년 빠르게 성장하고 있다.

(3) 환율 표시방법

환율을 표시하는 방법으로는 크게 두 가지가 있다. 직접표시(direct quotation) 환율은 외국통화 한 단위를 기준으로 자국 통화의 교환 비율을 표시한 것으로, 예를 들어 미국 달러(USD, $) 1 단위와 교환되는 우리나라 원(KRW, ₩) 단위가 1,200개라면, 직접표시환율은 이를 '1200₩/$'로 표시한다. 간접표시(indirect quotation) 환율은 자국 통화를 기준으로 통화 간 교환비율을 표시한 것으로, 위의 예를 활용하면 '0.000825$/₩'으로 표시할 수 있으며, 이는 '한국 1원과 미국 0.000825달러가 교환될 수 있음'을 의미한다. 표시방법의 차이일 뿐 그 의미는 동일하다.

(4) 환율의 경제학적 의미

환율의 상승과 하락은 무엇을 의미할까? 직접표시환율로 생각해보자. 만약 원-달러 환율이 달러당 1,200원에서 1,300원으로 상승하였다면, 이는 1달러를 교환 받기 위해 100원만큼을 더 지불해야 함을 의미하며, 이를 원화의 가치하락, 혹은 원화가치 절하(depreciation)라 표현한다. 반대로 원-달러 환율이 달러당 1,200원에서 1,100원으로 하락하였다면, 1달러를 교환 받기 위해 예전보다 100원만큼 덜 비용을 치룰 수 있음을 의미한다. 이는 원화의 가치상승, 혹은 원화가치 절상(appreciation)에 해당한다. 정부가 인위적으로 외환시장에 개입하여 자국의 통화가치를 떨어뜨리는 경우를 평가절하(devaluation)라 하고, 반대로 정부가 자국 통화가치를 인위적으로 상승시키는 경우를 평가절상(revaluation)이라 하여 위의 원화의 가치하락, 혹은 가치상승과 구분하기도 한다.

환율의 상승과 하락은 실물경제에 있어서도 중요한 의미를 지닌다. 만약 자국 통화가치가 하락하는 경우, 자국 통화 단위로 표시된 수출품의 가격이 하락하는 효과가 있으므로 단기적으로 수출이 증대될 수 있다. 반대로 외국 통화 단위로 표시된 수입품의 가격이 상승하는 효과가 함께 발생하여 단기적으로 수입을 위축시킬 수 있다. 또한, 이렇게 감소한 수입량만큼 국내에서 생산된 재화를 소비할 수 있는데, 이를 지출전환효과(expenditure switching effect)라 한다.

2. 환율의 종류와 외환파생상품 시장

(1) 환율의 종류

외환시장에서 이루어지는 대표적인 외환거래 및 환율의 종류를 살펴보면 다음과 같다. 현물환 거래(spot contract)는 매매 당사자가 서로 다른 통화를 즉석에서 교환하는 거래이며, 이 거래에 적용되는 환율을 현물환율(spot exchange rate)이라고 한다. 현물환 거래는 1~2 영업일 내에 발생하기 때문에 거래 당사자 중 한쪽이 계약을 이행하지 못하는 위험(default risk)이 존재하지 않는다는 특징을 가진다.

반면 선물환 거래(forward contract)는 거래 당사자가 당일 합의하여 계약을 체결한다는 점에서는 현물환 거래와 동일하지만, 계약에 명시된 통화의 인수 및 인도가 이루어지는 결제일(settlement date)이 약속된 미래의 특정 시점이라는 점에서 차이가 존재한다. 결제일까지 남은 기간을 의미하는 만기(maturity)는 보통 30일, 90일, 6개월, 1년 단위로 결정되며, 이 때 적용되는 환율을 선물환율(forward exchange rate)이라 한다. 선물환율의 특징은 계약일과 결제일 간 존재하는 시차에 의해 발생하는 환율변동이라는 리스크를 사전에 차단할 수 있다는 점이다. 예를 들어 한국의 수출업체가 외국 수입업체에 100만달러 가량의 제품을 수출하고 결제대금을 6개월 뒤에 받기로 선물환 계약을 체결한 경우, 6개월 뒤 원-달러 환율이 하락하여도(즉, 현물환이 적용될 경우 6개월 전보다 적은 원화를 수취하게 된다) 계약 당시 체결한 선물환율을 기준으로 수출대금을 받게 되므로 환율변동으로 인한 환차손이 발생하지 않는다.

(2) 외환시장의 종류

현물환과 선물환 거래 외에도 외환시장에는 다양한 형태의 거래와 외환상품이 존재한다. 스왑(swaps)은 외환을 현물환 거래로 매입(혹은 매도)함과 동시에 선물환 거래로 다시 매도(혹은 매입)하는 거래 형태로서, 두 가지 상이한 계약이 동시에 결합된 형태로 이루어지는 거래를 의미한다. 주로 동일한 외환을 주기적으로 거래하는 당사자들 사이에서 자주 발생하며, 결합된 형태의 계약에 대해서만 중개 수수료가 발생하기 때문에 수수료를 절감할 수 있다는 장점이 있다. 선물(futures)의 경우 선물환 거래와 유사하지만 거래 대상 외환의 규모나 만기 등이 표준화되어 있고 조직화된 거래소에서 주로 거래된다는 특징을 가진다. 옵션(options)은 사전에 결정된 환율을 적용하여 미래 특정 시점에 외환을 매입(call option)하거나 매도(put option)할 수 있는 권리를 매매하는 형태의 거래로서, 현물환율의 변동에 따라 옵션의 매입 및 매도가 수익 혹은 손실을 발생시킬 수 있다.

3. 최근 외환시장 동향

세계 경제의 발전으로 국제 교역량이 확대되고 자본의 국제적 이동이 허용된 이후, 외환시장의 규모 역시 큰 폭으로 확대되어 왔다. 국제결제은행(Bank for International Settlement: BIS)에서 발표한 자료에 따르면, 2019년 4월 현재 전 세계 외환시장의 하루 평균 총거래량은 약 6.6조 달러 규모로, 2016년 4월의 5.1조 달러에 비해 약 1.6조 달러 가량 증가하였다(Schrimpf 외, 2019).

외환시장의 주요 특징 중 하나는 앞서 언급한 바와 같이 거래자 간 신뢰에 기초한 장외거래의 비중이 상당히 높다는 것인데, 최근 외환의 국제적 거래 규모가 높아지면서 장외거래의 비중은 증가추세에 있다. BIS에서 1986년부터 2019년까지 3년 주기로 조사한 외환상품 별 1일 평균 거래량 변화추이에 따르면 스왑 및 선물 등 파생상품의 거래량 및 비중은 꾸준히 증가하여 왔다.[1] 외환시장의 또 다른 주요 특징으로는 거래되는 외환 및 거래장소가 특정 국가에 집중되어 있다는 것이다. 2022년 4월 기준 1일 평균 거래량(daily turnover) 7.5조 달러 중 약 6.6조 달러가 미 달러화로 나타났는데, 외환시장에서 거래되는 통화 중 88%가 달러로 거래된다는 의미다. 또한, 외환거래 시장은 영국, 미국, 싱가포르, 홍콩, 일본 등 금융시장이 발달한 국가 중심으로 대부분의 거래가 발생한다는 특징도 지닌다.

1 https://www.bis.org/statistics/rpfx19.htm?m=6%7C381%7C677 (최종접속일: 2025년 6월 25일).

제 2 절 환율 결정이론

앞서 설명한 바와 같이 환율은 한 나라의 수출과 수입 흐름에 영향을 미칠 수 있으며, 외환시장의 엄청난 규모를 살펴볼 때 전 세계의 자금 흐름에 지대한 영향을 미칠 수 있는 중요한 경제지표다. 그렇다면 이 환율은 어떻게 결정되는 것일까? 두 나라의 통화 간 교환비율이라는 다소 간단한 환율의 정의와 달리, 환율이 결정되는 과정은 그리 단순하지 않다. 기본적으로 환율은 외환의 시장가격이므로, 수요와 공급의 법칙에 의해 외환에 대한 수요가 증가하거나 공급이 감소하면 환율이 상승(외환의 가치 상승, 자국 통화 가치 하락)할 것이고, 수요가 감소하거나 공급이 증가하면 환율이 하락(외환의 가치 하락, 자국 통화 가치 상승)할 것이다. 즉, 외환의 수급에 영향을 미치는 요인을 파악하면 환율의 결정요인을 이해할 수 있다. 이에 대한 다양한 이론이 존재하는데, 본 교과서에서는 장기 통화모형과 단기 자산시장 모형을 단순화하여 살펴보도록 한다.

1. 구매력평가와 장기통화모형

(1) 일물일가의 법칙

장기 통화모형은 장기적인 관점에서 환율이 결정되는 과정을 설명하는 이론으로, 한 나라 통화의 가치는 그 통화가 가진 구매력, 즉 물가수준에 의해 결정된다고 가정한다. 이 이론은 국제금융이론에서 널리 알려진 구매력평가설(purchasing power parity: PPP)에 기초하고 있다. 구매력평가설을 이해하기 위해서는 일물일가의 법칙(law of one price: LOP)을 먼저 이해해야 한다. 일물일가의 법칙은 동일한 재화 및 서비스는 모든 나라에서 동일한 가격에 판매되어야 한다는 이론이다. 예를 들어 우리나라에서 판매되는 아이폰(iPhone)의 가격이 100만원이고 이 제품이 미국에서 1,000달러에 판매된다면, 일물일가의 법칙에 의하면 두 나라 간 환율은 정확히 1달러당 1,000원이 되어야 한다.[2]

즉, 한국과 미국에서 판매되는 똑같은 아이폰의 가격은 한 나라의 통화로 표시했을 경우 정확히 일치해야 한다는 것이 일물일가 법칙의 핵심이다. 이 가설이 성립하기 위해서는 무역 상 운송비용 및 보험비용, 관세 등 통관비용, 그 외 여러 무역장벽이 존재하지 않아야 한다는 강한 가정이 필요하다는 한계가 있지만, 동일한 품질을 제공하는 제품이 환율을 적용할 경우 동일한 시장가치를 지녀야 한다는 상식적인 논리를 설파한다는 점에서 통찰력을 제공한다.

(2) 구매력평가설

구매력평가설은 일물일가의 법칙이 두 나라에 존재하는 모든 재화 및 서비스에 대해 일괄적으로 성립한다는 가정 위에 두 나라의 물가수준, 혹은 구매력을 일치시키는 수준에서 환율이 결정되어야 한다는 이론으로, 일물일가의 법칙을 전체 물가수준으로 확장한 개념이다. 예를 들어, 한국의 물가수준이 일정한 상태에서 미국의 물가수준만 상승했다면, 미국에서 판매되는 모든 제품의 평균가격이 상승하여 미국 달러화 한 단위의 구매력(재화 및 서비스를 구매할 수 있는 여력)이 감소한 것으로 이해할 수 있다. 이 경우 환율이 하락하여(미 달러화의 상대적 가치를 하락시켜) 한국 원화로 표시된 미국의 물가수준을 조정해주어야 한다. 이를 식으로 표현하면 다음과 같다.

$$S_{₩/\$} = \frac{P_{KOR}}{P_{US}} \qquad \text{(식 6-1)}$$

위의 식에서 $S_{₩/\$}$은 원-달러 현물환율(1달러당 원화의 교환비율)을, P_{KOR}은 한국의 원화 표시 물가수준을, P_{US}는 미국의 달러화 표시 물가수준을 기호로 나타낸 것이다. 위의 식에서 한국의 물가수준(P_{KOR})이 상승하면(한국 원화의 구매력이 하락하면) 원-달러 환율이 함께 상승한다는 것을 알 수 있다. 즉, 한국 물가수준의 상승은 미 달러화에 비해 한 단위당 재화를 구매할 수 있는 상대적 여력을 떨어뜨리므로, 한국 원화 가치의 하락, 혹은 환율의 상승을 유발한다.

---

2 1,000,000(원)÷1,000(달러)=1,000₩/$(원/달러), 즉 1달러 당 1,000원의 교환비율이 성립한다.

(3) 환율의 결정: 장기통화모형

구매력평가설에 의한 환율 결정이론은 양국의 물가수준 차이에 의해 환율이 결정된다고 가정한다. 이 이론에 따르면, 양국의 물가수준에 영향을 미치는 요인이 환율변화에 영향을 미치게 된다. 한 나라의 물가수준에 영향을 미치는 대표적인 요인으로는 그 나라의 통화량과 총산출량 수준이 있다. 통화량은 주로 중앙은행(central bank)의 통화정책에 의해 결정되는데, 통화공급량이 증가할 경우 그 나라에 유통되는 화폐량이 증가하여 전체적인 물가수준이 상승하게 된다. 한 나라의 총산출량, 혹은 생산 수준도 물가수준에 영향을 미친다. 경제활동이 활발히 이루어질 경우 거래의 빈도가 증가하여 그 나라 화폐에 대한 수요가 증가하게 되며, 화폐수요의 증가는 자연스럽게 물가의 상승으로 이어진다. 통화량의 변화 혹은 경제성장률의 변화는 장기에 걸쳐 관찰이 가능한 거시경제변수로, 이 환율결정 이론이 '장기적'으로 이해될 수 있는 이유이기도 하다.

장기 통화모형은 어느 정도의 현실성을 가지고 있을까? 아쉽게도 현실에 존재하는 여러 가지 한계로 인해 구매력평가설이 성립하지 않는 경우가 많이 발견되며, 이에 기반한 장기 통화모형 역시 단기적으로는 현실성이 결여될 때가 많다. 첫째, 두 나라에서 생산되고 소비되는 모든 재화의 종류가 일치하지 않는다는 한계가 있다. 둘째, 모든 재화 및 서비스가 교역재(tradable good)가 아니라는 한계도 존재한다. 예를 들어 주거 및 서비스의 경우, 다른 나라와의 무역을 통해 충당하기 보다는 자국 내에서 생산과 소비 전과정이 이루어지는 경우가 많다. 셋째, 국제무역 과정에서 발생하는 거래비용이 두 나라에서 판매되는 동일한 재화의 가격을 다르게 만든다. 관세, 비관세, 운송비용, 보험비용 등의 무역장벽(trade barrier) 등의 존재로 인해 똑같은 재화라 해도 다른 나라에서 판매될 경우 다른 가격이 책정된다. 마지막으로 독점 및 과점시장 등 가격차별이 가능한 다양한 시장의 형태 또한 완전경쟁시장을 가정하는 구매력평가설의 성립을 어렵게 만든다. 시장의 경쟁도 및 판매자의 비용구조 등에 의해 국가마다 다양한 가격설정이 가능하기 때문이다.

위와 같은 이유로 인해 단기적으로 현실에서 구매력평가설이 성립하기란 쉽지 않은 일이다. 하지만 장기적인 관점에서 두 나라 간 환율이 결정되는 추세를 비교적 정확하게 예측한다는 점에서 환율의 기본적인 속성을 이해하는 데 중요한 의미를 지닌다.

2. 빅맥지수와 라떼지수

(1) 빅맥지수와 라떼지수의 정의

빅맥지수(Big Mac Index)는 영국의 경제주간지 『이코노미스트(The Economist)』에서 매 분기 발표하는 경제지표로, 구매력평가설을 가정한 상태에서 각국의 통화가치가 얼마나 과대평가(overvalued), 혹은 과소평가(undervalued)되어 있는지 평가하기 위해 고안한 지표다. 미국의 경제일간지 『월스트릿저널』이 발표하는 라떼지수 역시 유사한 개념이다. 이 두 지표의 산출방식은 단순하다. 빅맥지수의 경우, 글로벌 패스트푸드 브랜드인 맥도널드(McDonald's)의 대표상품인 빅맥의 지역별 가격을 산출한 뒤 기준 시점의 환율을 적용하여 이를 모두 미 달러화 표시 가격으로 변환한다. 라떼지수는 스타벅스에서 판매되는 카페라떼 톨 사이즈 한 잔의 지역별 가격을 산출한 뒤 역시 기준시점의 환율을 적용하여 미 달러화 표시 가격으로 일괄 변환한다. 맥도날드의 빅맥과 스타벅스의 라떼가 전 세계에서 동일 품질로 제공된다고 가정할 때, 일물일가의 법칙에 의하면 이 두 제품은 환율을 적용할 경우 전 세계 어디에서나 동일한 가격에 판매되어야 한다. 반면 미 달러화로 변환한 제품의 가격이 국가마다 차이가 있다면, 이를 통해 한 나라의 통화가치가 미 달러화에 비해 얼마나 과소/과대평가되고 있는지 살펴볼 수 있을 것이다.

(2) 빅맥지수와 라떼지수의 의의

예를 들어 보자. 2021년 기준 한국에서 판매되는 빅맥의 가격은 4,500원이었고, 같은 시기 미국에서 판매된 빅맥의 가격은 5.66달러였다. (식 6-1)에 근거하여 빅맥의 가격으로부터 산출된 두 나라 간 환율은 달러당 795.05원이지만,[3] 당시 실제 시장환율은 달러당 1,097.35원이었다. 이를 통해 한국 원화는

3 직접표시환율인 원/달러 환율을 산출한다면 4,500(원) ÷ 5.66(달러) = 795.05(원/달러).

미 달러화에 비해 약 27.5% 과소평가(undervalued)되었다고 추정할 수 있다.[4] 실제 환율을 적용하여 한국에서 판매되는 빅맥 가격을 미 달러화로 표시하면 약 4.1달러가 된다. 한국과 미국에서 판매되는 빅맥이 똑같은 양과 맛을 제공한다면, 한국에서 빅맥을 사먹는 것이 1.5달러 정도, 혹은 27.5% 정도 저렴한 셈이다. 앞서 예를 든 한국과 미국의 라떼 가격 차이도 이와 비슷하게 이해할 수 있다. 한국에서 판매되는 라떼가격을 미 달러화로 환산할 경우 3.76달러이고 이는 미국 뉴욕시에서 판매되는 똑같은 라떼 한 잔의 가격 3.45달러보다 약 9% 가량 저렴한 것으로, 일물일가의 법칙을 적용한다면 한국 원화 가치가 미 달러화에 비해 약 9% 정도 과소평가되고 있다고 추정할 수 있다. 빅맥과 라떼 등 적용하는 재화에 따라, 혹은 조사하는 시점에 따라 다소 차이가 나타나지만, 한국 원화가 미국 달러화에 비해 과소평가되고 있다는 전체적인 방향성은 두 지표 모두 일정하게 나타나고 있다.

(3) 한계

물론, 빅맥지수나 라떼지수가 완벽한 지표는 아니다. 즉, 빅맥과 라떼의 국가별 가격에 영향을 미치는 다른 요인들이 존재할 수 있다. 예컨대 맥도널드와 스타벅스 매장의 임대료는 국가마다 천차만별일 것이다. 임대료는 판매자가 가격을 책정하는 과정에서 중요하게 고려되는 주요 생산비용 중 하나로, 국가별 임대료 차이에 의해 똑같은 품질의 재화라 할지라도 가격의 차이가 발생할 수 있다. 임대료 외에도 가격에 영향을 미치는 다른 생산비용들, 예컨대 피고용인에 대한 임금 및 원재료 비용 등에서도 국가별 차이가 발생할 수 있다. 이를 고려하면 반드시 일물일가의 법칙, 혹은 구매력평가설이 지켜진다고 가정하기 힘들 것이다.

---

4 일물일가의 법칙에 의하면 1달러를 교환받기 위해 약 795.05원만 지출하면 되지만, 실제 환율은 1달러를 받기 위해 1,097.35원을 지불해야 하므로 현실에서는 원화가치가 더 낮게 평가받고 있는 셈이다. 즉 (1,097.35-795.05)/1,097.35×100=27.54%만큼 현실에서 원화가 낮게 평가받고 있는 것이다.

3. 이자율평가와 단기 자산시장모형

(1) 이자율평가설

구매력평가설에 기초한 장기 통화모형은 단기적으로는 여러 현실적 한계에 의해 충분한 예측력을 갖지 못한다고 앞서 살펴보았다. 많은 경제학자들이 단기적으로 외환의 수요에 직접적인 영향을 미치는 요인으로 국가 간 금융상품의 수익률을 지적하였다. 즉, 어떤 국가에서 판매되는 금융자산의 수익률이 상대적으로 높을 경우 그 상품에 대한 수요가 증가할 것이고, 그 자산을 구매하기 위해 그 자산이 위치한 국가의 통화수요가 증가할 것이다. 이처럼 수익률에 의해 외환 수급이 결정된다는 이론이 이자율평가설(interest rates parity)이다.

이자율평가설을 간략히 설명하면 다음과 같다. 먼저 두 국가의 자산시장에서 판매되는 금융자산이 완전히 대체적인(perfectly substitutes) 성격을 가지고 있으며, 국가 간 자본이동이 완전히 자유롭다고 가정하자. 이 경우, 환율을 적용하여 한 나라의 통화로 표시된 자국과 외국의 금융자산에 대한 투자수익률, 혹은 기대수익률은 정확히 일치해야 한다. 만약 국가 간 투자수익률에서 차이가 발생할 경우 차익거래(arbitrage)가 발생하여 균형으로 회귀하게 된다.

한국 원화 1원으로 한국과 미국의 금융자산에 투자하는 문제를 예로 들어보자. 현재 시점에서 원-달러 환율이 1달러당 1,000원인 상황에서 한국의 금융자산에 투자할 경우 1년 뒤 5%의 수익률이 보장되고, 미국에 투자할 경우 같은 기간 10%의 수익률이 보장된다고 가정해보자. 1원을 한국에 투자할 때의 1년 뒤 총 기대수익은 $1\times(1+0.05)=1.05$원이 된다. 반면 미국에 투자할 경우, 우선 현재 시점에서 원화를 달러화로 환전해야 하며 이 때 현재 시점의 환율(달러당 1,000원)을 적용받아 1/1,000달러를 가지게 된다. 달러화로 표시된 1년 뒤 총 기대수익은 $1/1,000\times(1+0.1)=(1.1)/1,000$달러가 되며, 이 수익을 한국에서 실현해야 하므로 다시 한국 원화로 환전해야 한다. 이때 이자율평가설이 성립하기 위해서는 1년 뒤 두 국가에서 기대할 수 있는 수익률이 정확히 일치해야 한다. 즉, 한국 원화로 환전할 때 적용되는 1년 뒤 환율의 기댓값, 혹은 선물환율은 반드시 달러당 약 954.54원이 되어야 한다.[5] 미국에서의 수익률이

5 1년 뒤 환율$=(1.05)/(1.1)\times1,000$.

더 높아 한국에 투자할 경우 발생하는 잠재적 손실분을 원화가치의 상승으로 보전해주는 셈이다. 만약 1년 뒤 환율이 달러당 1,000원으로 유지될 경우 한국 원화로 표시된 미국 금융자산 수익률이 상대적으로 더 높아지게 되어 미국으로 자금이 쏠릴 것이다. 반대로 1년 뒤 환율이 달러당 900원이라면, 한국에서의 수익률이 상대적으로 더 높아지게 되어 한국으로 자금이 몰려들 것이다. 즉, 환율을 적용할 때의 두 국가 간 수익률이 정확히 일치하는 순간에만 이와 같은 자금 쏠림 현상이 발생하지 않을 것이며(그리고 오직 이 경우에만 차익거래가 불가능해진다), 이 조건이 이자율평가 조건이 된다.

(2) 환율의 결정: 단기자산시장모형

이자율평가설이 성립할 때, 두 국가 간 환율은 다음의 식에 의해 결정된다.

$$(1+i)=\frac{S_{t+1}}{S_t}(1+i^*) \qquad \text{(식 6-2)}$$

위의 (식 6-2)에서 $(1+i)$는 자국에 투자할 경우 기대수익을, $(1+i^*)$는 외국에 투자할 경우의 기대수익을 나타내며, S_t는 투자시점(현재)의 현물환율을, S_{t+1}은 수익 회수시점(미래)의 현물환율을 나타낸다. 이자율평가설에 의한 환율 결정 이론은 약간 복잡해 보이지만 본질은 간단하다. 양국의 이자율은 각각 그 국가에서 판매되는 금융상품의 가격을 의미하므로, 이자율이 상이하다는 것은 각국의 금융부문의 가격수준이 다르다는 것을 의미한다. 앞서 배운 구매력평가설을 떠올려보면, 양국의 금융상품이 완전히 동일한 경우 각국 통화단위로 표시된 가격(이자율)의 차이는 환율의 조정을 통해 일치될 수 있다.

장기 통화모형이 실물부문의 가격(물가)이 국가별로 일치되는 과정에서 환율이 결정된다고 가정하는 반면, 단기 자산시장 모형은 금융부문의 가격(이자율)이 국가별로 일치되기 위해 환율이 조정되어야 함을 의미하므로, 기본적으로 두 이론은 유사한 논리 위에 기대고 있다.

제 3 절 고정환율제도와 변동환율제도

1. 고정환율제도와 변동환율제도

(1) 환율제도의 분류

환율제도(exchange rate regime)는 크게 고정환율제도(fixed/pegged exchange regime)와 변동환율제도(flexible/floating exchange regime)로 구분할 수 있다. 고정환율제도는 외환 정책당국이 외환시장에 개입하여 시장환율을 정부가 정한 일정 수준으로 유지하는 제도이고, 변동환율제도는 외환시장의 수요와 공급에 의해 환율이 비교적 자유롭게 변동하도록 허용하는 제도다. 변동환율제도 하에서는 환율의 상승 및 하락이 빈번하게 발생한다.

(2) 고정환율제도

고정환율제도는 일반적으로 1년 이상의 상당 기간동안 기준통화(base currency)를 설정하고 자국 통화를 이에 대해 완전히 고정시키거나 일정 범위 내에 머물도록 하는 환율제도로, 정부의 외환시장에 대한 적극적인 개입 없이는 실현이 불가능한 제도다.

정부가 외환시장에 개입하는 정도에 따라 통화위원회(currency board), 크롤링(crawling), 밴드(band), 달러화(dollarization) 등으로 조금 더 세분화하여 구분한다.

① 통화위원회

통화위원회는 강력한 고정환율제도로서 외환시장의 수급과 상관없이 정부의 재량적인 판단에 의해 환율수준이 결정된다. 매우 강력한 수준의 고정환율제도로서 홍콩의 금융관리국(Monetary Authority: MA)이 이 제도를 시행하고 있다.[6]

---

6 홍콩 금융관리국은 1983년부터 1 미국 달러(USD) 당 7.8 홍콩 달러(HKD)의 비율을 유지하고 있으며, 이 비율에 의거하여 홍콩 달러 발행량을 조절한다.

② 달러화

달러화는 다른 국가의 통화를 자국 통화와 병용하거나 심지어 자국 통화를 대체하는 제도로서, 특정 국가에 대한 경제적 의존도가 극심하거나 자국 통화의 가치가 지나치게 하락하여 화폐로서의 기능을 상실할 때 사용된다. 자국 통화를 포기하고 미 달러화로 화폐의 사용을 완전히 바꾼 국가로는 최근 외환위기를 겪은 에콰도르(Ecuador)와 짐바브웨(Zimbabwe) 등이 있다.

③ 크롤링/밴드

콜롬비아(Columbia) 외환당국은 1996년부터 2002년까지 일정 비율로 콜롬비아 페소(peso)화를 평가절하 하기로 결정하였는데, 이와 같은 환율제도를 크롤링, 혹은 평가조정 환율제도라 한다. 환율의 변동을 특정 구간(band) 내에서만 자유롭게 변동하도록 허용하고 이를 벗어날 경우 외환당국이 외환시장에 적극 개입하는 제도를 밴드 제도라도 하는데, 특정 범위 내에서 환율의 변동 경로를 미리 설정하여 움직이게 할 수도 있으므로, 이를 크롤링 밴드 제도라도 한다.

위의 몇 사례에서 짐작할 수 있듯 고정환율제도를 사용하고 있는 국가는 대부분 신흥개도국이다. 개도국의 경우 선진국에 비해 환율의 변동성이 극심하고 경제적 안정성도 상대적으로 떨어지는 특징을 지닌다. 이와 같은 경제적 환경 때문에 자국 통화가치를 방어하고 실물경제에 미치는 파급효과를 최소화하기 위하여 고정환율제도를 채택하는 경우가 많다.

(3) 변동환율제도

변동환율제도는 선진국 대부분이 채택하고 있는 제도로, 한 나라의 외환 정책당국은 외환시장의 개입을 원칙적으로 배제한다. 외환시장의 수요와 공급에 따라 시장에서 환율이 자유롭게 결정되도록 허용하는 제도를 자유변동환율제도(free float)라 한다. 변동환율제도의 경우 통화가치의 자유로운 변동을 전제하므로, 자국의 경제 사정에 맞게 통화당국이 통화공급량을 자유롭게 조절할 수 있으며, 이를 통해 거시경제정책의 자율성 및 독립성을 확보할 수 있다. 반면 환율의 급격한 변동을 허용하는 제도이므로 자국 통화가치의 변동으로 인한 해외 자본의 유출입 변동성 증대와 이로 인한 국내 금융불안정성 상승이라는 부작용이 발생할 수도 있다.

[그림 6-1]과 [그림 6-2]는 각각 고정환율제도와 변동환율제도를 채택한 대표적인 국가들의 환율변동 추이를 나타내고 있다. [그림 6-1]은 중국과 베네수엘라 통화의 미 달러화 대비 환율을 보여주고 있는데, 중국의 경우 2000년대 중반까지, 그리고 2000년대 말에서 2010년대 초반까지 달러화 대비 고정환율제도를 운영했음을 쉽게 관찰할 수 있다. 베네수엘라의 경우 최근까지 강력한 고정환율제를 유지하여 왔으나, 최근 국가경제가 붕괴되면서 달러화 대

[그림 6-1] 주요 개발도상국 환율변동 추이(2000~2020)

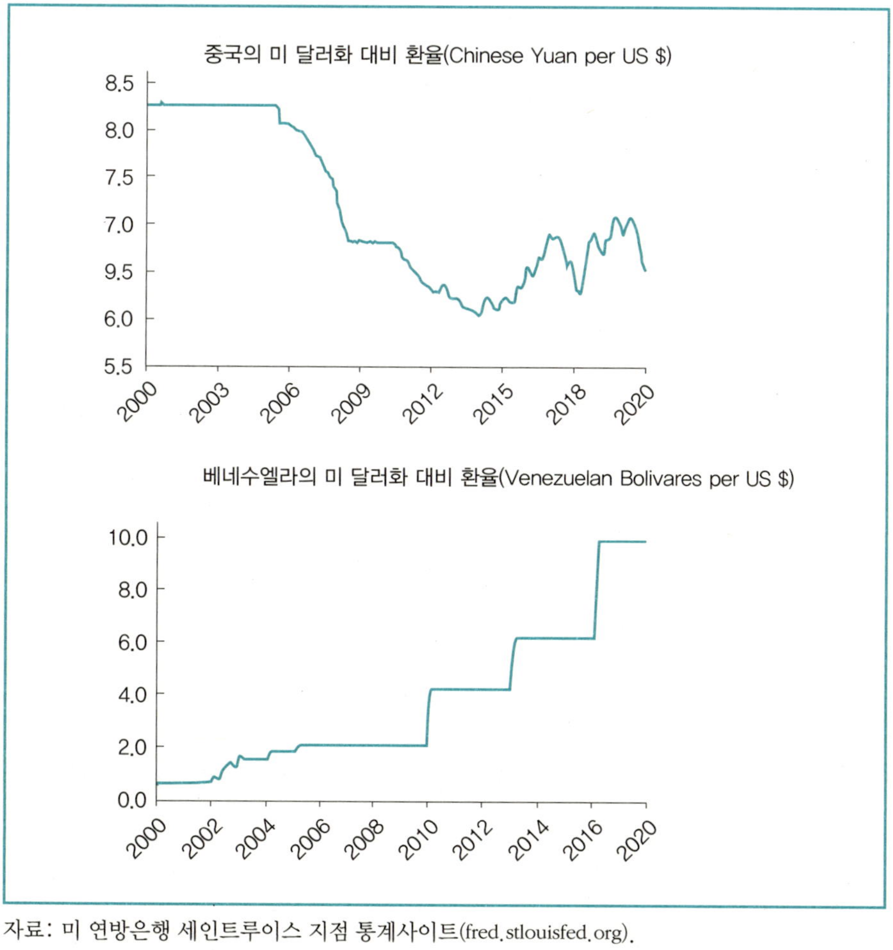

자료: 미 연방은행 세인트루이스 지점 통계사이트(fred.stlouisfed.org).

비 환율이 치솟아 2021년 현재 베네수엘라 화폐의 가치는 사실상 '0'에 가까운 수준으로 떨어졌다. [그림 6-2]는 대표적인 선진국이자 달러와 함께 안정적인 통화로 인정받고 있는 유로화와 일본 엔화의 미국 달러화 대비 환율 변화추이를 보여주고 있다. 두 국가 모두 외환시장에 대한 개입을 최소화한 결과 환율의 자유로운 변동성을 확인할 수 있다.

[그림 6-2] 주요 선진국 환율변동 추이(2000~2020)

자료: 미 연방은행 세인트루이스 지점 통계사이트(fred.stlouisfed.org).

2. 한국 환율제도의 변천 및 특징

우리나라 환율제도의 변천과정을 살펴보면 대체적으로 고정환율제도에서 변동환율제도로 이행해왔음을 확인할 수 있다. 미 달러화를 기준 통화로 설정하고 이에 대해 한국 원화의 가치를 고정시켜 운영하던 시기는 대략 1945년부터 1980년 3월까지로, 이 당시 외환당국은 필요하다고 판단할 경우에 한해 평가절하 및 평가절상을 제한적으로 시행하였다.

1980년 이후에는 복수통화바스켓제도를 도입하였는데, 이는 한국과 교역비중이 높은 복수의 국가를 선정하여 이들 국가의 통화군(basket)을 구성하고 각 통화에 교역규모에 따른 가중치(weighted value)를 부여하여 바스켓의 움직임에 따라 원화 가치가 연동되게끔 설계한 제도였다. 당시 원-달러 환율은 SDR(Special Drawing Right)의 대미달러 환율인 SDR바스켓과 우리나라의 주요 교역대상국이었던 미국·일본·독일(서독)·영국·프랑스 통화의 달러화에 대한 환율을 가중평균한 독자적인 바스켓, 그리고 정책적인 조정변수 등 세 요소에 의해 결정되었다. 이러한 제도를 운영한 이유는 미 달러화와 같은 특정 통화에 원화 가치를 연동시키지 않고 복수 통화의 변동성을 반영하여 원화 가치를 고정시킬 경우 환율의 상대적인 안정성을 도모할 수 있었기 때문이다.

하지만 정책당국의 지나친 개입으로 인해 이 제도에 의한 환율이 외환의 수급상황을 적절히 반영하지 못하였으므로, 1990년 3월부터 시장원리를 보다 폭넓게 반영하기 위해 시장평균환율제도를 도입하였다. 시장평균환율제도는 1990년부터 1997년 12월 외환위기가 본격화되기 전까지 운영되었다. 이 제도는 기본적으로 환율이 외환시장의 수요와 공급에 의해 결정되도록 하되, 급격한 환율변동에 대해서는 외환당국이 개입하여 환율의 일중 변동폭(daily band)을 제한하는 방식으로 운영되었다. 완전한 자유변동환율제도로 이해하기 전단계로 도입·시행되었다고 할 수 있으며, 이후 점진적으로 변동폭을 확대하여 외환시장의 개입 수준을 낮추었다.

1997년 말 동아시아 외환위기가 본격화되면서 우리나라 외환당국 역시 외환의 수급에 어려움을 겪기 시작하였다. 이에 따라 환율의 일중 변동폭을 기존 0.4%에서 최대 10%까지 확대하는 방식으로 대응하였으나, 결국 환율의 급격한 조정에 따른 외환당국의 개입여력이 제한되어 1997년 12월 변동폭을 삭제하고 완전한 자유변동환율제도를 허용하였다.

3. 각국의 환율제도, 환율조작국 지정 논란

(1) 각국 환율제도 운용 현황

한 나라의 환율제도는 시간의 흐름에 따라 변경되기도 하며, 국가의 발전 정도 및 지역적인 특징에 의해 환율제도가 영향을 받기도 한다. 2022년 IMF가 전 세계 190개국의 환율제도를 구분하여 발표한 자료에 따르면, 완전한 변동환율제도를 채택한 국가는 79개국에 불과하며, 일부 조사 불가능한 국가를 제외한 약 108개국이 어느 정도 수준의 고정환율제도를 채택하고 있다.

약 41개국은 국가별 통화가 없는 경우다. 이 경우 위에 설명한 달러화(dollarization) 등을 통해 외국 기축통화를 자국 통화로 받아들여 사용하는 경우(9개국)와 유로존(Euro Zone) 등 지역별 통화통합을 통해 능동적으로 자국 화폐를 포기한 경우(32개국)로 구분할 수 있다. 이 중 가장 유명한 유로화의 경우 프랑스, 독일, 이탈리아, 네덜란드 등 12개국이 사용하고 있다.

홍콩·불가리아·리투아니아 등 7개국의 환율은 통화위원회 제도를 통해 결정된다. 법적 절차에 따라 환율이 결정되므로 외환시장에서의 수급 상황이 전혀 영향을 미치지 못한다고 할 수 있다. 국가별 통화가 없는 41개국과 통화위원회 제도를 운영하는 7개국 등 48개국은 엄격한 고정환율제도(hard pegs)를 사용한다고 볼 수 있다.

108개국 중 나머지 60개국은 크롤링, 밴드 등 유연한 고정환율제도를 채택하고 있다. 대표적인 국가로는 중국, 베트남, 나이지리아, 페루, 크로아티아 등이 있다.

외환시장의 수급에 의해 환율의 변동을 상당한 수준까지 허용하는 관리변동환율제도 및 자유로운 환율의 변동을 허용하는 자유변동환율제도를 사용하는 국가는 총 79개국으로 추정되며, 미국·영국·한국·일본 등 유로존을 제외한 선진국 대부분이 여기에 해당한다.

(2) 미국의 환율조작국 지정

2015년, 미국은 무역촉진 및 무역집행에 관한 법률(Trade Facilitation and Trade Enforcement Act: TFTEA)을 통과시키고 재무부로 하여금 매반기 국제경제 및 주요국 환율정책에 대한 보고서를 국회에 제출하도록 규정하였다. 이 법안에 따르면, 미 재무부는 교역 상대국 중 다음의 조건을 충족시키는 국가에 대해 환율조작국으로 지정하고 보다 강화된 보고서를 제출해야 한다.

- 대미 무역수지 흑자가 200억 달러 이상인 국가
- 경상수지 흑자가 국내총생산(GDP)의 3% 이상인 국가
- 외환당국의 외환시장 개입이 12개월 이상 지속되고 그 규모가 GDP의 2% 이상인 국가

2015년의 TFTA는 1988년 제정된 종합무역법의 확장판이라고 할 수 있다. 미국은 이 법안을 활용하여 1988년 일본, 1988년·1992년 대만, 1992년~1994년 중국을 환율조작국으로 지정하였으며, 2015년 새롭게 제정된 법안을 활용하여 2019년 중국을 환율조작국으로 재지정하였다. 미국에 의해 환율조작국으로 지정된 국가는 미국 기업이 해당국가에 직·간접적인 방법으로 투자할 때 정부로부터 금융 및 세제 지원을 받지 못한다. 또한 미국으로부터 가장 많은 예치금을 받는 IMF로부터 다양한 방식의 규제를 받을 수 있다. 이러한 환율조작국 지정은 미국과의 통상 마찰이 발생할 때 미국이 아닌 다른 국가들까지 지정대상 국가와의 무역활동을 위축시키는 경향이 있다. 이에 대응하기 위해 최근 중국은 공식적으로 환율을 조작하지 않았다는 입장을 발표하였으며, 환율조작국 의심 리스트에 포함된 우리나라 역시 적극적으로 이에 대해 해명하여 리스트에서 제외되기 위해 노력하고 있다.

주요용어

- 환율
- 가치하락
- 지출전환효과
- 만기
- 선물
- 환율결정이론
- 무역장벽
- 라떼지수
- 장기통화모형
- 통화위원회
- 달러화
- 외환시장
- 평가절상
- 선물환거래
- 결제일
- 옵션
- 구매력평가
- 완전경쟁시장
- 이자율평가
- 고정환율제도
- 크롤링
- 환율조작국
- 가치상승
- 평가절하
- 현물환거래
- 스왑
- 장외거래
- 일물일가의 법칙
- 빅맥지수
- 단기자산시장모형
- 변동환율제도
- 밴드

연습문제

01. 최근 미국이 환율조작국으로 지정한 사례를 찾아보고, 이로 인한 양국 간 통상정책 마찰이 발생했는지 조사해보자.

02. 우리나라는 고정환율제도에서 변동환율제도로 서서히 변화해왔다. 그 주된 이유는 무엇인가?

03. 변동환율제도의 장점과 단점은 무엇이며, 고정환율제도의 장점과 단점은 무엇인가?

04. 가장 최근 발표된 빅맥지수와 라떼지수를 찾아보자. 미국에 비해 빅맥과 라떼가 가장 비싸게 팔리는 국가는 어디이며, 가장 저렴하게 팔리는 국가는 어디인가?

05. 자국 통화의 평가절하가 자국 수출과 수입에 미치는 영향은 무엇인가?

06. 일물일가의 법칙이 현실에서 잘 적용되지 않는 이유는 무엇인가?

07. 이자율평가설은 무엇을 의미하는가?

08. 선물환거래와 현물환거래의 가장 큰 차이점은 무엇인가? 무엇이 이 두 거래를 구분짓는가?

09. 개발도상국이 선진국에 비해 고정환율제도를 주로 채택하는 이유는 무엇인가?

10. 구매력평가설에 의하면, 양국 간 환율을 결정짓는 가장 중요한 요소는 무엇인가?

제7장

국제금융시스템과 국제금융정책

무역 이야기

2021년 5월 12일, 미국 전기자동차 업체 테슬라(Tesla)가 자사의 자동차를 구매할 때 결제하는 대금으로 가상화폐(cryptocurrency) 중 하나인 비트코인(BitCoin)을 더 이상 취급하지 않겠다고 발표하였다. 이후 가상화폐 거래소에서 거래되는 비트코인의 가격이 7% 이상 급락하는 현상이 발생하였다. 이는 테슬라가 비트코인을 이용하여 자사의 차량을 구매할 수 있도록 허용한 지 약 두 달 만에 입장을 바꾼 것으로, 이 회사의 최고경영자(CEO)인 일론 머스크(Elon Musk)의 돌출 발언 등과 맞물려 전세계 블록체인(blockchain) 시장이 한 글로벌 자동차회사의 입장에 따라 출렁거리는 모습을 단적으로 보여준 사례다. 이와 유사한 현상은 우리나라에서도 어렵지 않게 찾아볼 수 있는데, 국내 블록체인 거래소에서 거래되는 가상화폐 시장가격은 미국 등 해외요인에 의해 급격히 변동하는 모습을 보이고 있다. 가상화폐가 적법한 금융자산인지에 대한 논란은 잠시 접어두더라도, 국제적으로 자산가격 및 거래량의 변동성이 강하게 연결되어있는 모습은 오늘날 일반적으로 관찰할 수 있는 현상이다. 현재와 같은 모습의 국제금융시스템이 어떻게 형성되어 왔으며 최근에는 어떤 종류의 위험성을 내포하고 있는지 조금 더 자세히 알아보자.

자료: 한겨레(2021.5.13.) 일부 발췌 및 수정.

제 1 절 국제금융시스템의 역사와 IMF

국제금융시스템(international monetary system), 혹은 국제통화제도란 국가 간 무역 및 금융거래에 있어 국제적으로 합의한 규칙 및 제도, 제반 여건 등을 통칭하는 것으로, 여기에는 환율정책 및 통화정책, 외환시장에 대한 국가의 개입 수준, 자본의 국제적 이동에 대한 통제, 금융위기 발생 시 국가 간 협조체제 등이 포함된다. 국가 간 거래에서 발생하는 충돌과 이로 인해 발생하는 정치·경제적 비용을 최소화하기 위해 국제적으로 합의된 내용이 각 국가 안에서 제도화된 경우, 어느 정도의 제도적 구속력을 가질 수 있다. 즉, 국제금융 질서를 회복·유지하고 국제금융 시장에서 발생하는 위기의 국가 간 전파 가능성을 사전에 차단하기 위한 국제적 공조 체제가 국제금융시스템의 본질적 목표라 할 수 있다.

1. 19세기 금본위제

(1) 19세기 최초 금본위제의 탄생

세계 각국의 금융정책이 긴밀한 협조체제를 구축하기 시작한 시점은 영국 등 서구 열강을 중심으로 한 금본위제(gold standard)가 본격적으로 출범한 1870년 이후로 보는 편이 적절하다. 그 전 약 250년의 기간은 주요 열강의 통상정책이 중상주의(mercantilism)를 따르던 때였다. 중상주의란 세계 교역량이 불변이라는 가정 하에 자국으로의 금과 보석의 유입이 국부(wealth of nation)의 증대 및 국가의 번영을 가능케 한다는 경제정책 이론이었기 때문에, 당시에는 식민지 건설 및 전쟁 등 타국과의 극심한 경쟁이 빈번하게 발생하였다. 이후 산업혁명과 프랑스혁명 등 일련의 정치·경제적 변화를 통해 한 나라의 권력구조가 일반 시민 및 신흥 자본가 계층으로 이동하였고, 금과 보석의 유입을 독점한 왕정 및 귀족 계급이 몰락하면서 중상주의는 자연스럽게 막을 내리게 되었다.

금본위제를 최초로 채택한 국가는 영국이었다. 1870년대 프랑스와 독일, 미국 등이 뒤이어 금본위제를 채택함으로써 주요 열강이 공통으로 운용하는 환율제도로 빠르게 정착되었다. 금본위제는 1차 세계대전의 발발로 세계 무역흐름이 전면 중단된 1914년까지 영국을 중심으로 유지되었는데, 1차 대전 이후 부활한 금본위제와 구별하기 위해 고전적 금본위제(classical gold standard)로 불리기도 한다.

(2) 금태환성과 가격-정화 메커니즘

고전적 금본위제의 핵심 운영원리는 화폐의 금태환성 보장과 가격-정화 메커니즘(price-specie mechanism)으로 요약할 수 있다. 먼저 각국 중앙은행은 고정된 교환비율로 자국 화폐와 금의 교환(금태환)을 보장해주어야 했다. 예를 들어, 영국 중앙은행인 영란은행(Bank of England)은 당시 파운드(pound)화와 금의 교환비율을 금 1온스(ounce, 약 28그램) 당 4.252파운드로 고정시켰으며, 미국은 금 1온스 당 교환비율을 20.646달러로 고정시켰다. 즉, 누구든 영국 파운드화를 영란은행으로 가져가면 미리 정해진 교환비율에 따라 일정량의 금을 지급받을 수 있었다. 이와 같은 자유로운 금태환성이 유지되기 위해서는 한 나라의 통화량과 그 나라의 중앙은행이 보유한 금의 보유량이 비슷한 규모여야 했다. 즉, 금본위제 아래에서 그 나라 안에서 유통되는 금의 양은 그 나라의 통화량을 의미했다. 영국 파운드화와 미국 달러화의 환율, 즉 양국 통화의 교환비율은 금을 매개로 하여 자동적으로 결정되었다.[1] 즉, 금본위제는 금을 매개로 하는 강력한 고정환율제도였던 셈이다.

데이비드 흄(David Hume)이 제시한 가격-정화 메커니즘은 금본위제 하에서는 모든 국가가 자동으로 경상수지 균형을 맞추어 나가게 된다는 이론이다. 흄의 이론은 중상주의에 대한 비판으로도 잘 알려져 있다(Hume, 1752). 이 이론에 따르면, 금본위제 하에서는 한 국가의 무역수지 흑자는 금의 유입을 의미하며, 이는 그 나라의 통화량 증가를 의미한다. 통화량 증가는 그 나라의 물

---

1 위의 예에서 금 1온스 당 영국 파운드화는 4.252파운드, 미국 달러화는 20.646달러로 교환되므로 영국 파운드화와 미국 달러화의 교환비율은 1파운드 당 4.856달러(=20.646/4.856)로 고정된다.

가(자국에서 생산된 재화의 가격)를 상승시켜 수출경쟁력을 하락시킨다. 이는 결과적으로 무역수지 흑자 축소로 이어져 경상수지를 균형상태로 만든다. 통화량 증가로 인한 물가상승이 자국의 화폐가치를 떨어뜨리지 않는 이유는 위에서 설명한 바와 같이 금(정화, 즉 내재가치와 액면가치가 동일한 화폐)을 매개로 국가 간 통화 교환비율이 고정되어 있기 때문이다. 흄의 이론에 따르면, 내재가치가 변하지 않는 금 유통량의 증가는 결과적으로 물가의 상승과 수출가격의 상승을 동시에 불러일으킨다.

(3) 금본위제의 한계와 붕괴

금태환성 보장과 가격-정화 메커니즘을 기반으로 한 고전적 금본위제는 성공적으로 유지되었을까? 영국을 중심으로 한 이 제도는 1차 세계대전 직전까지 대체적으로 잘 운영된 것으로 평가된다. 하지만 다음의 몇 가지 근본적 한계로 인해 조금씩 균열이 발생하였다. 첫째, 한 나라의 화폐수요 증가에 따라 그 나라의 금 보유량이 비례적으로 증가해야 하는데, 당시 경제발전 속도에 비추어볼 때 화폐수요 증가속도가 금 생산속도를 월등히 앞서는 문제가 발생하였다. 금 매장량은 전세계적으로 한정되어 있는데 반해 경제성장에 의해 화폐수요량은 지속적으로 증가하였으므로, 화폐의 초과수요 현상이 발생하여 물가 변동성이 심해지는 문제가 발생하였다. 둘째, 금본위제 하에서는 금을 매개로 각국 통화의 교환비율이 완전히 고정적으로 결정되므로, 각국은 국제적 공조를 통해 자국의 통화가치를 안정적으로 유지해야 하는 의무를 지닌다. 하지만 국가 내에서 발생한 다양한 경제문제를 해결하기 위해 통화량을 인위적으로 조작하고자 하는 유혹이 끊임없이 발생할 수밖에 없었고, 이를 적절히 통제하는 강한 지도력을 가진 국가가 필요했다. 제도 정착 초기에는 당시 최강대국이었던 영국이 이 역할을 수행하였으나, 이후 미국과 독일 등 후발 공업국의 경제력이 상승하면서 영국 파운드화가 가지고 있던 우월적 지위가 점차 상실되었다. 그 결과, 각국 정부가 자국의 이익을 위해 국제통화제도를 준수하지 않는 현상이 빈번해졌다. 최종적으로 1차 세계대전이 발발하여 전시체제로 국가 운영목표가 전환되면서 금본위제는 빠르게 붕괴되었다.

2. 브레턴우즈 체제

(1) 1차 대전 이후 혼란기

1차 대전이 마무리된 후 세계 각국은 경제회복을 위해 대규모의 재정투입을 필요로 했다. 하지만 전쟁 직후 각국의 경제력은 매우 미약한 수준이었으므로, 이를 충당하기 위해 화폐를 증발시키는 방법을 택했다. 즉, 통화량을 극단적으로 증가시켜 자국 내에서 발생하는 각종 화폐수요를 충당하려 한 것이다. 그 결과는 초인플레이션(hyper inflation) 현상이었다. 자국 통화량의 폭발적 증가는 물가가 무한대로 상승하는 문제를 유발시켰으며, 이는 국제금융시스템이 정상적으로 운영되기 힘든 상황을 의미하였다. 당시 가장 극심한 초인플레이션 현상을 경험한 독일의 경우, 전쟁 패배로 인한 배상금과 전후 복구사업을 위한 재정투입 등의 목적으로 통화량을 증가시킨 결과 1919년부터 1923년 사이 물가가 4,815억배 상승하는 결과를 초래하였다.[2]

초인플레이션의 발생은 많은 국가들로 하여금 안정적인 국제금융시스템으로의 회귀를 바라게 만들었다. 그 결과 1925년 영국을 중심으로 한 두 번째 금본위제가 출범하였다. 하지만 이 제도는 고전적 금본위제와 달리 몇 가지 태생적인 문제점을 가지고 있었으므로 성공적으로 운영되지 못하고 1931년 마무리되었다. 첫 번째 문제는 금본위제의 중심 통화였던 파운드화와 금의 교환비율을 전쟁 이전 수준으로 설정하였다는 것이다. 그런데 앞서 살펴본 바와 같이 전후 물가수준은 상대적으로 매우 높은 수준이었으므로, 이와 같은 교환비율의 설정은 사실상 영국의 긴축적 통화정책을 의미하였다. 이는 전후 영국의 확장적 재정정책 방향에 배치되는 것이었다. 그 결과 영국의 경제는 침체되었고, 파운드화의 가치에 대한 신뢰도 역시 떨어졌다.

새로운 금본위제의 두 번째 문제는 전후 각국이 내부적 경제상황에 보다 집중하는 경향을 보였다는 것이다. 금본위제와 같은 고정환율제도는 각국 통화정책의 자율성을 침해하므로 내부 경제 상황에 능동적으로 대처하기 힘들다는 근본적인 단점을 가진다. 영국의 지위가 예전 같지 않은 상황에서 주변국

---

2 오타가 아니다.

들의 반발이 점점 거세지던 와중 경제대공황(the Great Depression)이 발생하며 두 번째 금본위제는 자연스럽게 폐지수순을 밟게 되었다.

(2) 브레턴우즈 체제의 탄생

대공황 이후 국제금융시장의 움직임은 '근린궁핍화정책(beggar-thy neighbor policy)'으로 요약할 수 있다. 경기침체를 탈출하기 위해 세계 각국은 경쟁적으로 자국 통화가치를 떨어뜨리는 정책을 실시하였고, 미국의 스무트-홀리 법안(Smoot-Hawtley Act)과 같이 높은 수준의 관세를 부과하여 보복적 성격이 짙은 통상정책을 유지하였다.

브레턴우즈 제도(Bretton Woods system)는 이러한 시대적 배경 아래에서 탄생하였다. 두 번의 큰 전쟁을 거친 후 각 국가들의 경제정책 목표는 경제회복과 고용확대로 초점이 모아졌고, 대공황 이후 경험한 극심한 이기주의적 통상정책을 배제하고자 하는 공감대가 형성되었다. 2차대전에서 독일의 패전이 확실시되던 1944년, 미국 뉴햄프셔 주(州) 브레턴우즈에서 연합군 44개국 대표가 모여 새로운 형태의 국제통화제도를 탄생시켰다. 이들은 과거 금본위제 기간 드러난 유동성 부족 현상 및 조절능력의 한계 문제를 극복함과 동시에 1차대전 이후 발생한 근린궁핍화 정책 등 자국 이기주의 현상도 방지하는 제도를 고안하고자 했다. 그 결과 '조절가능한 고정환율제도(adjustable peg exchange rate system)'를 탄생시켰다. 이 브레턴우즈 체제의 핵심은 미 달러화를 기축통화로 하는 금본위제 재정립과 국제통화기금(International Monetary Fund: IMF)의 설립으로 요약될 수 있다.

(3) 브레턴우즈 체제의 작동원리

브레턴우즈 체제의 작동원리는 다음과 같다. 먼저 금 1온스 당 미국통화 35달러로 교환비율을 고정시키고 미달러화의 금태환을 보장하여 미국 외 모든 국가가 미 달러화로 준비자산을 보유하도록 허용하였다. 이렇게 하여 미국을 제외한 다른 국가는 금을 의무적으로 보유할 필요가 없어졌다. 즉, 전세계적인 금보유량 문제를 걱정하지 않게 된 것이다. 다음으로, 미국 외 모든 국가는 미 달러화와 자국 통화 간 기준환율(per value)을 설정하여 실제 환율을 기준환율의 ±1% 범위에서 유지하도록 하였다. 경상수지의 불균형이 발생할 경우 재정정책을 통해 조정하도록 하였으며, 각국의 통화공급량은 미국에 의해 조절되는 물가수준에 맞추어 조절토록 하여 기준환율을 중심으로 한 고정환율제도가 유지되도록 강제하였다. 즉, 미국을 제외한 모든 국가는 통화정책의 자율성을 일정 부분 희생하지만, 국가별 상이한 경제성장 속도에 따른 준비자산 고갈 문제를 달러화 태환을 통해 해결하여 안정적인 국제금융시스템을 유지하도록 설계한 것이다.

(4) 브레턴우즈 체제의 한계와 붕괴

브레턴우즈 체제는 1944년부터 1971년까지 꽤 오랜 기간 성공적으로 유지되었다. 하지만 결국 한계에 봉착하게 되는데, 이 시스템이 붕괴하게 된 이유는 '트리핀의 딜레마(Triffin's dilemma)'로 요약된다. 브레턴우즈 체제는 기본적으로 고정환율제도였다. 따라서 각국의 인플레이션율이 상이하고 국제수지의 불균형이 장기간 지속되는 상황에서 고정환율제도가 계속 유지되기 힘들다는 본질적인 불안정성이 브레턴우즈 제도에도 내재해 있었다. 또한, 세계 각국이 준비자산을 모두 미 달러화로 보유함에 따라 달러화에 대한 수요가 폭발적으로 증가하였는데, 이를 충당하기 위해 미국은 달러화를 전세계에 공급해야 했으며, 달러화의 공급 증가는 달러화의 가치 하락과 미국의 금태환 능력에 대한 신뢰도 저하라는 구조적 모순을 발생시킬 수밖에 없었다. 이처럼 미 달러화의 공급 증가와 신뢰도 유지라는 두 가지 목표가 동시에 달성될 수 없다는 이론이 트리핀의 딜레마이다.

이 가설은 1968년 베트남 전쟁 패전 이후 미국 경제가 침체기로 접어들면서 현실화되었다. 당시 미국은 실업과 경상수지 적자, 인플레이션이라는 삼중고에 시달리고 있었고, 고정환율제도 하에서 이를 극복하는 방법은 달러화의 액면가치를 하락시키는 것 뿐이었다. 하지만 이 방법은 다른 국가의 동의를 구하기 쉽지 않았으므로, 결국 1971년 8월 미국의 닉슨 대통령은 달러화의 금태환 중지를 선언하며 공식적으로 브레턴우즈 체제의 종말을 알렸다.

3. 플라자 합의와 IMF 국제통화제도

(1) 킹스턴 체제

1976년 자메이카의 킹스턴에서 열린 국제회의에서 IMF 회원국들은 브레턴우즈 체제의 종식을 공식적으로 선언하고 개별 회원국이 독자적인 환율제도를 선택할 수 있다는 자메이카 합의(Jamaica Accord)를 도출하였다. 그 결과 미 달러화는 고정환율제도의 기축통화로서의 지위를 상실하였으며, IMF는 각국의 준비자산을 다양화하는 특별인출권(Special Drawing Rights: SDR)을 도입하여 활용범위를 확대하기로 하였다. 하지만 변동환율제도를 택한 국가 간 비협조적인 태도가 이어지며 다시 경쟁적인 국제금융정책 기조를 보이기 시작하였고, 이로 인해 SDR의 활용도는 그리 높지는 않았다. 비협조적 변동환율제도 아래에서 각국의 물가수준은 미국의 물가수준으로부터 얼마든지 이탈할 수 있었으므로, 각국은 단기적인 환율의 급격한 변동을 막기 위해 통화공급량을 조절하여 외환시장에 간접적으로 개입하는 방식을 취했다. 이를 역풍정책(lean against the wind)이라 부른다. 이 역풍정책은 변동환율제도에서 빈번히 발생할 수 있는 근린궁핍화정책을 방지하기 위한 제도적 장치로, IMF에서 회원국의 통화금융정책을 감시하도록 규정하였다. 하지만 IMF에 법적인 강제성이 부여되지는 못했으므로 자국의 이익을 위한 통화정책의 시행은 얼마든지 가능하였다.

(2) 플라자 합의

브레턴우즈 체제 이후 변동환율제도가 일반화된 이후 주목해야 하는 큰 규모의 국가 간 국제금융 협조체제는 1985년 미국과 우방국(독일, 영국, 프랑스, 일본) 간 체결된 플라자 합의(Plaza Accord)일 것이다. 당시 '쌍둥이 적자(twin deficits)'에 빠져있던 미국은 미 달러화 가치상승에 따른 수출경쟁력 약화라는 문제에 직면해 있었고, 미국의 최우방국이자 주요 교역대상국이었던 서유럽 국가 및 일본은 미 달러화 대비 자국 통화가치의 하락세를 막기 위해 긴축적 통화정책을 불가피하게 사용해야 하는 문제에 빠져 있었다. 이를 '유럽경화(euroclerosis)' 현상이라 부른다. 위와 같은 양측의 이해가 맞아 떨어져 1985년 미국 뉴욕의 플라자 호텔에서 미국 등 5개국 대표가 모여 달러화 가치하락을 유도하기 위한 인위적 외환시장 개입방안에 대해 논의하였다. 합의 직후 독일 마르크화와 일본 엔화의 가치는 미 달러화 대비 7~8% 가량 상승하였으며, 1987년까지 미 달러화 가치는 꾸준히 하락하였다. 플라자 합의를 바탕으로 미국을 중심으로 한 서구권 국가들 간 환율정책의 공조체제가 강화되었는데, 이후 프랑스 파리에 위치한 루브르 박물관에서 5개국 대표가 다시 모여 기준환율을 중심으로 한 목표환율 범위를 설정하는데 합의하였다. 이후 각국의 공조에 의한 외환시장 개입은 최소화되었으나, 1990년대 국제자본이동의 규모가 확대됨에 따라 환율안정을 위한 목적의 공조체제가 간헐적으로 지속되었다.

4. 유로존의 탄생과 위기

(1) EU 및 유로존의 탄생

'하나의 시장'과 '하나의 통화'를 지향하는 유로존(Euro Zone)은 EU(European Union: 유럽연합)의 오랜 역사와 깊은 연관성을 지닌다. 2차 세계대전 이후 유럽의 각국은 극심한 경쟁과 전쟁 등으로 인한 피해를 최소화하고 평화롭고 협력적인 정치·경제 공동체를 만들기 위한 노력을 시작하였다. 그 시발점은 1952년의 쉬망 선언(Schuman Declaration)으로, 독일과 프랑스를 중심으로 한 서유럽의 석탄 및 철강 산업을 초국가적 기구 하에 통합하는 것을 주된 내용으로 하였다. 이후 포괄적인 정치·경제적 통합에 대한 논의도 지속되어, 1957년 로마조약(Treaty of Rome)을 통해 최초의 유럽 경제 공동체 설립을 위한 서유럽 6개국의 협정이 체결되었다. 이 공동체는 1992년 마스트리히트 조약(Maastricht Treaty)에 의해 유럽공동체(European Community: EC)로 발전하여 법적인 구속력을 완전히 갖춘 EU의 형태를 가지게 되었다. EU는 2021년 현재 27개 회원국과 인구수 약 4억 5천만명에 달하는 세계 최대 규모의 정치·경제 공동체로, 회원국 전체에 표준화된 법을 적용하여 상품·사람·서비스·자본이 단일 시장에서 자유롭게 이동하는 것을 주된 목적으로 한다. 세계 인구의 7.3%를 점유하며, 2017년 기준 EU의 GDP는 전세계 GDP의 24.6%를 차지한다.

유로존의 탄생은 EU 출범 이후인 1999년으로 거슬러 올라간다. 당시 11개 EU 회원국이 '유로(Euro)' 단일통화를 사용하는 것에 합의하면서 시작되었다. 2024년 현재 20개 국가, 약 3억 3천만명이 이 유로존에 속해있다. EU 회원국 중 유로화를 사용하지 않는 국가는 덴마크·스웨덴·불가리아·체코·헝가리·폴란드·루마니아 등 7개국이다. 여기에 더해 유로존에 속해있지 않은 EU 가입국 중 유로화를 사용하는 국가도 모나코·바티칸공국 등 6개국이 존재한다. 유로존은 동일한 통화를 사용하므로 각국에 따로 중앙은행이 있는 것이 아니라 독일에 본사를 둔 유럽중앙은행(European Central Bank: ECB)이 20개국의 통화정책을 일괄적으로 관장한다.

[표 7-1] EU 및 유로존 회원국(2024년 현재)

EU 회원국(27개국)				유로존 회원국(20개국)			
독일	프랑스	이탈리아	스페인	오스트리아	벨기에	키프로스	에스토니아
폴란드	루마니아	네덜란드	벨기에	핀란드	프랑스	독일	그리스
그리스	포르투갈	체코	헝가리	아일랜드	이탈리아	라트비아	리투아니아
스웨덴	오스트리아	불가리아	덴마크	룩셈부르크	몰타	네덜란드	포르투갈
핀란드	슬로바키아	아일랜드	리투아니아	슬로바키아	슬로베니아	스페인	크로아티아
크로아티아	라트비아	슬로베니아	룩셈부르크				
에스토니아	키프로스	몰타					

(2) 유로존의 위기

유로화는 출범 직후부터 세계 경제의 기축통화로서 그 권위를 인정받아 왔다. 현재에도 달러당 유로 환율은 0.86(2025년 6월 현재)을 기록할 정도로 안정적인 수준을 유지 중이다. 하지만 유로화의 권위가 흔들린 적이 전혀 없었던 것은 아니다. 가장 큰 위기의 순간은 유로화가 통용되기 시작한 뒤 10년만인 2008년 글로벌 금융위기 직후 찾아왔다. 미국발 글로벌 금융위기는 유럽으로 빠르게 확산되었는데, 이 때 방만한 재정운용을 해온 남유럽의 많은 국가들이 위기의 직격탄을 맞았다. 2010년 그리스는 EU와 IMF에 구제금융을 신청했으며, 향후 재정정책을 긴축적으로 운용한다는 서약을 한 뒤에야 자금을 지원받아 국가부도 위기에서 벗어날 수 있었다. 이탈리아 역시 당시 공공부문 부채가 매우 높은 수준이었는데, 유로존 내 3위의 경제대국인 이탈리아의 경제위기 가능성이 높아지자 유로화에 대한 신뢰성이 곤두박질치기 시작하였다. 이 외에도 아일랜드, 스페인, 포르투갈 등이 금융시장 붕괴와 취약한 기초경제여건, 장기간 지속된 재정적자 누증 등의 영향으로 경제위기를 경험하였다.

2008년 금융위기 이후 유로존이 경험한 위기의 원인은 크게 다음과 같이 정리될 수 있다. 첫째, 위기 이전부터 사회복지 분야에 대한 과도한 지출로 인해 만성적인 재정적자가 지속되었다. 금융위기 이후 경기회복을 위해 추가적인 재정지출이 불가피해져 국가채무 불이행 수준까지 재정위기가 심각해졌다. 둘째, 아일랜드와 스페인, 포르투갈 등은 미국 금융시장에서 생산된 각종 파생상품을 적극적으로 받아들여 재판매하는 등 국제금융시장의 개방 폭을 지나치게 확대하는 경향이 있었다. 2008년 위기 이후 실물경기가 불황을 겪으면서 금융시장이 침체국면으로 접어들면서 이들 국가의 부동산 가격이 폭락하고 은행권이 부실화되었다. 그 결과 유로화에 대한 전반적인 신뢰성이 하락하였다. 셋째, 유로존과 유로화가 가지고 있는 구조적인 불완전성이 있었다. 유로존 내 통화정책은 ECB로 통합되어 운용되었으나 재정정책은 각국 정부의 독립성이 그대로 유지되었으므로, 일부 회원국의 재정 부실화는 유로존 전체가 함께 사용하는 유로화의 신뢰성 저하로 확대되는 경향이 있었다. 또한 각국 재정정책에 타국이 간섭하는 것이 금지되어 있었으므로 2008년 위기 발생에 유로존이 공동으로 신속하게 대응하는 과정에도 어려움이 존재하였다.

5. 국제금융시스템의 현재와 향후 개편방안 논의

(1) 세계화와 경제통합

1990년대 이후 국제금융시스템에서 발견되는 몇 가지 특징을 요약하면 다음과 같다. 첫째, 국가 간 경기변동주기(business cycles)가 일치하는 현상이 심화되었다. 한 국가의 환율변동에 대해 다른 국가가 통화공급량을 조절하여 환율을 방어하는 외환시장 개입정책이 일반화되면서 국가 간 경기변동성은 상관관계가 커지는 경향을 보여왔다. 둘째, 전통적인 서구권 선진국 뿐 아니라 신흥시장국(emerging market economy)도 자본의 자유로운 국제적 이동을 허용하고 금융제도를 선진화함에 따라 금융의 국제화와 통합화가 빠르게 진전되었다. 그 결과 한 국가 내에서 발생한 경제위기가 다른 국가, 더 나아가 전 세계로 전염되는 현상도 과거에 비해 상대적으로 빈번하게 관찰되었는데, 1997년 동아시아 외환위기와 2008년 글로벌 금융위기가 대표적인 사례다.

(2) 최근의 국제금융시스템 동향

2020년대 현재 국제금융시스템의 현재 모습은 미 달러화를 기축통화로 하는 변동환율제도와 IMF를 중심으로 하는 국제금융시스템 공조체제가 핵심이라고 할 수 있다. 2008년 글로벌 금융위기 이후 미 달러화의 국제적 지위가 하락할 것으로 많은 이들이 우려한 바와 달리 중국 위안화의 위상 정립이 아직 불안정하고 SDR의 활용도가 높지 않아 미 달러화의 위상은 아직 견고한 편으로 평가된다. 미국은 기축통화로서의 지위를 유지하기 위해 만성적인 경상수지 적자 문제를 해결해야 하는 숙제를 안고 있다. 미국은 최근 교역대상국의 인위적인 자국 통화 평가절하 정책을 차단하기 위해 환율조작국을 지정하고 제재할 수 있는 법안을 통과시켰으며, 2016년 독일 스위스, 대만, 한국 등을 관찰대상국으로 지정하고 2019년 중국을 환율조작국으로 지정하였다.

IMF의 경우, 회원국에 대해 환율제도를 안정적으로 유지하라는 의무조항을 부과하고 감시 권한을 부여받아 시행 중에 있으며, 각국의 금융부문 안정성을 평가하고 권고사항을 제시하는 프로그램을 운영하여 실시하고 있다. 금융부문 평가프로그램(Financial Sector Assessment Program: FSAP)은 IMF 대표단이 정기적으로 회원국을 방문하여 통화금융정책 및 금융감독기관의 협조를 구해 금융부문 안정성을 평가하는 절차로, 조사결과 및 정책 권고사항을 담은 보고서는 각국 정부로 송부된다.

(3) 향후 국제금융시스템 개편 논의

현행 국제금융시스템의 개편 논의는 앞서 언급한 두 번의 전 세계적 경제위기가 금융부문으로부터 시작되었고, 국가 간 위기의 전이가 국제금융시장을 통해 가속화되었다는 반성에서 출발한다. 2008년 위기 이후에도 여전히 기축통화 발행국으로서 미국이 점한 지위가 공고한 가운데 트리핀의 딜레마는 상존하며, 미국의 만성적 경상수지 적자 문제를 해결하기 위한 국제 공조체제가 존재하지 않는다는 문제도 남아있다. 미국에 대한 과도한 의존도를 낮추는 제도 마련에 대한 논의는 유로화 출범과 중국의 부상 등 미 달러화와 비등한 위치에서 경쟁할 수 있는 잠재적 기축통화 후보군이 출현하면서 본격화되었다. 현재까지 논의된 사안을 간략히 정리하면 다음과 같다.

① 복수의 기축통화 체제

새로운 국제통화제도로 복수의 기축통화 체제를 구축하자는 안이 논의되어 왔다. 세계 경제의 미국 의존도를 낮추고 다수의 기축통화 보유국에 권한 및 부담을 분산시켜 단일 기축통화 체제가 갖는 단점을 보완하는 것이 논의의 주된 목적으로, 미 달러화와 함께 복수 기축통화 후보군으로 언급되는 통화로는 현재 SDR에 포함된 유로화, 엔화, 파운드화, 위안화 등이 있다. 이들 통화군이 복수의 기축통화로 인정받기 위해서는 실제 국제무역과 국제금융 거래에서 빈번하게 사용되어야 하지만, 미 달러화와 비교하여 사용빈도 및 통화의 신뢰성 측면에서 아직 미치지 못하는 현실적 한계가 존재한다.

② SDR의 기축통화화

최근 현행 SDR 제도를 수정·보완하여 SDR을 기축통화로 이용하는 방안이 논의되고 있다. 이 경우 SDR 바스켓에 포함되는 통화 보유국으로 기축통화 보유국의 지위 및 부담이 분산될 수 있으므로 앞서 언급한 복수 기축통화 체제와 유사한 효과를 얻을 수 있다. 하지만 SDR을 국제적 기축통화로 격상시키기 위해서는 SDR의 유동성과 사용빈도를 끌어올려야 한다는 숙제가 남아 있다.

③ 신흥시장국 환율제도 개선

신흥시장국의 환율제도 개선에 대한 논의도 활발히 진행되고 있다. 1990년대 이후 국제금융시장에서 신흥시장국의 영향력은 점진적으로 확대되었으며, 이들 국가로부터 발생하는 각종 금융위기의 전세계적 전파 가능성도 함께 높아졌다. 문제는 이들 국가가 채택하고 있는 환율제도의 종류가 매우 다양하다는 점이며, 이로 인해 국제금융 안정을 위한 국가간 공조체제 구축에 어려움을 겪을 수 있다. 구체적으로, 홍콩이 채택한 통화위원회(currency board system) 제도는 가장 강력한 고정환율제도에 속하며, 에콰도르, 파나마처럼 달러를 자국통화로 채택한 달러화(dollarization) 제도 국가도 많다. 통화위원회나 달러화제도는 통화정책의 자율성이 구속당한다는 특징을 가지므로, 금융위기가 발생할 경우 중앙은행이 최종대부자(lender of last resort)로서 기능을 잘 수행하지 못할 가능성이 존재한다. 1997년 경 아시아와 남아메리카 지역의 외환위기 사례를 생각할 때 이들 지역 내 국가의 상당수가 고정환율제도를 사용한다는 사실은 위와 같은 우려를 낳기 충분하며, 또 다른 금융위기의 발생 및 전파를 차단하기 위해 환율제도의 변경 및 수정이 폭넓게 논의되고 있다.

제 2 절 국제금융위기

1. 국제금융위기의 정의 및 특징

(1) 국제금융위기의 정의

국제금융위기를 흔히 외환위기(currency crisis)로도 표현하는데, 이는 국가 간 금융위기가 전파되는 경우 모두 극심한 환율의 변동 및 외환유동성의 부족현상 등의 문제를 동반하기 때문이다. 경제사학자 킨들버거(Charles Kindleberger)는 금융위기가 발생하고 진행되는 과정에서 한 사회가 집단적으로 이성을 상실하는 현상이 공통적으로 발견된다고 지적하였는데, 그의 이론에 따르면 이 과정은 지나친 낙관주의(mania)-갑작스러운 비관주의(panic)-시장의 붕괴(crash)의 세 단계로 세분화될 수 있다(Kindleberger 외, 2005). 이는 시장 참여자가 합리적으로 현재를 판단하거나 미래를 예측하지 못하는 상황으로, 그 결과 거의 대부분의 금융위기는 금융자산 가격의 비정상적인 상승과 필연적인 하락을 동반한다. 이와 같은 시장의 붕괴 현상이 한 국가에서 다른 국가로 전이되면 환율의 변동폭 역시 극단적으로 확대되며, 이 과정에서 외환시장의 혼란이 가중되어 외환위기, 혹은 국제금융위기가 발생한다.

(2) 국제금융위기의 특징

세계 주요국이 브레턴우즈 체제에서 벗어나 변동환율제도를 채택한 1971년 이후 많은 경제위기가 발생하였다. 그 중 OPEC에 의한 유가파동 등 공급측면의 경제위기를 제외하고 금융부문의 위기가 한 국가에서 다른 국가로 전이되어 국제적인 금융위기로 확대된 경우를 추려보면 다음과 같다.

- 1980년대 초반, 멕시코·브라질·아르헨티나 등 중남미 국가에서 발생한 8천억 달러 규모의 대외 채무불이행(default) 사태
- 1990년대 초반, 일본·스웨덴·핀란드 등 선진국 일부에서 발생한 자산시장 버블붕괴 현상
- 1990년대 후반, 태국·말레이시아·인도네시아·한국 등 아시아 국가에서 발생한 외환위기
- 2000년대 후반, 미국의 다국적 투자은행 리만 브라더스(Lehman Brothers) 사태 이후 미국과 유럽을 중심으로 발생한 '대불황(The Great Recession)' 위기

위의 네 금융위기는 각각 다른 세부요인에 의해 발생하였지만 한 국가의 위기가 다른 국가로 전이되어 국제적인 경제위기로 심화되었다는 공통점을 지닌다. 이 외에도 몇 가지 추가적인 공통점을 발견할 수 있다. 첫째, 위기 발생 전 상당 기간 해외로부터의 자본의 유입(capital inflows)이 발생하였으며, 그 규모가 위기 발생 직전까지 빠른 속도로 증가하였다. 둘째, 위기 발생 전 해당국가의 대외채무(external indebtedness)가 빠른 속도로 증가하였다. 해외자본의 유입 및 대외채무의 증가는 미래에 대한 낙관주의가 국제금융시장의 대외개방 확대와 맞물려 발생한 결과이며, 자산시장과 자본시장에 실물경제가 버틸 수 없는 수준의 거품(bubble)을 형성하였다. 예상치 못한 외부충격에 의해 경기가 상승세에서 하락세로 전환된 이후, 해당국의 통화가치가 하락하여 시장을 지배하던 낙관주의가 비관주의로 바뀌었고, 시장에 패닉(panic)이 발생하여

투매(fire sale) 등 금융부문의 급격한 위축을 초래하는 사건이 발생하였다. 이는 통화가치를 추가적으로 급락하게 만들었으며, 달러화로 표시된 대외채무의 액면가치가 급등하여 국가적 채무불이행 사태가 발생하는 등 악순환이 계속되었다.

(3) 국제금융위기의 발생 원인

변동환율제가 보편화되고 자본의 자유로운 국제적 이동이 허용된 1980대 이후의 세계 경제는 국가 간 금융부문이 긴밀하게 연결될 수밖에 없는 운명을 가지고 있었다. 자유로운 자본의 이동은 더 높은 수익률을 찾아 덩치를 불려나가는 글로벌 헷지펀드(hedge fund) 회사들을 탄생시켰다. 조지 소로스(George Soros)와 같은 대형 펀드 투자자들은 특정 국가의 통화를 단기간 집중적으로 매도하는 방식으로 환율을 움직여 시장 참여자의 심리를 자극하였다. 환율의 급등은 사전적으로 그 나라 통화가치의 급락을 의미하지만, 더 나아가 그 국가에 대한 미래 투자가치, 혹은 실물경제의 건전성이 훼손될 수 있다는 불안감을 자극할 수 있다. 이와 같은 환율의 변동은 앞서 언급한 시장의 '패닉'을 부추길 수 있는 요소가 되는데, 자본의 국제적 이동으로 인한 실물경제의 대외 의존도 심화와 맞물려 아주 미약한 대외충격에도 국내 거시경제의 변동성이 심화될 수 있는 취약성이 내재화되었다고 할 수 있다.

국제금융시장의 개방성 확대는 위기의 국가적 전이과정에서도 핵심적인 역할을 수행하였다. 한 나라가 순채권국이 되면 다른 나라는 필연적으로 순채무국이 되는 구조에서 채무국이 채무불이행을 선언할 정도로 경제상황이 악화되면 채권국에게도 타격이 가해질 수밖에 없기 때문이다. 피해의 크기는 국제적으로 움직이는 자본의 크기에 비례하며, 국제적으로 이동하는 자본의 크기가 빠른 속도로 증가하는 1980년 이후 세계적인 국제금융위기가 빈번히 발생한 것도 이와 같은 이유 때문이다.

2. 동아시아 외환위기와 IMF 구제금융

(1) 동아시아 외환위기의 발생 및 진행과정

1997년부터 1999년까지 한국을 비롯한 동아시아 국가에 발생한 외환위기는 통화위기로부터 시작하여 실물경제까지 복합적인 영향을 미친 광범위한 경제위기다. 당시 위기를 겪은 태국, 인도네시아, 한국 등이 IMF로부터 구제금융을 받았다는 공통점도 있다. 동아시아 외환위기는 1997년 태국 바트화 가치의 폭락이 시발점이었다. 이 통화가치 폭락 현상이 인도네시아와 말레이시아 등 주변국으로 전이되어 위기의 여파가 국제적인 양상을 나타내기 시작하였고, 이후 한국까지 유사한 위기상황에 몰리면서 동아시아 전체의 위기로 확산되었다.

당시 동아시아 외환위기의 원인은 투기적 성격을 지닌 해외자본의 대규모 국내 유입과 이에 따른 단기 대외채무의 급증으로 요약할 수 있다. 변동환율제도의 도입과 금융시장의 대외개방이 시작된 이후, 선진국의 거대 자본이 당시 가파른 경제성장률을 보이던 동아시아 국가들로 유입되었고, 이들 국가의 단기 대외채무는 급증하였다. 일반적으로 해외자본에 대한 의존도가 높은 국가는 환율의 변동성이 커지는 경향을 보인다. 당시 태국도 예외는 아니었는데, 일부 해외자본이 갑자기 자금을 회수하면서 단기적으로 태국 통화가치가 떨어지는 현상이 발생하였고, 이에 불안감을 느낀 시장 참여자 다수가 자금을 회수하는 투매(fire sale) 현상이 발생하면서 태국 바트화의 가치가 예상보다 훨씬 큰 폭으로 떨어지는 사태가 벌어졌다. 비슷한 대외채무 구조를 가지고 있던 말레이시아와 인도네시아 역시 대규모의 해외자본 유출현상을 경험하였으며, 이들 국가의 외환정책 당국은 환율 상승으로 인한 만기 도래 대외채무의 액면가치 급등을 막기 위해 외환보유고를 풀어 환율을 방어하려 하였지만 투기적 성격을 지닌 해외자본의 매도행위를 막기에는 역부족이었다.

(2) 한국의 외환위기 대응노력

우리나라 역시 당시 대부분의 대외채무가 만기 3년 미만의 단기 채권이었다. 동아시아 경제 전체의 미래를 낙관할 수 없었던 해외 투자자들이 채무 상환을 요구해옴에 따라 많은 국내 기업이 상환에 어려움을 겪으며 도산 위험에 내몰렸다. 환율 방어를 위해 외환보유고를 모두 소진한 한국의 중앙은행은 만기가 도래한 채권을 상환하지 못하는 국내 기업 및 은행에 자금을 대출해줄 여력이 없었고, 이에 따라 단기적으로 외환을 확충하기 위해 IMF에 구제금융을 요청하였다.

당시 IMF가 한국 등 동아시아 국가들에게 구제금융의 대가로 요구한 정책은 크게 시장 안정화(stabilization)와 구조조정(structural adjustment), 두 가지였다. 첫째, IMF는 구제요청 국가에 기준금리를 인상할 것을 요구하였는데, 이는 자국 통화가치의 절하를 인정하고 수출을 촉진하여 경제를 회복시키는 과정에서 발생한 인플레이션을 적극 방어하고 지나친 통화가치 절하를 미연에 방지하기 위함이었다. 환율상승은 수출에는 단기적으로 도움이 되었지만, 금리 상승에 따른 긴축적 통화정책은 당시 많은 한계기업의 도산 및 한계가구의 파산을 불러일으켰다. 둘째, IMF가 요구한 기업 구조조정 정책은 시장 중심의 경제구조를 확립하기 위하여 요구되었다. 핵심적인 요구사항은 노동시장의 자율화와 대외개방이었다. 그 결과 건실한 기업들은 효율성을 개선하여 위기에서 살아남아 세계적인 기업으로 발돋움할 수 있었지만, 비정규직 비중이 급증하고 금융시장의 대외개방성이 확대되는 등 부작용도 경험하였다.

3. 2008년 글로벌금융위기와 양적완화 정책

(1) 글로벌 금융위기의 발생원인

2007년부터 시작된 미국 발(發) 금융위기는 위기 직전 미국경제가 경험한 부동산시장의 대호황(boom)으로부터 시작되었다. 미국의 주택가격은 1990년대 후반 이후 지속적인 호황을 기록하였고, 동아시아 외환위기 이후 다소 감소하는 모습을 보였으나 별다른 타격을 입지 않고 2000년대 중반까지 장기적인 활황을 지속하였다. 시장 참여자들은 미국 부동산가격이 장기적으로 계속 상승할 것이라는 굳건한 믿음이 있었으며, 주택담보대출을 취급하는 은행 등 금융기관이 채무자의 대출상환능력을 크게 신경쓰지 않는 정보의 비대칭성(asymmetric information) 문제가 빈번히 발생하였다. 만약 채무자가 직장을 잃는 등의 이유로 정기적인 대출상환을 하지 못하게 되는 상황에 놓이게 된다 하더라도, 보유하고 있던 주택을 처분하면 대출금을 전액 상환할 수 있었을 정도로 주택시장이 호황이었기 때문이다.

미국의 주택담보대출 증권 중 이민자나 흑인 등 영세한 계층의 담보대출만을 취급하는 서브프라임(subprime) 대출상품의 경우 실제로 채무 불이행률이 상당히 높은 편이었다. 하지만 미국의 금융기관은 고도로 발달한 금융공학기술을 이용하여 서브프라임 대출상품을 잘게 쪼개 우량한 대출상품과 섞어 판매하는 자산담보부증권(Collateralized Debt Obligation: CDO)을 만들었고, 미국의 주택 관련 공기업이 판매한 이 상품은 높은 신용등급을 획득한 상태에서 다른 국가로 팔려나갔다. 하지만 CDO는 우선변제권을 가지지 못한 채권자가 원금을 회수하지 못한다는 치명적인 리스크가 존재하는 상품이었고, 미국 일부 대도시를 중심으로 주택가격의 액면가가 채무자의 대출상환능력에 비해 과대평가되는 현상이 광범위하게 발견되었다.

주택가격이 버블(bubble)에 도달하고 대출상환능력이 전혀 없는 주택보유자가 약 1,200만명에 달한다는 사실이 알려지자, 자금회수가 불가능할지도 모른다고 판단한 투자자들이 일거에 은행으로 달려가 자금을 회수하는 대규모 인출사태(bank run)가 발생하였다. 충분한 예금을 보유하지 못한 작은 규모의 은행부터 빠르게 도산하기 시작하였고, 미국 은행시스템 전반에 대한 신뢰가 추락하여 규모있는 금융기관이 연쇄적으로 도산하는 시스템리스크(systemic risk) 현상으로 확산되었다.

(2) 글로벌 금융위기의 전세계적 확산과 대응노력

미국으로부터 시작된 금융위기의 여파는 미국의 CDO를 대량으로 구매한 서유럽으로 급속히 전이되었는데, 이들 중 포르투갈, 그리스 등 일부 국가는 방만한 재정정책 운영으로 인해 만성적인 재정적자에 시달리고 있었다. 미국 금융위기로 인한 유럽 금융시스템의 약화는 포르투갈·아일랜드·그리스·아이슬랜드 등 국가가 채무불이행 위험에 놓이도록 만들었으며, 이 중 그리스는 IMF와 유럽연합(EU)으로부터 긴급 구조자금을 지원받는 대가로 노동시장 개선과 재정적자 해소 등을 약속해야 했다. 그 결과 그리스와 포르투갈 등 서유럽 주변국의 경제성장률 및 실업률은 폭락하였으며 환율은 급등하였다.

2008년 글로벌 금융위기를 극복하기 위해 미 중앙은행인 연방준비제도이사회(Federal Reserve Board: FRB)가 택한 전략은 양적완화(Quantitative Easing: QE)로 불리는 비전통적인 통화정책이었다. 당시 미국 통화정책의 기준이 되는 정책금리는 0%에 가까운 수준까지 떨어져 있었다. 즉 더 이상 경기부양을 위해 취할 수 있는 전통적 금리조정 전략이 남아있지 않았으므로, 연준은 다양한 금융자산의 매입을 통해 금융시장에 유동성을 공급하려 하였다. 이 경우 금리를 인하하여 통화량을 증가시키는 것과 유사한 효과를 얻게 되며, 통화량의 증가는 물가 및 환율의 상승을 유발하여 수출을 촉진할 수 있을 것으로 기대되었다. 2008년 11월과 2009년 3월 첫 번째 QE가 실시되었으며, 2010년 11월부터 2차 QE가 실시되어 2011년 6월 2차 QE까지 종료되었다. 하지만 연준의 기대와 달리 두 차례의 대규모 양적완화 정책은 실물경기를 충분히 부양하지 못하였으며, 이로 인해 연준은 추가적인 경기부양을 위해 장기 국채를 사들이고 단기 국채를 판매하여 기업의 이자 부담을 경감시키는 오퍼레이션 트위스트(Operation Twist) 정책을 실시하였다. 이와 함께 부실한 채권까지 함께 매입하는 강도 높은 3차 QE를 병행한 결과, 2014년부터 미국 경기가 조금씩 살아나는 모습을 보여 경기부양 효과를 확인하였으며, 2014년 10월 공식적인 양적완화 종료를 선언하였다.

제 3 절 국제금융시장과 국제금융정책

1. 국제금융시장의 종류와 특징

(1) 국제금융시장의 정의와 종류

국제금융시장은 국가 간 금융거래가 이루어지는 시장으로, 외환시장과 파생금융상품시장, 신용시장 등을 포괄하는 개념이다. 자금의 융통 및 거래행위가 국가 간에 외국통화를 이용하여 이루어지는 시장으로, 런던금융시장과 같이 장소적인 개념으로도 쓰이지만 국제금융거래 시스템 및 관행을 아우르는 광의의 개념으로 이해할 필요가 있다. 변동환율제도가 시행되고 자본의 국제적 이동이 본격화한 1970년대 이후 본격적으로 주목받기 시작하였으며, 우리나라와 같이 수출입 및 해외자본에 크게 의존하는 국가의 경우 국내금융시장과 국제금융시장의 경계가 모호한 성격을 지닌다.

국제금융시장은 상이한 두 통화를 매매하는 외환시장, 예금과 대출이 이루어지는 간접금융시장, 주식 및 채권의 발행과 유통이 이루어지는 직접금융시장(자본시장), 그리고 외환의 파생상품시장으로 구분할 수 있다. 혹은 금융거래가 금융기관이 속한 국가의 통화로 이루어지는지를 기준으로 역내시장과 역외시장으로도 구분되는데, 역내시장은 금융거래가 금융기관이 소속된 국가의 통화로 이루어지는 시장으로, 금융제공방식에 따라 다시 외국대출시장(간접금융)과 외국증권시장(직접금융)으로 구분한다. 역외시장은 금융기관이 속한 국가의 통화가 아닌 다른 통화로 거래가 이루어지는 시장을 말한다.

(2) 최근 국제금융시장의 주요 특징

최근 발견되는 국제금융시장의 주요 특징을 다음과 같이 요약할 수 있다.

첫째, 금융기관이 대형화되고 겸업화되는 추세에 있다. 미국은 글래스-스티걸 법(Glass-Steagall Act)이 제정된 1933년 이후 전통적으로 은행업과 증권업을 분리하는 정책을 취해왔으나, 1999년 자회사 및 지주회사 방식을 통한 겸업을 허용하며 금융회사의 글로벌화 및 대형화를 지원하기 시작하였다. 비록 2008년 글로벌 금융위기에 대한 반성으로 글로벌 금융회사의 겸업이 잠시 대두되기도 하였으나 금융규제 완화에 따른 업권 간 통합화 현상은 현재까지도 활발히 진행되고 있다.

둘째, 금융의 증권화(securitization) 및 파생상품의 발달은 간접금융에서 직접금융으로 금융의 중심을 이동시키는 역할을 수행하고 있다. 각종 금융공학 및 정보처리 기술의 발달로 인해 리스크관리 기법이 고도화되고 수익률을 보장하는 파생상품이 대량으로 공급되기 시작한 것도 주요한 특징 중 하나다.

셋째, 국제금융거래에 대한 규제 움직임이 국가 간 공조체제를 통해 확고해지고 있다. 앞서 살펴본 바와 같이 금융위기의 전염은 2008년 글로벌 금융위기를 전 세계적으로 확대시킨 주요 원인이었고, 향후 이와 유사한 위기의 발생을 방지하기 위해 바젤은행감독위원회(BCBS), 국제증권감독기구(IOSCO) 등의 국제 공조체제를 확립하여 각종 규제장치를 마련하고 있다.

2. 국제금융 규제 및 정책

(1) 국제금융정책의 특징

국제금융시장에 대한 규제는 주로 외환당국의 환율정책에 의해 이루어진다. 환율정책은 특정 정책적 목적을 가지고 외환시장에 개입하여 환율을 의도에 맞게 변화시키는 정책을 의미한다. 여기서 정책적 목적은 주로 국제수지의 균형달성, 목표환율의 달성, 환율변동성 및 금융시장 안정화, 외환보유액 및 준비자산 축적 등으로 다양하며, 한 나라의 환율정책의 목표는 그 나라가 채택하고 있는 환율제도와 깊은 연관성을 지닌다.

최근 우리나라를 비롯한 선진국 대부분은 변동환율제도를 외환정책으로, 물가안정목표제를 통화정책으로 채택하고 있다. 이러한 국가들은 국가 간 비교적 자유로운 자본의 이동을 허용하고 있으며, 환율변동성 축소를 목적으로 하는 외환정책을 운영하고 있다. 환율정책 수단으로는 외환시장 개입, 외화유동성 공급, 외화유출입 조절 등이 있으며, 우리나라의 경우 중앙은행인 한국은행과 금융정책 당국인 금융위원회, 재정정책을 총괄하는 기획재정부, 그리고 금융감독을 담당하는 금융감독원이 외환 및 환율정책을 나누어 맡거나 공조체제를 유지하며 운영하고 있다.

(2) 외환정책의 종류

외환시장 개입은 가장 대표적인 환율정책 수단이며, 외환당국이 자국통화를 매개로 다른 나라의 통화를 직접 매매하는 행위로, 환율변동성이 극심해질 경우 이를 안정화하기 위해 자국 통화의 가치를 정책당국의 목적에 맞게 조절하기 위해 행해진다. 당국이 원하는 목표환율이 있을 경우, 혹은 외환보유액을 추가로 확보할 필요가 있을 경우 외환시장 개입이 이루어진다. 외화유동성

공급은 외화유동성 부족현상 등으로 인해 위기가 발생할 수 있다고 판단될 경우 행해진다. 일종의 비상수단으로, 중앙은행의 최종대부자 역할을 의미한다고 할 수 있으며, 외환정책 당국이 유동성 부족현상이 발생한 은행에 직접 외화유동성을 공급하는 방식으로 이루어진다. 외화유출입 조절 정책은 해외 자본 유출입 변동성이 극심할 경우 자국의 금융안정성이 저해될 수 있으므로 이를 방지하기 위해 예방적 차원에서 실시되는 비상수단의 일종이다. 외국인의 국내투자에 대한 승인을 선별적으로 내리거나 국내 거주자의 해외자금 차입을 부분적으로 제한하는 방식으로 이루어진다.

3. 삼중고 현상과 경제정책 간 상관관계

삼중고(trilemma) 현상이란 다음의 세 가지 정책목표가 동시에 달성될 수 없다는 국제금융의 고전적인 이론이다.

- 고정환율제도 등 정책적으로 환율을 인위적으로 조정하는 행위
- 국가 간 자유로운 자본의 이동
- 물가안정목표제 등 자국 통화정책의 자율적인 조정

위의 세 정책목표는 동시에 달성될 수 없으며, 셋 중 하나는 반드시 포기되어야 한다.

예를 들어보자. 자본의 국제적 이동이 자유로운 상태에서 자국의 통화가치를 일정하게 유지하는 고정환율제도를 실시할 경우, 이자율평가 원칙에 의해 자국의 이자율은 환율을 반영한 외국의 이자율과 정확히 일치해야 한다. 그렇지 않으면 자국과 외국 간 이자율 차이로 인해 자본의 급격한 쏠림현상이 발생할 것이다. 이 때 자국 경제 상황을 고려한 이자율 조정 정책, 즉 물가안정목표제 등의 독립적이고 자율적인 통화정책 실시가 불가능해진다.

또 다른 예로 독립적인 통화정책의 실시(자국 경제상황 만을 반영한 이자율 변동)와 국제적으로 자유로운 자본의 이동을 가정해보자. 이 경우 자국의 이자율이 이미 정해져 있고, 자본의 이동에 따라 각국의 수익률은 일정하게 맞추어

질 것이다. 즉 자본의 이동으로 인해 두 국가 간 통화의 가치는 자유롭게 변동할 것이며, 이는 변동환율제도를 의미한다. 고정환율제도의 실시가 불가능해지는 것이다.

이와 같은 삼중고 현상은 1971년 브레턴우즈 체제 종료 후 많은 국가들이 변동환율제로 이행하는 과정에서 자국의 경제 상황을 반영한 정책 수립을 원하게 되면서 자연스럽게 자본의 국제적 이동을 허용하는 양상으로 드러났다. 그 결과 국제금융시장이 빠른 속도로 성장하였으며, 1997년 외환위기와 2008년 글로벌 금융위기와 같은 부작용이 발생하기도 하였다.

주요용어

- 국제금융시스템
- 중상주의
- 경제대공황
- 브레턴우즈 체제
- 기준환율
- 자메이카 합의
- 국제경기변동주기
- 외환위기
- 글로벌금융위기
- 금융의 증권화
- 금본위제
- 가격-정화 메커니즘
- 근린궁핍화정책
- 조절가능한 고정환율제도
- 트리핀의 딜레마
- 유럽경화
- 금융부문 평가 프로그램
- 대외채무
- 양적완화
- 역풍정책
- 금태환성
- 초인플레이션
- 보복적 관세
- IMF
- 플라자 합의
- 특별인출권
- 국제금융위기
- 해외자본유입
- 삼중고현상

연습문제

01. 글래스-스티걸 법안의 주요 내용은 무엇이고, 이 법안이 통과된 이후 미국경제는 어떤 방향으로 전개되었는가?

02. 1997년 외환위기로 인해 우리나라가 겪게 된 경제·사회적 변화상은 무엇이었는가? IMF가 요구했던 '시장의 자율화'가 구체적으로 어떤 부문에 영향을 미쳤는지 조사해보자.

03. 데이비드 흄이 주장했던 '가격-정화 메커니즘'을 간략히 설명하시오.

04. 1870년대부터 1차 세계대전 전까지 유지된 첫 번째 금본위제가 비교적 잘 유지될 수 있었던 이유를 제시하고, 그럼에도 불구하고 이 국제금융제도가 가지고 있던 근본적 한계에 대해 논하시오.

05. '트리핀의 딜레마'는 무엇을 의미하는가? 브레턴우즈 체제가 지속될 수 없었던 이유에 대해 논하시오.

06. 최근 우리나라 금융시장에 단기적으로 큰 영향을 미친 해외 유명인사의 발언이 있는지 조사해보고, 세계 각국의 금융시장이 긴밀하게 연결되어 있기 때문에 발생하는 부작용에 대해 생각해보자.

07. '금태환'은 무엇을 의미하는가? 금본위제 하에서 각국의 중앙은행은 금을 얼마나 보유하고 있어야 하는가?

08. 경제대공황 시기 근린궁핍화 정책과 보복적 관세가 초래한 결과는 어떠하였는가?

09. 국제금융의 삼중고 현상은 무엇인지 설명하고, 우리나라는 현재 어떤 구조의 삼중고를 경험하고 있는지 조사해보자.

10. 2008년 글로벌금융위기가 전세계로 빠르게 전이된 이유는 무엇인가?

제 3 부

무역관리의 이해

제8장

무역관리제도와 수출입절차

무역 이야기

관세 인상 등 미국발(發) 통상리스크가 지속되는 가운데, 우리 정부가 관세법·대외무역법 시행령 개정, 주요국과의 통상 협력 강화 등 종합 대응책을 마련했다. 우회 덤핑 방지와 불법 유통 차단을 위한 법 개정을 추진하는 한편, 미국·EU·인도와 협상을 강화하는 것이 골자다. 또 저탄소·고부가 철강재 육성을 통해 장기적인 산업 경쟁력 강화에도 나선다. 산업통상자원부는 2025년 3월 이같은 내용의 '철강·알루미늄 통상 리스크 및 불공정수입 대응 방안'을 수립하였다.

정부는 먼저 불공정 거래를 통한 수입 철강 제품의 국내 유입 차단을 위해 관련 법령 개정에 나선다. 우선 덤핑방지관세를 피하기 위해 제3국을 거쳐 우회 수출하는 '우회 덤핑' 행위를 방지하기 위해 관세법 개정을 추진한다. 기존에는 공급국 내에서의 경미한 제품 변경만 우회 덤핑 대상으로 간주했으나, 앞으로는 제3국을 경유한 우회 덤핑도 규제 대상에 포함해 보다 다양한 유형의 불공정 수입을 차단할 방침이다.

또 수입 신고 단계에서 불공정 수입을 조기 감지할 수 있도록 '품질검사증명서(MTC)' 제출을 의무화하는 대외무역법 시행령 개정도 추진된다. 기존 원산지증명서보다 더 구체적인 정보를 포함하는 MTC를 활용해 저품질 철강재나 우회 덤핑 제품의 국내 유입을 차단할 계획이다.

불법 유통 수입재에 대한 집중 단속도 강화한다. 관세청은 수입 철강재를 국산으로 둔갑시켜 유통하는 행위를 집중 단속하며, 고위험 품목을 유통이력 관리 대상으로 추가하고 점검 횟수를 연 2회에서 4회로 확대한다.

정부는 한국산 철강에 대한 관세 부담을 줄이기 위해 미국, 유럽연합(EU), 인도 등 주요국과 긴밀한 협의에 나서 관세 면제 및 한국 기업의 피해 최소화 방안을 적극 개진할 계획이다.

자료: 아시아경제(2025. 3. 19.) 일부 발췌 및 수정.

제 1 절 무역관리제도

1. 무역관리제도의 개념

무역관리제도란 물품의 수출입을 규제 또는 지원하기 위한 각종의 법규 및 제도적 장치를 말한다. 따라서 무역관리란 정부가 이러한 무역 관련 법규 등에 근거하여 수출입거래 전반에 걸쳐 실시하고 있는 각종 인·허가, 면허, 승인, 인증, 행정지도, 등록, 신고 등의 형태로 나타나게 된다. 우리가 수출, 수입 관련 소정의 절차를 밟아야 하는 것도 이 때문이다.

특히 대외 무역의존도가 높은 우리나라의 입장에서는 외국과의 교역이 국민경제 전반에 미치는 영향이 지대하므로, 체계적인 무역관리 하에 질서정연한 대외교역을 통해 국민경제의 발전을 도모할 필요가 있다. 이런 점을 감안하여 우리나라 헌법 제125조에는 "국가는 대외무역을 육성하며, 이를 규제·조정할 수 있다"라고 정부가 무역에 개입할 수 있는 근거가 뚜렷이 명문화되

[표 8-1] 우리나라의 무역관리제도와 관련 법규

	법률	대통령령	부령·고시·공고
무역	· 대외무역법	대외무역법 시행령	대외무역관리규정 제고시·공고
	· 무역보험법	동 시행령	동 시행규칙
	· 한국수출입은행법		
관세	· 관세법	동 시행령	동 시행규칙
	· 수출용 원재료에 대한 관세 등 환급에 관한 특례법	동 시행령	동 시행규칙
외국환	· 외국환거래법	동 시행령	외국환거래규정
기타	· 중재법	동 시행령	상사중재규칙
	· 독점규제 및 공정거래에 관한 법률	동 시행령	동 시행규칙
	· 전자무역 촉진에 관한 법률	동 시행령	동 시행규칙
	· 마약법·약사법 등 50여 개 특별법		

어 있다.

우리나라의 무역관리는 이른바 무역의 3대 기본법이라고 불리는 대외무역법, 관세법, 외국환거래법을 근간으로 하여 이루어지고 있다.

(1) 대외무역법

대외무역법은 대외무역을 진흥하고 공정한 거래질서를 확립하여 국제수지의 균형과 통상의 확대를 도모함으로써 국민경제의 발전에 이바지함을 목적으로 하고 있다. 대외무역법이 제정 시행되기 이전까지 무역관리상의 기본법규로 운용되었던 것은 무역거래법이었다. 그러나 이는 경제개발계획의 초기단계라고 할 수 있는 1967년에 제정된 것으로, 그동안 국내·외 무역여건이 현저하게 변화함에 따라 ① 과도한 규제의 완화 및 수출입절차의 간소화, ② 수입자유화의 조류에 대비한 국내산업보호제도의 신설, ③ 수출입질서 유지체제의 보완, ④ 유사한 법규정의 통·폐합과 관련법 간의 상호 연계성 제고 등의 측면에서 전면적인 개편의 필요성이 제기되었다.

이러한 배경 하에 1986년 12월 새로운 무역기본법으로 탄생된 "대외무역법"은 그동안 몇 차례의 부분적 개정을 거쳐 오늘에 이르고 있다. 특히 2000년 12월에 개정된 대외무역법에서는 무역의 정의를 물품과 대통령령이 정하는 전자적 형태의 무체물의 수출·수입으로 확대하는 등 전자무역의 촉진을 위한 규정들이 새롭게 반영되었다.

(2) 관세법

무역거래법이 제정된 직후인 1967년 12월 29일에 제정된 관세법은 관세의 부과징수 및 수출입물품의 통관을 적정하게 하여 국민경제의 발전에 기여하고 관세수입의 확보를 목적으로 하고 있다. 이를 위해 관세법은 관세행정, 즉 관세징수와 수출입통관에 관한 사항을 포괄적으로 규정하고 있다. 그리고 관세법에서 위임된 사항과 그 시행에 관하여 필요한 사항을 정하기 위한 관세법 시행령과 관세법 시행규칙이 하위규정으로 마련되어 시행되고 있다.

그러나 관세법의 궁극적인 목적은 관세수입보다는 국민경제 발전이 우선순위에 있으므로 필요한 경우에는 관세를 감면할 수 있는 규정도 담고 있다. 또한 입법부 고유의 권한인 관세율의 결정도 관세법이 위임한 일정 범위 내에서는 정부가 수시로 달리 적용할 수 있는 탄력관세제도 등을 두고 있다. 이와 함께 국내에서 소비되지 않는 수출용 원자재의 수입에 대해서는 관세 및 관세와 함께 부과되는 내국세의 부담을 덜어줌으로써 수출경쟁력을 증진시키기 위하여 "수출용 원재료에 대한 관세 등 환급에 관한 특례법"이 제정되어 관세법의 예외로 적용되고 있다.

(3) 외국환거래법

최근 우리나라가 급격한 세계화의 조류 속으로 편입된 상황 아래에서 기존의 외국환 관련 무역기본법인 외국환거래법은 외국환의 거래 및 국제수지의 균형, 통화가치의 안정, 외화자금의 효율적인 운용을 반영하지 못하게 되었다. 이에 따라 정부는 1998년 6월 외국환거래제도를 2단계에 걸쳐 자유화하는 "외국환거래 자유화방안"을 마련하고 이의 추진을 위하여 같은 해 9월에 외국환관리법을 대체하는 "외국환거래법"을 제정하게 되었다. 외국환거래법은 외국환거래 기타 대외거래의 자유를 보장하고 시장기능을 활성화하여 대외거래의 원활화, 국제수지의 균형 및 통화가치 안정을 도모함으로써 국민경제의 건전한 발전에 이바지함을 목적으로 하고 있다.

2. 대외무역법의 주요 내용

(1) 무역거래자

대외무역법에서는 물품 등의 수출입과 이에 따른 대금을 받거나 지급하는 것은 이 법의 목적의 범위에서 자유롭게 이루어져야 하며, 모든 무역거래자는 대외신용도 확보 등 자유무역질서를 유지하기 위하여 자기 책임으로 그 거래를 성실히 이행하여야 한다는 것을 수출입의 원칙으로 규정하고 있다. 여기서 "무역거래자"란 수출 또는 수입을 하는 자, 외국의 수입자 또는 수출자에게서 위임을 받은 자 및 수출과 수입을 위임하는 자 등 물품 등의 수출행위와 수입행위의 전부 또는 일부를 위임하거나 행하는 자를 말한다.

[표 8-2] 무역업과 무역대리업의 비교

구분 항목	무역업	무역대리업
개념	자기 명의로 자기 책임 하에 물품의 수출과 수입을 업으로 영위 ① 대행수출, 대행수입의 위탁자는 무역업의 범주에 포함되지 않음. ② 본인 명의로 계약을 체결하여 상품의 소유권이전을 전제로 거래한다는 점에서 "무역대리업"과 구분	① 자기 명의로 소유권이전을 전제로 한 수출입거래를 할 수 없다는 점에서 "무역업"과 구분 ② 외국 수출업자의 수출품을 판매하기 위한 물품매도확약서(offer) 발행, 외국 수입업자의 수입물품 구매알선, 시장조사 등으로 영업범위가 한정된다는 점에서 무역중개업과 구분
업무의 범위	· 수출·수입 취급품목의 범위를 제한하지 않음. 단, 약사법 등 개별법에서 이중적으로 수출입요령을 달리 규정하고 있는 경우는 예외 · 대외무역법상 갑류무역업과 을류무역업 구분 폐지(1997.3.1.)	· Trading Agent: 외국 수출업자를 대리하여 물품매도확약서(offer sheet) 발행 및 수출품의 구매 알선 · Buying Office: 국내에서 수출할 물품의 구매와 구매알선 및 이에 부대되는 시장조사
회원 가입	한국무역협회(www.kita.net)	한국수입협회(www.koima.or.kr) 외국기업협회(www.forca.org)

따라서 자기 명의로 수출입을 하는 무역업자는 물론 외국의 수입자 또는 수출자에게서 위임을 받고 수출입거래를 알선하는 무역대리업자, 그리고 자기 명의로 수출입을 하기 어려워 수출입을 위탁하거나 대행시키는 중소기업 등도 대외무역법의 인적 관리대상으로 하고 있다.

무역업자는 종전에는 대외신용과 수출입질서를 유지하기 위해 일정한 조건을 갖춘 자로 한정하고 수출입의 범위에 제한을 두었으나, 1997년 3월 1일 무역업의 관리체계를 등록제에서 신고제로 전환하면서 완전자유화하였다. 다만 대부분의 무역업체들은 한국무역협회(www.kita.net)의 회원으로 가입하여 무역업 고유번호를 부여받아 수출입실적 등을 인정받고 있다. 또한 산업통상자원부장관은 신시장 개척, 신제품 발굴 및 중소기업·중견기업의 수출확대를 위하여 수출실적 및 중소기업 제품 수출비중 등을 고려하여 무역거래자 중에

서 전문무역상사를 지정하고 지원할 수 있다(대외무역법 제8조의 2).[1]

무역대리업은 외국의 수입자 또는 수출자의 위임을 받은 자(외국의 수입자 또는 수출자의 국내지사 또는 대리점 포함)가 국내에서 수출물품의 구매 또는 수입계약의 체결과 이들에 부대되는 행위를 업으로 영위하는 것을 말한다. 무역대리업자는 무역업자와는 달리 자신의 명의로 수출입을 할 수 없다.

(2) 수출입승인

무역거래자는 대부분의 물품 등을 자유롭게 수출 또는 수입할 수 있다. 다만 산업통상자원부장관은 다음 중 어느 하나에 해당하는 이행 등을 위하여 필요하다고 인정하여 지정·고시하는 물품 등의 경우에는 수출 또는 수입을 제한하거나 금지할 수 있다(대외무역법 제11조).

① 헌법에 따라 체결·공포된 조약과 일반적으로 승인된 국제법규에 따른 의무의 이행
② 생물자원의 보호
③ 교역상대국과의 경제협력 증진
④ 국방상 원활한 물자 수급
⑤ 과학기술의 발전
⑥ 그 밖에 통상·산업정책에 필요한 사항으로서 대통령령으로 정하는 사항

이러한 경우에는 대통령령이 정하는 바에 의하여 당해 물품·거래형태 또는 대금결제방법 등에 관하여 개개의 수출입거래별로 산업통상자원부장관의 승인을 얻어야 한다. 물론 승인된 사항을 변경하고자 할 때에도 마찬가지이다. 다만, 긴급히 처리하여야 하는 물품 등과 그 밖에 수출입절차의 간소화를 위하여 대통령령이 정하는 경우에는 그러하지 아니하다(대외무역법 제11조).

수출승인의 유효기간은 수출·수입을 승인한 날로부터 1년 이내로 한다(대

---

1 전문무역상사의 지정 기준은 ① 전년도의 수출실적 또는 최근 3년간의 평균 수출실적이 미화 100만 달러 이상인 자, ② 전체 수출실적 대비 타 중소 · 중견기업 생산 제품의 전년도 수출 비중 또는 최근 3년간 평균 수출 비중이 100분의 20 이상인 자 등이다(대외무역법 시행령 제12조의 2).

외무역법 제20조). 다만 산업통상자원부장관은 물품인도조건, 대금결제기간, 기타 거래상의 특성 등에 의하여 필요하다고 인정하는 경우에는 1년 미만 또는 최장 2년의 범위 안에서 따로 설정할 수 있다. 한편 산업통상자원부장관은 수출·수입의 승인을 얻은 자가 그 유효기간 내에 물품의 수출·수입 또는 당해 물품의 수출입대금의 회수 또는 수입대금의 지급을 승인된 내용에 따라 이행하였는지의 여부 등에 관하여 사후관리를 하여야 한다.

(3) 거래형태별 수출입 승인

① 수위탁가공무역방식에 의한 수출입

가. 수탁가공무역방식에 의한 수출입

거래 상대방의 위탁에 따라 원자재의 전부 또는 일부를 외국으로부터 수입하여 가득액(가공임)을 대가로 이를 가공한 후 위탁자 또는 위탁자가 지정하는 자에게 수출하는 거래를 말한다. 외국의 무역업자가 우리나라의 숙련된 노동력 또는 고도의 기술을 이용하고자 하는 거래형태로서 수출과 수입이 하나의 계약으로 이루어진다. 원자재 수입시 유상·무상 여부에 따라 유환수탁가공무역과 무환수탁가공무역으로 구분, 일반적으로 무환수탁가공무역방식을 택하고 있으며, 유환수탁가공무역은 수출용 원자재를 수입하여 가공수출하는 경우와 유사하다.

나. 위탁가공무역방식에 의한 수출입

가공임을 지급하는 조건으로 외국에서 가공(제조, 조립, 재생, 개조를 포함)할 원료의 전부 또는 일부를 거래 상대방에게 수출하거나 외국에서 조달하여 이를 가공한 후 가공물품등을 수입하거나 외국으로 인도하는 수출입을 말한다. 외국의 저렴한 노동력을 활용하거나 외국의 고도 기술을 이용하고자 하는 경우에 주로 이용되는 거래로서 국내인건비가 상승함에 따라 중국, 베트남 등에서 현지생산을 하기 위하여 활용되고 있으며, 향후 북한과의 교역시 활용도가 높을 것으로 보이는 거래형태이다. 다만 최근 중국에서는 가공 무역금지품목을 지속적으로 증가시키고 있으며, 증치세 환급률도 축소하고 있는 바 주의가 요망된다.

② 수위탁판매방식에 의한 수출입

가. 위탁판매 수출

물품 등을 무환으로 수출하여 해당 물품이 판매된 범위 안에서 대금을 결제하는 계약에 의한 수출을 말한다. 위탁자는 자신의 계산과 위험 하에 물품을 수출하므로 물품이 이동되더라도 소유권은 위탁자(수출자)에게 있으며, 수탁자(수입자)는 계약에 따라 물품을 판매하고 판매대금에서 경비와 수수료를 제공한 금액을 위탁자에게 송금한다. 이 거래방식은 수탁자입장에서 보면 물품관리 책임만 있고 자금 부담과 위험부담이 없으나, 위탁자는 거의 전적인 부담을 지기 때문에 위탁자가 자금여유가 있는 상태에서 적극적으로 새로운 수출시장을 개척하고자 할 때 주로 사용된다. 대금결제 방법은 일반적으로 사후송금방식이 이용된다.

> 위탁판매계약체결 ⇒ 수출승인(해당되는 경우) ⇒ 수출통관 ⇒ 판매 ⇒
> 판매대금 영수 ⇒ 미판매물품 재수입 ⇒ 사후관리

나. 수탁판매 수입

물품 등을 무환으로 수입하여 해당 물품이 판매된 범위 안에서 대금을 결제하는 계약에 의한 수입을 말한다. 이 거래방식은 물품의 소유권을 가진 수출자가 자금과 위험을 부담하고 수입자는 수출자가 지정한 조건에 따라 상품을 판매한 후 판매경비와 수수료 등을 뺀 나머지를 수출자에게 송금하므로, 수입자는 아무런 위험부담이나 자금부담 없이 손쉽게 수입할 수 있다.

③ 임대차방식에 의한 수출입

가. 임대 수출

임대(사용대차를 포함) 계약에 의하여 물품 등을 수출하여 일정기간 후 다시 수입하거나 그 기간의 만료 전 또는 만료 후 해당 물품 등의 소유권을 이전하는 수출을 말한다.

나. 임차 수입

임차(사용대차를 포함) 계약에 의하여 물품 등을 수입하여 일정기간 후 다시 수출하거나 그 기간의 만료 전 또는 만료 후 해당 물품의 수유권을 이전받는 수입을 말한다. 주로 영세한 중소기업이 설비투자를 하거나 외자도입업체가 추가 생산시설을 도입할 때 활용하며, 임차한 시설을 사용하여 생산한 제품을 임대인에게 수출하는 조건으로 거래하는 경우가 많다.

④ 외국인수수입과 외국인도수출

가. 외국인수수입

수입대금은 국내에서 지급되지만 수입 물품 등은 외국에서 인수하거나 제공받는 수입을 말한다. 산업설비수출, 해외건설, 해외투자, 위탁가공무역 등에 필요한 기자재 또는 원자재를 외국 현장으로 수입하여야 할 경우 운송시간과 경비를 절감하기 위하여 수입대금은 국내에서 지급하고 물품은 곧바로 해외 현장에서 인수하고자 하는 경우에 이용되는 거래방식을 말한다.

나. 외국인도수출

외국인도수출이라 함은 수출대금은 국내에서 영수하지만 국내에서 통관되지 아니한 수출 물품 등을 외국으로 인도하는 수출을 말한다. 동 거래방식은 산업설비수출, 해외건설, 해외투자 등 해외사업현장에서 필요한 기자재 등을 외국인수수입형태로 구입하여 사용한 후 국내로 반입하지 않고 다시 매각할 때 또는 항해중이거나 어로작업중인 선박을 현지에서 매각하는 경우 등에 사용되는 거래조건이다.

⑤ 중계무역방식에 의한 수출입

중계무역은 자국 상품의 공급능력에 한계가 있을 때 수출국에서 상품을 수입하여 이를 또 다른 제3국에 수출함으로써 지속적으로 해외시장을 관리하고자 할 때 활용, 최종 수입국 수입자에게 물품이 최초수출국에서 조달된다는 사실을 수출 계약체결 시 알려줘야 한다. 최종수입국이 최초 수출국으로부터의 수입을 제한하고 있는 경우에는 최종수입국의 무역정책에 혼란을 가져와 수입제한 등 보복조치가 취해질 수도 있음에 유의해야 한다.

⑥ 연계무역방식에 의한 수출입

동일한 거래당사자간에 수출과 수입이 연계된 무역거래로서 대응구매기간, 대금청산의 형태, 교환되는 상품과의 관계 등에 따라 물물교환, 구상무역, 대응구매, 제품환매 등으로 나누어진다. 수출 및 수입의무가 제3국으로 전가된 경우에는 연계무역에 해당되지 않으며, 대응 수출입 의무가 기술 등 용역대가인 경우에도 연계무역에서 제외된다.

⑦ BWT방식에 의한 수출입

BWT(Bonded Warehouse Transaction)방식은 보세구역(보세창고) 인도조건이며, 수출입은 수출자가 자신의 책임하에 수입국내의 관리인(해외지점, 사무소 등)을 지정하고 물품을 무환으로 반출하여 수입국내 보세창고에 반입시키고 현지에서 물품 구매 계약을 체결하여 판매하는 거래방식을 말하며 주로 범용성 원자재나 선용품 등의 거래에 이용된다.

BWT수출입이 일반적인 수출입형태와 다른 점은 수출자와 수입자간에 사전계약이 체결되지 않고 수출자의 책임하에 보세창고에 물품을 반입하여 반입된 상품에 대한 매매계약이 성립되기까지는 수입자가 정해지지 않은 상태에서 거래가 진행된다는 점이며, BWT물품으로 반입된 경우에는 판매가 완료될 때까지 보관이 가능하다. 즉, 국제물류촉진을 위하여 장기간 장치가 필요한 BWT물품으로서 세관장이 인정하는 물품에 대하여는 비축에 필요한 기간만큼 장치를 할 수가 있으며, B/L상 수하인은 통상 보세창고로 하여 BWT물품임을 표기하고 있다. 따라서 BWT물품인 경우에는 일반 수입처럼 번거로운 절차 없이 창고로 입고된 당일도 출고가 가능하며, 수출자의 관리 하에 믿을 수 있는 보세 창고에 보관되므로 수입자의 구매결정 후 즉시 Invoice, B/L 등 선적서류를 발행하고, 발행된 선적서류로 무역대금 결제 및 통관도 가능하다.

(4) 수출입공고

① 수출입공고의 의의

산업통상자원부장관은 수출입물품의 효율적 관리를 통한 무역의 지속적인 증대 또는 통상정책상 필요하다고 인정하면 수출입 승인 대상 물품 등의 품목별 수량·금액·규격 및 수출 또는 수입지역 등을 한정할 수 있으며, 수출입의 제한·금지, 승인, 승인의 유효기간 설정 및 연장, 신고, 한정 및 그 절차 등을 정한 경우에는 이를 공고하여야 한다. 이를 수출입공고라고 한다.[2]

또한 관계 행정기관의 장이 수출·수입요령을 제정하거나 개정하는 경우 또는 다른 법령에서 해당 물품의 수출입의 요건 및 절차 등을 정하고 있는 경우에 그 시행일 이전에 해당 기관으로부터 제출받은 수출·수입요령을 통합하여 공고하여야 한다. 이를 통합공고라고 한다.

② 품목분류기준

언어가 서로 다른 나라와 물품을 수출입하기 위해서는 전세계적으로 공통된 품목분류기준이 필요하다. 이제까지 무역거래에 따른 통계작성 및 관세부과 등에 있어서 국제적으로 많이 사용되었던 품목분류기준으로는 1950년대에 UN경제사회이사회에서 제정한 표준국제무역분류(Standard International Trade Classification: SITC)와 관세협력이사회품목분류집(Customs Cooperation Council Nomenclature: CCCN)이 있다. 대체적으로 국제무역통계에는 SITC, 그리고 관세부과 시에는 CCCN이 자주 이용되었다.

그러나 SITC와 CCCN으로 이원화된 상품분류로 인한 문제점을 감안하여 1987년 관세협력이사회(Customs Cooperation Council: CCC)가 중심이 되어 이들을 통합한 새로운 품목분류기준인 HS(Harmonized Commodity Description and Coding System; Harmonized System), 즉 조화제도(調和制度)를 제정하였다. 이에 따라 1988년 1월 1일부터 전세계적으로 시행되고 있는 HS는 재료, 제조과정, 노동 과정, 용도 등을 과학적으로 고려한 21부(Section), 97류(Chapter)의 기본분류를 중심으로 지구상에 존재하는 거의 모든 상품을 망라할 수 있도록 되어 있다. 특히 HS는 CCCN 이후의 기술개발에 따른 새로운 상품뿐 아니라 주식·공사채 등 금융상품, 프로그램·녹음테이프 등 정보재, 지적재산권 등의 권리재도 포괄하여 분류하고 있다. 우리나라의 HS를 따른 품목분류체계

2 대외무역법이 제정되기 이전에는 수출입기별공고라고 하여 매년 1년을 실시기간으로 이러한 사항이 공고되었으나, 현재는 지속적인 효력을 가지는 수출입공고로 공고 방식을 바꾸어 운영하고 있다.

인 HSK(Harmonized System of Korea)는 세계 공통의 6단위 분류에다 국내의 제반 사정을 감안한 자체분류 4단위를 합해 모두 10단위로 품목을 분류해 놓고 있다.

(5) 특수한 물품의 수출입관리

① 외화획득용 원료·기재의 수입과 구매

산업통상자원부장관은 원료, 시설, 기재(機材) 등 외화획득을 위하여 사용되는 물품 등의 수입에 대하여는 수출입공고에 따른 승인 대상 물품 등의 품목별 수량·금액·규격 및 수출 또는 수입지역 등에 대한 제한을 적용하지 아니할 수 있다. 다만, 국산 원료·기재의 사용을 촉진하기 위하여 필요한 경우에는 그러하지 아니하다(대외무역법 제16조).

② 전략물자의 수출입

산업통상자원부장관은 관계 행정기관의 장과 협의하여 대통령령으로 정하는 국제수출통제체제의 원칙에 따라 국제평화 및 안전유지와 국가안보를 위하여 수출허가 등 제한이 필요한 물품과 기술을 지정하여 고시하여야 한다. 이러한 전략물자를 수출하고자 하는 자는 산업통상자원부장관이나 관계 행정기관의 장의 수출허가를 받아야 한다.

③ 플랜트수출과 정부간 수출계약

대외무역법에서는 부가가치가 높은 플랜트수출(2010년 개정)과 정부간 수출계약(2014년 개정)을 촉진하고 지원하기 위해 상세한 규정을 두고 있다.

(6) 원산지의 표시

산업통상자원부장관이 공정한 거래 질서의 확립과 생산자 및 소비자 보호를 위하여 원산지를 표시하여야 하는 대상으로 공고한 물품 등을 수출하거나 수입하려는 자는 그 물품 등에 대하여 반드시 원산지를 표시하여야 한다. 그러나 단순 가공한 물품 등에 대해서는 당초의 원산지를 표시하여야 한다. 또한 산업통상자원부장관은 원산지를 확인하기 위하여 필요하다고 인정하면 물품 등을 수입하려는 자에게 그 물품 등의 원산지 국가 또는 물품 등을 선적한 국가의 정부 등이 발행하는 원산지증명서를 제출하도록 할 수 있다.

(7) 수입수량 제한조치

산업통상자원부장관은 특정 물품의 수입 증가로 인하여 같은 종류의 물품 또는 직접적인 경쟁 관계에 있는 물품을 생산하는 국내 산업이 심각한 피해를 입고 있거나 입을 우려가 있을 경우 필요한 범위에서 물품의 수입수량을 제한하는 조치를 시행할 수 있다(대외무역법 제39조). 이를 위해 별도로 제정된 특별법이 「불공정무역행위 조사 및 산업피해구제에 관한 법률」이다.

우리나라는 국내산업의 경쟁력 강화와 통상마찰 해소를 위해 과거의 각종

[그림 8-1] 무역구제 절차

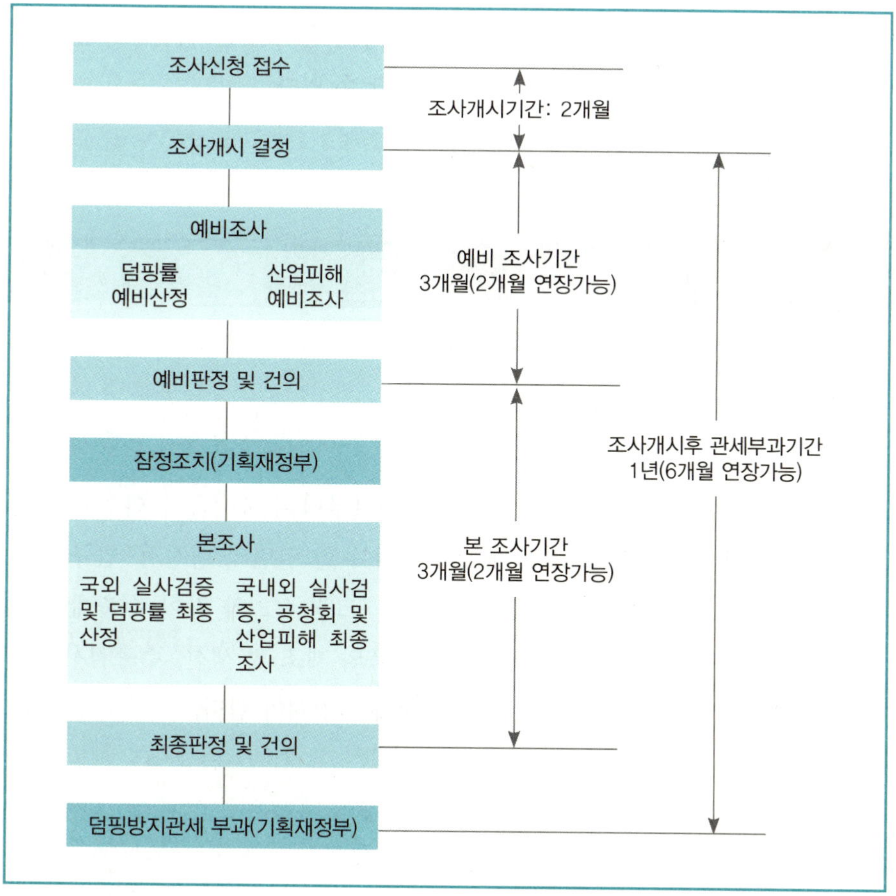

자료: 무역위원회 홈페이지.

사전적 수입규제제도를 선진국형의 사후적 수입관리제도로 전환하고 있다. 대표적인 경우가 수입에 의한 산업피해구제제도이다. 국내 산업이 특정한 물품의 수입급증에 실질적인 피해를 받거나 받을 우려가 있을 때에는 이해관련자는 미국의 국제무역위원회(International Trade Commission: ITC)와 유사한 기능을 갖는 무역위원회에 [그림 8-1]과 같은 절차를 밟아 그 피해조사와 적절한 구제조치를 신청할 수 있다.

(8) 수출입의 질서 유지

무역거래자는 외화도피의 목적으로 물품 등의 수출 또는 수입 가격을 조작하여서는 아니 된다. 또한 수출입과 관련하여 관계당사자 간에 분쟁이 발생한 때에는 이를 신속히 해결하여야 한다. 이와 관련하여 산업통상자원부장관은 필요하거나 무역 분쟁 당사자의 신청을 받으면 분쟁을 조정하거나 분쟁의 해결을 위한 중재계약의 체결을 권고할 수 있다.

제 2 절 수출절차

1. 수출절차 개요

수출절차는 수출계약의 체결단계로부터 수출대금이 회수되어 한건의 수출에 따른 거래가 종료될 때까지 거쳐야 할 일련의 행정적·법규적 흐름을 의미한다. 일반적으로 수출을 위해서는 [그림 8-2]와 같이 수출계약체결, 수출승인, 수출용 원자재의 확보, 수출물품의 제조 및 생산, 수출검사, 선적, 대금결제, 관세환급 및 사후관리 등의 절차를 거쳐야 한다.

[그림 8-2] 수출절차

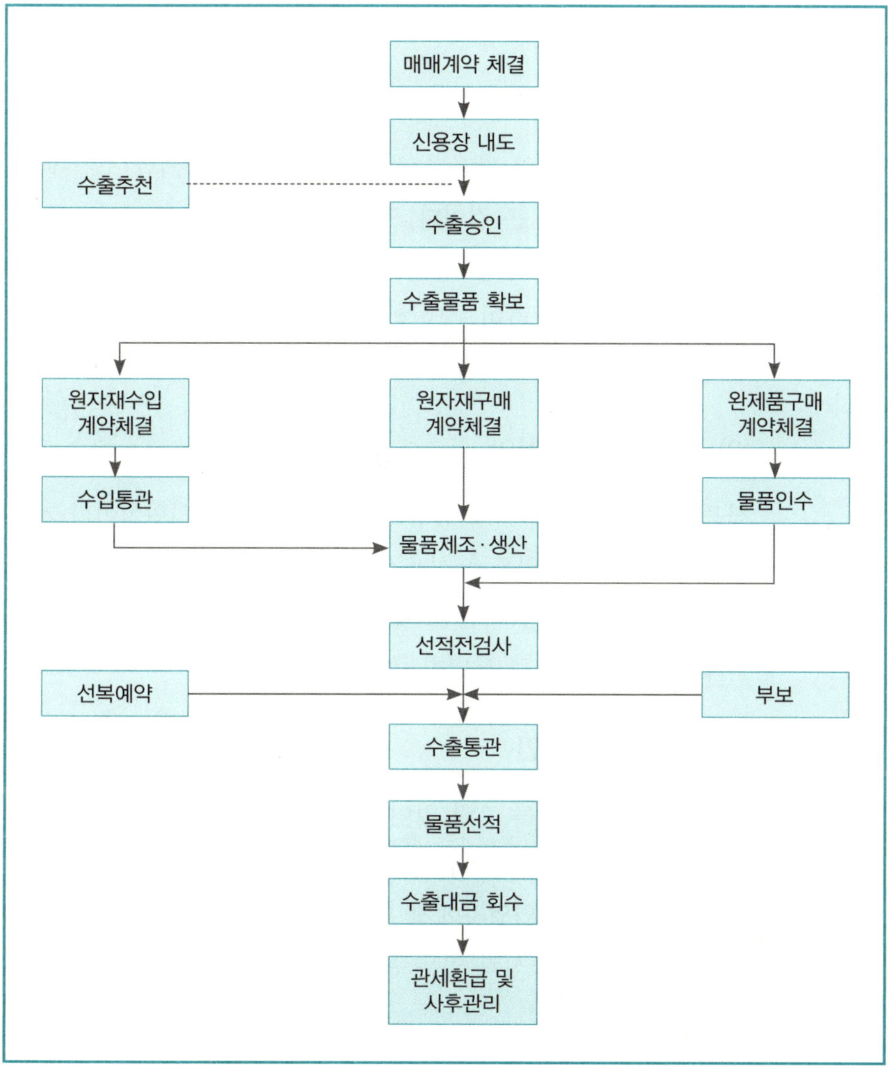

2. 신용장의 확인

신용장은 수출자와 수입자 모두에게 여러 가지 편리한 점을 제공해 주기 때문에 오늘날에도 많은 무역거래가 신용장에 의해 결제되고 있다. 이러한 신용장의 보다 자세한 내용에 대해서는 제13장에서 무역대금결제와 관련하여 설명하기로 한다. 일단 신용장을 수취한 수출자는 수출대금의 확실한 회수를 위하여 계약내용과의 일치 여부와 함께 기타 이행이 불가능한 특수한 조건이 신용장에 포함되어 있지는 않은지 주의 깊게 검토하여야 한다.

(1) 계약내용과의 대조

수출신용장은 수출입 당사자 간의 계약서에서 합의한 조건에 따라 외국환은행을 통하여 개설되는 것이다. 따라서 신용장조건이 계약조건, 특히 규격·단가·보험조건·포장 방법·선적기일·분할선적·환적조건 등과 상이한 점이 있는가를 검토하여야 하며, 상이한 점이 있는 경우에는 즉시 수입업자에게 당해 신용장조건을 변경하도록 요구하여야 한다.

(2) 신용장양식의 확인

신용장은 그 용도에 따라 종류가 다양하다. 개설의뢰인이나 개설은행이 일방적으로 취소할 수 없도록 신용장상에 '취소불능'(irrevocable)이란 표시가 있는지 살펴보아야 하며, 외관상으로는 신용장같이 보이나 신용장이 아닌 유사한 지급수단이 있으므로 특별히 주의해야 한다.

(3) 개설은행의 확인

우리나라의 경우에는 그런 일이 거의 없으나, 외국의 경우에는 개설은행이 파산하는 경우도 간혹 찾아볼 수 있다. 그러므로 개설은행의 신용을 확신할 수 없는 경우에는 수입업자에게 보다 공신력 있는 은행으로 대체해 줄 것을 요구하거나, 제3의 공신력 있는 은행의 '확인'(confirmation)을 받는 것이 현명하다.

3. 수출승인

수출입공고 [별표 2]의 수출제한품목을 수출하고자 하는 자는 해당 추천기관으로부터 수출승인을 받아야 한다. 수출 및 수입승인은 무역관리의 일환으로 국가에서 수출입거래 당사자 간에 체결한 무역계약내용을 사전에 검토·확인한 후 이를 건별로 허가하는 것을 의미한다.

1996년까지 수출입승인제도는 우리나라의 무역관리를 위한 기본제도로 운용되어 왔으며, 무역업자는 모든 계약에 대하여 매 거래 시마다 계약 1건당 별도의 승인을 받은 후 승인받은 대로 수출·수입을 이행하여야 했다. 그리고 대외무역법에 의한 승인 시에 외국환거래법에 의한 수출입대금 결제 방법을 사전에 확인하였다. 그러나 1997년부터 수출입승인제도는 Negative List System으로 전면적으로 개편하여 시행되고 있다. 이에 따라 수출입공고 등에서 수출입이 제한되는 품목을 수출입하는 경우에 한하여 수출입승인을 받도록 하고 있다.

이와 함께 통합공고상 요건확인품목은 수출입승인 대상에서 제외하고, 수출입승인 시에 외국환거래법상의 결제 방법에 대해서도 확인하지 않도록 하였다. 따라서 수출입승인기관도 종래에는 외국환은행장이었으나, 수출입추천기관의 장으로 바뀌었다. 이와 같이 수출승인의 위임을 받은 기관은 대외무역법을 비롯한 각종 무역 관련 법규에서 규정하고 있는 바를 충족하고 있는가를 검토하고 수출을 승인해 준다. 수출승인의 유효기일은 수출승인일로부터 1년까지이다. 다만 물품인도조건, 대금결제기간, 기타 거래상의 필요에 따라 20년의 범위 내에서 연장될 수도 있다.

4. 수출물품의 확보

수출물품을 확보하기 위해서는 원자재를 가지고 자체적으로 가공·제조하거나, 제조업체로부터 완제품을 구매·조달하여야 한다. 수출물품에 소요되는 원자재를 조달하는 데에는 국내에서 구매하는 방법과 [그림 8-3]에서 보는 바와 같이 외국에서 수입하는 방법이 있다.

수출용 원자재를 국내에서 구매하는 경우 수출자는 무역금융을 활용하여 원자재 구매자금이나, 제조·생산에 소요되는 자금을 수출신용장 등을 근거로 유리한 조건에 융통할 수 있다. 또한 내국신용장 또는 구매승인서제도를 이용하게 되면 국내공급선도 무역금융 이용이나 수출실적 인정이 가능하다.

수출용 원재료를 수입하기 위해서는 수입계약의 체결, 수입승인, 수입통관 등의 일련의 수입절차를 거쳐야 한다. 우리나라에서는 수출 진흥의 차원에서

[그림 8-3] 수출물품의 확보방법

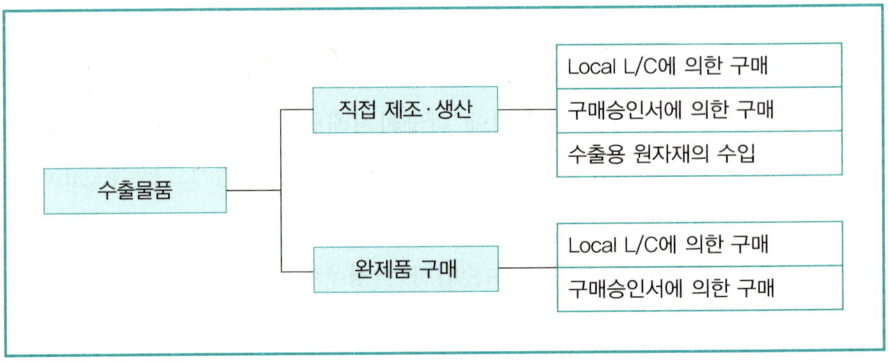

수출용 원재료의 수입에 대해서는 내수용에 비해서 수입제한의 배제, 무역금융, 관세 환급 등의 특혜를 부여하고 있다. 편의상 수입절차는 절을 달리하여 설명하고자 한다.

5. 선적전 검사

우리나라 수출품목의 품질이 전반적으로 우수해지고 1994년 수출검사법이 폐지되면서 수출검사 대상품목은 점점 줄어들고 있다. 그러나 아직도 일부 수입국 중에서는 선적전 검사(Preshipment Inspection: PSI)라고 하여 자국으로 수입되는 물품에 대하여 반드시 선적 전에 SGS나 GESCO와 같은 공인된 국제검사기관에 의한 검사를 받을 것을 요구하는 경우가 있다. 이러한 경우 지정된 검사기관은 일정한 검사수수료를 징수한 후 검사대상물품의 재료와 품질 또는 포장조건이 검사기준에 적합한 경우에 한하여 그들 물품, 재료 또는 포장물의 가장 잘 보이는 곳에 합격한 표시로 "Passed" 및 검사기관명·검사일자·유효기간을 표시하고, 영문 또는 국문으로 된 검사합격증을 신청인에게 교부한다.

6. 해상운송 및 무역보험

수출물품이 준비되면 계약에서 정한 선적일자에 맞는 운항스케줄을 가지고 있는 선박회사와 해상운송계약을 체결하여 선복을 확보해 놓아야 한다. 또한 수출가격조건이 CIF조건과 같이 수출자의 비용부담에 보험료가 포함된 경우에는 운송도중 화물의 멸실이나 손상에 대비하여 보험회사와 해상보험계약을 체결하고 보험증권을 발급받아야 한다.

한편 무역업자는 거래상대국의 외환거래의 제한 또는 금지, 전쟁 등 비상위험이나, 상대방의 파산 또는 지급불능과 같은 신용위험 등 통상의 운송보험으로 담보할 수 없는 위험에 대비하여 무역보험에 부보할 수 있다. 무역보험은 불가항력적인 위험으로 수출대금을 제대로 회수할 수 없거나 국민경제에 중요한 자원 및 물품의 수입을 위한 선급금을 회수할 수 없게 됨으로써 무역업자가 입게 되는 손실을 덜어줌으로써 안심하고 무역 업무에 전념할 수 있도록 도와주기 위해 무역보험법에 의해 한국무역보험공사에서 운영하고 있는 비영리 정책보험이다.

7. 수출통관

수출검사가 완료되면 수출물품을 보세구역에 반입하여 세관장에게 수출신고(Export Declaration: E/D)를 하게 된다. 그러면 세관장은 구비서류 및 기재사항의 누락 여부, 수출승인조건과 수출신고내용의 일치 여부, 그리고 서류상의 신고물품과 실제물품의 일치 여부 등을 심사한 후 수출신고증을 교부하여 준다. 수출신고필증을 받게 되면 비로소 내국물품에서 외국물품이 된 수출물품을 보세구역으로부터 반출하여 수출선박에 선적할 수 있게 된다. 수출화물을 지정된 선박에 무사히 선적을 마친 후에 수출자는 그 증거로 선박회사로부터 수출대금의 회수에 필수적인 서류인 선하증권을 발급받게 된다.

8. 수출대금의 회수와 사후관리

(1) 수출대금의 회수

수출물품의 선적을 완료한 수출자는 신용장에서 요구하는 환어음과 선적서류, 즉 상업송장, 선하증권, 보험증권, 원산지증명서, 포장명세서 등의 서류를 구비하여 외국환은행에 환어음의 매입을 의뢰하게 된다. 이때 외국환은행은 선적서류가 신용장조건에 합치되는지의 여부를 검토한 다음 환어음에 기재된 수출대금을 수출자에게 지급하게 된다.

(2) 관세 환급 및 사후관리

이상과 같이 수출이행이 완료되면 수출용 원자재를 수입할 때에 납부한 관세를 세관 또는 외국환은행으로부터 환급받는다. 수출승인 외국환은행은 수출유효기간 이내에 수출이행 및 대금회수가 제대로 되었는가, 수출용 원재료가 당초 목적대로 사용되었는지 등에 대한 사후관리를 함으로써 수출절차는 끝나게 된다.

제 3 절 수입절차

1. 수입절차의 개요

수입절차는 [그림 8-4]와 같이 수입계약을 체결하고 물품매도확약서(offer) 등에 의하여 수입승인을 받아 수입신용장을 개설한 후 수입화물과 선적서류가 도착하면 수입대금을 결제하고 수입화물을 통관하기까지의 일련의 절차를 의미한다. 수입절차 역시 수출절차의 경우와 마찬가지로 대외무역법, 외국환거래법, 관세법 등 각종 무역 관련 법규에서 규정하는 바를 준수하여야 한다.

[그림 8-4] 수입절차

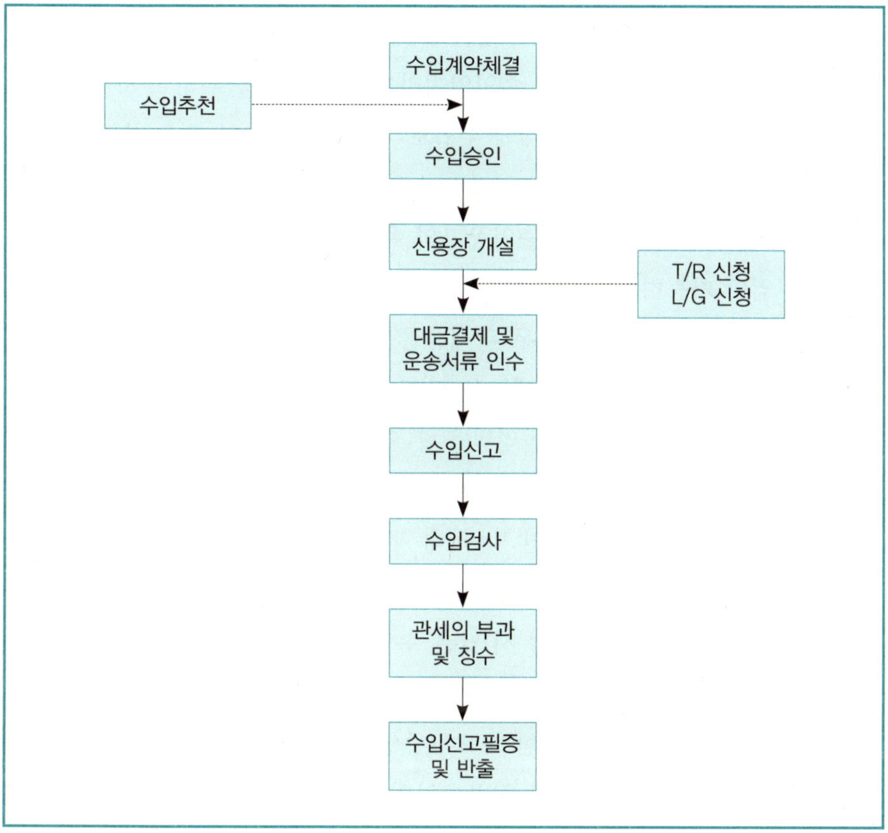

(1) 수입의 의의

일반적으로 수입이란 매매의 목적물인 물품을 외국에서 구매하는 행위를 말한다. 그러나 수입에 관한 정확한 개념은 법률에 따라 다르게 정의되고 있다. 즉, 대외무역법에서는 수입을 매매·교환·사용대차·증여 등을 원인으로 외국으로부터 국내로의 물품의 이동과 유상으로 외국에서 외국으로 물품을 인수하는 것으로 산업통상자원부장관이 지정하는 것으로 규정하고 있으며, 관세법에서는 외국물품을 우리나라에 반입하거나 우리나라에서 소비 또는 사용하는 것으로 정의하고 있다.

(2) 일반수입과 수출용 원자재수입의 차이점

무역관리 측면에서 수입은 크게 일반수입과 수출용 원자재수입으로 구분할 수 있다. 같은 물품의 수입일지라도 외화획득을 위하여 사용되는 수출용 원자재의 수입은 일반 자재의 수입보다 상역·세제 및 금융 면에서 많은 혜택이 주어진다. 원자재수입은 일반수입에 비해서 다음과 같은 차이가 있다.

첫째, 원자재는 수출입공고의 예외에 해당하여 수입제한승인품목이라도 수입이 가능하다.

둘째, 원자재의 경우 관세환급특례법에 의해 수입통관 시 관세 및 관세와 함께 부과되는 각종 세금을 당해 원자재를 활용하여 생산·제조된 물품의 수출을 이행하는 즉시 돌려받을 수 있다.

셋째, 수출물품의 제조·가공에 소용되는 자금 부담을 완화시켜주기 위하여 수출용 원자재의 수입 및 국내 구매 시에는 보다 유리한 조건에 무역금융을 활용할 수 있다.

이 밖에 신용장개설 시 낮은 수입담보금 적립율의 적용 등 수출용 원자재의 수입에 대해서는 여러 가지 혜택이 주어지고 있다. 그러나 원자재수입이라 하여도 관세 환급을 위한 소요량증명서의 발급과 관세징수 유예신청의 절차 외에는 대부분의 절차가 일반수입의 경우와 거의 같다. 따라서 이하에서는 일반수입을 중심으로 수입절차를 크게 통관 전 절차와 수입통관 절차로 구분하여 살펴보기로 한다.

2. 통관 전 절차

(1) 수입승인

수출의 경우와 마찬가지로 등록된 무역업자도 물품의 수입을 위해서는 개별 수입마다 거래 형태와 대금결제 방법 등에 대해 산업통상자원부장관의 승인을 받아야 한다. 대부분의 경우 수입승인의 권한은 수입추천기관의 장에게 위임되어 있다. 수입승인을 받으려면 수입계약서 또는 물품매도확약서(offer)를 수입승인신청서와 함께 거래은행에 제출하여 수입물품의 명세, 선적항, 도착항, 송하인, 수하인, 대금결제 방식 및 유효기간 등에 대한 승인을 받아야 한다. 수입승인의 요건 역시 수출승인의 경우와 유사하다.

수입허가 또는 승인의 유효기간은 수입허가(승인)를 받은 날로부터 1년 이내로 되어 있다. 따라서 수입업자는 이 기간 내에 수입물품의 통관은 물론 수입대금의 결제도 마쳐야 한다. 그러나 동 기간 내에 수입통관 또는 대금결제가 어렵거나 또는 기타 거래상 필요한 경우에는 20년의 범위 내에서 그 기간의 연장승인을 얻어야 한다.

(2) 수입신용장 개설

수입승인을 받으면, 수입업자는 유효기간 내에 거래 외국환은행을 통해서 일정한 수입담보금을 적립하고 수입신용장을 개설하여야 한다. 외국환은행의 입장에서 취소불능신용장의 개설은 상당한 위험부담이 따르는 여신행위이다. 그러므로 신용장을 개설하기 전에 관계당사자의 신용상태와 해당 수입상품의 시장성 등을 검토한 후 충분한 담보를 확보하고서 신용장을 개설한다. 수입업자가 작성한 신용장개설신청서에 기재된 내용은 곧 신용장조건이 되는 것이므로 개설신청서의 모든 사항을 수입계약서 또는 수입승인서의 내용대로 간단·명료하고 정확하게 작성하여야 하며, 수입업자가 원하는 모든 조건을 빠짐없이 기재하여야 한다.

(3) 대금결제 및 운송서류 인수

신용장의 수익자인 수출자는 선적을 완료한 후 신용장조건에 따라 선하증권(Bill of Lading: B/L) 등 운송서류를 구비하여 거래은행을 통하여 환어음을 제시하고 대금을 회수하게 된다. 이때 개설은행은 도착한 운송서류가 신용장조건과 일치하는지의 여부를 심사한 후 이상이 없으면 수입업자에게 통지를 해준다.

운송서류의 도착통지를 받은 수입업자는 당해 운송서류가 신용장조건과 일치하는지의 확인 후 수입대금 관련 수수료를 납부한 후 개설은행으로부터 운송서류를 넘겨받게 된다. 만일 도착한 선적서류의 내용이 신용장 조건과 상이할 때는 외국환은행에서 인수 등의 여부를 문의하기 때문에 내용을 잘 알아보고 이에 동의해야 한다.

그러나 간혹 운송서류는 도착하였으나 수입업자가 결제자금이 없어 서류를 인수할 수 없는 경우가 있다. 이러한 경우 수입업자는 대도(貸渡, Trust Receipt: T/R)[3]를 통해 대금결제 전이라도 개설은행으로부터 운송서류를 넘겨받을 수 있다. 또한 경우에 따라서는 수입화물은 이미 도착하였으나 운송서류의 원본이 도착하지 않아 화물을 입수할 수 없는 경우가 있다. 이때는 외국환은행으로부터 화물선취보증서(Letter of Guarantee: L/G)[4]를 발급받아 선박회사에 제출하고 화물인도지시서(Delivery Order: D/O)를 발급받아 화물을 인도받을 수가 있다. 그러나 만일 도착한 물품이 주문한 물품과 다르거나 파손이 되었으면 물품이 아직 보세구역에 있는 동안에 검정기관의 검정을 받고 클레임을 제기하여야 한다.

3. 화물의 통관

선박 또는 항공기에 의하여 국내에 반입된 외국물품이 내국물품이 되어 수입목적에 맞게 쓰이기 위해서는 관세법의 규정에 따라 일련의 수입통관절차를 거쳐야 한다. 수입통관절차는 수출통관절차와 거의 비슷하나, 관세의 부과 및 그의 납부와 관련된 절차가 추가되는 점이 다르다.

(1) 물품의 보세구역 반입

운송서류와 상환으로 물품을 인수받으면 우선 그 물품을 일정한 구역에 장치하고 장치확인을 받아야 한다. 통관을 하고자 하는 물품은 원칙적으로 보세

3 운송서류의 대도는 개설은행이 수입화물에 대한 담보권을 유보한 채 수입업자가 수입화물을 처분하여 수입대금을 결제할 수 있도록 하는 제도이다. 통상 신용장개설 담보금의 적립 없이 수입이 가능한 수출용 원자재 수입의 경우에 허용되며, 이때 수입업자는 수입화물에 관하여 발생한 일체의 손해를 책임질 것과 수출대금을 회수하는 즉시 결제자금을 입금시키겠다는 서약서를 제출하고 운송서류를 개설은행으로부터 대여 받는 형식을 취하게 된다.

4 화물선취보증서, 즉 L/G는 형식적으로는 수하인인 수입업자가 선박회사 앞으로 발행하고 은행은 보증인으로서 서명하는데 불과하다. 그러나 보증인의 존재가 본질적인 효력 발생요건이 되기 때문에 실질적으로 은행이 발행하는 증서로 간주되고 있다.

구역(bonded area)에 장치하여야 하지만, 중량이나 부피가 너무 크거나 특수한 사유에 의하여 보세구역에 장치하기 곤란한 물품에 대해서는 세관장의 허가를 받아 보세구역 아닌 장소에 장치할 수 있다. 이를 타소장치라고 한다. 이와 같이 타소장치를 허가할 때는 세관장은 보세화물의 관세채권을 확보하기 위해 관세 상당액의 담보를 제공하게 할 수 있다.

(2) 수입신고

수입신고란 수입업자가 세관장에게 보세구역 등에 장치된 물품을 수입하려는 의사를 공식적으로 표현하는 것이다. 수입신고는 과세물건, 적용법령 및 납세의무자를 확정시키기 때문에 통관절차 중 가장 중요한 절차가 된다. 그러나 수입하고자 하는 물품이 신속한 통관을 요하는 경우에는 당해 물품을 선적한 선박 또는 항공기가 입항하기 전이라도 사전수입신고가 가능하다. 이러한 경우에는 수입물품이 도착하기 이전에 세관이 통관심사를 완료하게 되고 수입물품이 도착되는 즉시 부두에서 곧장 공장·소비자에게로 반출할 수가 있다.

① 수입신고인

수입신고는 화주·관세사·통관법인 또는 관세사법인의 명의로 하여야 한다. 이와 같이 수입신고인을 한정하고 있는 것은 관세채권의 확보가 용이하며, 복잡한 통관 업무를 신속히 또 정확히 처리하기 위해서는 숙련된 전문가가 필요하기 때문이다. 또한 화주의 입장에서도 전문인에게 통관을 맡기는 것이 시간과 비용을 절감할 수 있다.

② 신고의 시기

수입신고는 물품을 보세구역에 장치한 후 언제든지 할 수 있다. 그러나 신고기간은 수입물품을 보세구역에 반입한 후 30일 이내로 되어 있다. 수입신고는 적용법규·통관 여부·면세적격 여부 등이 확정되는 등 중요한 법률효과를 가져오므로 그 시기를 명백히 하여야 한다. 수입신고를 하면 신고 당시 시행되는 법규의 적용을 받으며, 신고일 후에 법규가 개정되더라도 이의 적용을 받지 않는다.

③ 수입신고 시 구비서류

수입신고 시에는 세관이 수입물품에 대하여 심사 및 검사를 한 후 수입신고필증을 발급하며, 필요한 다음과 같은 서류들을 첨부해야 한다.

수입신고 시 구비서류

- 수입신고서(Import Declaration: I/D)
- 수입화물반출입신고서
- 수입승인서(Import Licence: I/L)
- 가격신고서, 상업송장(Commercial Invoice), 포장명세서
- 선하증권(Bill of Lading: B/L) 사본
- 원산지증명서(Certificate of Origin: C/O)를 비롯하여 기타 세관장이 요구하는 서류

④ 신고의 취하 및 각하

관세법 제250조에 의하면 수입신고를 필한 후에는 원칙적으로 신고를 취하할 수 없으나 정당한 사유가 있어 세관장의 승인을 얻을 경우에는 취하할 수 있다. 그러나 장치장에서 일단 물품을 반출한 후에는 취하할 수 없다. 신고의 취하를 승인하였을 때에는 신고수리의 효력은 상실된다. 신고의 요건을 갖추지 못하였거나 허위, 기타 부정한 방법으로 신고한 경우 세관장은 직권으로 신고수리 전에 신고를 각하할 수 있다.

(3) 수입검사

수입신고를 접수한 세관은 수입신고에 대해 관련 법규 등의 위배 여부, 구비서류의 첨부 여부, 기재사항의 오류 또는 이상 유무를 놓고 서면심사를 실시하고 필요에 따라 현품검사를 실시한다. 검사를 실시하는 목적은 관세부과를 위해 수입물품의 실체를 파악하고 밀수를 막기 위한 것이다.

① 검사장소

검사장소는 지정장치장이나 세관검사장 등 보세구역에서 하는 것이 원칙이

나, 세관장의 허가를 얻어 타소장치장이나 선상에서도 가능하다. 그러나 후자의 경우 소정의 파출검사 수수료를 납부하여야 한다.

② 검사대상 및 방법

검사대상은 우범성과 신고업체의 성실도에 따라 관세청장이 지정하는 필수검사 대상물품과 불규칙검사 대상물품으로 구분된다. 불규칙검사 대상물품은 관세청장이 정하는 무작위추출 방법에 의거하여 선별하되 성실도를 기준으로 업체별로 차등을 둘 수 있도록 되어 있다. 검사 방법은 포장단위기준 2개 이상의 발췌검사를 원칙으로 하나, 다음의 경우에는 전량검사를 행한다.

전량검사 대상물품

- 우범성이 있거나 불성실업체에서 신고한 물품
- 변질 또는 손상된 물품
- 종량세 물품
- 기타 일부 발췌검사로는 물품의 수량·규격·성질 등을 확인하기 곤란한 물품

(4) 관세의 부과

검사 과정이 끝나면 관세의 4대 요건인 과세물건·납세의무자·과세표준·관세율이 모두 확정되며, 이에 따라 관세 등이 부과된다.

① 과세물건

관세법 제14조의 규정에 따라 과세물건은 수입물품이 된다. 원칙적으로 관세는 수입신고 시의 성질과 그 수량에 의해 부과된다.

② 납세의무자

납세의무자란 국가에 대하여 관세를 납부할 법률상의 의무를 부담하는 자이다. 수입신고한 물품에 대해서는 원칙적으로 그 물품을 수입한 화주가 납세의무자가 된다.

③ 과세표준

과세표준이란 세액결정의 기준이 되는 과세물건의 가격 또는 수량을 말한다(관세법 제15조). 종가세가 적용되는 물품의 경우에는 그 가격이 과세표준이 되며, 종량세의 경우에는 그 수량이 과세표준이 된다. 과세표준과 관련하여 수입물품의 수량은 세관검사 시에 쉽게 확인할 수 있으나 그 가격은 시장여건에 따라 수시로 변동하고 있으며, 특히 수많은 종류의 상품들의 실제가격을 정확히 알아낸다는 것은 지극히 어려운 일이다. 이러한 점을 감안하여 현행 관세법에서는 [표 8-3]과 같은 과세가격 결정 방법에 관한 규정을 마련하고 순차적으로 적용하고 있다.

[표 8-3] 과세가격의 결정 방법

적용순위	내용
제1방법	당해 물품의 실제 거래가격을 기초로 한 과세가격의 결정
제2방법	동종·동질물품의 거래가격을 기초로 한 과세가격의 결정
제3방법	유사물품의 거래가격을 기초로 한 과세가격의 결정
제4방법	국내판매가격을 기초로 한 과세가격의 결정
제5방법	산정가격(算定價格)을 기초로 한 과세가격의 결정
제6방법	합리적 기준에 의한 과세가격의 결정

④ 관세율

관세율은 관세액을 결정함에 있어서 과세표준에 적용되는 비율을 말한다. 현행 관세율표에는 수입물품의 품목별로 종가세인 경우에는 백분율(%)로, 종량세의 경우에는 단위당 금액으로 관세율이 표시되어 있다([표 8-4] 참조).

[표 8-4] 관세의 산출 방법

- 종가세 적용물품 실제 거래가격 × 과세환율 = 감정가격
- 감정가격 × 관세율 = 관세액
- 종량세 적용물품 수입물품의 수량 × 단위당 관세 = 관세액

(5) 관세의 징수

관세의 징수행위는 납부와 영수로써 완료되는데, 거두어들이는 국가 측에서 보면 수납이 되고, 납세의무자 측에서 보면 납부가 된다. 수입물품에 대한 관세 등의 징수는 신고납부를 원칙으로 하며, 관세의 납세의무자는 수입신고를 할 때 과세표준, 세율 및 납부세액을 세관장에게 신고하여야 한다.

세관장은 납세신고에 대한 확인·심사를 한 후 신고납부서를 교부하여 납세의무자로 하여금 관세를 납부토록 하고 있다. 그러나 예외적으로 과세가격 결정 자료가 미흡한 무환수입물품이나 심사에 신중을 요하는 탄력관세 적용물품 등의 경우에는 세관장이 세액을 결정하여 고지한 금액을 납세의무자가 납부하도록 하는 부과고지 방식으로 징수할 수도 있다.

신고납부서의 교부 또는 납세의 고지에 대하여 납세의무자가 자진하여 납부하고 이를 수납기관이 영수하는 것을 임의징수라고 하며, 국가가 재정 권력에 의하여 강제적으로 수납하는 것을 강제징수라고 한다.

(6) 수입신고필증 및 반출

수입물품에 대한 수입검사를 거쳐 관세 및 기타 내국세의 징수가 끝나면, 세관장은 수입신고인에게 수입신고필증을 교부한다. 이와 같이 신고 수리된 물품은 세관장에게 반출신고만으로 언제든지 보세구역에서 반출되어 관세법의 구속에서 벗어날 수 있다.

그러나 경우에 따라서 어떤 물품은 수입신고인의 책임 밖의 사유에 의하여 수입신고필증이 적기에 교부되지 못하게 될 수 있으며, 이로 인하여 상기(商機)를 잃거나 물품을 적재적소에 사용하지 못할 수도 있다. 이를 방지하기 위해 관세법에서는 수입신고수리 전이라도 관세상당액을 담보로 제공하고 세관장의 승인을 얻으면 물품을 보세구역으로부터 반출할 수 있도록 규정하고 있다.

주요용어

- 무역관리제도
- 외국환거래법
- 수출입승인
- SITC
- 무역위원회
- 수출승인
- 관세환급
- 대외무역법
- 무역대리업
- 수출입공고
- CCCN
- 수출조합
- 선적전검사
- 수입신고필증
- 관세법
- 종합무역상사
- 산업피해구제제도
- HS
- 수입조합
- 수출통관

연습문제

01. 무역관리제도의 의의와 우리나라의 무역 관련 법령의 체계에 대해 설명하시오.

02. 무역업과 무역대리업을 비교하여 설명하시오.

03. 수출입승인을 받기 위한 일반적인 요건에 대해 설명하시오.

04. 수출입공고를 열람하여 수출제한승인품목과 수입제한승인품목을 10개씩만 찾아서 각각에 대한 제한내용을 알아보시오.

05. 우리나라에서 수출을 진행하기 위해서 거쳐야 하는 절차를 간략히 설명하시오.

06. 일반수입과 수출용 원재료 수입의 차이점을 설명하시오.

07. 수입화물의 통관절차에 대해 간략히 설명하시오.

08. 관세의 4대 요건에 대해 설명하시오.

09. 관세를 부과할 때 과세가격의 결정 방법을 우선순위에 따라 설명하시오.

10. 산업피해구제제도에 따라 무역구제조치를 받은 경험이 있는 산업을 하나 선정하여 구제조치가 내려지기까지의 배경과 과정을 조사하시오(그룹과제).

제 9 장
디지털무역과 4차 산업혁명

무역 이야기

디지털무역·물류 플랫폼 'u트레이드허브 2.0' 개통

수출입화물 선적과 운송·전자상거래 등 무역절차를 고도화한 디지털무역·물류 플랫폼 'u트레이드허브 2.0(uTH2.0)'이 2022년 12월 21일 개통되었다. uTH2.0은 블록체인과 인공지능(AI) 등 4차산업혁명 기술을 활용해 기존 플랫폼을 고도화하고 디지털 물류, 전자상거래무역, 스마트무역원장, 디지털 전자문서유통 서비스를 새로 추가해 기업이 무역과 물류 업무를 처리하는데 편의성과 신속성을 한 단계 끌어올렸다.

디지털 물류 서비스는 선사와 터미널 중심 항만물류 업무에서 화주와 물류기업 간 선적, 화물추적 및 내륙화물의 운송업무까지 처리할 수 있다. 기존에 팩스나 이메일 방식으로 처리하던 선하증권(B/L), 화물인도지시서(D/O), 수입신고필증, 보세운송필증 등 서류를 'uTH2.0'을 통해 실시간 공유하도록 했다.

전자상거래무역 서비스는 해외 쇼핑몰에서 받은 주문정보를 바탕으로 바로 수출신고서를 작성해 관세청으로 전송할 수 있다. 판매와 재고관리, 통관, 운송관리 등 전자상거래 무역업무 전 과정을 원스톱으로 지원한다.

스마트무역원장 서비스는 무역기업이 계약서나 상업 송장 기초 데이터를 기반으로 선적, 통관, 결제 등 무역서류를 작성할 수 있도록 해 무역서류 관리 편의성을 높였다. 무역서류를 엑셀로 관리하는 무역업체에 도움이 될 전망이다.

또 그동안 종이로 발급·유통해 온 각종 실적증명 및 시험성적서, 검사서 등의 문서를 디지털 증명문서로 송수신하고 열람, 제출할 수 있도록 디지털 문서 유통플랫폼도 새롭게 구축했다.

u트레이드허브 2.0 출범을 계기로 플랫폼 이용기업의 무역경쟁력이 향상되고 한국무역이 또 한 번 도약할 수 있을 것으로 기대된다. 정부도 DEPA 가입 등 디지털 통상

네트워크를 확대하고, 국가 간 전자송장, 시험성적서, 전자원산지증명서 활용 촉진 등 디지털무역을 지원할 수 있는 다양한 정책을 추진할 계획이다.

자료: ZDNET Korea 디지털경제(2022. 12. 21.) 일부 발췌 및 수정.

제 1 절 디지털무역의 개요

1. 디지털무역의 의의와 특징

(1) 디지털무역의 개념

'디지털무역'이 전세계 무역시장의 흐름을 바꾸고 있다. 디지털 기술의 등장과 급속한 발전은 무역 환경의 디지털화를 야기했고, 이는 새로운 교역재와 거래수단의 등장으로 이어졌다. 전통적인 무역보다 더욱더 다양한 주체가 국가 간 무역에 참여하게 되는 새로운 디지털무역의 시대가 열린 것이다.

디지털무역은 아직 국제적으로 정립된 통일된 정의가 없다. 다만 '디지털 기술과 관련된 모든 국가 간의 교역 활동'을 포괄하는 광의의 의미로 국제적인 합의가 형성되고 있다. 2019년 OECD, WTO, IMF가 공동으로 발간한 '디지털 무역 측정 핸드북(Handbook on Measuring Digital Trade)'에 따르면 디지털무역은 "디지털 방식으로 주문하거나 제공되는 모든 국제 무역"으로 정의되며, 디지털무역의 유형은 디지털 방식으로 주문된 실물 상품 거래, 디지털 방식으로 주문 및 제공된 서비스, 디지털 중개서비스 등으로 구분된다.

하지만 실무적으로 디지털무역은 전자무역이라는 용어와 혼용되고 있다. 전자무역이란 마케팅·상담·계약·원자재 조달·운송·대금결제 등 제반 무역 업무를 가상공간(cyber space)을 통해 시간과 공간의 제약 없이 처리하는 새로운 무역거래 형태를 말한다. 우리나라에서는 2000년 말 대외무역법의 개정과 함께 법률적 용어로 전자무역이 사용되어 왔다. 대외무역법에서는 전자무역을 "무역의 전부 또는 일부가 컴퓨터 등 정보처리능력을 가진 장치와 정보통신망을 통해 이루어지는 거래"라고 정의하기도 하였다.

아직까지 디지털무역의 활성화에는 여러 가지 기술적·제도적·물리적 장애요인이 상존하고 있다. 그럼에도 불구하고 디지털무역은 거래규모 측면에서도 향후 10년 내에 전 세계 무역의 50%를 점유하게 될 것으로 예측될 만큼 잠재력을 가진 새로운 흐름으로 평가되고 있다.

한국의 경우 해외시장정보와 영업망이 취약한 중소기업들이 이러한 디지털무역의 활용에 적극적인 관심을 기울이고 있다. 또한 산업통상자원부 등 정부유관 부처와 지방정부, 그리고 대한무역투자진흥공사(KOTRA), 한국무역협회(KITA), 한국무역정보통신(KTNET) 등의 관련 기관들도 이들의 디지털무역 활동을 지원하기 위해 다양한 정책적 노력을 기울이고 있다.

(2) 디지털무역의 배경

디지털무역은 기존의 전통적인 무역을 완전히 배제하고 있는 것이 아니라 무역업무 처리 방식을 전환하는 도구라 할 수 있다. 무역업무 처리 방식은 1960년대 이전까지 신용장통일규칙과 Incoterms의 제정으로 대표되는 무역서식의 표준화로 간소화되기 시작했다.

그 이후 1970~80년대에는 가능한 현존의 무역절차를 간소화하기 위하여 각국의 대표가 참석하는 국가별 무역절차 간소화위원회를 구성한 바 있다. 이러한 위원회를 통하여 무역 업무에서 사용되는 각종 무역서식의 표준을 바탕으로 규제완화를 통한 무역절차의 간소화를 도모하였다. 이러한 EDI 기반이 2000년대 새로운 정보통신기술인 인터넷과 접목하면서 무역기반의 네트워크화 등으로 단계적으로 변화하여 왔다. 디지털무역의 배경은 근본적으로 이러한 무역업무 처리방식의 변화에서 찾을 수 있다.

(3) 디지털무역의 실무적 특징

기존의 무역과 비교할 때 디지털무역은 무역거래의 진행순서에는 큰 차이가 없다. 그러나 무역거래의 구체적 수단과 방법에는 상당한 차이가 있다. 일반적으로 디지털무역은 ① 제품, 시장, 거래업체에 대한 정보수집과 홍보를

[표 9-1] 무역업무 처리 방식의 변화

구 분	주 요 내 용
무역서식의 표준화(1960년대 이전)	· 신용장통일규칙(UCP) · 무역조건의 해석에 관한 국제규칙(Incoterms)
무역절차의 간소화(1970~80년대)	· 국가별 무역절차 간소화 위원회 · WP4, CEFACT의 활동
무역업무의 자동화(1980~90년대)	· EDI국제표준(UN/EDIFACT)
무역기반의 네트워크화(2000년대)	· E-마켓플레이스, 인터넷EDI · BOLERO, TradeCard, uTradeHub
무역전반의 지능화(2010년대 이후)	· 인공지능(AI), 빅데이터, 클라우드 · 사물인터넷, 드론 등 4차 산업혁명기술 활용

위한 [정보수집과 마케팅], ② 거래당사자 간에 거래조건에 대한 의견을 교환하고 매매계약의 법률적 근거를 마련하게 되는 [거래협상 및 계약체결], ③ 거래와 관련한 [대금결제], ④ 상품의 운송과 유통과 관련한 [물류 과정], 그리고 ⑤ 지속적인 거래관계의 구축을 위한 [고객서비스와 분쟁해결] 등의 다섯 단계로 구분할 수 있다. 이들 단계별 구분을 중심으로 디지털무역과 기존 무역거래와의 실무적 차이점을 분석해보면 다음과 같다.

첫째, 디지털무역의 가장 큰 특징은 글로벌 마케팅(global marketing)과 정보수집이다. 기존의 무역에 있어 거래선에 대한 정보수집과 마케팅을 위해서는 직접 해외출장을 가거나 카탈로그, 홍보매체 등을 이용하였다. 그러나 전자무역에서는 중소기업도 인터넷 홈페이지 개설, 외국 웹사이트 검색, 배너광고 등을 통해 손쉽게 글로벌 마케팅을 할 수 있다. 이는 해외정보의 수집이나 마케팅능력이 없어 무역을 할 수 없었던 중소업체에게는 획기적인 무역기회의 확대이며, 사실상 내수기업과 수출기업 간의 장벽이 무너져 가고 있다.

둘째, 효율적인 커뮤니케이션 수단으로서 인터넷을 이용한 사이버 협상(cyber negotiation)이 디지털무역에서 점차 큰 비중을 차지하게 될 것이다. 지금도 전화, 팩스 등을 통해 무역협상을 하는 경우도 있지만, 가장 일반적인 방법은 역시 해외출장이었다. 그러나 인터넷의 발달로 거래 관련 자료나 화상을 실시간으로 전송하거나 채팅 방식으로 사이버공간에서 직접 얼굴을 맞대고

무역 상담을 하는 것도 가능해졌다.

셋째, 대금결제 분야에도 커다란 변화가 일어나고 있다. 즉, 전자화폐와 BOLERO, Identrust, SWIFTNet 등을 이용한 새로운 대금결제 방식과 물류 관련 서류처리 방식의 출현으로 앞으로 은행을 통한 신용장(L/C)이나 D/P, D/A 방식의 거래비중은 점차 감소할 것이다.

넷째, 물류운송 분야에 있어서도 물류 e-Marketplace의 개설로 온라인 선복수배와 함께 경매 또는 역경매 방식의 운임협상이 가능해졌다. 또한 세계적인 종합물류정보 네트워크의 구성을 통해 화물의 이동을 항상 확인할 수 있게 되면서 기업은 효율적인 재고관리는 물론 물류비용을 대폭 절감할 수 있게 되었다.

마지막으로, 고객서비스와 분쟁해결 측면에서도 전통적인 클레임서한 대신에 온라인 콜센터 또는 온라인 고객지원서비스가 보편화되고 있다. 또한 기본 무역계약 외에 디지털무역에 따른 새로운 분쟁에 대비하여 전자거래약정을 추가적으로 체결하는 것이 보편화되고 있으며, 신속한 분쟁해결을 위하여 인터넷을 이용한 상사중재 신청 및 화상회의 시스템을 이용한 사이버알선과 원격중재제도도 활용되고 있다.

[그림 9-1] 디지털무역의 특징

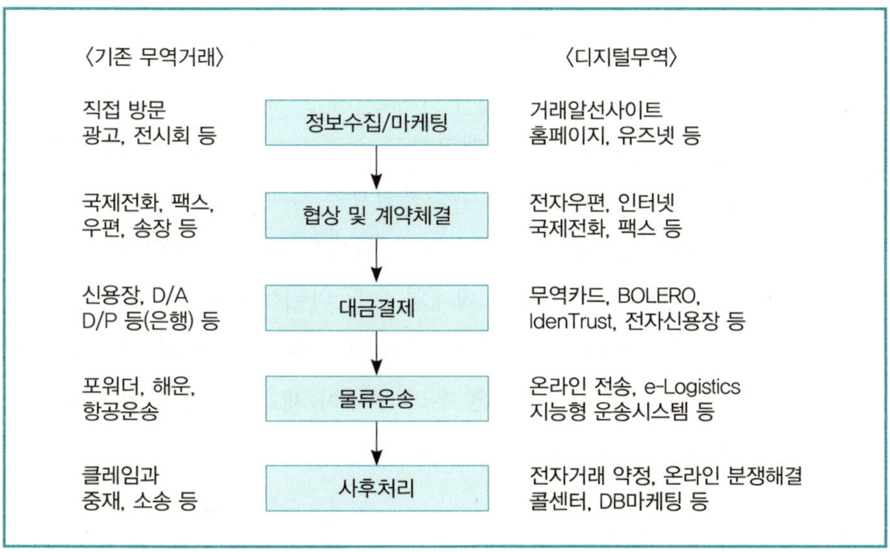

2. 디지털무역의 기대효과

디지털무역은 우리 경제가 성장하기 위한 핵심 성장동력인 무역의 구조적 혁신을 통해 우리 무역이 갖고 있는 여러 문제를 근본적으로 해소하고 무역 부대비용의 절감 및 수출기반 확대 등 국가경쟁력을 획기적으로 증대시킬 수 있을 것으로 기대된다.

(1) 무역 부대비용의 획기적 절감

우리나라는 세계 8위권의 무역대국임에도 불구하고 비용구조에 따른 부가 가치 저하라는 근본적인 문제에 직면하고 있다. 무역부대비용만 하더라도 총 수출입금액의 평균 12%에 이르러 수출제품의 가격경쟁력 약화, 수입원자재의 원가상승 등을 초래하고 있는 것으로 분석되고 있다. 이러한 문제와 관련하여 디지털무역은 무역 프로세스의 혁신을 통해 무역 부대비용을 획기적으로 절감함으로써 우리나라 무역의 고비용구조를 근본적으로 개선할 수 있을 것으로 기대된다. 사실 현재 운영 중인 단일창구(single window) 방식의 디지털무역 인프라인 uTradeHub만으로도 국가 전체적으로 연간 5조 원 이상의 무역 부대비용 절감효과가 있음을 감안할 때, 향후 전자무역이 본격화될 경우 엄청난 비용절감 효과를 기대할 수 있다.

(2) 수출기반 확대 제공

디지털무역은 기존 전통무역과는 다른 새로운 수출상품과 시장창출을 통해 우리의 수출경쟁력을 제고하고 수출기반 확대를 제공할 수 있다. 즉, 디지털무역은 21세기 핵심 수출산업으로 주목받고 있는 디지털 재화를 포함한 지식서비스 등의 수출증대에 핵심적 역할을 수행할 것이며, 전자장터(e-Marketplace) 등을 통해 세계의 모든 바이어를 대상으로 24시간 무역거래를 할 수 있는 기반을 제공한다. 결국 디지털무역을 통해 창출되는 새로운 사업모델과 새로운 시장 개척은 우리 무역이 제2의 도약을 이루는 전기를 마련해 줄 수 있을 것이다.

(3) 국가경쟁력 제고

수출 중심형 경제구조인 우리나라의 특성을 감안할 때, 개별기업과 산업의 IT, e-비즈니스 시스템은 디지털무역과 연계될 때 비로소 전체 프로세스의 IT화, e-비즈니스화가 달성될 수 있을 것이다. 즉, 기업과 산업의 e-비즈니스화 노력이 디지털무역이라는 연결고리(link)를 통해 수출의 양적 증대와 고부가가치화로 이어지고 이로 인해 실질적인 국가경쟁력 제고로 직결된다.

3. 디지털무역 인프라와 uTradeHub

(1) 디지털무역 인프라의 개념과 기능

디지털무역 인프라의 가장 기본적인 요건은 인터넷에서 무역절차를 일괄처리하는 디지털무역 플랫폼을 구축하는 것이다. 디지털무역 플랫폼이 구축될 경우 무역업체는 인터넷 상에서 시장조사, 계약, 운송, 통관, 결제 등 모든 무역업무를 내부업무와 연계하여 원스톱(one-stop)으로 처리할 수 있게 된다.

① 디지털무역 플랫폼의 개념

디지털무역 플랫폼(e-Trade platform)이란 인터넷 환경에서 무역업체가 언제 어디서나 인터넷을 통하여 시장조사에서 계약, 통관, 결제까지 모든 무역업무 프로세스를 단절없이 일괄처리(one-stop)할 수 있는 단일창구(single window)를 제공하며, 특히 무역 프로세스에 관여하는 여러 기업들 상호간에 협업적 상거래(collaboration commerce)를 가능케 하는 인프라를 말한다.

② 디지털무역 플랫폼의 기능

디지털무역 플랫폼은 무역을 행하는 기업들이 전체 무역 프로세스를 원스톱(one-stop)으로 처리할 수 있는 싱글 윈도우(single window) 환경을 제공한다. 디지털무역 플랫폼의 구체적 기능은 다음과 같다.

첫째, 무역 프로세스에 관련된 다양한 기관과의 시스템 연계를 위해서는 다양한 인터페이스 방식의 통합이 필요한데, 자연스러운 업무 프로세스를 구현하기 위해서는 각 프로세스의 유기적 연계 및 통합기능을 제공한다. 특히, 사용자 기업은 하나의 아이디로 단 한 번 디지털무역 플랫폼에 로그인함으로써 디지털무역의 모든 프로세스, 즉 통관, 물류, 결제 등을 유기적으로 처리할 수 있다.

둘째, 디지털무역 플랫폼은 전자문서보관소를 구축하여 제공한다. 즉, 전자문서보관소를 디지털무역 플랫폼과 연계하여 구축하고 보안 및 장애관리 등을 포함한 운영자 역할을 수행한다.

셋째, 무역 관련 여러 기업들과의 협업 프로세스 제공을 위한 연계 솔루션을 개발하여 제공한다. 상역, 물류, 금융, 통관 서비스 제공 주체들, 즉 관세청, 수출입 유관기관, 은행, 보험사, 물류업체 등과의 연계 솔루션을 개발하고 연계시스템을 구축하여 운영함으로써 무역기업들이 디지털무역 플랫폼 내에서 전체 무역 프로세스를 원스톱 처리할 수 있다.

넷째, 디지털무역 플랫폼은 전자문서에 PKI 전자서명을 적용하여 거래의 신뢰성 및 안전성을 보장함은 물론, e－비즈니스의 국제표준인 ebXML을 채택하여 상호 일관된 거래 방식을 제공한다.

다섯째, 무역업체가 디지털무역 플랫폼을 용이하게 이용할 수 있는 다양한 접근 방안 및 연계모듈의 개발 및 관련 서비스를 제공한다. 디지털무역 플랫폼은 전용 S/W를 통한 접속과 웹 브라우저를 통한 접속 등 다양한 접속 방식을 제공하고, 개별기업의 기간시스템 또는 내부시스템과 연계함으로써 무역 프로세스를 마치 기업 내부의 업무프로세스와 마찬가지로 처리할 수 있음은 물론, 더 이상 국내시장과 해외시장의 구분이 없는 글로벌 무역환경이 가능하다. 또한, 무역 ASP 서비스 등 중소기업이 보다 손쉽고, 경제적으로 디지털무역 인프라에 접근하고 활용할 수 있는 수단을 제공하는 것도 디지털무역 인프라의 활용을 높일 수 있다.

(2) 한국의 uTradeHub 구축현황

① uTradeHub의 개념

유트레이드허브(uTradeHub)는 무역서류의 온라인 거래를 통해 무역업계의 부대비용을 절감하고 수출경쟁력을 강화하기 위해 정부 지원으로 구축된 국가적인 차원의 디지털무역 기반시설이다. 무역업체가 언제 어디서나 계약부터 물류, 결제에 이르는 무역업무 전반을 처리하고 무역업체별 맞춤형 정보를 제공 뿐만 아니라 4차 산업 신기술을 적용하여 전자상거래 수출 및 물류업체까지 무역·물류 업무 벨류체인(value chain) 전주기를 지원하는 디지털무역·물류플랫폼이 바로 uTradeHub이다.

② uTradeHub의 특징과 서비스 내용

uTradeHub는 인터넷 방식의 원스톱 디지털무역서비스, 편리한 문서유통, 안전한 거래 보장, 무역절차별 및 사용자별 맞춤서비스 제공, 업무시간 단축 및 비용절감, 유관기관과 연계된 무역서비스 등을 제공한다. 구체적인 서비스 내용은 [표 9-2]와 같다. 보다 자세한 내용은 uTradeHub 홈페이지(www.utradehub.or.kr)를 참고하기 바란다.

[표 9-2] uTradeHub의 서비스 명칭과 서비스 내용

서비스 명칭	내용
무역포탈	은행이나 거래기업 수출입유관기관을 방문할 필요없이 신용장 통지, 개설, 대금결제 등 수출입에 필요한 은행 업무, 로컬(간접수출) 거래에 필요한 구매확인서, 내국신용장 거래 업무, 적하보험, 수출보험 가입 신청 및 증권발급 통지 등의 업무를 처리
전자상거래 무역플랫폼	글로벌 전자상거래 셀러가 해외에 판매한 물품에 대해 판매관리, 창고관리, 수출입통관관리, 배송관리, 구매확인 및 결제관리를 원스톱으로 처리
구매확인서 통합서비스	수출업체에 수출용 원자재 또는 완제품을 거래하는 공급자와 구매자가 로컬(간접수출) 거래에 따른 구매확인서 발급 현황을 조회하거나 자료전송을 받을 수 있으며, 공급 물품에 대한 간접수출실적증명서 발급
내국신용장 통합서비스	수출업체에 수출용 원자재 또는 완제품을 내국신용장 방식으로 거래하는 공급자와 구매자가 내국신용장 업무 처리에 따른 통지, 물품수령증명서, 추심(매입), 내국신용장 잔액 등의 내역과 현황을 조회하거나 자료전송
수출입요건확인	세관장 확인제도 하에서 확인기관이 무역업체의 요청에 따라 통관 전부가 허가, 추천, 신고, 검사, 검정, 시험방법, 형식승인 등의 절차를 진행하는 수출입요건확인 업무를 인터넷을 통한 전자적인 방법으로 처리
스마트무역원장 (Trade Ledger)	오더에서 통관, 선적, 결제 및 로컬에 이르는 수출입 전 과정을 플랫폼 기반으로 디지털 전환하여 처리하거나 통합 지원하는 무역정보화 서비스
디지털물류서비스 (TradeFlow)	선적에서 물류비 결제까지 화주의 물류 기업 간의 수출입물류 전과정을 디지털화 된 정보와 데이터로 연계하여 처리. 디지털선적서비스, 디지털운송서비스, 디지털화물추적서비스 등으로 구성
디지털무역 데이터포털	자사간접수출데이터, 공개데이터, AI추천 서비스, OPEN API를 한 곳에서 제공하는 통합 창구로써 사용자가 쉽고 편리하게 데이터를 이용할 수 있도록 데이터, 오픈API 등 다양한 방식으로 제공

[그림 9-2] uTradeHub의 서비스 구조

자료: uTradeHub 홈페이지.

제 2 절 4차 산업혁명과 무역

1. 4차 산업혁명의 개요

(1) 4차 산업혁명의 의의

산업혁명(Industrial Revolution)이란 기술혁신을 통한 생산력의 향상을 의미하며, 이러한 생산력의 도구인 기술의 특성이 변모하여 옴에 따라 경제체제 및 사회구조의 전면적 변화의 주 동인으로 작용해 왔다. 18세기 1차 산업혁명 이후로 지금까지 3차례 산업혁명을 통하여 생산성 효율화가 진보되어 왔으며, 금번 4차 산업혁명은 또 한번 생산의 대변혁을 가져올 것으로 보인다. 여기서 4차 산업혁명이란 사물인터넷(IoT: Internet of Things)을 통해 생산기기와 제품 간 상호 소통 체계를 구축하고 전체 생산과정의 최적화를 구축하는 산업혁명을 말한다. 한편 다보스포럼(2016)에서는 이를 디지털, 물리적, 생물학적 영역의 경계가 없어지면서 기술이 융합되는 인류가 한 번도 경험하지 못한 새로운 시대라 정의하였으며, 사전적으로는 제조기술 뿐만 아니라 데이터, 현대사회 전반의 자동화를 총칭하는 것으로 CPS(Cyber Physical System: 가상물리시스템)와 IoT, 인터넷 서비스 등의 모든 개념을 포괄하는 것으로 정의하고 있다.

이러한 변화를 실현할 4차 산업혁명의 핵심은 물리학기술, 디지털기술, 생물학기술 등 각 분야의 다양한 기술의 융·복합을 통한 '스마트팩토리'를 구축하고 이를 기반으로 한 산업구조의 재편과 새로운 성장 동력의 대안에 있다.[1] 특히 다보스포럼의 4차 산업혁명에 관한 논의에서 언급하고 있는 주요기술은 사물인터넷, 로봇공학, 3D프린팅, 빅데이터, 인공지능 등이 있다.

4차 산업혁명은 기존의 소프트웨어 기술을 기반으로 생성되는 디지털 연결성이 사회를 근본적으로 변화시키고 있다. 3차 산업혁명의 핵심인 정보통신기술(ICT) 발달은 4차 산업혁명의 필요조건이나 4차 산업혁명은 여기서 더 나아

---

1 4차 산업혁명을 이끄는 기술에 대한 상세한 내용에 대해서는 클라우스 슈밥(2016). 송경진(역), 「제4차 산업혁명」, 새로운 현재, pp.36-50 참고.

[표 9-3] 산업혁명의 단계별 특징

단계	1차 산업혁명	2차 산업혁명	3차 산업혁명	4차 산업혁명
시기	18C 초	19~20C	20C 후반	2010년 이후
핵심 기술	증기기관 기반	전기에너지 기반	컴퓨터/인터넷기반	CPS기반(IoT, AI, Big Data 융·복합)
혁명 부문	기계화 혁명	대량생산 혁명	지식정보 혁명	만물초지능 혁명
주체	사람	사람	사람	기계 스스로
결과	증기기관 발명으로 기계를 이용한 공장 생산체계 시작	컨베이어벨트를 이용 작업표준화와 분업의 시작, 대량생산체제 진입	전자기술과 IT를 통한 제조업자동화 확산, 글로벌 IT기업 부상	사람·사물·공간을 초연결·초지능화하여 산업구조와 사회시스템 혁신, 유연하고 효율적인 생산 체계

자료: 클라우스 슈밥(2016).

가 기술간 융합과 연결이라는 핵심 키워드를 가지고 있다는 점에서 진일보한 개념이라 할 수 있다. 혁신적 기술의 융·복합은 기계가 사람을 대신하면서 노동의 대체·보완 및 경제 주체의 의사결정 지원이 가능해지고 생산성이 제고됨으로써 고부가가치 신제품 서비스가 지속적으로 등장할 것이다. 즉, 4차 산업혁명은 3차 산업혁명의 연장선인 동시에 큰 차별성이 존재하는 것이다. 결국 4차 산업혁명은 기술간 초연결성을 통한 초지능화 된 자동화, 즉 '스마트팩토리'의 실현으로 정리할 수 있다.

(2) 4차 산업혁명에 따른 경제구조의 변화

4차 산업혁명은 수요와 공급을 연결하는 기술 기반의 플랫폼 발전으로 공유경제와 온디맨드경제가 새로운 경제구조로 부상할 것으로 보인다.[2]

① 온디맨드경제로의 전환

온디맨드경제(On Demand Economy)는 모바일 기술 및 IT인프라를 통해 소

2 현대경제연구원(2016). "4차 산업혁명의 등장과 시사점", 「경제주평」, Vol.705, pp.16-32.

비자의 수요에 즉각적으로 제품 및 서비스를 제공하는 경제활동으로 거래의 중심을 수요에 둔 개념이다. 기존의 자동화에 기반을 둔 동일한 재화의 대량생산은 생산자·공급 중심이라면, 4차 산업혁명을 통한 생산은 소비자의 기호를 반영한 수요 중심으로 생산 패러다임의 변화를 가져올 것으로 예측된다.

② 공유경제의 확산

공유경제(Sharing Economic)는 재화나 공간, 경험과 재능을 다수의 개인이 협업을 통해 다른 사람에게 빌려주고 나눠 쓰는 온라인 기반 개방형 비즈니스 모델이다. 즉, 어떤 시설이나 장비를 소유하고 있지 못하더라도 온라인에 의한 정보의 공유와 연결을 통하여 개방된 서비스제공이 가능한 또 다른 비즈니스모델을 말한다.

기존에 생산은 제조시설의 확보에 대한 진입장벽이 높아 공급자가 한정되어 있었던 반면, 오늘날 공유경제를 통한 생산시설의 공유가 가능해 짐에 따라 누구나 아이디어만 있다면 새로운 공급자(Makers)로 등장할 수 있는 시대로 변화하고 있다. 즉, 생산시설의 공유경제는 4차 산업혁명이 추구하는 다품종 적량생산을 실현하는 주요수단으로 주목받고 있다.

2. 주요국의 4차 산업혁명 대응현황

(1) 독일: Industry 4.0

독일 정부는 변화하는 경쟁구도 및 사회문제에 대응하기 위하여 이미 2006년부터 「하이테크」 전략(The High-Tech Strategy)을 지속 추진해 오고 있다. 2014년에는 Industry 4.0을 최우선 추진 과제로 선정한 「新하이테크」(The New High-Tech Strategy Innovation for Germany) 전략을 수립하였는데 이는 독일의 ICT와 기계 산업의 융합을 통해 제조업의 완전한 자동 생산 체계를 구축하고 모든 생산 과정이 최적화되는 4차 산업혁명을 본격화하기 위한 시도라고 할 수 있다(현대경제연구원, 2013).

그러나 기대와는 달리 Industry 4.0 표준화에 대한 합의 지연, 중소기업의 인식 및 참여 부진, 디지털 기술의 활용 수준 저조 등의 비판적 평가가 확산됨에 따라 독일 정부 중심으로 재검토를 실시하였다(중소기업연구원, 2017). 그 결과로 2015년 하노버 박람회에서 정부주도형 '플랫폼 인더스트리 4.0'이 등장하였고, 이를 기반으로 독일 정부는 민간기업과 학계 등의 협력을 통해 본격적인 '스마트공장'(Smart Factory)의 실현을 추진 중이다. 즉, Industry 4.0에 의한 스마트 생산이란 제품에 내장된 IT 시스템에 기반을 두어 정확한 수요가 예측되고, 자동화된 시스템에 따라 제품 생산, 스마트 물류 시스템에 의해 제고가 부족한 곳에 상품이 배송되는 인텔리전트(intelligent)한 생산 체계가 구축됨을 의미한다.

(2) 미국: 산업인터넷(Industrial Internet)

미국의 4차 산업혁명에 대비한 준비는 민간 기업이 주도하는 '산업인터넷 컨소시움'을 통해 활발히 진행되고 있다. 즉, 민간 기업들은 자율적으로 컨소시움을 형성하여 플랫폼을 구축하고 사물인터넷 실현을 통해 4차 산업혁명에 주도권 확보를 목적으로 한다. 민간기업의 적극적인 움직임과 함께 정부 또한 제조업의 경쟁력 강화를 위한 전략 마련, 공공 성격의 과제 추진 등 다각적인 지원방안을 마련하고 있다. 특히 개별 기업차원에서 접근하기 힘든 빅데이터 분야의 고도화를 위하여 '빅데이터 이니셔티브'를 추진하는 등 미국은 기업과 정부의 공동 대응이 적극적으로 이루어지고 있다.

(3) 일본: 로봇전략

일본은 그동안 장기 침체를 극복하고 신성장 동력 확충을 위해 정부차원에서 IT기술 육성에 관한 다양한 정책을 지속적으로 추진해왔다. 일본의 신성장 동력에 대한 본격적인 논의는 2013년 시작되었고 2016년부터 4차 산업혁명에 대비한 구체적인 전략을 수립하고 있다. 특히, 일본은 로봇기술 강국의 위상을 이용한 대응 전략 마련에 집중하고 있다. 로봇신전략은 로봇 기술이 제조 분야뿐만 아니라 다양한 분야에서 활용되어 일본 사회 전체의 부가가치를 향상시키고 생산성을 강화시킬 수 있을 것으로 기대된다. 이와 더불어 일본 정부는 IoT, 빅데이터, AI 로봇 등을 활용하여 새로운 제조 시스템을 구축·추진할 것을 언급하며, 4차 산업혁명의 선도국가로 자리매김하기 위한 노력을 계속하고 있다.

(4) 중국: 중국제조 2025

중국은 「중국제조 2025(Made in China 2025)」를 통해 양적 성장의 '제조대국'에서 질적 성장의 '제조강국'으로 도약을 추진하고 있다. 「중국제조 2025」는 중국의 13차 5개년 계획(2016~2020년)의 제조업 산업정책에 해당하며, 향후 중국의 제조업 육성전략의 핵심이 되고 있다. 중국의 이러한 대응현황의 특이점은 제조업의 성장과 함께 원활한 인터넷 구축을 동시에 추진한다는 것이다. 즉, 전자를 위하여 '중국제조 2025 전략'을 후자를 위하여 '인터넷플러스전략'을 수립함으로써 제조대국의 지위를 공고히 하고 제조업과 정보의 체계적·효율적 융합을 실현하고자 노력하고 있다.

(5) 한국: '제조업 혁신 3.0'과 '디지털 뉴딜전략'

우리나라는 중국 등 신흥 제조강국의 부상, 4차 산업혁명의 확산 등으로 양적 추격형 전략이 한계에 봉착, 주력산업은 정체되고 신산업 창출이 지연되고 있다. 따라서 제조업 환경 변화를 체질 개선과 질적 성장의 기회로 활용하고, 혁신경쟁에서 우위를 확보할 수 있도록 산업정책 전반의 대전환이 필요한 시점이다.

이에 우리나라는 2014년 6월 제조업 스마트 혁명을 통해 "2024년 제조업 4강 도약"을 목표로 하는 「제조업 혁신 3.0 전략」을 발표하였다. 이어 2019년 6월에는 이를 업그레이드한 '제조업 르네상스 비전 및 전략'을 제시하였다. 2020년 7월 정부는 2025년까지 49조원의 재정을 투입하는 '디지털 뉴딜'을 통해 디지털 선도형 경제를 만들기 위해 특히 데이터와 네트워크, 인공지능 분야에 대한 지원과 투자를 크게 늘렸다.

또한 2020년 11월 무역분야에서도 수출기업 10만개, 무역규모 1조불의 벽을 넘어 '20만, 2조불 시대'로 가는 무역구조 혁신전략의 일환으로 '무역 디지털전환 대책'을 추진하였다. 디지털화는 무역비용의 획기적 감소, 무역거래의 지능화를 통해 더 많은 기업들의 보다 성공적인 수출을 촉진하는 효과가 있기 때문이다. 즉, 디지털 역량강화로 우리 무역의 양적 확대·질적 고도화를 동

[그림 9-3] 한국 무역의 디지털전환 대책

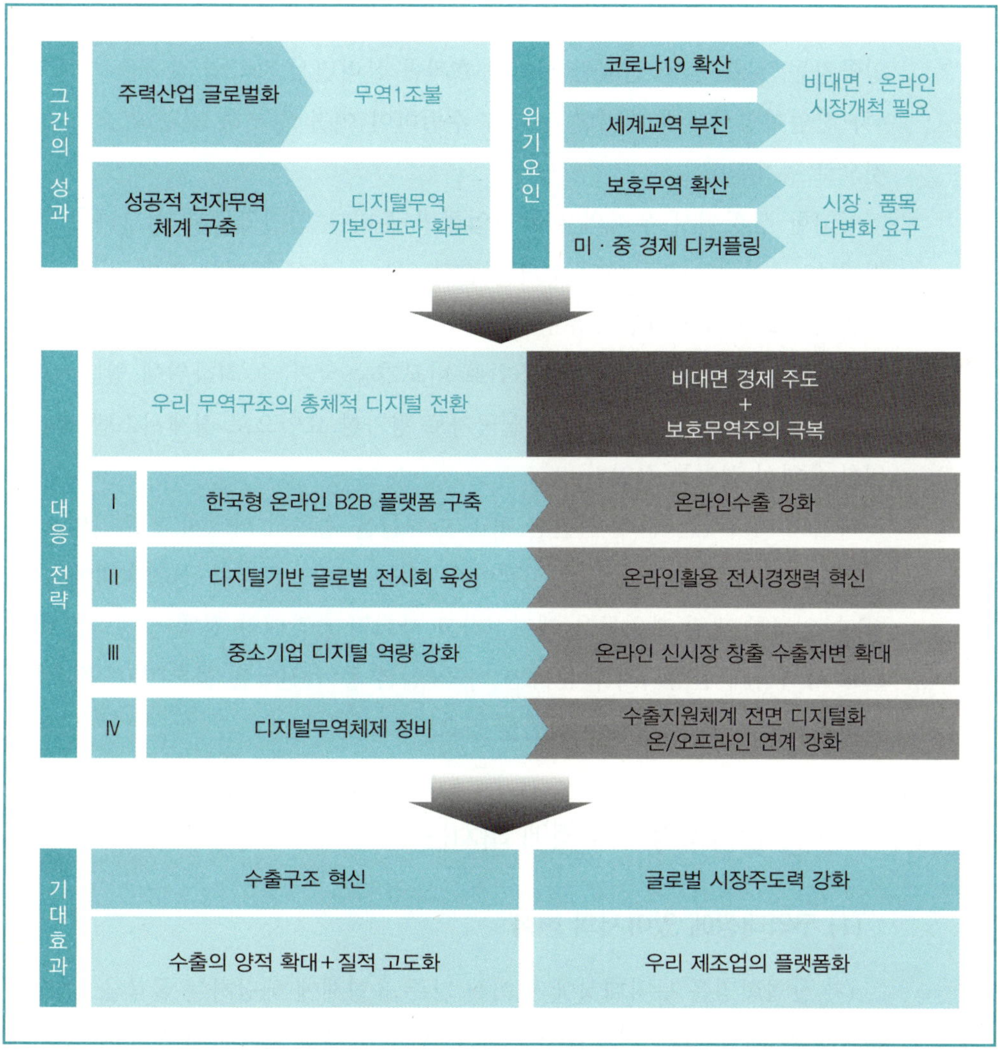

자료: 관계부처합동, 「무역 디지털 전환 대책」, 2020. 11. 13 참조.

시에 도모하기 위한 전략이다. 그 핵심내용을 간단히 요약하면 [그림 9-3]과 같다.

(6) 상호비교 및 평가

제4차 산업혁명 대응을 위한 국가별 정책 방향은 산업발달의 정도 그리고 현재 직면한 경제상황에 따라 다소 상이할 수 있으나, ICT 기술에 기반한 제조업 부흥에 대한 목적은 유사하다고 할 수 있다. 각국은 IoT/CPS, 빅데이터와 인공지능, 로봇 등을 연계한 시너지 효과를 살리면서 자국의 강점을 기반으로 4차 산업혁명시대에 대비한 전략을 수립하여 이를 차분히 진행해 오고 있는 것으로 평가된다.

이러한 상황에서 우리의 4차 산업혁명 준비는 선진국들과 비교하여 뒤처져 있는 동시에 신흥국들의 추격을 받고 있는 상황에 직면해 있다. 이는 주요 기관이 발표한 4차 산업혁명 준비 평가순위를 통해 확인할 수 있는데, WEF와 UBS의 평가에서 각각 25위와 28위로 비교가능 국가 중 최하위에 있다. WEF는 한국을 4차 산업혁명 준비 부실국가로 평가한 요인으로 경제시스템 전환을 위한 유연성 결여를 꼽았다.

이에 우리나라는 현재 직면한 여러 한계들을 정확히 파악하고 우리의 상황에 맞는 전략 수립이 절실한 시점이다. 이를 기반으로 4차 산업혁명에 대응할 수 있도록 관련 자원들을 재편성하고 사회적 공감대와 정책 실행력을 바탕으로 강력하게 실행되지 않는다면 미국·일본 등 선진국은 물론이고 중국에도 뒤처질 수밖에 없는 상황에 직면할 것으로 예상된다.

3. 4차 산업혁명이 무역에 미치는 영향[3]

(1) 무역대상에 있어서의 변화

4차 산업혁명은 무역대상에 있어서 기존 유형재에 해당하는 물품을 넘어 많은 변화가 예상된다. 즉, 기존의 물품은 단순한 유형재로 소비를 통해 그 가치가 소멸되었다면, 오늘날은 유형재를 통해 다양한 콘텐츠 소비가 함께 이루어지고 있다. 이에 4차 산업혁명의 대두와 함께 핵심 기술로 주목받는 IoT기술을 접목한 스마트제품 시장 확대에 대한 기대감이 고조되고 있다. 스마트제품은 사물들이 IoT기술을 기반으로 상호 연결되고 데이터를 생성, 수집 및 공유

3 이병문 · 정희진 · 박광서(2017). "4차 산업혁명이 무역에 미칠 영향과 이에 대비한 수출촉진전략", 「무역학회지」, Vol.42 No.3, pp.1-24.

하면서 서비스를 창출하는 제품으로 정의될 수 있다.[4]

이러한 스마트제품이 무역거래 대상의 중심으로 진입하기 위해서는 공급자 위주의 관점을 탈피하고 새로운 것이 주는 혁신성을 넘어 실용적 가치 제공에 주력해야 할 것이다. 그 시작은 제조와 서비스의 융합으로 이미 ICT와 자동차·전력·홈·건설·의료·제조·금융 등과 연결된 상호 실시간 제어에 있다 할 수 있다. 이는 편재형 컴퓨팅(pervasive computing),[5] 첨단 소프트웨어 및 센서 기술 등과 함께 제조업의 전 가치사슬을 디지털화 할 것으로 전망된다. 나아가 4차 산업혁명은 기존 제품이나 서비스의 개선을 넘어 사회 전반에 영향을 미칠 수 있는 혁신적인 제품·서비스를 등장시킬 것이다. 4차 산업혁명은 제1~3차 산업혁명과 달리 그 규모, 범위, 그리고 복잡성의 모든 부분에서 인류가 지금껏 경험한 적 없는 패러다임 자체의 변화를 수반할 것으로 예측된다.

(2) 무역주체에 있어서의 변화

① 생산자 측면: 중소기업의 역할 강화

4차 산업혁명은 3D프린팅 등 생산기술의 변화와 네트워크를 활용한 거래방식의 확산으로 글로벌 생산자와 소비자 간 거리·감정의 격차를 축소시킬 것으로 기대된다. 이와 함께 소비자 구매 패턴이 점차 아이디어, 네트워크, 민첩성, 감정 등을 중시하며 상품의 수명주기가 점차 빨라지는 것 역시 중소기업의 수출환경에 유리하게 작용할 것으로 보인다. 이는 변화하는 수요에 즉각적으로 반응하고 생산에 대한 진입이 용이해지면서 그간 대기업이 향유하던 규모의 경제 이점이 점차 쇠퇴될 것이라는 데 기인한다. 즉, 4차 산업혁명은 개방형 제조플랫폼을 등장시켜 기존에 제조설비를 갖추지 못한 중소기업이나 개인에게도 기회로 작용할 것이다.

② 소비자 측면: B2C 전자상거래 확산

기존의 무역은 물품을 중심으로 B2B거래를 통해 각 국의 소비자에게 유통

4 김보경(2016). “해외 IoT기술 접목 스마트 제품의 성공전략”, 「Trade Brief」, Vol.8, 국제무역연구원.

5 이는 스마트폰 등 모바일 기기를 활용하여 일상생활에서 컴퓨터를 사용하는 것을 말한다.

되는 구조였으나, 오늘날 인터넷 기술의 발달로 다양한 디바이스를 통한 소비자 직접구매가 용이하다. 이러한 변화는 무역 대상의 확대에도 영향을 미쳐 과거 유형재 중심의 거래에서 정보의 접근 가능성에 따른 콘텐츠, 항공권, 자동차 혹은 하우스 렌탈 및 공유(Sharing) 등으로까지 거래품목이 확대되는 결과를 초래하였다. 이러한 거래는 정보의 실시간 공유 및 전달을 통해 실현되며, 4차 산업혁명의 핵심기술 중 하나인 클라우드와 빅데이터 등이 이러한 변화를 뒷받침 하고 있다.

(3) 무역시장에 있어서의 변화

4차 산업혁명은 소비자 중심의 시장을 형성하고 전자상거래를 더욱 촉진하면서 기존의 특정 물품의 일괄적 공급시스템에서 전 세계 개개의 소비자를 대상으로 생산하여 판매하는 형태로 변화를 가져올 것으로 보인다. 특히, 신흥개도국의 도시화 진전과 함께 중산층 소비 계층이 형성됨에 따라 새로운 소비의 핵심으로 부상할 전망이다. 세계 국내총생산(GDP)에서 신흥국의 비중은 2015년 39%에서 2030년 63%로 확대될 전망이며, 중국·인도·ASEAN의 빠른 성장으로 세계 경제의 무게중심이 아시아로 이동하는 움직임을 보이고 있다. 이와 같은 소비시장의 확대에 대한 대비는 개별 소비자의 구매방법, 구매대상, 구매동인 등 소비 트렌드와 함께 준비되어야 할 것이다. 그 동안의 대중(大衆)소비가 아닌 개인의 가치와 개성을 중시하는 취향소비의 확대, 개인주의를 기반으로 자신만의 독특한 가치를 추구하는 소비가 심화될 것이기 때문이다.

실제로 지난 30년간 무역의 대상은 글로벌 국제 분업의 확대로 중간재 중심으로 증가하여 왔으나, 최근 국제거래에서 중간재의 비중은 줄어들고 대신 소비재 비중이 확대되는 추세이다. 소비재 비중이 확대되는 데에는 4차 산업혁명을 통한 생산의 혁신과 함께 신흥국·도시 중산층을 중심으로 한 소비계층의 확대, 전자상거래의 확산 등이 중요한 요인으로 작용하고 있다.

(4) 무역형태에 있어서의 변화

4차 산업혁명은 제조의 개념을 확장·변화시키고 있다. 종래의 제조는 '생산

그 자체'를 의미하여 생산된 실물의 사용을 통한 가치감소 및 소멸로 인지되었다면 미래의 제품은 스마트화를 장착함으로써 지속적인 서비스를 제공 받는 새로운 가치창출을 의미한다. 따라서 앞으로는 서비스화된 제품이 시장에서의 경쟁력을 좌우할 것으로 예상된다. 서비스화된 제품의 핵심 경쟁력은 제품이 담고 있는 콘텐츠와 네트워크를 통한 연결성이다. 즉, 다양한 스마트 제품들의 급속한 확산은 바로 스마트기기가 제공하는 내용, 곧 콘텐츠의 힘이라 할 수 있다. 어떠한 전자기기와 플랫폼, 기술도 훌륭한 콘텐츠의 결합이 없이는 텅 빈 용기에 불과하다고 할 수 있을 정도로 스마트 IT시대에 콘텐츠는 매우 중요한 요소이다. 나아가 이러한 서비스가 장착된 제품은 지속적인 유지관리와 컨설팅 등 소비의 전 과정을 가치사슬화 할 수 있도록 초연결성을 도모하는 네트워크가 뒷받침되어야 한다. 즉, 무역 침체, 저성장 기조를 극복하고 4차 산업혁명의 주역이 되기 위해서는 지금까지 물품을 중심으로 한 수출액 중심의 무역구조에서 부가가치가 높은 거래 활동을 중심으로 한 무역구조 변화가 필요하다. 이는 결국 종래의 유형무역 그리고 무형무역을 넘어 복합무역으로 무역의 형태를 심화시킬 것으로 예측된다.

(5) 무역방식에 있어서의 변화

디지털 경제는 4차 산업혁명과 함께 더욱 확대될 것으로 예상되며, 그 속에서 인터넷 플랫폼 경쟁이 치열할 것으로 보인다. 즉, 개인의 참여가 확대됨에 따라 새로운 아이디어와 개인의 개성을 즉각적으로 반영하기 위한 실시간 정보의 공유가 필수적이며 이를 생산과 유통에까지 원스톱으로 연결하기 위하여 정보통신기술을 기반을 둔 디지털경제에 대한 의존이 더욱 강화될 것이다.

디지털 경제화 현상은 무역에도 그대로 반영되어 국경간 전자상거래가 급속히 증가하고 있다. 이러한 디지털 경제의 특징은 인터넷 플랫폼에 의한 거래비용 하락과 시장에 대한 즉각적인 접근, 네트워크 효과로 인해 거리와 국경의 개념이 약화되고 실시간 정보교류와 판매가 가능하다는 것이다. 이를 반영하듯 세계 디지털무역 또는 국경간전자상거래(CBEC) 규모는 지속적인 성장세를 유지하고 있다.

주요용어

- 디지털무역
- 4차 산업혁명
- 중국제조 2025
- 디지털무역 플랫폼
- Industry 4.0
- 제조업 르네상스
- uTradeHub
- 산업인터넷
- 국경간 전자상거래

연습문제

01. 디지털무역의 개념과 배경에 대해 설명하시오.

02. 국내 · 외의 디지털무역의 최신 동향에 대해 알아보시오.

03. 디지털무역의 특징을 전통적인 무역과 비교하여 설명하시오.

04. 우리나라 디지털무역인프라인 uTradeHub의 주요 서비스에 대해 조사하시오.

05. 디지털무역을 도입하여 성공한 기업의 사례를 조사하여 보고하시오(그룹과제).

06. 4차 산업혁명의 주요 기술들에 대해 알아보시오.

07. 산업혁명의 단계별 특징에 대해 설명하시오.

08. 주요국의 4차 산업혁명 대응현황에 대해 알아보시오.

09. 4차 산업혁명이 무역에 미치는 영향에 대해 논하시오.

제10장

해외시장진출방식과 해외시장조사

무역 이야기

코트라 디지털 플랫폼 '트라이빅' · '해드림' 수출지원 성과

코로나 종식 이후에도 디지털무역의 중요성이 점차 높아지고 있는 가운데 정부와 수출지원기관의 디지털플랫폼을 활용해 수출에 성공하는 국내기업들의 사례가 늘어나고 있다.

대한무역투자진흥공사(KOTRA)에 따르면 2024년 디지털플랫폼을 활용한 수출성공사례공모전 결과와 함께 중소기업의 플랫폼 활용실태를 분석한 내용을 발표하였다. 그 결과 각 분야를 대표하는 우리 기업들이 KOTRA의 통합정보포털 해외경제정보드림(해드림)과 빅데이터분석플랫폼(TriBIG)을 활용해 해외시장 개척을 이루어낸 것으로 밝혀졌다.

특히 해드림과 트라이빅으로 시장트렌드와 바이어정보를 알아내고 무역관의 도움을 받아 최종적으로 수출에 성공한 디지털현장 융합형 해외진출사례가 눈길을 끌고 있다. 실제로 냉각설비와 장비를 생산판매중인 A사는 해드림에서 시장트렌드를 파악하여 호주진출을 목표로 선정하고 트라이빅의 바이어 탐색기능을 활용해 원하는 바이어를 찾아냈다.

이밖에도 2024년 약 866만명의 고객이 해드림을 방문해 수출관련정보를 수집한 것으로 확인됐다. 또한 TriBIG의 바이어조회 서비스 이용기업도 약 5,200개사에 이르는 등 디지털 플랫폼이 우리 기업의 해외시장개척에 폭넓게 활용되고 있는 것으로 나타났다.

KOTRA는 디지털플랫폼과 전세계 129개 무역관의 현장지원을 연계한 '디지털현장융복합지원'을 통해 더 많은 수출성과를 이끌어낼 계획이다.

자료: 한국경제TV(2025. 2. 2.) 일부 발췌 및 수정.

제 1 절 해외시장진출방식

1. 수출

기업이 어떠한 동기로든 수출을 통해 해외시장에 진출하기 위해서는 우선 여러 가지 수출형태 또는 수출경로 중에서 하나를 선택하여야 한다. 주요한 수출경로는 [그림 10-1]과 같다. 수출경로는 크게 간접수출과 직접수출로 구분할 수 있는데, 이들을 간단히 살펴보면 다음과 같다.

(1) 간접수출

간접수출이란 전문무역상사, 수출대행업자, 수출조합 또는 국내에 거주하고 있는 외국상인 등을 통하여 수출함으로써 수출국 내에서 요구되는 수출 관

[그림 10-1] 주요 수출경로

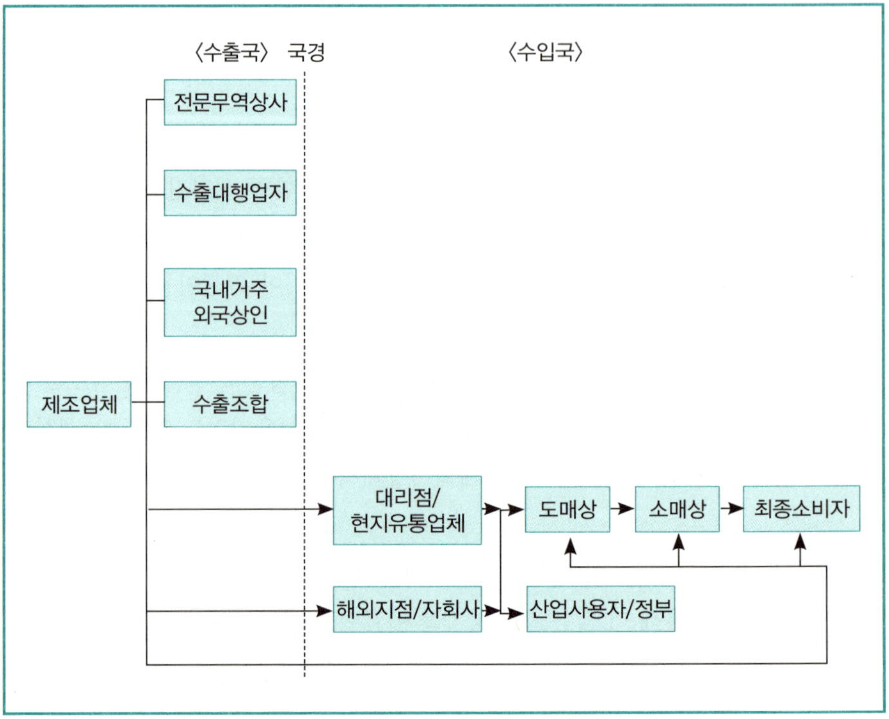

련 기능을 제조업체가 스스로 수행하지 않고 제품을 해외에 판매하는 방법이다. 간접수출경로를 선택하는 경우 얻게 되는 장점으로는 다음과 같은 것들이 있다.

우선 추가적인 인력이나 고정자본을 투입하지 않고도 수출판매이익을 향유할 수 있다는 것이다. 또한 이러한 기업은 남보다 한발 앞서 해외시장에 발을 들여놓음으로써 수출을 증대시킬 수도 있을 뿐 아니라, 새로운 수출품목의 추가 내지 직접수출로의 이행도 가능하다. 그리고 세계적인 정보망과 판매망을 구축하고 있는 대행업자의 정보를 획득할 수 있다는 것과 그들의 전문지식 활용을 통한 상품판매의 안정성을 추구할 수 있다.

그러나 간접수출은 실질적으로는 국내판매와 크게 다를 바가 없기 때문에, 그만큼 해외시장에 대한 지식과 경험을 축적하기에 불리하고 경쟁업체에게 시장을 상실할 가능성이 직접수출보다 높다. 그리고 수출대행업체들은 제품수출에 따른 사전 및 사후서비스를 소홀히 함으로써 해외고객의 제조업체에 대한 명성을 손상시킬 우려가 있으나, 제조업체는 수출대행업체에 대한 통제력이 약하다는 단점이 있다.

(2) 직접수출

직접수출은 제조업체가 본사의 수출전담부서나 계열무역회사를 통해 수출과 연관된 제반 업무와 기능의 대부분을 타인에게 위임하지 않고 직접 수행하는 수출방법이다. 직접수출을 하게 되면 일반적으로 간접수출의 경우보다 수출판매액이 늘어나게 되는데, 이는 제조업체가 해외시장조사를 포함한 제품의 해외마케팅에 보다 적극적인 노력을 기울이게 되기 때문이다. 또한 직접수출을 하게 되면 제품의 유통경로에 대한 통제를 강화할 수 있고, 국제마케팅에 대한 전문적인 지식을 축적할 수 있다. 그러나 해외시장에서의 매상고(賣上高)의 증대와 비례하여 제조업체 내에 수출을 전담하는 인원이나 부서 또는 별도의 수출전담기업을 설치해야 한다. 더 나아가서는 해외에서의 마케팅을 담당할 현지지점이나 해외자회사까지 운영해야 할 경우도 생기므로, 그만큼 수출경비도 늘어나게 된다.

따라서 직접수출 시에는 기업 및 제품의 특성, 목표시장의 규모와 무역환경, 수출의 상대적 및 절대적 중요성 등을 고려하여, 기업의 목표에 가장 적합한 수출조직구조와 구체적 수출경로의 선택에 대한 의사결정을 내리는 신중함이 요망된다. 제조업체의 입장에서 본 직접수출의 장·단점은 간접수출과 비교하여 대개 반대로 생각하면 되므로 여기서는 구체적인 언급은 생략하기로 한다. 다만 한 가지 강조하고 싶은 점은 우리나라의 경우만 살펴보아도 알 수 있듯이 오늘날 거의 모든 대기업들은 간접수출보다 직접수출에 의존하고 있으며, 해외시장 및 국제마케팅 경험과 무역실무에 대한 지식이 어느 정도 보편화됨에 따라 중소규모의 제조업체들도 상당수가 직접수출을 하고 있다는 사실이다. 특히 대외무역법의 무역업 허가요건이 완화됨에 따라 우리나라 중소기업들의 직접수출활동은 더욱 늘어날 것으로 보인다.

2. 계약형태의 진출방식

계약형태의 진출방식은 무형의 자산인 공업소유권, 상표, 물질특허, 저작권 등의 지적재산권과 컴퓨터 소프트웨어 등의 기술적 노하우, 경영관리 및 마케팅을 포함한 경영 노하우 등의 경영자산을 하나의 상품으로 취급해 해외시장에 진입하는 방식이다. 계약형태의 진출방식도 수출기회를 창출할 수도 있지만, 이는 본질적으로 기술이나 노하우의 판매를 주요 대상으로 하고 있으므로 일반상품의 수출방식과는 근본적으로 다르다. 또한 주식투자가 수반되지 않는다는 점에서 다음에서 설명되는 해외직접투자에 의한 진출방식과도 확연히 구분된다.

(1) 국제라이센싱

광의의 국제라이센싱(international licensing)은 특정 기업(licensor)이 보유하고 있는 특허, 상표 및 상호, 노하우 등을 외국에 있는 기업(licensee)으로 하여금 일정한 조건 하에서 활용할 수 있도록 허가하는 대신에 로열티 또는 기타 형태로 그 대가를 지급받기로 당사자 간에 계약을 체결하는 것을 말한다. 라이센싱계약의 핵심은 무형자산의 이전으로서, 단지 전문적 서비스를 제공하는 경영관리계약과 기술원조계약이나 실물자산의 이전을 수반하게 되는 해외

건설계약 또는 턴키계약(turn-key contract) 등과는 성격을 달리 한다.

라이센싱계약을 체결하게 되는 이유는 대개 다음과 같다.

첫째로, 국내에서 이미 사용된 기술을 해외에 이전시킴으로써 추가적인 이윤의 확보가 가능하다.

둘째로, 해외시장에서 특허나 상표를 보호하는 동시에 크로스라이센싱(cross licensing)을 통한 연구결과의 상호교환을 기대할 수 있다.

셋째로, 해외자회사에 대한 형식적인 라이센싱을 통해서 현지국에서 외환통제를 실시하는 경우에도 본국으로의 과실송금이 어느 정도 가능하다.

이 밖에 해외시장에 보다 적극적으로 개입하기 위한 발판을 마련하기 위해 라이센싱이 활용되기도 한다.

수출이나 해외직접투자와 비교해 볼 때 라이센싱의 장점으로는 수출활동에 비하여 관세인상이나 수입장벽에 대한 우회수단으로 활용할 수 있으며, 해외직접투자에 비하여 정치적 위험발생 시 피해가능성이 적다. 그리고 비교적 적은 비용으로 해외시장에 진출하는 방식으로서 특히 소규모 제조업체에게 매력적인 유인을 제공한다. 특히 목표시장에서의 판매가능성이 낮고 불확실한 경우에는 수출이나 직접투자보다는 라이센싱이 유리하다.

한편 라이센싱의 단점으로는 우선 특정 기술이나 상표 등을 보유한 업체만이 활용할 수 있는 수단이며, 현지에서의 마케팅활동 또는 생산활동에서 생길 수 있는 이익을 스스로 포기하는 셈이 되며, 계약에 따라 수입도 일정 비율로 제한되는 것이 보통이다. 그리고 가장 큰 단점으로는 라이센싱을 통해 기술을 습득한 업체는 현지시장은 물론 다른 나라의 시장에서 무서운 경쟁자로 등장할 수도 있다는 것이다.

(2) 프랜차이징

프랜차이징(franchising)은 광의의 라이센싱의 한 형태로서 특정 기업(franchisor)이 갖고 있는 상표나 상호의 사용권을 다른 개인이나 기업(franchisee)에게 허가하는 동시에 원료 및 관리시스템까지 일괄 제공하여 양자가 직접·간접으로 다같이 경영에 참가하는 방식이다. 프랜차이징을 통한 해외시장 진입의 대표적인 예로서 코카콜라(CocaCola), 펩시콜라(Pepsi-Cola), 맥도날드 햄버거(Mcdonald's Hamburger), KFC 등은 오늘날 세계 어디서나 찾아볼 수 있는 유명상표가 되었다.

프랜차이징은 기업의 제품성격상 완제품 형태로는 해외시장국에 수출될 수 없는 경우로서, 생산공정 내지 관리시스템이 쉽게 상대방에게 이전될 수 있는 경우에 활용가치가 높다. 이 방식은 때로는 장차 합작투자 내지 단독투자를 하기 위한 과도기적 진출방식으로 활용되기도 한다. 프랜차이징은 프랜차이지(franchisee) 업체에 대한 끊임없는 지원과 통제를 보다 강조하고 있다는 점에서 좁은 의미의 라이센싱과 구별된다.

(3) 계약생산

계약생산(contract manufacturing)은 라이센싱과 해외직접투자의 중간형이라고 할 수 있다. 이 방식은 국제기업이 진출대상국에 있는 기존의 제조업체로 하여금 일정한 계약조건 하에서 제품을 생산하도록 하고, 이를 현지국시장이나 제3국시장에 판매하는 형태로 이루어진다. 이른바 OEM(Original Equipment Manufacturing) 방식이라고 하여 우리나라에서 생산되어 수출되는 공산품의 상당량이 외국수입업자의 상표가 붙어 세계시장에서 판매되고 있는데, 이것도 일종의 계약생산이라고 할 수 있다.

계약생산에 의하면 해외생산에 필요한 시설에 대한 투자가 없이도 일반적으로 라이센싱으로는 어려운 마케팅에 대한 통제 등에 있어서 해외직접투자와 유사한 이점을 누릴 수 있다. 그러나 적당한 제조업체의 물색이 어렵고, 또 제조업체가 나타났다고 하더라도 만족할 만한 품질과 판매수준을 유지하기 위해서는 막대한 기술원조가 요구될 경우도 있다. 이러한 관점에서 계약생산은 해외시장에 진출하려는 기업의 경쟁적 우위가 제품의 생산보다 마케팅에 있는 경우에 빈번히 활용되는 전략이다.

(4) 관리계약

관리계약(management contract)은 계약을 통해 현지국기업의 일상적인 영업활동을 관리할 권한을 부여받고 이러한 경영서비스를 제공하는 데 대해 일정한 대가를 수취하는 방식이다. 이는 기업의 소유와 경영을 분리하여 전문경영인에게 기업경영을 위임하는 오늘날의 세계적 경영현실을 국제경영에 적용시킨 것으로 볼 수 있다.

이러한 계약 하에서는 해외직접투자의 경우와는 달리 새로운 자본투자, 배당정책의 결정, 기업정책의 변경 또는 소유권 변경과 같은 중요한 의사결정에 대해서는 관여하지 못하는 것이 보통이다.

관리계약은 경영층의 특수한 지식이나 경험이 요구되는 전문서비스 업종에서 자주 이용되고 있다. 때로는 현지국에서 일정 비율 이상의 주식보유를 허용하지 않는 경우 현지 합작선과의 합작투자로 설립된 기업의 경영권을 장악하기 위한 수단으로 활용되기도 한다.

관리계약만을 따로 떼어 생각할 경우 낮은 위험으로 해외시장에 진출한다는 장점은 있지만, 자기 제품의 시장위치를 확보할 수 없으므로 제조업체들에게는 그리 만족스러운 방식은 아니다. 따라서 이는 합작투자, 플랜트수출 등 다른 방식과 결합되어 이용될 때 더욱 바람직한 효과를 기대할 수 있다.

(5) 턴키운영

국내·외의 중공업 대형업체들은 해외의 발주자를 위하여 원자력발전소, 생산공장, 석유시추시설 등을 건설 내지 시공하고 이를 가동 직전의 단계에서 넘겨주는 턴키운영(turnkey operation) 방식을 많이 활용하고 있다. 흔히 턴키운영 방식을 플랜트수출(plant export)이라고도 한다. 이보다 한 단계 더 나아가 발주자가 당해 사업을 독자적으로 영위할 수 있도록 경영관리나 근로자훈련 같은 서비스를 제공할 의무를 추가로 부담하게 되는 방식도 있는데, 이를 턴키 플러스(turnkey plus)라 부르기도 한다.

이러한 계약의 체결을 위해서는 쌍방 간 복잡한 협상 과정을 거치게 되고, 막대한 비용과 시간이 소요되며, 또한 이에 수반되는 법적 절차도 간단하지가 않다. 따라서 이러한 계약에는 시설 및 공장의 명세, 계약당사자의 의무와 책임, 불가항력(force majeure) 조항, 계약위반 및 법적 책임, 그리고 분쟁해결방법 등이 계약서상에 상세하게 명시되어야 한다.

또한 이러한 계약은 대부분의 경우 현지국 정부와 체결하게 되므로, 계약취소나 계약조건의 강제적 재협상과 같은 정치적 위험이 다른 방식에 비해 특히 높다. 그리고 현지국 정부는 계약과 함께 입찰, 선지급, 하자 및 이행에 대한 보증으로 일급은행의 보증을 요구하고 있어 막대한 위험이 뒤따른다. 따라서 국제기업은 일반적인 정치적 불안정을 포함한 정치적 위험과 함께 이러한 특수한 위험에 대해서도 세심한 배려를 기울일 필요가 있다.

3. 해외직접투자

(1) 해외직접투자의 개념

해외직접투자(foreign direct investment)란 기업목표인 이익과 성장을 전제로 투자기업이 외국의 투자대상기업에 대한 경영지배 또는 경영참여를 목적으로 유형의 경영자원인 자본뿐 아니라 무형의 경영자원인 기술·특허·상표권·경영 또는 마케팅 노하우 등 기업의 제반 자원을 패키지(package) 형태로 해외에 이전시키는 방식이라고 할 수 있다. 따라서 해외직접투자는 기업체들이 활용할 수 있는 해외시장 진출전략 중에서 가장 중요하고 복잡한 전략이다.

국제경영 전략적 차원에서 해외직접투자는 수출의 상대개념으로 정의되고 있는 것이 보통이다. 즉, 수출이 국내의 생산요소들을 국내에서 결합하여 제품의 상태로 해외로 이전시키는 방법이라면, 해외직접투자는 국내의 자본·생산기술·경영기술 등의 생산요소를 해외로 이전하여 당해국의 생산요소인 노동·토지 등과 결합하여 생산 및 판매를 하는 것이라는 점에서 대조가 된다.

이상과 같은 해외직접투자는 오늘날 신보호무역주의의 만연으로 각국이 관세 및 비관세장벽을 강화함에 따라 수출에 많은 어려움을 겪고 있는 기업들이 국제시장진출에 활용할 수 있는 가장 적극적인 전략적 대안의 하나로서 각광을 받고 있다. 또한 해외직접투자는 오늘날 전 세계적으로 다각적인 활동을 전개하고 있는 다국적기업의 특성과 경쟁적 우위를 가장 잘 반영하고 있는 전략형태로서 투자 유치국, 투자국, 그리고 세계 경제적 관점에서도 그 영향 내지 효과에 대해 활발한 연구가 이루어지고 있다.

(2) 해외직접투자의 유형

해외직접투자는 무엇을 기준으로 하느냐에 따라 다양한 형태로 구분될 수 있는데, 그 중에서도 대표적인 것이 바로 소유권을 중심으로 한 합작투자와 단독투자이다. 그러나 상대적으로 중요한 비중을 차지하는 만큼 이에 대해서는 다음 항목에서 좀 더 구체적으로 다루기로 하고, 여기서는 전략적 동기를 중심으로 한 해외직접투자의 유형에 대해서 살펴보기로 한다.

① 천연자원지향형

천연자원지향형(raw material seeker)은 부존자원이 풍부한 지역에의 자원개발투자를 통해 여기서 얻어진 원료를 투자기업체의 본사 생산 활동에 활용하기 위해 국내로 반입하거나, 본사국의 타기업체에 수출하거나 또는 제3국에 판매하는 형태의 해외직접투자이다. 이러한 천연자원지향형 투자는 단순히 자원의 개발에 그치는 것이 아니라 개발·정제·판매가 수직적으로 통합되는 경우가 많으며, 막대한 자본투입, 높은 위험부담을 특징으로 한다. 상당수의 대규모 기업들이 이러한 자원개발투자를 통해 본격적인 다국적기업으로 성장하게 되었고, 지금도 수직적 통합을 통한 규모의 경제 및 경쟁기업에 대한 진입장벽의 구축을 위해 천연자원지향형의 직접투자를 계속하고 있다.

특히 우리나라와 같이 부존자원이 빈약한 나라의 기업들은 개발이익의 참가뿐 아니라 자원의 저렴하고도 장기안정적인 확보를 위해서도, 이와 같은 투자 형태의 자원개발수입을 적극적으로 추진할 필요가 있다. 실제로 이러한 동기에서 상당수의 업체가 인도네시아의 원목·원유개발, 알래스카의 유연탄개발 등에 참여하고 있다.

② 시장지향형

시장지향형(market seeker)의 투자는 관세·비관세 무역장벽을 회피하여 기존의 수출시장을 방어하거나 새로운 시장을 개척하기 위하여 현지생산 및 현지판매를 전개하는 것을 뜻한다. 이러한 경우 무역장벽은 오히려 현지국 외부로부터의 경쟁을 제한시키는 역할을 해주게 된다는 장점이 있다.

또한 수출마케팅을 보조하기 위한 현지 마케팅 자회사의 설립을 위한 투자도 시장지향형 투자의 범주에 든다고 할 수 있다. 이러한 시장지향형 투자의 대표적인 예로는 우리나라의 LG전자, 삼성전자가 미국에서 운영하고 있는 TV, 전자레인지 등의 현지 제조공장을 들 수 있다.

③ 생산효율지향형

생산효율지향형(production-efficiency seeker)의 투자는 생산성에 비해 생산요소의 가격이 상대적으로 저렴한 지역에 투자를 하여 생산 활동을 전개하는 것으로, 특히 많은 다국적기업들이 후진국의 풍부한 노동력을 활용하기 위해 이러한 나라에 조립공장을 운영하는 경우를 자주 볼 수 있다. 이는 근본적으로 자본에 비해 노동과 토지 같은 생산요소는 국제적 이동에 많은 제약이 따르거나 전혀 불가능하기 때문이다. 최근에는 우리나라의 봉제업자들도 국내 인건비의 상승으로 임금이 상대적으로 싼 동남아지역에 직접투자를 확대하고 있다.

④ 지식지향형

지식지향형(knowledge seeker)의 투자는 외국의 선진기술이나 경영관리기법을 보다 신속하고 가까이에서 습득하기 위한 동기에서 이루어지게 된다. 우리나라의 기업들도 최근 이러한 지식지향형 투자에 대한 관심이 높아지고 있다. 즉, 국내 대기업들이나 IT 벤처기업들이 최첨단기술을 습득하기 위해 미국의 실리콘밸리에 설치하고 있는 현지법인이 바로 이러한 지식지향형 투자의 대표적인 예이다.

이상과 같은 전략적 동기는 상호 배타적이 아니라 보완적인 성격을 지닌다. 따라서 어느 한 가지 동기만을 이유로 해외직접투자가 일어나기보다는 일반적으로 한 가지 이상의 동기가 결합되어 투자가 이루어진다. 좋은 예로 카리브 연안지역에 진출하고 있는 우리나라의 섬유업체들은 현지의 값싼 노동력을 활용함과 동시에 목표시장인 미국의 수량제한(quota)을 포함한 각종 무역장벽을 회피하기 위해 현지공장을 운영하고 있다.

(3) 단독투자와 합작투자

① 합작투자

특정 기업이 해외직접투자를 통해 현지기업의 경영에 참여할 때 수치상으로는 그 기업의 주식을 100% 소유하면 단독투자, 100% 미만이면 합작투자가 된다. 국제합작투자(international joint venture)란 서로 다른 국적을 가진 2개

이상의 기업체가 특정한 목적을 달성하기 위하여 각 기업의 경영자원과 능력을 결합하여 공동사업체를 세우고 그러한 기업체의 운영에 대해서 공동책임을 갖는 직접투자의 한 형태이다. 소유지분의 비율에 따라 다수지분, 동등지분 및 소수지분인 경우로 세분할 수 있고, 합작파트너를 현지 업체, 현지정부기관, 제3국 기업 중 누구로 하느냐에 따라서 구분될 수도 있다.

이러한 합작투자는 단독투자에 비해 다음과 같은 장점을 지니게 된다.

첫째, 상대적으로 적은 자본과 경영자원으로 대규모사업에도 커다란 위험부담이 없이 참여할 수 있다.

둘째, 적절한 합작선의 물색을 통해 낯선 환경에 신속히 적응할 수도 있고, 정치적 위험도 줄어든다.

셋째, 단독투자를 허용하지 않는 나라도 합작기업에 대해서는 각종 금융·세제상의 혜택을 부여하고 있는 경우가 많다.

넷째, 현지파트너와의 합작기업은 현지기업으로 인식되므로 현지국 국민에게도 좋은 인상을 심어줄 수 있고, 종업원의 사기앙양 등 노사관계 측면에서도 많은 이점이 있다.

다섯째, 제3국 파트너와의 합작을 통해 현지국 정부에 대한 협상력을 상당히 증대시킬 수 있다.

반면에 합작투자에는 다음과 같은 문제점도 있다.

첫째, 단독투자의 경우와는 달리 합작선과 이익을 나누어야 하는 등 서로 다른 국적을 가진 합작선 간의 이해상충 요인이 항시 존재한다.

둘째, 경영통제권의 약화는 물론 기술과 노하우 등이 기업 외부로 흘러나갈 수 있다.

② 단독투자

합작투자와는 달리 단독투자는 100%의 소유권을 행사할 수 있으므로 완전한 경영권의 장악은 물론 투자에 따른 이익도 독점할 수 있다는 장점이 있다. 그러나 그만큼 위험부담도 커지게 될 뿐 아니라 현지국 정부와의 갈등도 심한 경우가 많다. 한국기업들은 대체로 외국의 불확실한 환경 변화에 신축적으로 대응하고 경영권을 확보하기 위하여 단독투자를 선호하는 경향이 있다.

(4) 인수·합병(M&A: merger & acquisition)

직접투자 방식으로 해외시장에 진출하는 데는 소유지분의 결정과 함께 현지의 기존 기업을 인수할 것인가, 아니면 새로이 기업을 설립할 것인가가 중요한 의사결정 과제로 대두된다. 전통적으로 해외투자를 하게 되는 경우 새로운 기업을 세우는 것으로만 인식되어 왔으나, 최근에는 기존 기업의 인수·합병에 대한 관심이 날이 갈수록 증대되고 있다.

① M&A의 개념

인수(acquisition) 또는 매수란 한 기업이 다른 기업의 주식이나 자산 등을 매입하여 경영권을 장악하는 것을 말하며, 합병(merger)이란 독립된 기업들이 인적·물적·자본적 결합을 통하여 동일한 관리체제 하에서 기업 활동을 영위하는 기업결합의 한 형태를 가리킨다. 그러나 현실적으로는 양자를 엄밀히 구분하기가 어렵기 때문에 이를 통칭하여 인수·합병(M&A)이라고 한다.

인수·합병은 결합 형태에 따라 수직적 합병(같은 산업 내의 생산단계가 다른 기업과의 결합), 수평적 합병(같은 산업 내의 동일한 생산단계의 경쟁기업과의 결합), 복합적 합병(다른 산업에 있는 기업 간의 결합)으로 구분되며, 2개 이상의 기업이 합병 후 새로운 기업으로 재탄생되는가 아니면 한 회사가 다른 회사에 흡수되는가에 따라 신설합병과 흡수합병으로 구분된다. 또한 합병 방식이 자산의 취득인가 아니면 주식의 취득인가에 따라 자산합병과 주식합병으로 구분되기도 한다.

어떤 형태로든 기존 기업을 인수하여 해외시장에 진출하게 되는 동기는 대개 다음과 같은 것으로 생각할 수 있다. 즉, 현지기업이 보유하고 있는 특정 자산의 취득과 여기서 얻어지는 시너지효과(synergy effect)를 통한 기업가치의 극대화, 사업의 다각화 또는 지역적 다각화를 통한 이익기회의 확대와 위험분산 등이다.

② M&A의 장점

이와 같은 인수·합병 방식의 장점으로는 다음과 같은 것들을 꼽을 수 있다.

첫째, 이미 독자적인 제품과 시장 및 판매망을 보유하고 있는 기존의 기업을 인수하기 때문에 목표 해외시장에 신속하게 진입할 수가 있다.

둘째, 기존 기업이 보유하고 있는 경영 및 노동인력뿐만 아니라, 제조 및 판매에 대한 경험과 지식도 함께 흡수할 수가 있다. 특히 인수·합병을 하게 되면 기업을 신설할 때 겪기 마련인 인력확보의 어려움을 상당히 해소시킬 수 있다.

셋째, 무리 없이 새로운 제품라인을 추가할 수가 있다. 특히 본사의 제품라인과 유사한 경우에는 본사의 기술과 지식을 활용할 수도 있다.

③ M&A의 단점

반면에 인수·합병에는 문제점 또한 적지 않다.

첫째, 적절한 인수대상기업의 선정과 평가가 어렵다. 즉, 마음에 드는 기업을 찾기도 어렵지만 그러한 기업이 나타났다고 해도 비밀유지, 회계기준의 차이, 허위 재무제표 등으로 적당한 인수가격의 결정이 쉬운 일이 아니다.

둘째, 기존 기업을 인수한다는 것은 그 문제점까지도 떠맡게 되는 것을 의미한다. 예를 들어, 대고객 이미지가 좋지 않은 기업을 인수하게 되면 그러한 나쁜 이미지까지 따라오게 된다. 때로는 공장시설이 노후화되어 기업을 신설하는 것 이상의 신규투자를 필요로 하는 경우도 있다.

마지막으로 현지국 또는 본국에서 인수·합병을 금지하거나 제한하는 경우도 있다. 일반적으로 현지국 정부는 인수·합병을 그다지 달갑게 여기지 않는 경우가 많다. 이는 단순한 소유권의 이전에 그칠 수도 있는 인수·합병은 신규설립보다 고용창출이나 경쟁촉진 등의 경제적 효과가 크지 않다고 생각하기 때문이다. 또한 인수·합병 시에는 독과점을 금지하고 있는 현지국이나 본국의 관련 법규에 저촉되는지의 여부도 유의하여야 한다.

4. 해외시장 진출방식의 결정

국제경영이론에 따르면 기업의 해외시장진출은 점진적 과정을 거치는 것이 보편적이라고 알려져 있다. 즉, 해외시장에 처음으로 진출하는 기업은 처음에는 수출과 같이 상대적으로 위험부담이 낮은 방법으로 진출하게 되며, 해외시장에서의 경험이 증가하고 자본 및 경영능력이 축적되면 높은 위험을 요하는 해외직접투자의 형태로 변화되어간다는 것이다.

그러나 모든 기업들에게 이러한 전개 과정이 일률적으로 적용되는 것은 아니다. 또한 어느 정도 해외시장경험이 축적된 기업에게는 앞에서 살펴본 다양한 해외시장 진출방법이 모두 하나의 선택 가능한 대안이 된다.

여기서는 수출·라이센싱·해외직접투자 등의 3가지 대표적인 해외시장 진출방법 중에서 어느 방식을 선택할 것인가에 관한 모형 중 단순모형과 변화과정모형을 살펴보기로 한다.

(1) 단순모형

대부분의 기업들은 해외시장 진출방법의 선정에 있어서 [그림 10-2]와 같이 비교적 단순한 모형을 사용한다. 즉, 기업들은 일반적으로 위험이 낮고 별다른 자원투입을 요하지 않는 방식인 수출을 통한 진출가능성을 모색한다.

그리고 이 모형에 의하면 기업들은 높은 무역장벽으로 수출이 불가능할 경우 비로소 라이센싱이나 해외직접투자 등의 다른 대안이 활용될 수 있는가를 알아보게 된다. 이때 기업들이 특히 관심을 갖는 것은 기술의 유출위험이다. 따라서 기술이 유출되어 경쟁우위를 잠식당할 가능성이 크지 않다면 위험이 낮은 라이센싱을 하게 되고, 기술이 유출될 위험이 높으면 상대적으로 많은 자원의 투입이 요구되더라도 해외직접투자를 감행하게 된다.

[그림 10-2] 단순한 해외시장 진출방식 결정모형

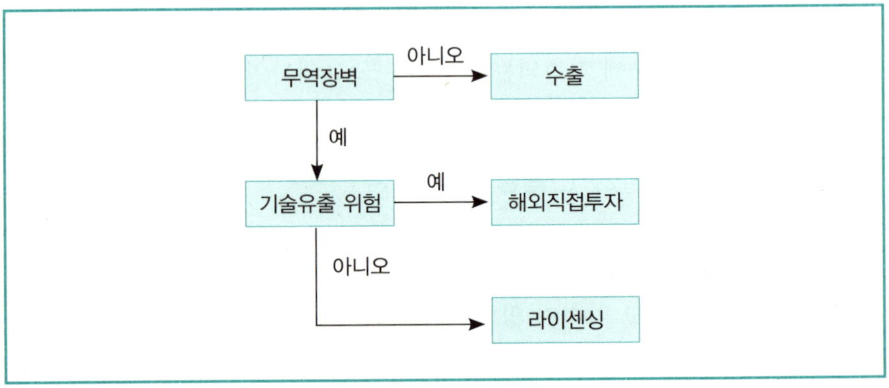

자료: Rugman, A.M. Lecraw, D.J. and Booth, L.O.(1985).

이러한 단순모형의 장점은 우선 간편하고 신속한 의사결정이 가능하다는 사실이다. 이는 다른 진출대안에 대한 정보를 수집하는 데 소요되는 비용과 이의 평가에 소요되는 시간을 줄일 수 있기 때문이다. 그러나 단순모형의 근본적인 약점은 목표해외시장에서의 사업기회에 대해 기업의 능력을 가장 잘 발휘할 수 있는 진출방법을 찾지 못하고 소극적인 해외시장 진출수준에 머무르게 할 수도 있다는 점이다.

(2) 동태적 모형

기업의 국제화는 국제사업에 따르는 불확실성과 해외정보 또는 사업경험의 부족으로 위험성이 높으며, 이를 줄이기 위해 기업은 일정한 학습 과정을 필요로 한다. 다시 말하면 기업의 국제사업은 위험도가 가장 낮은 간접수출에서 시작하여 위험도가 가장 높은 생산자회사의 설립까지 점진적으로 행해진다는 것이다. 이러한 과정을 그림으로 나타내면 [그림 10-3]과 같다. 이 그림은 위험도와 기업의 해외 활동 통제 정도에 따른 동태적인 국제화 과정을 나타내고 있다.

[그림 10-3] 동태적 해외시장 진출방법 결정모형

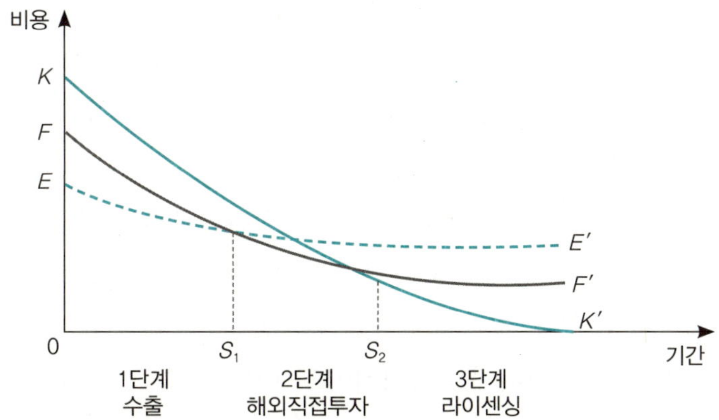

K: 라이센싱으로 인한 기술적 우위의 잠식과 관련된 비용
F: 외국기업으로서 현지생산 활동을 하게 됨에 추가적으로 소요되는 비용
E: 수출마케팅 비용(운송료, 보험료, 관세 포함)

자료: Rugman, A.M.(1980).

제 2 절 해외판매조직의 운영

수출자가 해외에서 운영 가능한 판매조직은 국별로 또는 제품별로 매우 다양하기 때문에 일일이 열거하기가 힘들 정도이나 대표적인 중간상과 대리상을 기준으로 하여 살펴보면 다음과 같다. 일반적으로 중간상은 자기의 명의와 계산으로 수출입활동을 하므로 구입가격과 판매가격의 차이가 영업이익이 된다. 이에 비해 대리상은 수출자 또는 수입업자의 위탁을 받아 당해 위탁자의 명의와 계산으로 거래를 하며, 수출입거래대금의 일정 비율을 수수료 형태로 수취하는 유형이다.

1. 해외중간상

대표적인 해외중간상으로서는 다음과 같이 수입업자, 제조업자, 유통업자, 딜러, 도매상 및 소매상, 외국의 정부 관련 기관 등이 있다.

첫째, 수입업자는 상품을 자기의 위험부담 및 계산으로 수입하여 이를 수입국 현지의 도매업자나 소매상에게 판매한다. 제품에 대한 전문지식을 요하기 때문에 주로 특정 제품계열만을 전문으로 취급하는 수입업자들이 많다.

둘째, 제조업자는 OEM(original equipment manufacturing) 방식으로 수입하거나, KD(knock-down) 방식으로 수입 및 조립하여 자사의 기존 판매망이나 도소매 유통경로를 통해 판매한다.

셋째, 유통업자(distributor)는 독립적인 중간상의 대표적인 예로서 대부분의 경우 특정국에서의 독점적 판매권을 향유하며 해외제조업체와 긴밀한 유대관계를 맺고 있다. 따라서 유통업자는 공급업체에 대한 의존도가 상대적으로 높은 편이며, 계약관계도 장기적이고 지속적이다.

넷째, 딜러(dealer)는 일반적으로 특정 제품의 매매에 있어서 공급업자와 지속적인 관계를 유지하면서 산업재 또는 내구성 소비재를 소비자에게 직접 판매하는 중간상이라고 할 수 있다. 특히 딜러는 공급업체와의 지속적인 관계를 바탕으로 특정 지역에 있어서 제조업체의 제품을 독점적으로 판매할 권한을 갖는 만큼 취급품목도 단일 제조업체의 것만으로 한정하는 것이 보통이다.

다섯째, 도매상 및 소매상은 보다 낮은 단계의 유통경로 구성원들에 대한 재유통이나 최종소비자를 대상으로 유통 업무를 수행하고 있으며, 이를 위하여 직접 수입판매하는 경우도 많다. 예를 들면, 선진국의 대형 소매연쇄점들은 현지시장에서의 지명도를 십분 활용하여 해외제조업체에 대한 주문생산방식을 통해 수입제품에 자사상표를 부착하여 판매하는 경우가 많다.

여섯째, 각국 정부는 정부 소요 물자를 직접 조달하기 때문에 수출마케팅 담당자들은 현지정부 및 공공기관과 거래할 수도 있다. 특히 외환사정이 어려운 개도국이나 동구권의 공산국가들은 국영무역공사와 같은 정부기관에 대외교역창구가 일원화되어 있어 동 기관을 통하지 않고서는 수출이 불가능하다.

2. 해외대리상

대표적인 해외대리상으로서는 다음과 같이 중개업자, 대리점, 팩터 등이 있다.

첫째, 중개업자(broker)는 특히 일차산품이나 음식료품을 전문적으로 취급하며 그 대가로 일정액의 중개수수료를 취득한다는 점에서 대리점과 유사한 성격을 지닌 중간상이다. 대개 이들은 현지고객들에 대한 정보에 밝기 때문에 이들을 활용하면 적은 비용으로 현지시장에 신속히 침투할 수 있다는 이점이 있다.

둘째, 대리점(agent)은 특정 도시, 지역, 당해 시장국 또는 인접국에서의 제조업체의 제품에 대한 판매권을 향유하는 유통기구로써 광범위한 시장을 커버할 수 있다는 이점 때문에 산업재 및 각종 소비재의 유통에 널리 활용된다. 특히 일정한 통제권과 집약적인 유통을 원하면서도 자체적인 해외판매조직을 갖출만한 여력이 없는 수출제조업체들이 선호한다.

셋째, 팩터(factor)는 수출자가 맡긴 물품의 판매알선과 함께 구매자의 지급보증 업무까지 수행함으로써 수출업체와 수입업자의 중간에서 신용위험을 덜어주는 기능을 수행한다. 따라서 팩터는 일정액의 판매수수료 이외에 지급보증의 대가로서 지급보증수수료까지도 수취하게 된다.

3. 해외지점과 해외자회사

(1) 해외지점(foreign branch) 또는 연락사무소(liaison office)

해외지점은 국내 회사가 현지국 정부의 허가를 받아 외국에 설치하는 것을 말한다. 해외의 세법에 따라 결산을 행하여 납세의무를 이행하여야 하나, 국내 법인의 일부이므로 해외지점의 재무 및 손익사항이 국내 본사의 결산에 합산되어 납세의무를 부담하게 된다.

실질적인 사업을 수행하는 지점과 같은 고정사업장을 설치하기 이전의 단계로 주재원 사무소, 즉 단순한 연락사무소를 두고 있는 경우에는 상대국에서 사업소득에 대한 과세문제는 발생하지 않는다. 연락사무소는 현지국에서 수입상과 본사를 연결하는 대화의 창구로 사용되거나 현지의 여러 가지 해외시장정보를 수집하여 본사에 보고하는 정도의 기능을 수행하는 것이 보통이다. 그러나 현지에서의 상담활동 등 직접적인 판매활동을 수행하는 경우 현지국 정부에서 고정사업장으로 간주하여 과세하게 된다면 상대국에 판매한 전체 물량에 대해 세금이 부과될 수도 있어 각별히 주의해야 한다.

(2) 해외자회사(foreign subsidiary)

현지시장에 대한 수출이 일정 규모 이상으로 늘어나게 되면 현지법에 따라 설립되는 현지판매법인의 형태로 해외자회사를 운영하는 것도 적극 검토할 필요가 있다. 지점 또는 자회사 중에서 어느 형태가 유리한가는 획일적으로 단정 지을 수는 없다. 세금, 고객의 신뢰, 금융, 정부의 규제 또는 지원 등을 고려하여 종합적으로 판단하여야 한다. 예를 들어 미국의 경우 세금 측면에서 보면 자회사가 미국 밖에서 소득이 많을 경우 미국에서 높은 세율로 과세되므로 자회사가 불리할 수 있다. 지점의 경우 본사에 대한 이익송금이 자유로우나, 자회사는 배당으로 이익송금을 해야 하므로 이중과세의 측면에서 불리할 수 있다. 반면에, 지점의 경우 그 의무 및 법적 위험이 본사에까지 영향을 미치므로 경우에 따라서는 지점의 문제로 인하여 본사가 어려움을 겪을 수도 있다.

해외지점과 해외자회사의 주요한 차이점은 [표 10-1]과 같다.

[표 10-1] 해외지점과 해외자회사의 차이점

구 분	지점(branch)	자회사(subsidiary)
납세의무	· 지점은 Taxpayer로써 자회사와 마찬가지로 현지 국가에서 납세의무 부담	· 현지 국가에서 납세의무를 부담
과세소득	· 현지 원천소득 · 지사/현장에 귀속되는 소득에 한정 · 리비아 등 일부 국가에서는 Worldwide base로 과세	· 전 세계 발생소득 · 알제리, 모로코, 이라크, 쿠웨이트, 카타르 등 일부 아랍권 국가에서는 현지 원천소득에 대해서만 과세
신고 주체	· 본점이 신고의 주체가 되어, 현지 과세당국에 본점이 노출될 가능성 있음 · 국가에 따라 본점의 재무제표 등을 요구하는 경우가 있음	· 자회사는 모회사와 독립된 별도의 법인이므로 자회사가 신고의 주체가 됨 · 자회사의 재무제표만 제출
이익회수 단계까지 세부담	· 지점 귀속 소득에 대한 법인세 · 지점의 세후 소득을 본점으로 송금 시 발생하는 지점세	· 자회사 발생소득에 대한 법인세 · 세후 소득을 모회사로 배당할 경우 발생하는 원천세
책임의 한도	· 본점은 지점의 활동에 대해 전부 책임 (무한책임)	· 모회사는 자회사에 출자한 범위 내에서 책임 (유한책임)

자료: 더클회계법인 세무자문본부 블로그 참조.

제 3 절 해외시장조사

1. 해외시장조사의 의의

특정 상품을 해외시장에 판매하기 위해서는 먼저 해외시장조사가 필요하다. 해외시장조사는 특정 상품에 대한 잠재구매력 내지 판매가능성을 알아보기 위한 것이다.

2. 해외시장조사의 내용

[표 10-2] 해외시장조사의 주요 내용

구분	내용
일반사항	정치, 경제, 사회, 문화, 지리, 기후, 인구, 언어, 종교 등
경제동향	경제성장률, 국민소득, 물가, 임금, 고용, 국제수지 등
산업동향	산업구조, 특히 관련 산업
무역동향	대외무역구조(품목별, 국가 또는 지역별)
무역관리제도	수출입관리제도 및 절차, 외환관리제도, 관세 및 기타 수입규제
시장특성	소비자계층, 상관습, 구매시기 등
유통구조	시장접근을 위한 유통구조(수입상, 중간상, 도매상, 소매상)
경쟁구조	경쟁업체의 수와 강·약점
기타	항만, 교통, 통신시설 등

3. 해외시장조사방법

해외시장조사를 하는 데는 직접조사와 간접조사가 있을 수 있다. 직접조사는 무역업체가 자체적으로 1차 및 2차 자료를 이용하여 조사하는 방법이며, 간접조사는 대한무역투자진흥공사(KOTRA) 또는 해외시장조사 전문기관을 통하여 필요한 정보를 입수하는 방법이다.

이중에서 가장 손쉬운 방법은 이미 간행된 2차 자료를 활용한 직접조사 방법이다. 해외시장조사에 필요한 2차 자료에는 한국무역협회나 KOTRA의 도서실에 비치된 각종 무역통계, 국별 또는 지역별 무역환경이나 무역동향 등이 있으며, 국내주재 외국 공관의 도서실이나 자료실에서도 해외시장조사에 유용한 자료를 입수할 수 있다.

그러나 2차 자료는 특정 시장의 시장잠재력을 알아보는 데는 도움이 되나 취급품목과 직접적으로 관련된 정보를 얻는 데는 부족한 점이 많다. 이러한 경우에는 경비문제가 있으나 현지를 직접 방문하여 조사를 실시할 필요성도 적극 검토해야 한다. 직접조사의 한계를 고려할 때 특히 중소기업들의 경우에는 KOTRA에 해외시장조사를 위탁하는 것도 현명한 방법이다. KOTRA는 세계 주요국에 한국무역관 또는 지역본부를 두고 무역업체의 신청을 받아 실비로 해외시장조사를 대행해주고 있다.

4. 거래처의 발굴 및 신용조사

(1) 거래처의 발굴 및 선정방법

해외시장조사를 마치면 국별로 거래처의 발굴 및 선정작업에 착수하게 된다. 거래처를 선정하는 데는 다음의 [표 10-3]과 같이 다양한 방법을 활용할 수 있으나, 최근에는 인터넷이 거래처 발굴에 많이 이용되고 있다.

[표 10-3] 거래처의 발굴 및 선정방법

구 분	주 요 방 법
자체홍보물 이용	• 자체적으로 홍보물을 제작하여 주요 잠재고객에게 배포
국내·외 광고매체 및 정기간행물 이용	• 국내·외 광고매체를 통한 광고 • 국내·외 정기간행물의 거래알선
해외공공기관 이용	• 각국의 상공회의소 및 수출입 관련 기관에 거래알선의뢰, Circular Letter 발송
사절단 및 전시회 이용	• 무역사절단, 전시회 및 박람회 등에 참가
직접 방문	• 해외출장 등으로 해당 지역 직접 방문
인터넷 이용	• 인터넷의 무역알선사이트 또는 해당 기업 홈페이지 검색

(2) 신용조사

상거래를 하다보면 상대방의 신용조사를 게을리하여 피해를 입는 업체가 많다. 특히 서로 멀리 떨어져 얼굴 한 번 보지 못하고 편지 한 장만으로 거래관계가 개설될 수도 있는 국제거래에서는 철저한 신용조사가 무엇보다도 중요하다.

① 신용조사의 요건

신용조사에 반드시 포함되어야 할 내용으로서 무역업계에서는 신용조사의 3C's라고 하여 다음을 꼽고 있다.

가. Character

거래상대방의 성실성, 영업태도, 계약이행에 대한 열의, 업계에서의 평판, 도의심 등 계약을 얼마나 성실히 이행할 수 있을까를 판가름하는 기준이 된다.

나. Capacity

거래상대방의 연간 매출액, 영업 형태(개인회사 또는 주식회사, 공개 여부), 연혁 내지 경력, 영업권, 공장 및 설비 등 영업능력을 측정하기 위한 것이다.

다. Capital

거래상대방의 재무상태, 즉 수권자본과 납입자본, 자기자본과 타인자본, 기타 자산상태 등 채무이행능력의 척도가 된다.

이 밖에도 신용조사에는 거래조건, 담보능력 등 여러 가지 내용이 포함되어야 하나, 그 중에서 가장 중요한 것은 역시 Character라고 할 수 있다. 특히 무역거래의 고질병이라고도 할 수 있는 악질적인 무역업자들에 의한 계획적인 클레임(market claim)을 미연에 방지하기 위해서는 철저한 신용조사밖에는 다른 도리가 없다.

② 신용조사의 방법

신용조사는 대개 상대방의 거래은행을 통해서 하는 경우가 가장 많으며, 이를 은행조회(bank reference)라고 한다. 때로는 상대방과 거래경험이 있는 국내업체, 상대국의 다른 거래처, 현지 상공회의소 등을 통한 신용조사도 가능한데 이를 업계조회(trade reference)라고 한다.

그러나 거래의 중요성을 감안할 때 상대방의 신용에 대한 보다 상세한 정보를 필요로 할 경우에는 조금 비싸기는 하지만 상업흥신소라 불리는 신용조사전문기관의 서비스를 활용할 수도 있다. 전 세계적으로 가장 널리 알려져 있는 신용조사전문기관으로는 미국의 Dun & Bradstreet International이 있다.

국내에서는 대한무역진흥공사, 신용보증기금, 수출입은행, 무역보험공사 등이 전 세계적인 지점망 또는 세계 유수의 상업흥신소와의 제휴관계 및 영업 경험을 토대로 실비 또는 무료로 신용조사서비스를 제공하고 있다.

주요용어

- 간접수출
- 직접수출
- 국제라이센싱
- 프랜차이징
- 계약생산
- 관리계약
- 턴키운영
- 해외직접투자
- 단독투자
- 합작투자
- 인수·합병
- 해외판매조직
- 해외중간상
- 해외대리상
- 해외지점
- 해외자회사
- 해외시장조사
- 신용조사

연습문제

01. 간접수출과 직접수출의 장단점에 대해 설명하시오.

02. 계약형태의 진출방식에는 어떠한 것들이 있는가를 설명하시오.

03. 해외직접투자의 유형에 대해 설명하시오.

04. 단독투자와 합작투자의 장단점에 대해 설명하시오.

05. 해외중간상과 해외대리상의 차이점에 대해 설명하시오.

06. 해외진출방식의 결정모형에 대해 간단히 설명하시오.

07. 해외지점과 자회사의 차이점에 대해 설명하시오.

08. 해외시장조사의 주요 내용에 대해 알아보시오.

09. 신용조사에 반드시 포함되어야 하는 3C에는 어떠한 것들이 있는가?

10. 신용조사의 방법에 대해 설명하시오.

제 4 부

무역거래의 이해

제 11 장

무역계약과 Incoterms

무역 이야기

알아두면 쓸모 있는 무역 사기 사례들

다양한 무역 사기 유형에 대한 사전 이해는 '가짜 바이어'가 접근하더라도 보다 효과적으로 대응할 수 있는 기반이 된다. 단순한 의심만으로 상대방의 사기 의도를 완전히 파악하기는 어렵고, 일부 유사한 행동이 있다고 하여 명확한 증거나 법적 판단 없이 상대를 100% 사기 바이어로 단정할 수는 없다. 그러나 일단 무역 사기가 발생하면 손실을 회복할 가능성이 극히 낮기 때문에, 항상 신중하고 방어적인 자세로 거래에 임하는 것이 중요하다.

[유형 1] 과도하게 유리한 조건의 대규모 구매계약 제시

정상적인 무역 거래라면 제품 사양이나 거래조건을 충분히 검토하기 전, 거액의 계약이 체결되는 경우는 드물다. 특히, 지불 조건이 '선적 전 30%', 'B/L 발급 후 30%', '선적 후 40%' 등 비교적 중립적인 방식이 아니라, '100% 선수금 지급'처럼 수출기업에 일방적으로 유리한 조건을 제시하는 경우에는 오히려 주의가 필요하다. 이러한 조건은 실제 거래 관행에 어긋나며, 사기의 징후일 수 있다.

[유형 2] 납기일 등을 이유로 긴급 주문을 요청하는 경우

바이어가 납기 일을 핑계로 긴급 주문을 요청하고, 계약금 수령 이전에 생산을 요구하는 경우 각별한 주의가 필요하다. 이와 같은 상황에서는 사기 발생 시 수출기업이 제조공장의 대금 요구와 손해를 동시에 떠안게 될 위험이 있다. 반드시 계약금 입금이나 신용장 수령 이후에 생산을 개시하도록 철저히 관리해야 한다.

[유형 3] 계약서 작성을 이유로 현지 방문을 요구하는 경우

상담 초기 단계에서 곧바로 계약 체결을 명분으로 수출기업의 현지 방문을 요구하는 사례도 있다. 이러한 경우 상대방의 의도를 자세히 검토할 필요가 있으며, 방문이

불가피하다면 바이어 측에서 제공하는 차량이나 숙박 시설은 이용을 피해야 한다. 가능하다면 공공장소(예: 호텔 로비 등)에서 계약 협의와 상담을 진행하는 것이 바람직하다.

자료: 무역뉴스(2021. 1. 15.) 일부 발췌 및 수정.

제 1 절 무역계약의 의의

1. 무역계약의 개념

일반적으로 청약은 거래를 맺고 싶다는 상호간의 의사표시일 뿐, 당사자들을 법적으로 구속하는 것은 아니다. 청약의 내용대로 모든 것이 이행되기 위해서는 매매당사자간에 정식으로 무역계약이 체결되어야 한다. 무역계약은 청약, 반대청약 그리고 최종 승낙과정을 거치면서 추가되거나 삭제된 것을 모두 정리하여 실제 매매거래에 필요한 모든 조건들을 기재하고 상호간에 서명함으로써 성립된다.

무역계약은 국가 간 이루어지는 일종의 물품매매계약으로 매도인이 대금을 받고 매수인에게 물품의 소유권을 이전하거나 또는 이전하기로 약정하는 계약을 말한다. 무역계약을 체결하는 것은 매매당사자들이 상호 의도하는 바를 법률적으로 명확히 하고, 당사자들을 구속하는 규칙을 설정해서 불필요한 분쟁을 사전에 방지하는 목적이 있다. 따라서 국제무역거래에서 무역계약서의 작성은 반드시 지켜져야 할 업무이다.

2. 무역계약서의 작성방법과 종류

(1) 무역계약서의 작성방법

무역계약은 구두로도 성립되지만 가능한 한 양 당사자가 거래조건들을 확인하고 서명한 계약서를 작성하는 것이 바람직하다. 무역거래에서는 주로 다음과 같은 계약서가 사용되고 있다.

① 판매서

판매서(sales note)는 수출자가 작성하여 수입자에게 보내는 특정 물품의 구매확인서이다. 수출자가 최종적으로 승낙된 청약의 내용과 동일하도록 판매서를 2통 작성하여 서명한 후 수입자에게 보내면, 수입자는 그 내용을 확인한 후 이의가 없으면 역서명하여 1통은 보관하고 나머지는 수출자에게 보낸다.

② 구매서

구매서(purchase note)는 수입자가 특정 물품을 일정한 조건으로 구매하겠다는 주문서이다. 수입자가 일방적으로 작성하여 보내면, 수출자는 이의가 없을 경우 서명하여 1통은 보관하고 1통은 수입자에게 보내게 되는데 이것이 곧 무역계약서가 된다.

③ 청약서

청약서(offer sheet)에는 주로 거래조건이 기재되어 있기 때문에 별도의 계약서를 작성하지 않고 청약을 그대로 계약서로서 이용할 수 있다. 즉 수출자가 발행한 청약에 수입자가 승낙의사표시의 서명을 하거나 또는 수입자가 발행한 청약에 수출자가 서명함으로써 청약을 무역계약서로 이용한다.

④ 각서

수출자와 수입자가 한 곳에 모여 모든 매매조건을 합의하여 계약서를 작성하는 경우가 있는데, 이런 형식의 계약서를 각서라 한다.

(2) 무역계약의 종류

① 개별계약

개별계약은 거래가 성립될 때마다 매매당사자가 거래조건에 합의하여 계약서를 작성하는 경우를 말한다. 판매서, 구매서, 청약, 각서 등은 모두 개별계약에 해당된다. 매 거래마다 별도로 계약을 체결해야 하는 번거로움은 따르지만 모든 거래조건을 법적으로 분명히 해 둠으로써 분쟁을 미연에 방지할 수 있다.

② 포괄계약

포괄계약(master contract)은 매매당사자간에 서로 오랜 기간 거래를 하여 잘 알고 있을 경우 특정 품목을 지정하여 일정기간 포괄적으로 계약을 체결하고 필요할 때마다 선적해 주는 경우에 사용되는 계약형태이다.

포괄계약을 체결할 때는 지정 품목에 대해서 일반거래조건을 합의한 일반거래협정서를 당사자 간 교환한다. 동일 품목을 반복해서 거래할 경우 매 거래마다 거래조건을 확인해야 하는 개별계약보다 일반거래협정서에 의한 포괄계약이 편리하다.

③ 독점계약

수출입을 특정 기업에 국한시킬 경우에는 당사자 간 독점계약이 체결된다. 독점계약이 체결되면 수출자는 계약품목을 수입국가의 지정수입자 외에는 수출해서는 안 되며, 마찬가지로 수입자도 수출국의 다른 기업으로부터 동일한 품목을 수입해서도 안 된다.

독점계약을 체결하는 목적은 당사자 간 이윤극대화에 있기 때문에 수출자는 가능한 한 저렴한 가격으로 청약을 하고 해당 품목의 품질을 보장해 주어야 한다. 그리고 수입자는 가장 좋은 가격으로 최대한 계약물품을 판매하도록 노력해야 하며 연간 어느 정도 판매량을 보장해 주어야 한다.

3. 무역계약의 제조건

무역계약의 약정사항은 계약을 체결할 때마다 당사자들이 합의해야 할 개별약정사항과 모든 거래에 공통으로 적용되는 일반약정사항으로 구분된다. 개별약정사항은 품질, 수량, 가격, 선적, 보험, 대금결제, 포장, 분쟁해결방안 등으로 개개의 거래내용을 구체적으로 합의한 것이며 일반약정사항은 무역거래의 일반적 기준을 약정한 것으로 보통 계약서의 이면에 인쇄되어 있다.

(1) 품질에 관한 조건

무역거래에서 수입자가 제기하는 클레임은 대부분 품질 불량, 품질 상이 등 주로 상품의 품질과 관련될 정도로 품질은 중요한 약정사항이다. 운송 도중 품질이 변할 수 있는 상품을 거래할 경우에는 품질의 기준시기를 선적시점과 양륙시점으로 분명히 해야 한다. 선적품질조건은 선적완료시점에서의 품질을 기준으로 하는 방법이며 일반공산품의 거래에 많이 이용된다. 수출자는 운송 도중의 변질에 대해서 책임지지 않는다. 반면 양륙품질조건은 양륙시점의 품질을 기준으로 하는 방법이며 운송과정에서 변질된 품질에 대해서는 수출자가 책임을 져야 한다. 품질을 결정하는 데는 다음과 같은 방법이 사용된다.

① 견본매매

견본에 의해 상품의 품질을 결정하는 방법으로 무역거래에서 가장 많이 이용되고 있다. 견본매매에서는 대부분 매도인이 견본을 만들어 매수인에게 보내지만 매수인이 희망하는 품질을 나타내기 위해 자신의 견본을 먼저 보내기도 한다.

② 상표매매

유명 상표는 상표(brand or trade mark) 그 자체로 품질을 인정받게 된다. 이처럼 상표만을 가지고 품질을 인정받아 매매의사결정이 이루어지는 방법을 상표매매라 한다.

③ 규격매매

상품의 규격이 국제적으로 정해져 있거나 수출국에서 공식적으로 인정하는 것일 경우 규격이나 등급으로 품질을 결정하는 방법이다. 예를 들어 국제표준화기구(International Organization for Standardization), 일본의 JIS(Japan Industrial Standard), 우리나라의 KS(Korean Standard) 등과 같은 규격을 이용한다.

④ 명세서매매

상품의 재료, 구조, 성능 등을 자세히 설명한 명세서, 설명서, 청사진 등에 의해서 품질을 결정하는 방법이다. 주로 견본이 곤란한 선박, 철도차량, 기계류, 의료기구 등 고가상품의 거래에서 많이 이용된다.

⑤ 점검매매

수입자가 실제로 상품을 살펴보고 품질을 확인한 후 매매계약을 체결하는 방법으로 수입자의 대리인이 수출국에 상주할 경우 가능하다. 보세창고도 거래에서는 수입자가 보세창고에서 상품의 품질을 확인할 수 있다.

⑥ 표준품매매

농·수산품 등 1차 산품의 품질은 해당 연도의 표준품에 의해서 결정되는데, 이에는 평균중등품질조건, 판매적격품질조건 등이 있다.

평균중등품질조건(fair average quality: FAQ)은 선적지에서 출하된 수확물 중에서 중간의 품질을 표준으로 하는 방법인데, 면화·곡물·차 등의 품질을 결정할 때 많이 사용된다.

판매적격품질조건(good merchantable quality: GMQ)은 외관상으로 품질을 결정하기 어려운 목재나 냉동물품 등의 거래에서는 수입지에서 판매가능성을 전제조건으로 하여 품질을 결정한다. 수입된 목재를 절단하여 보니 내부가 부패되어 있어 판매가 부적격하면 수출자에게 변상요구를 할 수 있다.

(2) 수량에 관한 조건

① 수량의 단위

상품의 수량을 결정할 때는 중량, 길이, 용적, 개수 등이 사용된다.

② 과부족용인조건

운송 도중 감량이 예상되는 품목을 거래할 때는 과부족용인조건(More or Less Clause: M/L Clause)을 활용하면 일정 비율의 과부족을 인정받을 수 있다. 예를 들어 'More or Less 5%'로 매매계약을 체결하면 5% 이내의 과부족이 발생해도 클레임이 제기되지 않는다.

(3) 가격에 관한 조건

무역거래에서 상품의 가격을 결정할 때는 운송비, 보험료, 통관비 등 부대비용과 위험을 누가 어디까지 부담할 것인가는 동시에 결정해야 한다. 이에 따라 계약서에는 매매당사자들의 비용부담과 책임한계를 함축하고 있는 FOB, CIF 등과 같은 가격조건이 금액과 함께 표시된다.

(4) 선적에 관한 조건

대부분의 화물은 해상으로 운송되지만 소량의 고가제품, 유행성 제품 등은 항공운송을 이용하기도 한다. 그리고 컨테이너를 이용하여 송화인의 문에서 수화인의 문(door to door)까지 일괄적으로 운송하는 복합운송도 많이 이용되고 있다. 선적조건에서는 선적시기, 분할선적, 환적, 선적지연에 따른 면책조항 등에 관하여 약정한다.

① 선적시기

선적시기를 결정할 때는 선적일자를 확정하지 않고 보통 최종선적일 또는 선적월을 정한다. 선적월을 정할 경우에는 수출자가 임의로 선적시기를 선택해서 정해진 달 내에 선적을 하면 된다. 그러나 선적시기를 표시할 때 신속히(prompt), 즉시(immediately), 가능한 한 빨리(as soon as possible) 등과 같은 막연한 표현을 사용해서는 안 되며 이러한 표현이 사용되었을 경우 은행은 이를 무시한다.

② 선적지연에 관한 면책조항

수출자의 고의, 과실 또는 태만 등으로 인한 선적지연에 대해서는 수출자가 책임을 져야 하나 천재지변, 전쟁 등과 같은 불가항력에 의한 선적지연은 면책될 수 있다.

(5) 보험에 관한 조건

무역거래에서 주로 이용되는 보험은 해상보험이다. 해상보험계약은 가격조건에 따라 매도인 또는 매수인이 체결하는데 CIF 및 CIP 조건을 제외하면 보험에 대한 약정은 별도로 필요 없다. CIF조건과 CIP조건에서는 매도인이 매수인을 위해서 보험계약을 체결해 주기 때문에 보험조건, 보험금액 등에 관한 약정이 필요하지만 나머지 가격조건에서는 모두 자신들을 위해 보험계약을 체결하므로 보험에 대한 약정이 필요 없기 때문이다.

(6) 대금결제에 관한 조건

무역거래에서는 수출대금 회수불능의 위험이 발생할 수 있으므로 수출자는 대금결제조건을 가장 신중히 다루어야 한다. 이 조건에서는 수출대금의 결제방법과 결제시기를 주로 합의하게 된다.

(7) 포장에 관한 조건

개품화물의 경우 물품을 안전하게 보관하고 상품으로서의 가치를 유지하기 위해 포장은 반드시 필요하다. 수출화물의 포장은 가볍고 튼튼해야 하며 포장비용도 저렴해야 한다. 그리고 계약물품임을 쉽게 확인할 수 있도록 외관상 식별이 명확해야 한다.

포장조건에서는 포장방법, 포장의 종류, 화인 등을 약정해야 한다. 화인(shipping marks)은 운송관계자나 수입자가 쉽게 식별할 수 있도록 포장의 외장에 기호, 번호 등으로 계약물품을 표시하는데 이를 통틀어 화인이라 한다. 대부분 수입자가 화인의 모양을 지시하며 수출자는 지시내용대로 화인을 표시해야 한다.

(8) 분쟁해결조건

이 조건에서는 매매계약 체결 후 발생할지 모르는 당사자 간 분쟁에 관한 사항을 약정한다. 클레임은 거래상품이 목적지에 도착하여 검사 후 일정기일

(보통 14일) 이내 제기하도록 한다. 그리고 클레임은 타협, 조정 등과 같이 가능한 한 우호적으로 해결하고 이것이 실패할 경우에는 중재기관의 중재에 의해서 해결하도록 한다.

제 2 절 무역계약의 성립

1. 거래제의와 조회

(1) 거래제의의 의의

해외시장조사를 통해 시장 상황을 알고 난 후엔 자신의 상품을 소개하며 거래관계를 맺고 싶다는 의사를 표시해야 하는데 이를 거래의 제의 혹은 상품거래에 대한 조회(inquiry)라 한다. 따라서 거래제의는 어떤 상품을 팔려고 하는 사람 또는 사려고 하는 사람이 처음으로 자기 의사를 상대방에게 타진하는 것이다.

거래의 제의는 상품을 팔려는 사람이 살려고 하는 상대방에게 먼저 문의하는 수출자의 거래제의(selling inquiry)와 사려는 사람이 그 상품을 가지고 있는 사람에게 팔지 않겠느냐고 문의하는 수입자의 거래제의(buying inquiry)로 구분할 수 있다. 하지만 무역거래에서는 대부분 수출자가 먼저 자신의 상품을 소개하고 거래관계를 맺고 싶다는 의사표시를 한다.

거래제의는 특정 상대방을 대상으로 할 경우도 있고 반면 불특정 다수를 상대로 거래를 제의하는 경우가 있다. 만약 수출자가 해외시장조사를 통해 유망한 거래처 명단을 입수한 경우이면 이들 상대방에게 직접 거래를 제의하고 그렇지 않은 경우에는 해외 광고를 하거나 박람회 등에 참석하여 자신의 상품을 알릴 수 있다.

(2) 거래제의의 방법

① 권유장의 이용

이는 장차 거래관계를 맺을 수 있는 거래선에게 자기 회사와 상품을 소개하는 권유장(circular letter)을 발송하여 거래를 제의하는 방법이다. 권유장은 남발하는 것보다 특정 지역의 몇몇 거래선 앞으로 보내는 것이 효과적이며 시차를 두는 것도 바람직하다.

특히 권유장을 작성할 때는 첫째, 어떤 경로를 통해서 상대방의 이름과 주소를 알게 되었다는 것을 설명해 주어야 한다. 전혀 모르는 사람으로부터 아무런 이유 없이 편지를 받는 것은 별로 흥미 있는 일이 못된다. 그러므로 어떤 경로를 통해서 알게 되었다는 것을 서두에 알려주면 우선 읽는 사람으로서는 마음의 부담감이 적어질 것이다.

둘째, 우리는 누구이며, 무엇을 생산(또는 판매)하고 있으며, 월간(또는 연간) 생산 능력이 얼마며, 주문 후 얼마 만에 선적해 줄 수 있다는 등의 자기 회사의 능력을 말해 주어야 한다.

셋째, 우리 제품의 특징, 즉 품질이 다른 것보다 우수하다, 가격이 월등히 저렴하다, 또는 선적이 빠르다는 것 등을 강조하여 구미가 당기게 하여야 한다.

넷째, 흥미가 있으면 견본 등을 보내 주겠다는 내용, 즉 상대방이 행동으로 옮길 수 있는 구체적인 방법을 제시해 주어야 한다.

다섯째로, 상대방에게 우리의 재력과 배경을 알려줌으로써 거래하는 데 하등의 불안을 느끼지 않도록 해야 한다. 즉 우리의 거래 은행 등을 알려 주어 우리 쪽의 신용조회를 해 보도록 하는 것이 좋다.

② 공공기관의 이용

한국무역협회나 대한무역투자진흥공사 등에서 시행하고 있는 거래알선 서비스를 받아 거래선을 확보하거나 이들 기관이 운영하고 있는 무역전문 사이트를 통해 거래선을 물색할 수 있다. 웹 프로모션과 관련하여 국내 및 해외의 무역유관기관과 민간 기업들이 무료 또는 유료로 운영하는 무역거래알선 사이트를 이용하는 것이 비용과 시간 측면에서 더 효과적인 경우가 많다.

이러한 무역거래알선 사이트를 이용하여 전 세계를 대상으로 기업 및 상품 정보를 등록/조회하고 사거나 팔고자 하는 상품에 대한 청약을 등록/조회함으로써 보다 손쉽고 저렴하게 해외홍보/마케팅 및 거래선 발굴을 할 수 있다.

현재 EC21, ECPlaza, KOTRA, 중소벤처기업진흥공단(KOSME), 한국외국기업협회(FORCA), 대한상공회의소(KCCI) 등 무역유관기관과 경기도 등의 지방자치단체, 그리고 Tpage, SurplusGlobal 등과 같은 민간전문업체에서 전자카탈로그와 거래알선 등을 지원하는 사이트를 개설하여 서비스를 하고 있다.

[표 11-1] 국내 및 해외의 주요 무역거래알선 사이트

구분	사이트명	국가	인터넷 주소	주요 특징
국내	KOTRA (바이코리아)	대한민국	www.buykorea.org	한국 수출기업과 해외 바이어 간 거래 지원
	EC21	대한민국	www.ec21.com	국내 중소기업 중심 B2B 마켓플레이스
	트레이드코리아 (TradeKorea)	대한민국	www.tradekorea.com	KITA 운영, 글로벌 B2B 거래 지원
	ECPlaza	대한민국	www.ecplaza.net	국내외 중소기업 대상, 무역포털 서비스
	위그로드 (WeGLO)	대한민국	www.weglo.kr	수출입 중개 플랫폼, 수출입 컨설팅 제공
국외	Alibaba	중국	www.alibaba.com	세계 최대 B2B 플랫폼
	Global Sources	홍콩	www.globalsources.com	전자제품 및 소비재 중심, 실물 전시회와 연계
	Made-in-China	중국	www.made-in-china.com	제조업 중심, 인증 기업 정보 제공
	IndiaMART	인도	www.indiamart.com	인도 최대 B2B 플랫폼, 다양한 산업군 제품 등록
	ThomasNet	미국	www.thomasnet.com	북미 제조업 중심 B2B 거래알선, 산업재 특화
	Europages	유럽	www.europages.com	유럽 기업 대상 B2B 플랫폼, 다국어 지원
	DHgate	중국	www.dhgate.com	소량 구매 가능한 B2B+B2C 플랫폼

아울러 국제연합(UN/GTPNet ETO), 세계무역센터협회(WTCA), International Business Forum 등과 같은 국제무역 관련기관은 물론 Alibaba, Global Sources, CommerceNet, Kompass 등의 외국기업들도 국제적인 거래알선 서비스를 제공하고 있다.

③ 홍보 및 해외광고의 이용

거래처를 물색하기 위해서 해외 홍보용 카탈로그를 제작하여 예상 거래처에 배포하거나 국내외의 광고 매체를 활용할 수 있다. 또한 우리나라는 정보통신강국으로 세계적으로 널리 알려져 있어 인터넷을 통해 우리나라 기업과 상품을 검색하는 외국 기업들이 많기 때문에 정보통신망을 이용하여 자기 회사와 수출 상품을 홍보하는 것도 좋은 효과를 얻을 수 있다.

홍보용 카탈로그와 광고는 종합광고 대행사나 광고기획사 등 전문가에 의뢰하여 영문과 대상지역의 언어로 제작하는 것이 바람직하다. 홍보용 카탈로그의 배포처는 지역별 상공인명부, 한국무역협회나 대한무역투자진흥공사를 통해 그 명단을 얻을 수 있다. 특히 해외에서 발급되는 전문잡지의 구매자는 특정 물품에 관련된 잠재구매자로 판단될 수 있으므로 취급물품을 전문으로 하는 잡지의 배포처 명단을 입수하여 카탈로그를 배포할 수 있다.

광고매체는 여러 가지 종류가 있기 때문에 그 성격, 배포부수, 배포지역, 구독층을 신중히 분석하여 적정한 매체를 선정하는 것이 효과적이다. 현재 국내 수출유관기관에서는 다양한 해외홍보 매체를 제작·배포하고 있으므로 이를 적절히 활용할 수도 있다.

④ 해외출장 및 각종 행사이용

해외로 출장가거나 무역유관기관에서 주선·파견하는 각종 민간무역사절단, 박람회, 전시회 등에 참가하여 유망한 거래처를 물색하여 거래 제의를 한다. 해외시장조사를 통해서 자사의 제품을 수입할 가능성이 높은 국가를 일차적으로 선정한 후 현지로 직접 출장 가서 거래처를 물색한다. 출장비용은 많이 소요되지만 예상 거래처와 직접 면담을 할 수 있어 거래가 성립될 확률이 높다. 해외 출장을 갈 경우 현지의 거래처에 나눠 줄 카탈로그, 안내서, 권유장, 견본 등을 충분히 준비하고, 대한무역투자진흥공사의 현지무역관이나 우리나라 재외공관의 협조를 구하는 것이 효율적이다.

그리고 한국무역협회에서 총괄하여 파견하는 민간무역사절단이나 대한무역투자진흥공사에서 주최하는 각종 박람회, 전시회 등에 참여하면 각종 경비의 지원뿐만 아니라 사전 홍보를 통해 예상 거래처와의 상담을 주선해 주기도 한다. 특히 국제박람회에 출연한다는 것은 자사 제품의 품질이 공식적으로 인정된 것이나 마찬가지여서 거래처에 좋은 인상을 줄 수 있다.

(3) 거래제의에 대한 회신

해외의 수출자가 보내 준 권유장에 관심이 있거나 광고에 게재된 물품을 구매하고 싶은 거래처는 가격, 공급능력, 선적시기, 결제방법 등에 대해서 보다 상세하게 수출자에게 문의하는 회신(counter inquiry)을 한다. 따라서 거래제의에 대한 회신은 수입자가 최초로 물품의 구매와 관련하여 자기의 의사를 나타내는 것이라 할 수 있다. 수출자의 거래제의와 이에 대한 수입자의 회신을 통해 점차 무역거래가 성사되어 가는 것이다.

수입자가 수출자의 거래제의에 대해서 회신을 할 때 주의할 점을 요약하면 ① 거래제의에 명시된 상품명, 규격, 품질, 수량, 인도기일 등을 반복하여 재확인할 것, ② 상품의 가격조건 및 수량의 단위를 확인할 것, ③ 견본을 보낼 때는 일련번호를 반드시 붙여 후일에 조회하기 편리하게 할 것, ④ 현재의 시황을 설명하여 주문을 유도할 것 등이다.

회신은 우편, 팩스, 이메일 등으로 할 수 있는데 그 회답 내용이야 어떻든 신속해야 한다. 아무리 긍정적인 회신을 해준다고 해도 너무 기일이 늦어지면 상대방은 이미 다른 곳으로부터 회답을 받고 그쪽과 거래가 이루어지고 있을 수 있다. 특히 가격변동이 심한 물품이나 계절적 상품 등은 빠른 통신수단을 이용한다.

2. 청약과 승낙

(1) 청약의 발행과 승낙

① 청약의 발행

수출자의 거래제의에 대해서 수입자가 관심을 가지고 구체적인 거래조건을 문의해 오면 수출자는 대부분 청약(offer)을 발행한다. 청약은 청약자가 상대방과 일정한 조건으로 계약을 체결하고 싶다는 의사표시를 말한다. 즉 수출자가 수입자에게 특정 물품을 일정한 조건으로 판매하겠다는 의사표시 또는 반대로 수입자가 수출자에게 일정한 조건으로 물품을 구매하고 싶다는 의사표시를 청약이라고 한다.

청약은 구두로 행하여도 무방하지만 무역거래에서는 일정한 서식을 갖춘 청약(offer)을 사용한다. 그리고 청약은 매매조건을 구체적으로 제시하는 것이기 때문에 특정 상품의 매매와 관련되는 모든 사항이 청약에 기재된다. 일반적인 무역거래에서 청약에 기재되는 사항은 [표 11-2]와 같다.

[표 11-2] 청약의 주요 기재사항

품명(commodity name)	대금결제방법(payment condition)
규격(grade or specification)	보험(insurance)
수량(quantity)	선적일자(shipdate)
단가(unit price)	발행일자(offer date)
원산지(origin)	유효기간(validity)
포장방법(packing method)	주의사항(remarks), 기타

② 청약에 대한 승낙

청약을 받은 당사자는 상대방이 발행한 청약의 내용에 자기 나름대로의 조건을 추가하여 반대청약(counter offer)을 보내기도 한다. 이 반대청약은 원래의 청약에 대하여 그 조건의 변경을 요구하는 식으로 자기의 수정의사를 표시하는 것이다. 일단 반대청약이 제시되면 이전의 청약은 무효가 된다. 이와 같이 청약과 반대청약을 상호 몇 차례 보낸 후 최종적으로 청약이 승낙되면 곧 무역계약이 체결된다.

청약에 대한 승낙(acceptance)은 상대방의 청약에 대한 승낙의 의사표시를 말한다. 승낙은 원칙적으로 청약의 모든 사항에 대하여 무조건으로 동의하는 것이어야 하며, 새로운 사항을 추가하거나 청약의 내용을 제한·변경하는 것은 승낙으로 간주되지 않는다. 그리고 승낙은 청약의 유효기간 이내에 이루어져야 하고 만약 청약에 승낙방법이 별도로 명시되어 있으면 그 방법에 따라야 한다.

(2) 청약의 종류

① 국내발행청약과 국외발행청약

동일한 국내에서 발행되는 청약을 국내발행청약이라 하고, 외국에서 발행되어 오는 청약을 국외발행청약이라 한다. 무역거래에서는 대부분 국외발행청약이 사용되지만 우리나라의 오퍼상들이 외국 수출자를 대신해서 국내 수입자에게 발행하는 물품매도확약서는 국내발행청약이다.

② 판매청약과 구매청약

수출자가 판매조건을 제시할 경우에는 판매청약(selling offer)이며, 수입자가 먼저 구매조건을 제시하여 수입의사를 표시할 경우 구매청약(buying offer)이다. 국제거래에서 청약이라고 하면 대부분 판매청약이며, 구매청약은 주문생산이라야만 가능한 특수 기계의 수입이나 건설공사의 입찰 등에서 주로 이용되고 있다.

③ 확정청약과 미확정청약

확정청약(firm offer)은 청약의 유효기간이 명시되어 있고 그 기간 내에 승낙할 것을 조건으로 하는 청약이다. 청약의 내용이 취소불능이라는 표현이 청약에 명시되어 있어 이를 취소불능청약이라고도 한다.

미확정청약(free offer)은 유효기간 내의 승낙을 조건으로 하지 않거나 청약의 내용이 확정적 또는 취소불능이라는 표현이 없는 청약을 말한다. 청약자는 유효기간 내에 일방적으로 청약을 철회하거나 그 내용을 변경할 수 있다. 이 청약은 여러 가지 청약 중에서 제일 많이 사용되며 실무적으로 상대방에게 가격, 선적일자 등을 사전에 알려주는 수단으로 사용된다.

④ 조건부 청약

일정한 조건을 붙여서 청약을 발행하고 그러한 조건이 충족되면 청약이 유효한 것으로 간주할 경우 조건부 청약이라고 한다. 예를 들어 청약에 'subject to being unsold' 등과 같은 조건이 있을 경우 상대방이 이를 승낙할 당시 해당 물품이 아직 판매되지 않았을 경우에만 유효하게 된다. 한정된 재고품을 청약할 때 많이 이용된다.

(3) 승낙의 효력발생시기

승낙의 효력발생시기에 대해서는 크게 발신주의와 도달주의 두 가지 입장이 있다. 발신주의는 피청약자가 승낙의 의사표시를 발신한 시점에서 계약이 성립한다는 것이고, 도달주의는 피청약자의 승낙의사표시가 청약자에게 도달한 시점에서 계약이 성립한다는 것이다.

우리나라, 일본, 영미법계통에서는 대화자간(대화, 전화, 텔렉스)의 경우 승낙의사표시의 효력은 도달주의 입장이고, 격지자간(우편, 전보)의 경우는 승낙통지를 발신한 때부터 효력이 발생하는 발신주의 원칙을 채택하고 있다. 독일법 계통 및 비엔나 협약에서는 대화자간 및 격지자간 구분 없이 모두 도달주의 원칙을 채택하고 있다.

비엔나협약(국제물품매매계약에관한UN협약: United Nations Convention on Contracts for the International Sale of Goods, CISG 1980)을 무역계약의 준거법으로 사용하도록 비준을 한 국가 간의 거래에서는 당연히 도달주의 원칙이 적용되므로 별 문제가 되지 않는다. 그렇지 못할 경우에는 국가나 지역에 따라 승낙통지의 효력발생시기가 다를 수 있으므로 청약에 승낙의 방법과 효력발생시기를 분명히 해두는 것이 중요하다.

제 3 절 Incoterms 2020

1. 무역가격조건의 의의

국내거래에서의 상품가격은 일반적으로 생산비용에 매도인의 적정 이윤을 합한 것이다. 그러나 무역거래에서는 수출국 내에서의 운송비, 수출통관비용, 목적지까지의 운송비 빛 보험료, 수입통관비용 및 수입관세, 수입국 내에서의 운송비 등 부차적으로 고려해야 할 가격요소가 많다. 무역거래에서는 이러한 수출입비용 중 어느 정도를 가격에 포함시켜야 하는가를 결정해야 한다.

막연하게 일정 금액으로만 상품가격을 표시하게 되면 양 당사자들은 자기들한테 유리한 방향으로 해석하기가 쉽다. 예를 들어 컴퓨터를 대당 1,000달러로만 제시하게 되면 수출자는 생산비와 수출국 내에서 소요되는 운송비 정도만 포함된 가격으로 보고 나머지 부대비용은 모두 매수인이 부담하는 것으로 생각할 수 있다. 그러나 수입자는 이 가격에 모든 수입비용이 다 포함된 것으로 생각하여 선뜻 가격결정에 동의할 수 있는데 이 양자는 엄청난 가격 차이를 초래할 수 있다. 그리고 국가 간 거래는 매매당사자가 멀리 떨어져 있고 나라마다 상관습이 다르기 때문에 매도인과 매수인의 책임한계를 특정 지점으로 미리 합의를 해야 한다.

이와 같이 무역거래에서는 매매당사자들이 상품의 가격을 약정할 때 그 가격에 어떠한 수출입 부대비용을 포함시킬 것인가, 그리고 당사자들의 책임은 어느 지점에서 이전되는가를 동시에 결정해야 한다. 그렇다고 하여 계약을 체결할 때마다 당사자들이 모여 각자가 부담해야 할 비용과 책임한계를 정하도록 하는 것은 현실적으로 불가능하다. 이에 따라 무역거래에서는 오래 전부터 매매당사자들의 비용부담 및 책임 한계가 관습적으로 어느 정도 표준화된 FOB, CIF 등과 같은 용어들이 사용되어 왔는데 이를 무역가격조건이라 한다.

2. Incoterms의 제정 및 개정

무역거래에서는 오래 전부터 FOB, CIF 등 가격조건과 관련된 용어들이 사용되어 왔지만 이에 대한 통일된 규칙이 없어 각국에 따라 해석상의 차이가 많았다. 더욱이 매매당사자들은 국가 간 상이한 상관습을 알지 못해 많은 오해와 분쟁이 초래되어 왔다.

이에 따라 무역거래상의 분쟁요소를 없애고 국제무역의 확대를 도모하기 위해서 1936년 국제상업회의소(International Chamber of Commerce: ICC)는 무역거래조건의 해석에 관한 국제규칙(International Rules for the Interpretation of Trade Terms), 즉 Incoterms 1936을 제정하였다. 그 후 Incoterms는 무역관습의 변화에 따라 대략 10년을 주기로 여러 차례 개정되었으며 현재 사용되고 있는 것은 2020년도에 개정된 Incoterms 2020이다.

현행 Incoterms 2020에는 [표 11-3], [그림 11-1]과 같은 11가지의 조건들이 운송형태에 따라 2개의 그룹으로 나누어 규정되어 있다.

[표 11-3] 현행 Incoterms 2020 11가지 무역거래조건

구분	가격조건	전신약호
모든 운송에 사용하는 거래조건	작업장인도(Ex Work)	EXW
	운송인인도(Free Carrier)	FCA
	운송비지급인도(Carriage Paid to)	CPT
	운송비보험료지급인도(Carriage and Insurance Paid to)	CIP
	도착지인도(Delivered at Place)	DAP
	도착지양하인도(Delivered at Place Unloaded)	DPU
	관세지급인도(Delivered Duty Paid)	DDP
해상운송, 내수로운송에 사용하는 거래조건	선측인도(Free Alongside Ship)	FAS
	본선인도(Free on Board)	FOB
	운임포함인도(Cost and Freight)	CFR
	운임보험료포함인도(Cost, Insurance and Freight)	CIF

[그림 11-1] 현행 Incoterms 2020 당사자 간 책임 범위 및 위험 분기점

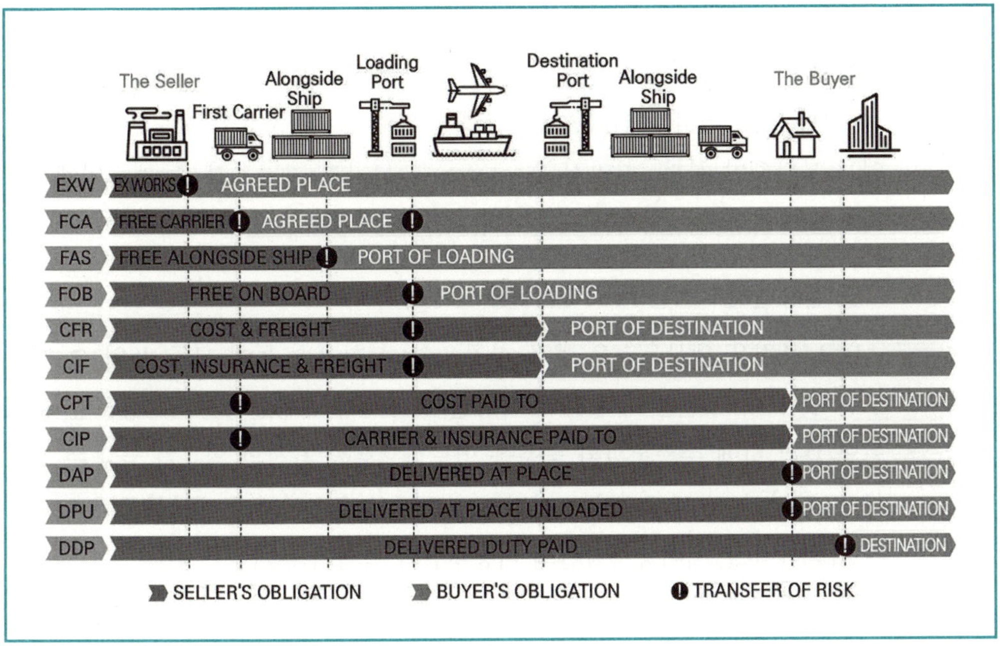

3. 무역가격조건의 해설

(1) 모든 운송에서 사용가능한 조건

이 그룹에 속하는 조건은 7가지이며 운송방법에 상관없이 모든 운송에서 사용할 수 있다.

① 작업장인도조건(Ex Work: EXW)

작업장인도조건은 매도인이 계약물품을 작업장에서 매수인에게 인도하는 조건이다. 이 조건에서 의미하는 작업장은 계약물품의 성격에 따라 공장, 농장, 광산 등의 장소가 된다. 실제 거래에서는 이 장소를 구체적으로 표시하여 매도인과 매수인의 책임분기점을 분명히 한다.

예를 들어 물품이 있는 장소가 공장이면 Ex Factory, 공장 중에서도 제철·제분·제지공장이면 Ex Mill, 농장이면 Ex Plantation, 창고이면 Ex Warehouse, 광산이면 Ex Mine으로 표현한다.

매도인은 작업장에 계약물품을 적치할 때까지의 비용과 위험을 부담한다. 별도의 합의가 없는 한 매도인은 매수인이 제공한 운송수단에 계약물품을 적재하거나 수출통관을 이행해야 할 필요는 없다. 반면, 매수인은 계약물품이 현존하는 장소에서부터 최종목적지까지 운송하는데 소요되는 모든 비용과 책임을 부담해야 한다. 따라서 Incoterms의 11가지 가격조건 중 매도인에게는 최소한의 의무가 부여되는 조건이다.

② 운송인인도조건(Free Carrier: FCA)

FCA 조건은 해상운송은 물론 항공운송, 복합운송 등에 모두 쓰일 수 있는 조건이다. 이 조건은 매도인이 지정된 장소에서 매수인이 지명·통보한 운송인의 관리 하에 수출통관된 물품을 인도함으로써 자신의 의무가 끝나는 조건이다. 따라서 이 조건에서는 지정된 장소에서 운송인에게 계약물품이 인도되는 시점이 바로 매매당사자간의 비용부담과 책임의 분기점이 된다.

이 조건에서 매도인은 계약물품의 수출에 필요한 모든 법적 절차를 취한 후 지정된 운송인에게 물품을 인도해야 한다. 지정 운송인은 매수인이 운송계약을 체결하여 매도인에게 그 명의를 통보한 운송인이며 여기에는 운송수단은 실제 보유하지 않고 단지 운송의 책임을 지는 계약운송인도 포함된다. 따라서 매수인은 운송인이 아닌 운송주선인(freight forwarder)에게 물품을 인도하라는 지시를 할 수 있다.

FCA 조건에서는 EXW 조건에 비해 매도인이 수출 통관된 물품을 지정된 운송인에게 인도해야 하는 의무가 추가된다. 한편 매수인은 매도인이 계약물품을 인도할 수 있도록 운송인과 운송계약을 체결하고 운송인 명의, 인도기일 등을 매도인에게 통보해 주어야 한다.

Incoterms 2020 FCA 조건에는 이전 Incoterms 2010과 상이한 변경사항이 있다. 이전 FCA 조건이 해상에서 쓰일 때 수출자는 수입자가 원하는 운송인에게 물품을 인도하게 되고 수취선하증권(Received B/L)을 발행하게 된다. 하지만 수취선하증권이 실제 화물이 선박에 선적되었는지 확실하게 증명할 수 없기 때문에 은행에서 수리를 거부하는 경우가 발생되었다. 이에 선적선하증권(On board B/L)이 요구되는 경우가 많아 이를 첨부할 것을 요구할 수 있다는 내용이 Incoterms 2020에는 추가되었다. 이와 함께 자가 운송을 허용하고 운송·수출통관·비용조항에 보안관련 의무를 삽입한 점도 Incoterms 2020 FCA 조건에서 변경된 내용이다.

③ 운송비지급인도조건(Carriage Paid to: CPT)

운송비지급인도조건(CPT)은 매도인이 자신과 목적지까지 운송계약을 체결한 운송인에게 수출통관된 물품을 인도함으로써 매도인의 책임이 끝나는 것으로 하는 조건이다. 이 조건에서 매도인은 먼저 자신의 위험과 비용으로 수출에 필요한 모든 통관절차를 이행해야 한다. 그리고 합의된 목적지까지 적합한 운송계약을 체결하고 운송비를 지급해야 하며 계약물품을 운송인에게 인도 완료해야 한다.

CPT 조건에서 매도인이 목적지까지 운송계약을 체결하고 운송비를 지급한다고 해서 자신의 책임이 목적지까지 연장되는 것은 아니며 매도인의 책임은 자신과 운송계약을 체결한 운송인에게 물품을 인도하는 시점에서 끝이 난다. 즉 매도인과 매수인의 책임분기점은 매도인이 체결한 운송인에게 물품을 인도하는 시점이 된다.

앞의 FCA 조건은 매수인이 물품을 실어가기 위해 매수인 자신이 운송계약을 체결하고 운송비를 지급하는 것이지만 CPT 조건은 반대로 매도인이 물품을 목적지까지 실어주고 운송비를 지급하는 조건이다. 매도인이 지급한 운송비는 물품의 가격에 포함되어 있다.

④ 운송비·보험료지급인도조건(Carriage and Insurance Paid to: CIP)

운송비·보험료지급인도조건(CIP)은 매도인이 계약물품에 대한 수출통관을 필하고 목적지까지 보험계약을 체결한 후 이를 자신과 운송계약을 체결한 운송인에게 인도하는 조건이다.

따라서 이 조건에서 매도인은 자신의 위험과 비용으로 수출에 필요한 모든 통관절차를 이행해야 한다. 그리고 목적지까지 운송계약과 보험계약을 체결하여 운송비 및 보험료를 지급하고 계약물품을 운송인에게 인도해야 한다.

이 조건은 앞의 CPT 조건과 유사한데 단지 매도인이 목적지까지 적합한 보험계약을 체결하고 보험료를 지급해야 한다. 보험금액은 CIP 가격의 110%로 하며, 보험조건과 관련하여 Incoterms 2020에서는 최대 담보조건을 규정하고 있다. 즉 CIP 조건은 수출자가 협회적하약관 A약관(ICC A)에 따른 보험에 가입해야만 수출입 업무를 진행할 수 있다고 설명하고 있다. 또한 수출자와 수입자 간 합의에 의해 이보다 낮은 수준의 보험을 가입할 수 있도록 규정하고 있다.

⑤ 도착지인도조건(Delivered at Place: DAP)

Incoterms 2010에서 처음 소개된 DAP 조건은 Incoterms 2020에서도 유지된다. DAP 조건에서 매도인은 지정 목적지에서 수입통관을 필하지 않은 계약물품을 도착된 운송수단으로부터 하역되지 않은 상태로 매수인의 임의처분상태로 인도해야 한다.

이 조건을 사용할 경우 DAP 뒤에 지정 목적지를 표시한다. 또한 DAP 조건에서 매도인은 자기의 비용으로 지정목적지 또는 경우에 따라 지정 목적지의 합의된 지점까지 물품을 운송하기 위한 운송계약을 체결하여야 하고, 지정지까지 물품을 운송하는데 따른 모든 위험을 부담한다.

만약 특정 지점이 합의되지 않았거나 관습에 의해 결정되고 있지 않은 경우, 매도인은 지정 목적지에서 자기의 목적에 가장 적합한 지점을 선택할 수 있다. 그리고 매도인은 지정 목적지에 도착한 운송수단으로부터 물품을 하역해줄 의무는 없다. Incoterms 2020 DAP 조건에서는 자가 운송을 허용하고, 운송·수출통관·비용조항에 보안관련 의무를 추가하는 내용이 삽입되었다.

⑥ 도착지양하인도조건(Delivered at Place Unloaded: DPU)

도착지양하인도조건(DPU)은 매도인이 계약에서 합의된 지정 목적항 혹은 지정 목적지에서 운송수단으로부터 물품을 양하하여 수입통관을 하지 않은 상태로 매수인의 임의처분상태로 인도하는 조건이다. 앞서 DAP 조건에서는 매도인이 최종 조착지에서 계약물품을 하역하지 않은 채 매수인에게 인도하지만 이 조건에서는 반드시 운송수단으로부터 계약물품을 하역하여 매수인에게 인도하여야 한다.

DPU 조건은 Incoterms 2020에서 신설된 조건이다. 이 조건에서 매도인은 자기의 비용으로 합의된 목적항 혹은 지정 목적지까지 운송하기 위한 운송계약을 체결하고, 목적지까지 운송과 하역 관련 모든 비용과 위험을 부담하여야 한다. 또한 매도인은 목적지까지 운송하는데 요구되는 운송 관련 보안요건도 준수하여야 한다. DPU 조건은 Incoterms 2020에서 유일하게 새롭게 신설된 조건이며, DAP 조건에서 수출자의 양하 의무만 추가한 조건이다.

⑦ 관세지급인도조건(Delivered Duty Paid: DDP)

관세지급 인도조건은 매도인이 계약물품을 매수인이 지정한 수입국의 장소까지 운송하여 인도하는 매도인의 의무가 가장 많은 조건이다.

따라서 매도인은 자신의 위험과 비용으로 첫째, 수출국에서 수출통관을 필하고, 둘째, 수입항까지의 운송계약과 보험계약을 체결하고, 셋째, 수입국에서 수입허가를 취득하고, 관세·조세 등을 지급하여 수입통관을 필한 후 마지막으로 수입국의 지정 목적지까지 계약물품을 운송하고, 물품의 인수에 필요한 관례적인 운송서류를 매수인에게 인도해야 한다.

앞서 논의된 내용처럼 Incoterms 2020 FCA조건과 DDP를 포함한 D 조건에서는 자가 운송을 허용하고, 운송·수출통관·비용조항에 보안관련 의무를 삽입하였다.

(2) 해상 혹은 내수로 운송에서만 사용가능한 조건

현행 Incoterms의 11가지 조건 중에서 FAS, FOB, CFR 및 CIF 4가지는 해상운송 혹은 내수로 운송에서만 사용가능한 조건이다. 이들 조건은 전통적으로 국제무역에서 많이 사용되어 왔던 조건인데 최근 운송방식이 여러 운송수단을 동시에 활용하는 방식으로 바뀜에 따라 Incoterms 2020에서는 후순위에 규정되어 있다.

① 선측인도조건(Free Alongside Ship: FAS)

선측인도조건은 매도인이 선적항의 부두에서 또는 부선으로 본선의 선측에 계약물품을 인도함으로써 자신의 인도의무가 완료되는 조건이다. 이 조건에서 매매당사자간의 비용부담과 책임의 분기점은 선적항의 선측이 된다. 이 지점 이후에 발생하는 물품의 멸실 또는 손상에 따른 모든 비용과 위험은 매수인이 부담해야 한다.

② 본선인도조건(Free on Board: FOB)

무역거래에서 많이 이용되고 있는 FOB 조건은 계약물품이 지정된 선적항에서 매수인이 지명·통보한 선박에 적재될 때 매도인의 인도의무가 완료되는 조건을 말한다. 따라서 매매당사자간의 비용부담 및 책임부담의 분기시점은 계약물품이 본선상에 적재되는 시점이 된다.

FOB 조건에서 매도인은 합의된 선적기간 내에 매수인이 지정한 운송선박에 계약물품을 선적하게 되면 자신의 책임이 끝나며, 선적 이후의 모든 책임과 비용은 매수인이 부담하게 된다. 이 조건에서 매수인은 계약물품을 수입지까지 운송할 선박과 운송계약을 체결하고 선명, 정박지, 선적기일 등을 매도인에게 충분히 통지해야 한다.

③ 운임포함인도조건(Cost and Freight: CFR)

운임포함 인도조건은 매도인의 책임은 선적항의 본선에서 끝나도록 하고 대신 매도인이 목적지까지 해상운송계약을 체결하고 운임을 지급해야 하는 조건이다. 이 조건에서 매매당사자간의 책임한계점은 FOB 조건과 마찬가지로 계약물품이 선적항의 본선에 적재되는 시점이다. 따라서 계약물품이 선적항의 본선에 적재되면 물품과 관련된 모든 책임은 매수인에게로 이전된다.

CFR 조건에서 매도인은 지정된 도착항까지 계약물품의 운송에 적합한 선박과 통상적인 해상운송계약을 체결하고 운임을 지급해야 한다. 그리고 계약물품에 대한 수출통관을 필하여 본선에 인도하고 선박회사로부터 무사고운송서류를 교부받아 이를 매수인에게 전달해야 한다.

이 조건은 FOB 조건에서 매수인이 부담했던 해상운송계약의 체결의무와 운임부담이 매도인에게로 이전된 조건이 된다. 따라서 매도인이 수출가격을 CFR 조건으로 제시하려면 먼저 목적지까지의 해상운임을 계산해야만 한다.

④ 운임보험료포함인도조건(Cost, Insurance and Freight: CIF)

CIF 가격조건은 물품의 원가, 목적지까지의 보험료 및 운임의 세 가지 요소가 가격에 통합된 조건이다. 이 조건에서 매도인은 계약물품을 목적지까지 운송하는 해상운송계약과 항해 중의 위험에 대비한 해상보험계약을 체결하고 운임 및 보험료를 지급해야 한다. 그리고 매도인은 이러한 계약이 적합하게 체결되었음을 증명하는 운송서류를 매수인에게 제시해야 한다.

이 조건은 CFR 조건에 매도인이 해상보험계약을 체결해야 하는 의무가 추가된 것으로 볼 수 있다. 그러나 매도인의 책임은 FOB 조건이나 CFR 조건과 마찬가지로 계약물품이 선적항의 본선에 선적되는 시점이기 때문에 만약 운송 도중 사고가 발생하더라도 이에 대한 책임은 매수인에게 있다.

이 조건은 CFR 조건과 유사한데 단지 매도인이 목적지까지 적합한 보험계약을 체결하고 보험료를 지급해야 한다. 보험금액은 매매계약에서 약정한 금액에 기대수익 10%를 추가한 110%로 하며, 보험조건과 관련하여 Incoterms 2020에서는 최소 담보조건(ICC C)을 규정하고 있다. CIF 조건의 경우 일차산품의 사용 가능성이 높기 때문에 기존 조건을 그대로 유지했으며, 수출자와 수입자 간의 합의에 의해 보험조건을 변경할 수 있도록 규정하고 있다.

주요용어

- 판매서
- 포괄계약
- 판매적격품질
- 작업장인도조건
- 운송비보험료지급인도조건
- 관세지급인도조건
- 운임포함인도조건
- 구매서
- 표준품매매
- 과부족용인조건
- 운송인인도조건
- 도착지인도조건
- 선측인도조건
- 운임보험료포함인도조건
- 개별계약
- 평균중등품질
- Incoterms
- 운송비지급인도조건
- 도착지양하인도조건
- 본선인도조건

연습문제

01. 조회(inquiry)와 청약(offer)의 차이점에 대해 설명하시오.

02. 거래를 시작하기 위한 다양한 거래제의 방법을 설명하시오.

03. 청약(offer)의 주요 기재사항에 대해 설명하시오.

04. 승낙의 효력발생시기 관련 국가별 채택 원칙을 설명하시오.

05. 청약(offer)의 종류 중 확정청약과 미확정청약의 차이점을 설명하시오.

06. 무역계약의 종류 중 개별계약과 포괄계약의 차이점을 설명하시오.

07. Incoterms의 정확한 의미와 제정배경에 대해 설명하시오.

08. Incoterms와 CISG의 차이점을 설명하시오.

09. FCA 조건 관련 Incoterms 2010과 Incoterms 2020 차이점을 토의하시오.

10. CPT, CIP 조건 해상보험 관련 Incoterms 2010과 Incoterms 2020 차이점을 토의하시오.

제 12 장

국제운송과 보험

무역 이야기

국제 해운 네트워크 초크포인트(Choke Points)

전 세계 교역 물동량의 80% 이상은 해상운송을 통해 이루어진다. 해운이 제공하는 규모의 경제 및 거리의 경제는 글로벌 해운 네트워크의 밀도와 운송 빈도를 증가시키는 주요 요인으로 작용해 왔다. 이러한 해운 네트워크 안에는 자연·지리적 조건이나 역사적 배경에 따라 형성된 특수한 초크포인트(Choke Points)가 존재한다.

초크포인트란 국제 해상 항로상의 주요 길목에 위치하여 운송 효율을 제고하는 동시에, 지정학적·기후적·기술적 요인에 따라 네트워크 전체의 마비나 붕괴를 초래할 수 있는 취약 지점을 의미한다. 이 때문에 초크포인트는 종종 '병목' 또는 '급소'로 표현되며, 국제무역 및 안보 측면에서 전략적 중요성을 가진다. 정형화된 기준이 있는 것은 아니지만, 해운 네트워크 내 초크포인트 중 지정학적 중요성과 위험성이 상대적으로 높은 지점은 주요 초크포인트(Primary Chokepoints)로 분류된다. 이들 가운데에서도 특히 민감도와 전략적 영향력이 극대화된 지점은 핵심 초크포인트(Key Chokepoints)로 간주된다.

최근 유엔무역개발회의(UNCTAD)는 다음과 같은 8곳을 세계 주요 초크포인트로 지목하였다:

- 두 개의 주요 운하: 파나마 운하(Panama Canal), 수에즈 운하(Suez Canal)
- 다섯 개의 주요 해협: 바벨만데브 해협(Bab el-Mandeb Strait), 호르무즈 해협(Strait of Hormuz), 터키 해협(Turkish Straits), 지브롤터 해협(Strait of Gibraltar), 말라카 해협(Strait of Malacca)
- 아프리카 최남단 항로: 희망봉(Cape of Good Hope)

이 중에서도 파나마 운하, 수에즈 운하, 바벨만데브 해협, 호르무즈 해협, 말라카 해협은 특히 교통량, 지역 분쟁, 에너지 수송 의존도 등을 고려할 때 핵심 초크포인트(Key Chokepoints)로 평가된다.

자료: Cello Square 전문가 칼럼(2025. 2. 21.) 일부 발췌 및 수정.

제 1 절 국제운송

무역과 운송은 상호 필수불가분의 관계로 무역의 발달 없이 운송도 발달할 수 없고 운송의 발달 없이 무역의 발달을 기대할 수도 없다. 이와 같이 운송은 국제무역의 수행에 절대적으로 필요한 중추 기능이다. 오늘날 국제 물동량의 대부분은 해상운송에 의해 운송되며, 유행성 제품이나 고가의 소량화물의 경우에는 항공기로 운송되고 있다. 그리고 1970년대부터 컨테이너를 이용한 복합운송이 발전됨에 따라 많은 물동량이 컨테이너에 적재되어 소위 문에서 문까지의 일괄운송이 실현되고 있다.

1. 해상운송

(1) 해상운송의 의의

일반적으로 해상운송은 선박을 운송수단으로 하여 타인의 화물이나 사람을 운송하고 그 대가로 운임을 받거나 또는 선박회사가 자기의 화물을 직접 운송하여 이익을 얻는 상업 활동을 뜻한다. 그러나 무역에서 의미하는 해상운송은 주로 매매당사자간에 약정된 상품을 국가 간 운송하고 운임을 취득하는 전자의 경우를 말한다.

해상운송은 다른 운송에 비해 다음과 같은 특성을 지니고 있다.

첫째, 해상운송은 대량운송이 가능하다. 선박건조기술의 발달로 오늘날의 선박은 다른 운송수단에 비해 일시에 대량의 화물을 운송할 수 있다.

둘째, 해상운송은 경제성이 있다. 해상운송은 대량운송이 가능하기 때문에 단위당 운송비가 육상운송이나 항공운송에 비해 상당히 저렴하다.

셋째, 해상운송은 원거리의 국제운송에 적합하다. 육상운송은 특정 국가에 국한되지만, 해상운송은 공해상에서 국적에 관계없이 상업 활동을 할 수 있기 때문에 원거리의 국제운송에 적합하다.

이러한 특성으로 인하여 해상운송은 국제무역의 운송수단으로서 중요한 위치를 차지하고 있다. 특히 우리나라의 경우는 육상운송에 의한 국제교역이 불가능하기 때문에 대부분의 수출입 물동량은 해상운송에 의존하고 있는 실정이다.

(2) 해상운송의 형태

해상운송은 선박의 운항형태에 따라서 정기선 운송과 부정기선 운송으로 구분되며 이들 운송에 투입된 선박을 각각 정기선 및 부정기선이라 한다.

① 정기선 운송

정기선(liner)은 소량의 화물을 불특정 다수의 화주로부터 위탁받아 운송업을 행하는 형태로 반드시 공시된 항로와 운항일자에 따라 규칙적으로 운항한다. 정기선의 특징을 설명하면 다음과 같다.

첫째, 정기선은 고정된 항로(정기선 항로)를 따라 적재량에 관계없이 공시된 운항일정표에 의해 규칙적이고 반복적으로 운항한다.

둘째, 정기선에서 취급하는 상품은 일반적인 포장화물이며 주로 완제품 내지 반제품인 2차 상품이다. 그리고 각 화주와 개별적으로 개품운송계약이 체결된다.

셋째, 정기선 운임은 고시된 운임표에 따라 결정된다.

정기선 항로는 전 세계적으로 많이 개설되어 있으며, 대표적인 항로에는 북미와 유럽지역을 연결하는 북대서양 항로, 유럽과 아시아 및 오세아니아를 연결하는 수에즈운하 항로, 북미와 남미를 연결하는 남미 항로 그리고 태평양을 중심으로 하는 환태평양 항로 등이 있다.

② 부정기선 운송

부정기선(tramper)은 고정 항로, 운항 일정 등이 정해진 바 없이 주로 단일제품을 소수의 화주로부터 위탁받아 불규칙적으로 운항하는 형태이다. 부정기선이 취급하는 화물은 양곡, 원면, 원당 등 주로 1차 산품이기 때문에 이들이 수확되는 계절에 집중적으로 운항되는 경우가 많다. 또한 이러한 화물들은 일시에 대량으로 취급되므로 일정 기간 선박을 빌려 운송하는 용선계약에 의해 운송된다.

부정기선에는 일반 건화물을 취급하는 건화물 부정기선과 화물의 성질에 따라 특수한 시설을 갖춘 냉동선, 유조선, 곡물전용선, 목재전용선 등과 같은 특수전용선이 있다. 부정기선 운임은 당시의 수요와 공급에 따라 선주와 화주 간의 협상에 의해 결정된다. 정기선 운임은 일정기간 고정되어 있지만 부정기선 운임은 계절적인 물동량의 상황, 경기변동, 국제정세 등에 따라서 수시로 변동한다.

(3) 해상운송계약의 종류

해상운송계약은 화주와 선주 간 체결되는 계약으로서 운송화물의 성질, 수량 등에 따라 개품운송계약과 용선계약으로 구분된다.

① 개품운송계약

개품운송계약은 개개의 물품을 대상으로 선박회사가 화주와 개별적으로 운송계약을 체결하는 것을 말한다. 이 경우 선박회사는 여러 종류의 화물을 다수의 화주로부터 인수하여 적재하고 주로 정기선이 이용된다. 개품운송계약에서 화주는 가격조건에 따라서 수출자 또는 수입자로 결정된다. FOB 조건에서는 수입자가 운송계약을 체결해야 하고 CFR 조건 및 CIF 조건에서는 수출자가 화주의 입장에 서서 운송계약을 체결한다.

② 용선계약

용선(charter)계약은 화물을 운송하기 위하여 화주가 선박회사로부터 선복의 일부 또는 전부를 빌리는 운송계약을 말한다. 선복(船腹)은 선박 내에서 화물을 적재할 수 있는 공간을 의미한다. 용선계약에 의해서 운송되는 화물은 석탄, 원면, 양곡, 광석 등과 같이 일시에 대량 운송이 필요한 화물이며 주로 부정기선이 이용된다. 해상운송에서 자기 화물을 운송하기 위하여 용선하는 경우도 있지만 선박회사들이 타인의 화물을 운송하기 위하여 선박 소유주로부터 선박을 용선하는 경우가 많다.

2. 선하증권

(1) 선하증권의 기능

해상운송에서 의미하는 선하증권(Bill of Lading)은 선주와 화주간의 운송계약에 의해 선주가 발행하는 일종의 유가증권을 말한다. 즉, 선하증권은 선주가 화주로부터 화물운송을 위탁받은 사실과 화물을 목적지까지 운송하여 이를 선하증권의 소지자에게 인도할 것을 약속하는 증권이다. 참고로 선하증권에 대한 표기를 선화증권(船貨證券)으로 해도 무방하다. 선하증권은 무역거래에서 반드시 요구되는 운송서류로서 다음과 같은 기능을 수행한다.

첫째, 선하증권은 선주와 화주 간 운송계약이 체결되었다는 사실을 증명하는 증거서류이다. 선주가 선하증권을 발행하면 선주와 화주 간 운송계약이 존재하는 것으로 간주된다.

둘째, 선하증권은 선적된 화물의 수취증이면서, 선적화물의 수량과 상태에 관한 명세서의 역할을 한다. 선하증권은 선주가 화주로부터 운송을 위탁받은 화물을 수취하거나, 또는 본선상에 선적하게 되면 발급된다. 따라서 선하증권은 선주가 선하증권상에 표기된 화물을 영수하였다고 인정하는 서류의 역할을 수행한다. 또한 선하증권에는 운송화물의 수량, 중량, 상태 등이 기재되기 때문에 선하증권은 곧 화물에 대한 명세서이기도 하다. 선주는 선하증권상에 기재된 명세의 내용 그대로 화물을 선하증권의 소지인에게 인도할 의무가 있다.

마지막으로, 선하증권은 화물에 대한 권리를 주장할 수 있는 권리증권이다. 선하증권의 소지인은 곧 화물을 소유할 수 있는 법적 권리를 갖게 되며, 선주도 반드시 선하증권과 상환하여 화물을 인도하게 된다.

(2) 선하증권에 관한 국제규칙

해상운송의 국제성으로 인하여 선하증권에는 반드시 해상사고를 해결할 수 있는 준거법이 필요하게 된다. 해상운송의 준거법으로는 헤이그 규칙(Hague Rules)이 1924년부터 사용되었다. 이 규칙은 1968년 비스비(Visby)에서 개정되었으며 주로 선주와 화주간의 권리와 의무 그리고 선주의 면책사항을 규정하고 있다. 그 후 1978년 유엔에서 해상화물운송조약을 채택했지만 주요 선진국가로부터 비준을 얻지 못하여 아직까지 헤이그-비스비 규칙(Hague-Visby Rules)이 그대로 사용되고 있다.

이에 따라 선하증권은 헤이그-비스비 규칙의 내용을 골자로 하는 선적지의 해상법 및 규칙에 의해 유권 해석되고 있다. 세계 주요 국가의 해상운송법은 자국의 특수한 상황을 고려하여 제정되었지만 그 기본정신은 헤이그-비스비 규칙에 입각하고 있어 사실상 선하증권은 헤이그-비스비 규칙에 따르고 있다.

(3) 선하증권의 종류

① 선적선하증권·수취선하증권

선적선하증권(shipped B/L)은 운송물품이 본선에 적재된 후 발급되는 선하증권이다. 따라서 증권상에 선적이 완료되었음을 나타내는 'shipped' 또는 'laden on board' 등과 같은 표현이 있다. 선적선하증권의 발행일자는 곧 화물이 본선에 적재된 일자로 간주된다.

그리고 운송선박이 아직 부두에 정박하지 않았거나 입항조차 하지 않았을 경우 화물은 일단 선박회사의 부두 창고에 입고되어 선적순서를 기다리게 되는데 이 때 선박회사는 화물을 수취하였음을 나타내는 수취선하증권(received B/L)을 발급한다.

② 무사고 선하증권·사고부 선하증권

화물을 본선상에 선적할 때 화물의 상태가 외관상 양호하고 수량이 맞아 선하증권상에 아무런 표시가 없는 선하증권을 무사고 또는 무사고 선하증권(clean B/L)이라 한다. 선하증권은 외관상 아무런 하자사항이 없는 양호한 화물이 본선상에 선적되었음을 나타내는 'shipped on board in apparent good order and condition'라는 표현이 있어야만 완전한 선하증권이 된다.

만약 포장상태가 불완전하거나 수량이 부족할 경우에는 선하증권상에 단서조항이 기재되는데 이런 선하증권을 사고부 선하증권(dirty B/L)이라 한다. 사고부 선하증권은 유통도 되지 못할 뿐더러 은행에서도 별다른 지시사항이 없는 한 수리를 거절한다. 따라서 수출자는 반드시 무사고 선하증권을 발급받도록 노력해야 한다.

③ 해양선하증권 · 내국선하증권

국제해상운송인 경우에는 해양선하증권(Ocean B/L)이 발행되고, 국내의 해상운송인 경우는 내국선하증권(local B/L)이 발행된다. 무역거래에서는 해양선하증권이 이용된다.

④ 기명식 선하증권 · 지시식 선하증권

기명식 선하증권(straight B/L)은 화물을 받아 보는 수화인의 이름이 선하증권상에 구체적으로 표시된 선하증권을 말하는데 통상 수입자의 이름이 기재된다. 기명식 선하증권은 기명된 수화인이 배서를 해야만 유통될 수 있다. 기명식 선하증권은 널리 이용되지는 않지만 유럽 국가들 간의 무역거래 또는 수입국에 수출자의 대리인이 있을 경우에 국한하여 사용된다.

유럽 인접국가들 간의 거래에서는 수출자가 굳이 은행을 통하지 않고 수입자에게 직접 기명식 선하증권을 제시하고 수출대금을 받을 수 있다. 또 수입지에 수출자의 대리인이 있으면 수출자는 선하증권을 대리인에게 보내어 그로 하여금 수입자에게 제시하여 배서를 받도록 한다.

지시식 선하증권(order B/L)은 수화인에 대한 표시가 'order', 'order of ABC bank' 등과 같이 표시되어 있는 선하증권을 말하는데 수출자는 선하증권의 뒷면에 백지 배서(blank endorsement)만 하면 이 선하증권은 자유롭게 유통된다. 오늘날의 무역거래에서는 대부분 지시식 선하증권이 사용되고 있다.

⑤ Stale B/L

선하증권이 발급되면 수출자는 관련 은행에 가서 운송서류를 제시하고 수출대금을 찾는데 만약 선하증권이 발행되고 21일이 지난 뒤 관련 은행에 제시하게 되면 별다른 지시사항이 없는 한 은행은 지체된 운송서류를 수리하지 않는다. 이와 같이 선하증권이 발행된 후 21일이 지난 뒤 은행에 제시되는 선하증권을 stale B/L이라 하고, 특별히 'stale B/L acceptable'이라는 조항이 없는 한 은행에서 수리하지 않는다.

3. 항공운송

(1) 항공운송의 발전

항공운송은 육상운송이나 해상운송에 비해 신속하다는 장점을 지니고 있다. 그러나 운임이 상대적으로 비싸고 일시에 대량의 화물을 운송할 수 없으며 또한 국제공항이 있는 지역 간 운송에만 국한된다. 이에 따라 그 동안 무역거래에서는 주로 부피가 작고 신속한 운송을 요하는 고가제품만이 항공운송을 이용해 왔다.

그러나 경제발전에 따라 비싼 운임을 지급하여도 충분히 채산이 맞는 부가가치가 높은 반도체, 정밀기기, 통신기기, 광학기기 등의 제품이 많이 개발되어 항공운송에 대한 의존도가 점차 높아지기 시작하였다. 또한 항공운송체제가 확립됨에 따라 세계 주요 도시의 공항이 정비되어 내륙지역까지 항공운송으로 직접 운송할 수 있는 범위가 확대되었다.

이와 때를 같이 해서 1970년대부터 대형 화물전용기가 국제선에 취항하여 항공운송에서도 어느 정도 대량운송이 가능하게 됨에 따라 무역거래에서 항공운송이 차지하는 비중이 급속히 증가하게 되었다. 특히 컨테이너 운송이 발전됨에 따라 1980년대부터는 단순한 항공운송으로서가 아니라 육상운송 및 해상운송과 연계한 해상/항공/육상 또는 항공/육상 등의 복합운송까지도 가능하게 되었다.

(2) 항공운송의 장점

항공운송의 최대의 장점은 신속성이다. 이러한 신속성으로 인해 항공운송은 수송기간을 단축시키고 재고비용을 절감하며 또한 양호한 수송조건을 제공할 수 있는데 이를 구체적으로 살펴보면 다음과 같다.

첫째, 항공운송은 신속성으로 인해 수송기간이 상당히 단축된다. 따라서 예기치 못한 수요의 급격한 증가에도 즉각 대처할 수 있으며, 또한 납기가 늦어짐으로써 발생할 수 있는 위약금이나 계약 해제에 따른 손해도 막을 수 있다. 그리고 수송기간이 짧게 되면 변질되기 쉬운 상품이나 판매수명이 짧은 상품도 원거리 시장에서까지 경쟁력을 유지할 수 있게 된다.

둘째, 신속한 운송은 재고비용을 절감시킨다. 즉 제품이 신속하게 운송되면 각 지역에 다량의 재고품을 묶어 둘 필요가 없기 때문에 재고비용이나 보관비용을 절감할 수 있다.

셋째, 항공운송은 수송조건이 양호하다. 수송기간이 짧기 때문에 위험에 노출되는 시간도 짧아 도난, 분실 등의 위험이 적다. 또한 항공기는 선박과는 달리 요동이 별로 없기 때문에 화물이 파손될 위험도 적다.

(3) 항공화물운송장

① 항공화물운송장의 기능

송화인과 운송인간에 항공운송계약이 체결되면 항공화물운송장(Air Waybill)이 발급되는데 이 운송장은 항공운송에서 화물의 유통을 보장하는 유일한 운송서류로서 해상운송에 있어서 선하증권과 비교될 수 있다. 항공화물운송장이 갖는 기능을 살펴보면 다음과 같다.

첫째, 항공화물운송장은 송화인과 운송인 간에 운송계약이 체결되었다는 사실을 나타내는 증거서류이다.

둘째, 항공화물운송장은 운송인이 화물을 운송하기 위해 이를 수령했다는 증거서류이다.

셋째, 항공화물운송장은 운임청구서의 기능을 수행한다. 항공사가 운송장을 발급하면 송화인은 운송장에 기재된 운임 및 기타 수수료를 지불해야 한다.

마지막으로 항공화물운송장은 보험증명서가 되기도 한다. 항공보험은 보험기간이 3~4일 정도에 불과하기 때문에 항공화물은 항공사에서 제공하는 화주보험에 가입되는 경우가 많다. 만약 이런 사실이 운송장에 기재되면 이 운송장은 화물이 보험에 가입하였다는 사실을 증명하는 보험증명서가 될 수 있다.

② 항공화물운송장과 선하증권의 비교

선하증권은 유통·유가증권이지만 항공화물운송장은 양도성이 없는 비유가증권이다. 만약 항공화물운송장에도 선하증권과 마찬가지로 유통·유가증권의 성질을 부여한다면 화물은 이미 목적지에 도착했는데 운송장이 아직 도착하지 않아서 화물을 찾지 못하는 경우가 항상 발생한다. 왜냐하면 화물은 항공기로 직송되지만 운송장은 수출지의 관계 은행을 거쳐 수입지의 관계 은행을 통해서 수화인에게 전달되므로 화물보다 늦게 도착한다. 이렇게 되면 신속하게 운송하기 위해서 항공운송을 이용한 것이 아무런 의미가 없게 된다.

4. 복합운송

(1) 컨테이너

① 컨테이너의 개념

최근 수출입화물의 대부분은 컨테이너(Container)로 운송되고 있는데 이 컨테이너는 일정 화물을 안전하게 보관하여 운송할 수 있는 규격화된 운송용기를 말한다. 모든 컨테이너는 동일한 규격으로 설계되어 있기 때문에 대량 화물을 일시에 적재하거나 하역할 수 있어 운송기간이 단축될 뿐만 아니라 운송수단 간 접속 및 환적이 매우 용이하다. 이에 따라 컨테이너를 이용하게 되면 최종 목적지까지 운송을 완결시킬 수 있는 소위 '문에서 문까지(door to door)'의 운송을 실현할 수 있다.

컨테이너를 이용한 운송은 원래 컨테이너를 철도 화차에 적재하여 일정 역에서 특정 역까지 운송하고는 역에서 그대로 트레일러를 이용하여 최종 목적지까지 운송하는 방법으로 시작되었다. 그러나 오늘날에는 육상운송에만 국한되지 않고 육상, 해상, 항공운송을 동시에 이용하여 화물운송에 있어서의 3대 원칙인 경제성, 신속성, 안전성을 최대한 충족시키면서 목적지까지 일괄수송(through transport)하는 컨테이너 복합운송으로까지 발전하게 되었다.

② 컨테이너의 장점

화물을 컨테이너에 적재해서 운송할 경우에는 다음과 같은 장점이 있다.

첫째, 정박기간이 단축된다. 컨테이너는 동일하게 규격화되어 있어 하역 작업 시간이 단축되며, 밀폐된 운송용기이기 때문에 악천후에도 작업이 가능하다.

둘째, 운송수단 간 환적이 용이하다. 컨테이너는 모든 운송수단에 적재 될 수 있도록 설계되어 있어 운송수단 간 환적이 쉽다. 따라서 수화인이 지정하는 최종목적지까지 운송을 완결시킬 수 있다.

셋째, 창고료가 절감된다. 컨테이너는 하나하나가 별개의 독립된 창고 역할을 하므로 부두의 유료 창고에 보관할 필요가 없다.

마지막으로 화물이 안전하다. 모든 화물이 견고하고 밀폐된 기구에 의해 운반되므로 파손이나 도난의 위험이 적다.

(2) 복합운송

① 복합운송의 의의

모든 운송에서 컨테이너화가 진전됨에 따라 여러 운송수단을 유기적으로 결합한 운송시스템이 급속히 발전했는데 이를 복합운송(multimodal transport)이라 한다. 복합운송은 출발지에서 최종 목적지까지 복합운송인이 전체 운송구간에 대해서 책임을 지고 육상, 해상, 항공 중 적어도 두 가지 이상의 운송형태를 결합하여 운송하는 방식을 말한다.

이러한 복합운송은 오늘날 해상과 육상을 연결하는 형태와 해상과 항공을 연결하는 형태로 이용되고 있다. 해륙복합운송은 대륙을 횡단하는 육상운송을 통해 해상과 육상을 연결하는 운송형태인데 대륙을 교량으로 이용한다고 하여 이를 랜드 브리지 서비스(land bridge service)라고 한다. 그리고 해공복합운송은 해상운송이 가지는 저운임과 항공운송이 갖는 신속성을 효과적으로 결합하기 위해서 해상과 대륙을 선박과 항공기로 연결하는 형태이다.

② 복합운송인(운송주선업자)

복합운송에서는 주로 운송주선업자(freight forwarder)들이 전 운송구간에 걸쳐 효율적인 운송수단을 선정하고 운송책임을 부담하고 있다. 운송주선업자는 일반적으로 운송수단을 소유하지 않은 채 화주들을 위하여 운송을 주선하는 계약운송인을 말하는데 이에는 해상운송주선업자, 항공운송주선업자, 통관업자 등이 있다.

운송주선업자의 주요 기능은 화주의 대리인으로서 적절한 운송수단을 선택하여 이들을 유기적으로 결합해 주는 것이다. 이 외에도 운송주선업자들은 운송관련 서류의 작성, 통관, 포장 등 운송에 관한 총괄적인 업무를 수행하고 있다.

③ 복합운송의 경로

현재 복합운송이 진행되고 있는 주요 경로는 시베리아 대륙을 교량으로 이용하여 극동과 유럽이나 중동지역을 연결하는 시베리아 랜드 브리지(Siberian Land Bridge: SLB) 경로이다. [그림 12-1]에서처럼 극동지역으로부터 대륙 운송의 접점인 러시아의 나흐드카(Nakhodka)나 보스토치니(Vostochny)까지 컨테이너선으로 해상운송하고 그 곳에서 시베리아 횡단철도에 의해 육상 운송한 후 유럽 또는 중동의 운송기관과 연결하여 목적지까지 운송한다.

[그림 12-1] 시베리아 랜드 브리지 서비스

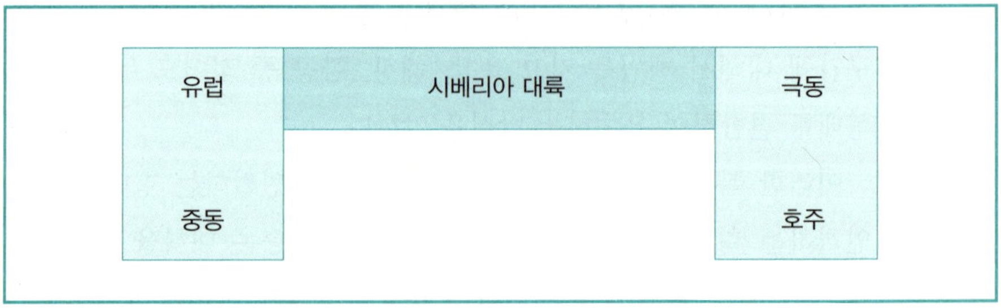

④ 복합운송증권

복합운송증권(Multimodal Transport Document: MTD)은 육상, 해상, 항공 중 두 가지 이상의 운송수단을 이용한 컨테이너 복합운송에서 운송계약을 증명하기 위해 복합운송인이 발행하는 증권을 말한다. 현재 사용되고 있는 복합운송증권의 형태는 선하증권을 복합운송에 알맞도록 조금 변경한 것으로 선하증권에 복합운송을 의미하는 명칭을 붙여서 사용한다. 'multimodal transport B/L' 등이 복합운송증권으로 사용되고 있다.

제 2 절 해상보험

해운과 더불어 발전해 온 해상보험은 운송과정에서 발생하는 여러 가지 위험을 제거해 줌으로써 원활한 무역거래를 도와주고 있다. 오늘날과 같이 수많은 국제물동량이 선박, 항공기, 트럭 등에 의해 운송될 수 있는 것도 해상보험이 이를 뒷받침해 주기 때문이다.

1. 해상보험의 정의와 당사자

(1) 해상보험의 정의

해상보험은 해상사업과 관련하여 발생하는 손해를 보상하는 경제적 제도이다. [그림 12-2]는 해상보험의 내용을 간결하게 설명하고 있는데, 이 그림에서 보험자는 피보험자에게 장차 손해가 발생할 경우 이를 보상해 줄 것을 약속한다. 그리고 피보험자는 이러한 손해보상의 약속을 받는 대가로 소위 보험료를 지불하게 된다. 이와 같이 두 당사자 간 체결되는 일종의 손해보상계약(contract of indemnity)이 해상보험이다.

해상보험은 해상에서 우연히 발생하는 사고를 대상으로 하지만 특약 또는 상관습에 의해 해상항해에 수반되는 내수로(inland waters) 또는 육상위험으로 인한 손해에 대해서도 보상이 가능하다. 따라서 해상운송과 연계하여 육상운송을 하더라도 별도로 육상운송 보험계약을 체결할 필요 없이 해상보험계약만으로도 전운송구간에 대한 보험계약의 체결이 가능하다.

(2) 해상보험계약의 주요 당사자

① 보험자

보험자(insurer, assurer)는 보험계약을 인수하고 이에 따라 보험계약자에게 손실보상을 약속하는 당사자이다. 보험자는 일반적으로 회사형태를 갖추지만 영국의 로이즈(Lloyd's)와 같이 보험자가 개인인 경우도 있다. 보험계약을 인수하는 개인보험업자를 'underwriter'이라 하는데 이는 원래 상업협정서의 하단에 기명·날인하고 그 내용에 따를 것을 약정하는 사람을 의미했었다. 우리나라를 비롯한 대부분의 국가에서는 보험자가 주식회사의 형태를 띠고 있으며, 또한 보험사업은 공공의 이익과 아주 밀접한 관계에 있기 때문에 보험자의 자격에 대해서는 일정한 제한을 두고 있다.

[그림 12-2] 해상보험의 개요

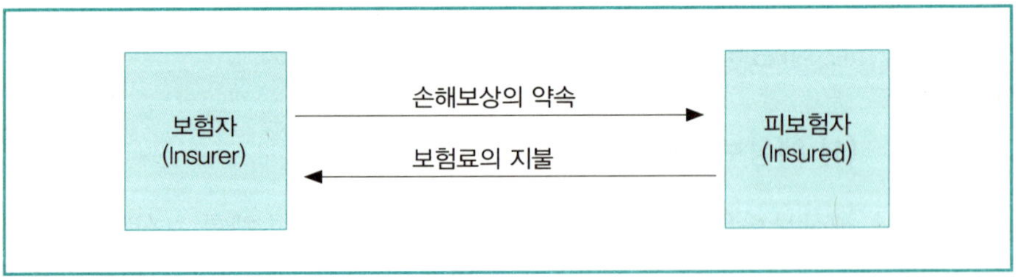

② 보험계약자·피보험자

보험계약자(policy holder)는 자기 명의로 보험자와 보험계약을 체결하고 보험료를 지불할 의무가 있는 당사자를 말한다. 보험계약자는 보험계약의 체결에 직접적으로 관여하는 당사자이기 때문에 계약상의 모든 의무를 부담해야 한다. 피보험자(insured, assured)는 손실이 발생할 경우 보험계약에 의해 보상을 받을 수 있는 당사자이다.

보험계약자와 피보험자는 동일인이 될 수도 있고 서로 다른 사람이 될 수도 있다. 자신을 위하여 보험계약을 체결하게 되면 보험계약자와 피보험자는 동일인이 되지만 타인을 위하여 보험계약을 체결하게 되면 보험계약자와 피보험자는 다른 사람이 된다.

CIF 계약에서는 수출자가 수입자를 위하여 적하보험계약을 체결해야 한다.

수출자는 보험계약을 체결하고 보험료를 지불하는 보험계약자가 되고, 사고가 발생할 경우 이에 대한 보상청구는 수입자가하기 때문에 피보험자는 수입자가 된다.

③ 보험중개사

보험중개사(insurance broker)는 독립적으로 보험계약의 체결을 중개하는 것을 영업으로 하는 자이다. 보험중개사는 보험가입을 원하는 사람을 위해 보험자와 접촉해서 자신의 고객인 보험가입 희망자에게 필요한 보험을 알선한다. 보험중개사는 법적으로 피보험자를 대리하고 대표하기 때문에 피보험자로부터 위촉받은 권한을 대행할 수 있다.

2. 해상보험계약의 주요 원리

(1) 피보험이익

해상보험은 선박이나 화물 등과 같은 보험목적물을 보호하는 것이 아니라 이러한 보험목적물과 이해관계가 있는 특정의 경제주체를 보호하기 위한 것이다. 선박과 화물은 보험계약의 대상물에 불과하고, 보험계약이 존재하는 목적은 이러한 보험목적물에 대하여 특정인이 갖고 있는 이해관계를 보호하는 것이다.

보험목적물과 이해관계가 있는 자는 보험목적물이 위험에 노출될 경우 손해를 입을 수 있기 때문에 이에 대비하여 보험계약을 체결한다. 보험목적물과 이해관계가 있으므로 보험계약을 체결할 수 있고, 이 계약에 의해서 불확실한 미래의 사고로부터 재산상의 손해를 보상받을 수 있는 이익을 피보험이익(insurable interest)이라 한다. 여기서 언급되는 이해관계는 반드시 재산상의 이해관계를 의미하며 결코 정신적인 이해관계를 의미하는 것은 아니다.

보험의 목적은 특정의 경제주체가 보험목적물에 대하여 갖고 있는 경제적 이해관계, 즉 피보험이익을 보호하기 위해서이다. 피보험이익의 존재를 부정하는 것은 곧 보험의 목적을 부정하는 것이므로 보험계약이 체결되기 위해서는 피보험자는 반드시 피보험이익을 가져야 한다. 만약 피보험자가 피보험이익을 갖고 있지 않거나 또는 이를 취득할 전망이 없는데도 불구하고 보험계약을 체결한다면 그러한 계약은 무효로 간주된다.

(2) 피보험자의 고지의무

보험자가 보험계약의 체결여부를 결정하고 합리적인 보험료를 산정하기 위해서는 피보험자가 보험목적물에 대한 중요한 사항(material circumstances)을 사실 그대로 보험자에게 알려 주어야 하는데 이를 피보험자의 고지의무라 한다.

중요한 사항은 보험자가 보험계약을 체결할 당시에 보험료를 확정하거나 보험계약의 인수여부를 결정하는 데 영향을 미칠 수 있는 사항을 의미한다. 적하보험에서는 운송 선박명, 화물의 종류, 포장상태, 적재방법, 항로, 환적여부 등이 중요한 사항에 속한다.

그리고 고지는 최대선의의 원칙에 따라 진실하게 표시되어야 한다. 만약 중요한 사항을 고지하지 않거나 허위로 표시하게 되면, 피보험자는 고지의무를 위반한 결과가 되어 보험자는 보험계약을 취소할 수 있다.

(3) 피보험자의 담보 준수의무

담보(warranty)는 보험계약을 체결할 때 피보험자가 보험자에게 행하는 약속을 말한다. 담보는 보험계약과 관련된 약속이기 때문에 그 내용의 중요성을 떠나서 반드시 충족되어야 한다. 만약 피보험자가 담보를 위반하게 되면 그 시점부터 보험계약은 무효가 된다. 설령 담보를 위반한 사실과 손해와의 사이에 하등의 인과관계가 없다 하더라도 담보위반 이후에 발생하는 손해에 대해서 보험자는 면책이 된다.

3. 해상손해의 구분

해상손해는 크게 물적 손해와 비용 손해로 구분되는데 물적 손해는 보험목적물 자체의 손해를 말하는데 손해의 정도에 따라 전손과 분손으로 나누어진다. 비용손해는 보험사고로 인하여 비용이 발생한 경우를 뜻한다.

(1) 전손

전손(total loss)은 담보위험으로 인하여 보험목적물이 전부 소멸되는 경우를 의미하는데 해상보험에서는 전손을 현실전손과 추정전손으로 구분한다.

① 현실전손

현실전손(actual total loss)은 보험목적물이 실질적으로 전손이 발생하여 원래의 상태로 복구할 가능성이 전혀 없는 경우를 말한다. 그러나 전손이라고 하여 반드시 보험목적물이 완전하게 소멸되는 것만을 뜻하지 않는다.

전멸에 가까운 경우라도 전손으로 인정되는 경우도 있다. 즉 다소의 잔존물이나 잔존 이익이 있더라도 그 손해의 정도를 보아 사실상 전멸에 가깝다고 판단되면 전손으로 간주한다.

② 추정전손

추정전손(constructive total loss)은 현실전손을 피할 수 없거나 보험목적물의 복구비용이 오히려 그 가액을 초과하여 그대로 현실전손을 처리하는 것이 경제적인 경우 피보험자가 적절한 위부(abandonment)를 통지하고 보험금 전액을 청구하는 손해이다. 따라서 추정전손은 형식적으로 위부를 수반하는 전손이다.

위부는 추정전손의 사유가 발생하여 피보험자가 보험목적물에 대한 일체의 권리를 보험자에게 이전하고 그 대신 전손에 해당하는 보험금을 청구하는 행위를 말한다. 피보험자의 이와 같은 의사표시를 보험자가 승낙하게 되면 추정전손이 성립되고 만약 이를 거절하게 되면 분손으로 처리된다.

(2) 분손

담보위험으로 인하여 선박이나 화물 등이 그 일부분만 손해를 입는 경우를 분손이라고 한다. 분손(partial loss, average)은 전손의 상대적인 개념으로서 전손에 속하지 않는 모든 손해는 분손으로 취급된다.

해상보험에서 분손의 형태는 주로 선박의 파손, 화물의 일부 손실, 운임의 미취득부분 등으로 나타난다. 분손에 대한 사정은 고도의 지식을 요하기 때문에 주로 해손정산인들이 영국의 해손정산인협회에서 규정한 별도의 실무규칙에 따라서 손해를 사정하게 된다.

(3) 비용손해

① 손해방지비용

피보험자나 그의 대리인이 손해방지 및 경감의무를 수행하기 위해서 지출한 비용을 손해방지비용(Sue and Labour charge: S/L charge)이라 하며 이러한 비용은 보험자가 별도로 보상한다. 왜냐하면 피보험자의 손해방지의무는 자신을 위한 것이 아니라 궁극적으로 보험자를 위한 의무이기 때문이다.

피보험자가 의무를 수행하는 과정에서 발생하는 비용은 당연히 보험자가 보상해야 한다. 또한 손해방지비용을 보상해 줌으로써 피보험자들로 하여금 스스로 손해방지를 위해 노력하도록 유도할 수 있다. 손해방지비용은 보험목적물의 손해 이외에 추가로 보상된다. 따라서 정당한 손해방지행위가 시도되었는데도 불구하고 전손이 발생하게 되면 보험자는 보험목적물 자체의 손해액과 함께 피보험자나 그의 대리인이 지출한 손해방지비용까지 모두를 지급해야 한다.

② 구조비

구조는 위험에 직면한 선박이나 화물 등을 구출하는 행위를 말하는데 그 성격에 따라서 순수구조와 계약구조로 구분된다. 순수구조는 구조계약을 체결하지 않은 상태에서 구조자가 자발적으로 위험에 직면한 재산을 구조하는 행위이다. 반면 계약구조는 구조계약을 체결한 상태에서 행하는 구조 활동이다. 해상보험에서 구조비가 성립되기 위한 구조행위는 순수구조이다. 구조자는 아무런 구조계약 없이 구조 활동을 벌인 결과 구조물의 일부 또는 전부를 취득하게 되면 해상법에서 정한 구조비(salvage charge)를 구조물의 소유자에게 청구할 수 있다.

이와 같이 순수구조에 따른 구조비는 원래 구조된 재산의 소유자가 부담해야 하나 그 재산이 해상보험에 가입되어 있으면 보험자가 담보위험으로 인한 손해로 간주하고 대신 구조비를 구조자에게 지급한다.

4. 적하보험조건

적하보험에서 보험자의 보상 여부는 적하보험조건에 따라 달라지는데 여기에는 기본조건과 부가조건이 있다.

(1) 적하보험 기본조건

적하보험의 기본조건은 보험자의 담보범위에 따라 협회적하약관(ICC) A약관(A/R), B약관(W/A) 및 C약관(FPA) 세 가지가 있다. 협회는 영국의 해상보험약관을 제정하는 단체를 말한다. 대부분의 국가에서는 협회에서 만든 약관을 사용하고 있다. 담보범위는 A약관이 가장 넓고 그 다음 B약관, C약관의 순이며 이에 따라 A약관에 적용되는 보험요율이 제일 높다.

① 협회적하약관 A(Institute Cargo Clauses A)

이 조건에서 보험자는 일반면책위험, 선박의 불내항 및 부적합위험, 전쟁위험 및 동맹파업위험을 제외한 모든 위험으로 인한 손해를 보상한다. 과거에는 이 조건을 전위험 담보(All Risks: A/R)조건이라 했는데, 실제로는 모든 위험을 담보하지 않았기 때문에 전위험 담보조건이라는 명칭은 보험조건으로서 걸맞지 않았다. 따라서 단순히 명칭만 보고 담보위험을 오해하는 경우도 생기고 보험자의 담보범위도 분명하지 않아 불합리한 명칭을 피하고 보험자가 보상해 주는 범위를 명확하게 명시하였다.

② 협회적하약관 B(Institute Cargo Clauses B)

이 조건에서는 보험자가 담보하는 위험이 열거되어 있다. A약관에는 보험자의 면책위험이 명시되어 있지만 B약관 및 C약관에는 보험자가 보상하는 담보위험이 열거되어 있다. B약관은 과거의 분손담보(With Average: W/A)약관을 정비한 것이다.

③ 협회적하약관 C(Institute Cargo Clauses C)

C약관은 B약관과 마찬가지로 열거책임주의 원칙이기 때문에 보험자의 담보위험이 열거되어 있는데, 그 수가 B약관보다 적다. 따라서 이 약관은 A약

관·B약관 및 C약관의 기본약관 중에서 보험자의 담보범위가 가장 좁다. C약관은 과거의 분손부담보(Free from Particular Average: FPA)약관을 정비한 것이다.

(2) 적하보험 부가조건

기본조건만으로 모든 손해를 보상받을 수 없기 때문에 여러 가지 부가조건이 활용되고 있다. 예를 들어 기본조건 중 담보범위가 가장 넓은 A약관에서도 전쟁위험 및 동맹파업위험은 면책위험이기 때문에 이러한 위험으로 인한 손해를 보상받으려면 전쟁위험과 동맹파업위험을 담보하는 부가조건을 별도로 이용해야 한다. 적하보험에서 많이 이용되는 부가조건은 다음과 같다.

① 협회전쟁약관(Institute War Clauses)

전쟁위험을 담보하는 약관이다.

② 협회동맹파업약관(Institute Strikes Clauses)

동맹파업, 폭동, 소요 등의 위험을 담보하는 약관이다.

③ 도난·발하 및 불착 담보약관(Theft, Pilferage and Non-Delivery: TPND Clauses)

도난, 좀도둑 및 포장단위의 불착위험을 담보한다.

④ 투하·갑판유실 담보약관(Jettison, Washing Over Board: JWOB Clauses)

화물을 바다에 버리거나 갑판에 적재된 화물이 파도에 씻겨 내려가는 위험을 담보하는 약관이다.

⑤ 빗물 및 담수위험 담보약관(Rain and/or Fresh Water Damage: RFWD Clauses)

바닷물 이외의 물에 젖는 위험을 말하며 대개 비오는 날에 하역을 함으로써 발생하는 위험이다.

⑥ 기름위험 담보약관(Contact with Oil and/or Other Cargo: COOC Clauses)

연료 기름이나 기계의 기름이 다른 화물에 묻게 되면 그 화물은 상품으로서의 가치를 상실할 수 있으므로 이러한 위험을 담보하는 약관이다.

⑦ 내륙운송연장담보약관(Inland Transit Extension: ITE Clauses)

해상운송과 연계하여 육상운송을 할 경우 해상보험에 의한 담보구간을 내륙지점까지 확장하는 약관이다.

제 3 절 무역보험

무역보험(trade insurance)이란 무역이나 그 밖의 대외거래와 관련하여 발생하는 위험에 대비하기 위해 마련된 보장 제도이다. 무역 및 대외거래 확대에 따라 무역보험 인수실적은 지속적으로 확대되고 있다. 하지만 보험사고율은 지속적으로 높아지고 사고유형도 복잡해짐에 따라 보험계약 당사자 간 분쟁도 동시에 증가하고 있다. 따라서 무역보험계약 조건에 철저한 합의 및 적용이 중요해지고 있다.

1. 무역보험의 의의와 기능

(1) 무역보험의 의의

우리나라는 무역에 의존하는 경제구조의 특성을 가지고 있다. 우리나라의 무역 의존도는 세계 어느 국가보다 높은 수준이다. 이러한 높은 대외 의존형 경제 구조는 글로벌 시장 환경에 직접적으로 그리고 심각하게 영향을 받을 수 있다. 동시에 우리나라 기업들은 무역 관련 다양한 위험에 노출되어 있다.

무역보험 기본적으로 무역거래와 관련한 위험에 대비하는 목적으로 설계되었다. 예를 들어, 수입자의 계약 파기, 파산, 대금지급지연 또는 거절 등의 신용위험은 대표적인 무역 관련 위험이다. 신용장 방식을 통해 해당 위험에 대한 대비를 할 수 있지만 동시에 무역보험을 활용할 수도 있다. 또한, 수입국에서의 전쟁, 내란 또는 환거래 제한 등의 비상위험 등으로 수출자 또는 수출금융을 제공한 금융기관이 입게 되는 손실도 무역보험을 통해 대비할 수 있다. 따라서 무역보험은 궁극적으로 우리나라의 수출을 촉진하고 진흥하기 위한 수출지원 제도에 포함될 수 있다.

무역보험은 수출지원을 위한 측면이 강하지만 수입과 관련한 무역보험도 운영되고 있다. 최초의 무역보험은 수출보험에서 시작되었지만 기업 경쟁력 제고를 위해서는 수입보험의 필요성도 대두되었다. 우리나라의 경우 가공무역이 많은 비중을 차지하고 있으며 필연적으로 중간재 수입이 병행되어져야 한다. 주요 원자재, 필수 시설재, 에너지 등의 안정적 확보는 우리나라 기업의 경쟁력 제고를 위한 중요하며, 이를 지원하기 위해 수입보험 제도가 도입하였다.

(2) 무역보험의 기능

서로 다른 국가 당사자 간 거래인 무역에서 거래 당사자는 국내거래보다 높은 수준의 다양한 거래 위험에 노출될 수 있다. 무역계약 관련 다양한 위험 중 가장 대표적인 것이 신용위험(credit risk)이다. 신용위험은 매도인 즉 수출자가 수출대금을 확실하게 회수할 수 없는 위험을 의미한다. 상업위험(mercantile risk)은 매수인 즉 수입자의 계약 물품 인수여부와 관련된 위험이다. 또한 환율변동으로 인한 환위험(exchange risk)과 시간적인 차이로 상품의 국제시세가 급변할 수 있는 가격변동위험(market risk)도 무역 관련 위험에 포함된다.

이러한 위험을 관리하는 방법은 직접적인 방법인 위험통제(risk control)와 간접적인 방법인 위험재무(risk financing)로 나눌 수 있다. 위험통제는 손해 심도나 손해 빈도를 직접적으로 축소하고 조절하는 방법이며 위험회피와 위험조절이 위험통제에 포함된다. 위험재무는 손해발생 후 필요한 자금을 미리 준비하는 것이다. 위험재무의 대표적인 유형이 바로 보험이다.

무역보험 중 수출보험은 수출거래에 수반되는 다양한 위험 중 해상보험과 같은 통상의 보험으로는 구제하기 곤란한 위험을 부보하기 위한 목적의 보험이다. 구체적으로 수입자의 계약파기, 파산, 대금지급지연 또는 거절, 수입국 관련 전쟁, 내란, 환거래 제한 등 다양한 유형의 위험이 수출보험의 부보대상이다. 이와 함께, 환율변동으로 인한 환위험 등으로 수출자 혹은 수출자금을 대출해준 금융기관이 입게 되는 손실도 수출보험의 부보범위에 포함된다. 수입보험에서는 가공무역에 필수적인 원자재 및 에너지 수입 관련 발생될 수 있는 다양한 위험이 부보대상이다.

2. 무역보험의 특징

우리나라에서 주로 활용되는 수출보험의 특징은 다음과 같이 요약될 수 있다.

첫째, 수출보험의 가장 큰 특징은 비영리 정책보험이다. 수출보험의 운영주체는 공기업이 대행하는 것이 일반적이며, 이로 인해 공공성의 특징을 가진다. 우리나라에서 수출보험은 궁극적으로 수출 진흥을 목적으로 정부가 직영하거나 공기업이 대행하고 있다. 따라서 비영리 및 공공성이 강한 정책보험의 특징을 보인다. 우리나라의 수출보험 제도는 지식경제부가 주관하며, 그 업무는 한국무역보험공사(K-SURE)에서 대행하고 있다.

둘째, 우리나라의 수출보험은 일부보험의 특징을 가진다. 보험에서 보험가액(insurable value)은 보험 목적물의 실제 가치를 의미하며 보험사고시 피보험자가 입을 수 있는 최대한도의 손해액을 의미한다. 해상보험에서의 보험가액은 기대이익을 감안하여 산출하게 된다. 보험금액(insured amount)은 피보험자가 실제로 보험에 가입한 금액으로 보험자가 보상해주는 최고의 보상액이다. 보험금(claim amount)은 보험사고로 인하여 보험자가 피보험자에게 실제로 보상해 주는 금액을 의미하며 사고 발생 시 보험자가 지정한 손해사정인이 사고의 원인과 손해의 범위를 사정하여 손해액을 확정하게 된다. 이를 근거로 보험자는 보험금액 한도 내에서 보험금을 지급하게 된다.

보험금액, 보험가액과의 관계에 따라서 해상보험은 크게 전부보험, 일부보험, 초과보험, 중복보험으로 나누어진다. 전부보험은 보험가액과 보험금액이 동일한 경우이다. 일부보험은 보험가액이 보험금액보다 큰 경우이다. 보험 목적물의 실제가치 즉 보험가액이 높은 경우 해당금액 만큼 보험금액으로 계약 체결 시 보험료가 지나치게 높아질 수 있다. 이 경우 보험 계약자(보험료의 1차 납부 의무 대상)가 보험료 부담을 피하기 위해 보험금액을 낮게 산정하여 보험계약을 체결할 수 있다. 즉 일부보험은 보험가액의 일부분을 보험금액으로 보험계약이 체결된 경우이다. 보험료 및 보험금의 기준은 보험금액이기 때문에 일부보험의 경우 보험료가 낮아질 수 있지만 동시에 보험금도 낮아질 수밖에 없다. 중복보험은 동일한 목적물에 대해서 여러 보험자와 둘 이상의 보험계약을 체결하고 총 보험금액이 가장 높게 평가된 보험가액보다 큰 경우를 의미한다. 중복보험의 경우 보험자는 보험 목적물의 실제 가치를 초과한 보험금액 부분에 대해서는 보상하지 않는다. 실제 가치 한도 내에서 보험자 간 합리적인 원칙에 의해 보험금을 배분하여 피보험자에게 지급하게 된다.

우리나라 수출보험의 보험금액은 원칙적으로 보험가액 전액을 인수하지 않는다. 즉 수출보험은 보험금액이 보험가액보다 작은 일부보험이다. 만약 손해발생시 수출금액 전액(보험가액)을 보상해 줄 경우 보험계약자가 수출보험 제도를 고의적으로 악용하는 상황이 발생될 수 있다. 또한 수출보험에서 전부보험이 인정되는 경우 수출자는 수입자의 신용조사를 소홀히 하는 부작용도 발생될 수 있기 때문이다.

셋째, 우리나라의 수출보험은 개별보험과 포괄보험의 형태로 운영되고 있다, 개별보험이란 보험계약자(수출자)가 위험이 있다고 판단되는 거래만을 임의로 선택하여 청약하고, 보험자(한국무역보험공사)는 그 내용을 심사하여 인수여부를 결정하는 방식이다. 포괄보험이란 보험계약자(수출자)와 보험자(한국무역보험공사)가 사전에 포괄보험특약을 체결하여 일정기간 동안 특정 상품 및 특정 결제조건의 모든 수출거래를 의무적으로 부보하고, 보험자도 이를 자동적으로 인수하는 방식이다.

3. 무역보험의 종류와 세부내용[1]

(1) 단기성보험

① 단기수출보험(선적후)

단기성보험은 수출자가 수출대금의 결제기간 2년 이하의 수출계약을 체결하고 물품을 수출한 후, 수입자(L/C거래의 경우 개설은행)로 부터 수출대금을 받을 수 없게 된 때에 입게 되는 손실을 보상하는 제도이다. 단기수출보험은 수출 관련 대금미회수위험(신용위험, 비상위험)을 담보하기 위한 제도로써, 손실의 발생이 인정되는 유상수출에 한정되며 무상수출은 제외된다.

② 단기수출보험(포페이팅)

해당보험은 은행이 포페이팅(forfaiting) 수출금융 취급 후 신용장 개설은행으로부터 만기에 수출대금을 회수하지 못하여 입게 되는 손실을 보상하는 제도이다. 신용장에 의한 수출채권을 비소구조건으로 매입한 은행의 미회수위험을 담보하는 제도로써, 보험계약자는 금융기관이 된다. 비소구조건이란 수입자가 대금을 상환하지 못할 경우 수출자의 귀책사유를 제외하고 수출자에게 대금을 청구하지 않는 것을 의미한다.

③ 단기수출보험(농수산물패키지)

해당보험은 간편한 한 개의 보험으로 농수산물 수출 시 발생하는 여러 가지 위험(대금미회수위험, 수입국 검역위험, 클레임비용위험)을 한 번에 보장하는 제도로써, 보험계약자는 농수산물 수출자가 된다.

④ 단기수출보험(중소·중견Plus+)

해당보험은 수출자(중소·중견기업)가 보험계약자이며 연간 보상한도에 대한 보험료를 납부하게 된다. 이에 대한 반대급부로 보험자(한국무역보험공사)는 수입자 위험, 신용장 위험, 수입국 위험 등 보험계약자가 선택한 담보위험으로 손실이 발생할 때 책임금액 범위 내에서 손실보상을 한다. 개별 수출거래 건

---

1 한국무역보험공사 홈페이지 내용 참고(www.ksure.or.kr/insur/sei_shipment01.do).

별에 적용되는 단기수출보험과 비교되는 제도이다. 해당보험은 수출자의 전체 수출거래를 대상으로 위험별 책임금액을 설정하여 운영하는 제도이다.

⑤ 단기수출보험(다이렉트)

해당보험은 사이버영업점 전용 비대면 상품이며, 별도의 수입자 신용조사 없이 수출신고건별로 수출보험에 가입하고 해당 수출거래에 대한 대금 미회수 위험을 담보하는 제도이다.

(2) 신용보증

① 수출신용보증(선적전)

외국환은행 등은 수출자가 수출계약에 따라 수출 물품을 제조, 가공하거나 조달할 수 있도록 수출신용보증서를 담보로 대출을 제공할 수 있다. 해당보험은 기업이 은행에 대하여 부담하게 되는 상환 채무를 연대 보증하는 제도이다.

② 수출신용보증(선적후)

해당보험은 수출자가 수출계약에 따라 물품을 선적한 후 금융기관이 환어음 등의 선적서류를 근거로 수출채권을 매입(Nego)하는 경우 보험자(한국무역보험공사)가 연대 보증하는 제도이다.

③ 수출신용보증(매입)

해당보험은 수출자(중소·중견기업)가 외상 수출을 진행하고, 결제일 전에 수출대금을 조기에 회수 할 수 있도록 지원하는 제도이다. 일반적으로 결제기일 360일 이내의 수출거래(일반수출, 위탁가공무역, 중계무역)가 대상거래이다.

④ 수출신용보증(포괄매입)

해당보험은 수출자(중소·중견기업)가 수출이행 서류를 근거로 은행으로부터 매입외환 대출을 받은 후, 대출만기에 상환하지 못하는 경우 공사가 은행에 손실을 보상하는 제도이다.

(3) 수입보험

① 수출신용보증(수입자용)

해당보험은 원유, 가스 등 주요 전략물자의 장기 안정적 확보를 위하여 국내 수입자가 선급금 지급조건 수입거래에서 비상위험 또는 신용위험으로 인해 선급금을 회수할 수 없게 된 경우에 발생하는 손실을 보상하는 제도이다.

② 수출신용보증(금융기관용)

해당보험은 전략물자의 장기 안정적 확보를 위하여 금융기관이 주요자원 및 물품 등의 수입에 필요한 자금을 수입자에게 대출(지급보증)한 후 대출금을 회수할 수 없게 된 경우에 발생하는 손실을 보상하는 제도이다.

(4) 기타보험

① 일반형 환변동보험

해당보험은 수출 또는 수입을 통해 외화를 획득 또는 지급하는 과정에서 발생할 수 있는 환차손익을 제거하여 사전에 외화금액을 원화로 확정시킴으로써 환율변동에 따른 위험을 헤지(hedge)하는 제도이다. 환변동보험은 환위험 관리여건이 취약한 중소·중견기업이 환위험을 지할 수 있도록 제도·비용 측면에서 지원하는 제도이다.

② 범위제한 환변동보험

해당보험은 환율하락에 따른 보험금과 환율상승시의 환수금을 일정 범위 이내로 제한하는 제도이다. 해당제도는 환율 하락시 100% 헤지는 불가능하지만, 환율 상승시 손실이 제한되는 장점이 있다.

주요용어

- 정기선
- 부정기선
- 용선계약
- 선하증권
- 선적선하증권
- 수취선하증권
- 무사고 선하증권
- 사고부 선하증권
- 해양선하증권
- 내국선하증권
- 기명식 선하증권
- 지시식 선하증권
- Stale B/L
- 항공화물운송장
- 복합운송증권
- 보험계약자
- 보험중개사
- 피보험이익
- 현실전손
- 추정전손
- 고지의무
- 담보
- 위부
- 분손

연습문제

01. 국제운송의 형태 중 해상운송이 가지고 있는 특성을 설명하시오.

02. 소량의 화물을 불특정 다수의 화주로부터 위탁받아 운송업을 행하는 해상운송행태를 설명하시오.

03. Tramper의 개념과 특성에 대해 설명하시오.

04. 선하증권(Bill of Lading)의 기능에 대해 설명하시오.

05. 화환어음(Documentary Bill of Exchange)에 연계한 Shipped B/L, Received B/L 발급 및 활용에 대해 설명하시오.

06. 항공화물운송장(air waybill)과 선하증권(B/L)의 공통점과 차이점에 대해 설명하시오.

07. 보험계약자(policy holder)와 피보험자(insured, assured)의 개념과 차이점에 대해 설명하시오.

08. 추정전손(constructive total loss)의 개념에 대해 설명하시오.

09. FOB(Free on Board), CIF(Cost, Insurance and Freight) 조건에서 개품운송계약을 체결하는 화주의 주체를 조건별로 토의하시오.

10. 협회적하약관 A와 협회적하약관 B의 차이를 면책위험 적용 및 해석방법 관점에서 토의하시오.

제 13 장

무역대금결제

무역 이야기

디지털무역금융: 국제 상거래에서 블록체인의 역할

글로벌 무역금융 생태계는 오랫동안 수작업 문서 처리, 분리된 시스템, 그리고 불투명한 거래 절차로 인해 비효율, 위험 노출, 지연 문제에 직면해 왔다. 최근 몇 년간 디지털 전환 이니셔티브가 이러한 문제를 해결하기 시작했으나, 블록체인 기술의 통합은 가장 혁신적이고 유망한 발전 중 하나로 부각되고 있다. 국제 무역금융 분야의 전문가들과 이해관계자들에게 블록체인의 잠재력은 '신뢰'를 디지털화하고 분산화함으로써 운영 효율성을 높이고 보안 및 투명성을 강화하여 전 세계 무역 네트워크 전반에 긍정적인 영향을 미칠 수 있다는 데 있다.

전통적인 무역금융 수단인 신용장, 선하증권, 지급보증 등은 종이 기반 업무 흐름, 수동 조정, 중개자 감독에 크게 의존하고 있다. 이러한 과정은 시간도 많이 소요될 뿐 아니라 사기, 오류, 의사소통 문제에 매우 취약하다. 블록체인은 여러 당사자가 실시간으로 단일하고 변경 불가능한 거래 데이터 버전에 접근할 수 있게 하는 분산 원장 구조를 도입함으로써, 조정과 제3자 검증의 필요성을 효과적으로 제거할 수 있다.

무역금융에서 블록체인 도입은 스마트 계약(smart contract)의 활용을 포함한다. 스마트 계약은 미리 정해진 조건이 충족되면 자동으로 거래를 실행한다. 예를 들어, IoT 기반 물류 시스템이 상품 인도를 확인하면 스마트 계약이 자동으로 공급자에게 대금을 지급할 수 있다. 이 자동화는 결제 시간을 몇 주에서 단 몇 시간으로 단축시키고, 운영상의 마찰을 크게 줄여 준다. 블록체인의 본질적인 불변성(immutability)은 데이터가 한 번 기록되면 소급 변경이 불가능하도록 보장하여, 문서 위변조 및 상업적 사기라는 국제무역의 주요 문제를 강력하게 방어할 수 있다.

자료: Global Trade Magazine(2025. 5. 19.) 일부 발췌 및 수정.

제 1 절 외국환과 환어음

1. 외국환

(1) 환거래의 개념

일반적인 상거래에서는 매도인과 매수인이 한 장소에서 만나 매도인은 물품을 인도하고 매수인은 대금을 지급한다. 그러나 매도인과 매수인이 멀리 떨어져 있는 경우에는 이러한 현금결제가 불가능하기 때문에 환을 이용해서 채권·채무관계를 해결한다. 환(exchange)은 채권과 채무를 현금의 이동 없이 결제하는 수표, 어음 등과 같은 수단을 말하는데 주로 은행의 중개에 의해서 환거래가 이루어진다.

환거래의 구체적 예를 살펴보면, [그림 13-1]에서처럼 서울의 채무자 A가 대전의 채권자 B에게 100만원을 지불해야 하고, 서울의 채권자 C가 대전의 채무자 D로부터 100만원의 돈을 받아야 한다고 하자. 이 경우 채무자 A가 채권자 B에게, 그리고 채무자 D가 채권자 C에게 각각 현금을 보내면 모든 채권·채무 관계는 해결된다. 그러나 현금을 보내게 되면 도중 분실, 도난 등의 위험이 따르고 시일도 많이 소요되기 때문에 [그림 13-2]와 같이 서울에 있는 채무자 A가 대전의 B에게 지급하는 대신 같은 지역에 있는 C에게 지급하고, 대전의 채무자 D는 서울의 채권자 C에게 지급하는 대신 같은 지역의 B에게 지급하면 현금의 이동 없이 대차관계가 해결된다.

[그림 13-1] 채권·채무의 예 1

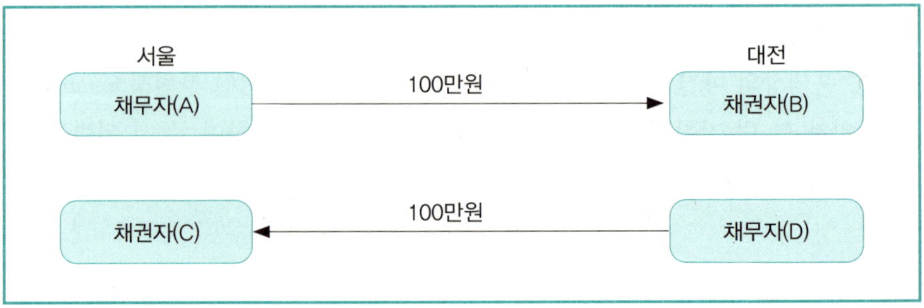

[그림 13-2] 채권·채무의 예 2

그런데 [그림 13-2]와 같은 거래가 가능하기 위해서는 서울의 채무자 A와 대전의 채권자 B, 그리고 서울의 채권자 C와 대전의 채무자 D의 채권·채무금액이 서로 동일하고 지급기일도 일치해야 하는데 현실적으로 이런 경우를 찾기가 어렵다. 뿐만 아니라 채무자 A와 D가 모두 신용이 높아야 하는데 어느 한 사람이라도 신용을 지키지 않고 지급을 이행하지 않으면 결제에 혼란이 생긴다. 설령 신용이 높은 채무자라 하더라도 이러한 대차관계를 가지고 있는 상대방을 찾는 것은 쉬운 일이 아니다.

이런 이유로 환거래에서는 은행의 중개로 수표, 어음 등과 같은 신용수단을 이용하여 결제를 하게 된다. 은행은 국내 각지에 지점을 운영하거나 혹은 다른 은행과의 거래관계를 가지고 있기 때문에 어느 지역과의 결제에도 응할 수가 있고, 자금이 풍부하기 때문에 고액의 결제도 가능하다. 그리고 은행은 신용이 높기 때문에 거래의 안전성을 보장할 수 있다.

위의 예에서 은행이 중개하는 경우의 환거래를 살펴보면 [그림 13-3]과 같

[그림 13-3] 환거래의 예

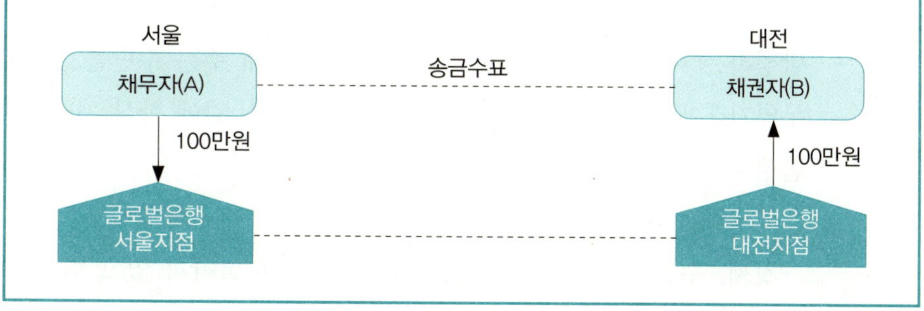

이 이루어진다. 서울의 채무자 A가 채무액 100만원을 글로벌은행 서울지점에 지급하고 대전의 채권자 B를 지급인으로 하는 송금수표를 받아서 이를 대전의 B에게 우송한다. 채권자 B는 이를 글로벌은행 대전지점에 제시하고 현금 100만원을 찾음으로써 서울·대전 간의 채권·채무관계가 해결된다.

마찬가지로 대전의 채무자 D는 채무를 갚기 위해 글로벌은행 대전지점에 현금 100만원을 지급하고 서울의 채권자 C를 지급인으로 하는 송금수표를 교부받아 이를 서울 채권자 C에게 우송한다. C는 이를 글로벌은행 서울지점에 제시하고 현금 100만원을 찾음으로써 서울 및 대전의 대차관계가 현금 이동 없이 해결된다.

이와 같이 오늘날의 상거래에서는 대부분 현금을 보내지 않고 은행 등 금융기관의 중개를 통해 채권 및 채무 관계를 해결하고 있다. 이런 환거래는 국내거래뿐만 아니라 국가 간의 거래에서도 가능하다.

(2) 내국환과 외국환

현금의 이동 없이 국내의 대차관계를 결제하는 데 이용되는 환을 내국환(domestic exchange)이라 하고 국가 간의 결제에 사용되는 환을 외국환(foreign exchange) 혹은 외환이라 한다. [그림 13-3]은 국내의 채권·채무를 해결하는 내국환의 예이다. 이 그림에서 대전 지역을 중국 북경으로 가정하게 되면 이때의 대차관계를 해결하는 환은 외국환에 해당된다.

예를 들어 매도인이 물품을 매수인에게 판매하고 매수인이 그 대금을 신용카드로 결제했을 경우에는 이 신용카드는 내국환에 해당된다. 그런데 우리나라의 수출자가 물품을 중국에 수출하고 수입자가 이 대금을 지급하기 위해 외화표시수표를 보내주면 그것은 외국환에 해당되는 것이다.

이와 같이 외국환은 서로 다른 나라에 있는 사람들 간의 경제적 거래에서 발생하는 대차관계를 현금의 이동 없이 결제해 주는 수단을 말한다. 따라서 무역거래에서는 수출자(채권자)와 수입자(채무자) 간에 항상 채권·채무 관계가 발생하므로 외국환거래가 따르게 된다.

외국환은 내국환에 비해 다음과 같은 특징을 지니고 있다.

첫째, 수출자와 수입자가 서로 다른 나라에 떨어져 있고 다른 화폐단위를 사용하기 때문에 이종통화간의 교환비율문제가 발생한다. 우리나라와 중국 간의 거래에서 결제통화는 대부분 미국 달러화이기 때문에 우리나라 수출자나 중국의 수입자는 무역거래를 할 때마다 결제통화를 원화나 중국 위안화로 교환해야 한다.

둘째, 환율변동에 따른 환위험이 발생할 수 있다. 우리나라의 수출자가 5만 달러어치의 물품을 중국에 수출하고 5만 달러로 표시된 외화수표를 받을 경우 우리나라 수출자는 이를 원화로 교환해야 하는데 교환시점에서의 환율에 따라 이익이 생길 수도 있고 손해를 볼 수도 있다.

셋째, 외국환거래에서는 이자 문제가 따르기도 한다. 중국의 수입자가 5만 달러 표시의 외화수표를 북경은행으로부터 교부받아 이를 우리나라 수출자에게 송부할 경우, 수출자는 우송된 수표를 받아야 은행으로부터 수출대금을 찾을 수 있다. 따라서 수출자와 수입자 간의 대차결제가 우송기간만큼 차이가 나기 때문에 이에 대한 이자문제가 발생하게 된다. 이 우편일수 만큼의 이자는 큰 것은 아니지만 이를 누가 부담할 것인가는 사전에 약정해 둘 필요가 있다.

마지막으로 외국환거래에서는 외국환을 사고파는 중개 역할을 하는 외국환은행이 필요하게 된다. 외국환거래에서는 항상 이종통화 간의 교환, 환율의 변동에 따른 환위험, 우편일수의 이자 등 문제가 따르기 때문에 반드시 외국환은행의 중개가 필요하다. 이런 이유로 무역거래의 대금결제는 모두 외국환은행을 통하여 이루어지고 있다.

(3) 외국환의 종류

① 송금환과 추심환

외국환은 자금의 이동방향에 따라 송금환과 추심환으로 구분된다.

송금(remittance)은 채무자가 채권자에게 채무액을 지급하기 위해 외국환은행에 원화 또는 외화를 지급하고 이를 채권자에게 송금해 줄 것을 위탁하는 경우를 말하며, 이 때 사용되는 환을 송금환이라 한다. 송금환은 채무자가 채권자에게 채무액을 보낸다고 하여 순환이라고도 한다. 무역거래에서는 수입자가 수입대금을 수출자에게 외국환은행을 통해서 송금해 주는 경우이다.

추심(collection)은 채권자가 채무자 앞으로 채무의 변제를 요청하는 증서(환어음 등)를 발행하여 채권을 회수하는 경우를 말하며 이때 사용되는 환을 추심환이라 한다. 추심환은 송금환의 순환에 대비시켜 역환이라고도 한다. 무역거래에서 수출자가 수출대금을 받기 위해 결제요청서를 보내는 경우이다.

② 매도환과 매입환

외국환은행이 고객에게 원화를 받고 외국환을 매각할 경우를 매도환(selling exchange)이라 하고 반면, 고객이 가지고 있는 외국환을 원화를 주고 매입할 경우를 매입환(buying exchange)이라 한다.

③ 보통환과 전신환

우편을 이용하여 외국환을 채권자에게 보낼 경우를 보통환이라 하고 전신수단을 이용할 경우를 전신환이라 한다. 전신환을 이용할 경우에는 채권 및 채무가 당일에 결제되므로 이자문제가 개입되지 않는다. 그러나 우편환을 이용하게 되면 결제가 당일에 이루어지지 않으므로 이 기간 동안의 자금비용 즉 이자의 문제가 생긴다. 이를 환가료라고 하는데 외국환은행 입장에서는 수출대금을 먼저 지급한 후, 해당 외국환이 상대은행에 도착해야 비로소 상환이 이루어지게 되므로 그 기간에 해당하는 만큼의 이자를 고객으로부터 징수한다.

2. 환어음

(1) 환어음의 의의

환어음(draft, bill of exchange)은 채권자가 채무자에게 일정한 시일 및 장소에서 채권금액을 지명인 또는 소지인에게 무조건적으로 지급할 것을 위탁하는 요식·유가 증권을 말한다. 환어음은 중세부터 사용되어 왔다고 하는데 오늘날 무역거래에서도 수출자들은 대부분 대금회수를 위해 환어음을 발행하고 있다.

즉 무역계약에 따라 계약물품을 선적한 수출자는 관계 서류를 첨부하여 수입자 혹은 특정 은행 앞으로 환어음을 발행하여 수출대금의 지급을 요청한다. 따라서 환어음의 발행인은 수출대금의 채권자인 수출자이고 환어음상의 지급인은 채무자인 수입자 혹은 수입자가 지정한 특정 은행이 된다.

환어음은 요식증권이기 때문에 법에서 요구하는 기재사항이 있어야 효력이 발생하며 그 요건 중 어느 하나라도 기재되지 않으면 어음으로서 성립할 수 없고 무효이다. 그리고 환어음을 교부하기 전에는 발행인이 자유롭게 정정할 수 있지만 교부 후에는 효력이 발생하므로 발행인도 함부로 어음의 내용을 정정할 수 없다. 실무적으로 환어음은 보통 2통을 1조(set)로 발행되어 하나가 결제되면 나머지는 자동적으로 무효가 된다.

환어음은 국가 간의 거래에서 사용되기 때문에 환어음과 관련하여 어떤 문제가 발생할 경우 이를 해결할 수 있는 법적 근거가 반드시 필요한데 현재 환어음의 효력에 대한 준거법은 원칙적으로 행위지의 법에 따른다. 예를 들어 환어음이 우리나라에서 발행되고 미국에서 지급되었다면 발행에 관하여는 우리나라의 어음법이 적용되고, 지급과 관련된 모든 행위는 미국의 어음법에 따른다.

(2) 환어음의 당사자

① 발행인

환어음의 발행인(drawer)은 환어음을 발행하고 서명하는 자로서 채권자를 말한다. 무역거래에서는 수출자가 수입자 혹은 은행으로부터 수출대금을 추심하기 위해 형식적 요건으로서 환어음을 발행하기 때문에 수출자가 환어음의 발행인이 된다. 환어음은 반드시 발행인의 기명날인이 있어야 그 효력이 발생한다.

② 지급인

환어음의 지급인(payer)은 환어음상의 금액을 일정한 시기에 지급할 것을 위탁받은 채무자를 말하는데 무역거래에서는 수입자 혹은 수입자 거래은행이 된다. 지급인의 명칭은 성명 또는 상호로 표현하고, 법인 혹은 조합인 경우에는 법인명 또는 조합명을 기재하면 되는데 반드시 그 대표자의 성명을 표시할 필요는 없다.

③ 수취인

수취인(payee)은 환어음 금액을 지급받을 자로서 발행인이 될 수도 있고 발행인이 지정하는 제3자가 될 수도 있다. 발행인이 환어음을 지급인에게 직접 제시하면 수취인이 관여하지 않지만 발행인이 환어음을 발행하여 이를 제3자로 하여금 지급받도록 할 경우에는 제3자가 수취인이 된다. 수취인은 환어음의 선의의 소지인(bona-fide holder)이다.

무역거래에서 수출자(발행인)가 외국에 있는 수입자(지급인)에게 수출대금을 받기 위해 직접 외국까지 가서 환어음을 제시하고 수출대금을 받을 경우에는 수취인을 필요로 하지 않는다. 그러나 이런 경우는 현실적으로 극히 드물기 때문에 보통 수출자는 자기가 거래하는 은행에게 외국의 수입자로부터 수출대금을 추심해 줄 것을 의뢰하고, 은행은 결제 시스템을 이용하여 수입자로부터 대금을 회수하게 된다. 이 경우 수출자의 거래은행은 수출자를 대신하여 수출대금을 지급받는 수취인이 된다.

(3) 환어음의 종류

① 화환어음

선하증권을 비롯한 운송서류가 첨부된 어음을 화환어음(documentary bill of exchange)이라 하며 상품대금을 결제하기 위해 사용된다. 환어음에 첨부될 운송서류는 매매계약서나 관계 서류에 명시되어 있다.

② 일람불환어음과 기한부환어음

환어음은 지급만기일에 따라 일람불환어음과 기한부환어음으로 구분된다. 일람불환어음(sight bill)은 글자 그대로 지급인이 환어음을 보자마자 지급을 해야 하는 것이기 때문에 환어음이 지급인에게 제시되면 즉시 대금결제가 이루어지는 어음을 말하고, 기한부환어음(usance bill)은 일정 기간 후 지급이 이루어지는 어음을 말한다.

기한부환어음의 만기일은 일람 후(after sight) 방식으로 많이 사용되는데, 이는 환어음이 지급인에게 제시된 날로부터 일정 기간이 지난 후 지급이 이루어지는 것을 말한다. 예를 들어 'after sight 30 days'이면 지급인에게 어음이 제시되고 다시 30일이 지난 후에 결제가 된다. 일람 후 정기출급에서는 지급인이 환어음을 일람했다는 증거로 환어음을 인수하는데, 인수(acceptance)는 인수인이 만기일에 지급할 것을 약속하는 서명행위를 말한다. 따라서 인수인은 만기일에 지급인이 된다는 경우이다.

제 2 절 대금결제방식

무역거래에서 수출자의 가장 큰 관심거리는 수출대금의 확보이며 이에 따라 수출자는 무역계약을 체결하면서 어떠한 방법으로 수출대금을 결제할 것인가를 가장 신중히 고려한다. 현재 무역거래에서는 신용장 방식, D/A·D/P 방식, 송금방식 등에 의한 결제가 많이 이루어지고 있다.

1. 신용장 방식에 의한 결제

(1) 신용장(Letter of Credit)의 의의

일반적으로 상거래에서 매매당사자들은 대금회수불능의 위험과 상품입수불능의 위험 등에 직면하게 된다. 당사자들 간 신용상태의 변화로 인하여 매도인은 매매계약에서 정한 대금을 받을 수 있을까 하는 대금회수불능의 위험에 직면할 수 있고, 반면 매수인은 계약물품을 적기에 공급받을 수 있을까 하는 상품입수불능의 위험에 직면할 수 있다.

이와 같은 위험에서 벗어나려고 매도인은 먼저 계약대금을 확보한 후 물품을 인도하려고 할 것이고, 매수인은 그와 반대로 계약물품을 입수한 후 대금을 지급하려고 할 것이다. 만약 매매당사자들이 서로 상반된 주장만 하게 되면 거래는 성사될 수 없으며, 나아가 오늘날과 같은 국제무역은 불가능하게 된다.

[그림 13-4] 신용장의 기본원리

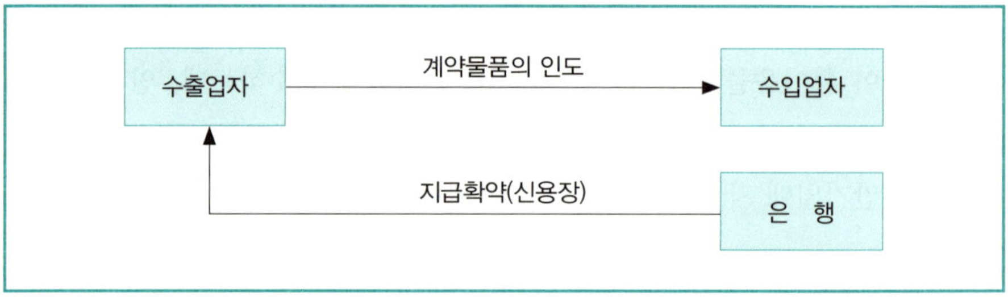

이에 따라 매매당사자들 사이에 은행이 개입하여, 양 당사자들의 신용을 보다 공신력이 높은 은행의 신용으로 전환시켜 대금결제를 원활히 하고자 하는 것이 신용장의 기본원리이다. [그림 13-4]에서 보듯이 매도인인 수출자는 수입자의 신용을 근거로 하는 것이 아니라 은행의 신용, 다시 말해서 은행의 대금지급확약을 토대로 계약물품을 선적한다.

[그림 13-4]에서 은행의 지급확약서, 즉 수출자에게 수출대금을 지급할 것을 확약하는 증서를 은행의 신용이 담긴 편지라는 의미에서 신용장이라 한다. 신용장은 수입자의 요청과 지시에 따라 수입자의 거래은행(개설은행)이 수출자가 일정한 조건하에 수입자, 개설은행 또는 개설은행이 지정한 은행 앞으로 환어음을 발행하면 이를 지급, 인수 또는 매입할 것을 약정하는 증서를 말한다.

(2) 신용장에 의한 결제과정

신용장 방식에 의한 대금결제는 보통 [그림 13-5]의 절차에 따라 이루어진다.

① 매매계약의 약정: 수출자와 수입자가 매매계약을 체결하면서 대금결제를 신용장 방식에 의할 것을 합의한다.

② 신용장의 개설 신청: 수입자는 매매계약의 약정에 따라 통상 자기가 거래해 오던 외국환은행(신용장 개설은행)으로 하여금 수출자 앞으로 신용장을 개설해 줄 것을 신청한다. 이 때 수입자는 신용장 개설신청서에 매매계약에서 합의한 내용대로 신용장의 내용을 기재하여 개설담보금과 함께 개설은행에 제출한다. 신용장은 일단 개설되면 모든 책임이 개설은행

에 있기 때문에 개설은행은 신용장 금액에 상응하는 담보를 요구한다. 개설신청서의 내용은 곧 신용장의 조건이 되므로 그 기재내용은 완전하고 정확해야 한다.

③ 신용장의 개설과 통지: 신용장 개설은행은 자기 고객의 요청과 지시에 따라 신용장을 개설하고 통상 수출자가 위치하는 지역에 있는 자기의 본·지점이나 거래은행으로 하여금 신용장을 통지해 주도록 요청한다.

④ 계약물품의 선적과 운송서류의 입수: 통지은행으로부터 신용장을 접수한 수출자는 신용장에 명시된 조건에 따라 계약물품을 선적한 후 선박회사로부터 선하증권을 입수한다. 만약 항공운송을 이용하게 되면 항공사로부터 항공화물운송장을 발급받고, 복합운송의 경우에는 운송인으로부터 복합운송증권을 발급받는다.

⑤ 수출대금의 회수: 수출자는 운송서류를 신용장의 조건에 따라 구비하여 자기가 거래하는 은행에 가서 수출대금을 회수한다.

⑥ 개설은행의 상환: 자기 자금으로 수출자에게 대금을 지급한 은행은 운송서류 등을 개설은행 앞으로 보내고 개설은행으로부터 자금을 상환 받는다.

⑦ 개설은행의 서류제시: 개설은행은 송부되어 온 운송서류를 수입자에게

[그림 13-5] 신용장에 의한 결제과정

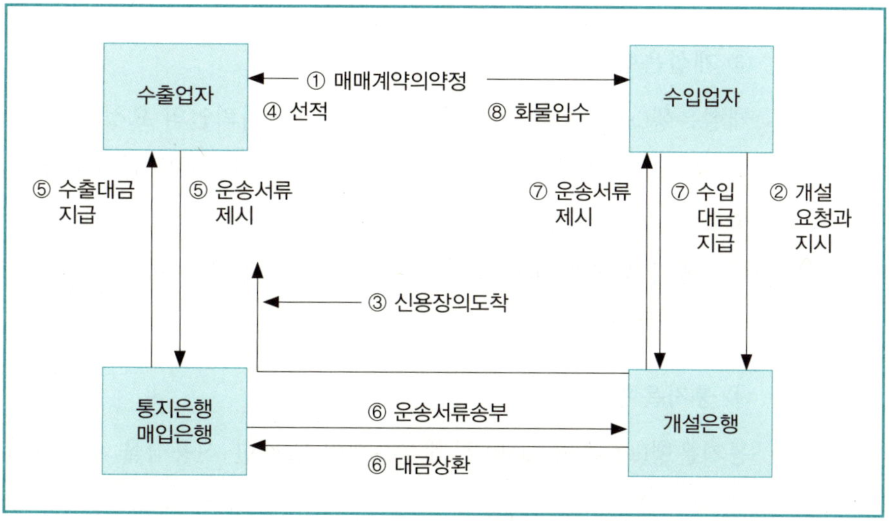

제시하고, 수입자는 이에 따른 수입대금을 지급한다. 만약 개설담보금이 예치되어 있으면 그 차액만 지급한다.

⑧ 계약물품의 입수: 이와 같이 은행을 통해서 서류가 전달되어 오는 동안, 수출항을 출발한 선박은 수입항에 도착해 있다. 수입자는 개설은행에서 찾아온 서류 중 선하증권을 선박회사에 제시하고 계약물품을 입수한다.

(3) 신용장거래의 당사자

신용장 거래에 관계되는 주요 당사자를 [그림 13-5]를 중심으로 살펴보면 다음과 같다.

① 수출자: 수익자

수출자는 매매계약에 약정된 물품을 수입자에게 공급해야 할 의무가 있는 당사자이다. 수출자는 신용장 거래에서 혜택을 가장 많이 보는 당사자라고 하여 수익자(beneficiary)라 하는데, 이는 곧 신용장 조건에 의해서 수출대금의 지급을 청구할 수 있는 자를 말한다.

② 수입자: 개설의뢰인

수입자는 매매계약에 따라서 수출자 앞으로 신용장을 개설해 줄 의무가 있는 당사자이다. 신용장 거래에서는 신용장의 개설을 요청하고, 그 내용을 지시한다고 하여 개설의뢰인(applicant)이라고 한다.

③ 개설은행

개설은행(issuing bank)은 자기 고객인 개설의뢰인의 요청과 지시에 따라 수출자 앞으로 신용장을 개설하는 은행이다. 개설은행은 신용장의 요건에 따라 수출자나 그 밖의 선의의 소지인에게 대금 지급을 약정한다. 신용장 거래는 개설은행의 신용을 토대로 모든 거래가 이루어지기 때문에 개설은행의 역할이 아주 중요하다.

④ 통지은행

통지은행(advising bank)은 개설은행이 발행한 신용장을 수출자에게 전달해

주는 은행이다. 개설은행은 관례적으로 수출자가 위치하는 곳에 있는 은행을 통지은행으로 선정하여 이를 통하여 수출자에게 신용장을 전달해 준다.

⑤ 확인은행

확인은행(confirming bank)은 [그림 13-5]에서는 나타나 있지 않지만, 신용장 거래에서 간혹 등장하는 당사자이다. 이 은행은 제2의 개설은행이라고 할 수 있는데, 그 의무는 개설은행의 신용장상의 지급확약을 다시 한 번 하는 것이다.

⑥ 매입은행

수익자는 수출대금을 찾기 위해서 환어음을 발행하여 거래은행에게 환어음의 매입을 의뢰하는데 이 때 환어음을 자기 자금으로 매입해 준 은행을 매입은행(negotiating bank)이라 한다. 매입은행은 환어음과 관련 서류를 개설은행으로 보내어 대금을 다시 돌려받는다. 신용장 거래에서 매입은행은 환어음을 선의로 소지하고 있는 당사자(bona-fide holder)로서 개설은행으로부터 수익자와 더불어 지급보증을 확약 받고 있다. 수출자에게 실질적으로 대금을 지급하는 은행은 신용장의 특성에 따라 지급은행(paying bank), 인수은행(accepting bank), 연지급은행으로 표현된다.

(4) 신용장의 독립성과 추상성

신용장 거래는 매매당사자들 간 대금회수와 상품입수를 원활히 하기 위하여 은행이 개입된 거래이기 때문에, 독립성과 추상성이라는 고유한 특성이 있다. 신용장의 독립성과 추상성이 보장되지 않으면 신용장은 그 기능을 발휘할 수 없게 된다.

① 신용장의 독립성

신용장의 독립성은 매매계약과 신용장 거래는 아무런 상관이 없다는 뜻이다. 신용장은 대금결제의 수단으로서 매도인과 매수인이 매매계약을 체결할 때 결제방법을 신용장으로 할 것을 약정함으로써 생성된다. 그러나 일단 신용장이 개설되면 이 신용장은 그 근거가 되는 매매계약과는 완전히 독립적이며,

매매계약의 내용이 신용장에 하등의 영향을 주지 못하고, 신용장은 어디까지나 독자적인 법률성을 갖게 되는 것이 신용장의 독립성이다.

이러한 독립성이 신용장 거래에서 보장되어야 하는 이유는 매매계약은 수출자와 수입자 사이에 체결되는 것이지만, 신용장은 매매계약의 당사자와 별도인 은행 간 체결되는 계약이기 때문이다.

신용장의 독립성으로 인하여 가장 혜택을 많이 누리는 당사자는 수출자인 수익자이다. 수출자의 입장에서 매매계약이 체결되었다고 해서 곧 수출이행까지 보장된 것이라고는 볼 수 없다. 수입자가 일방적으로 계약을 파기하거나, 계약이행을 지연시킬 수 있기 때문이다.

그러나 신용장이 개설되면 독립성으로 인하여 매매계약이 설령 파기가 되더라도, 개설된 신용장은 유효하기 때문에 수출자는 확실하게 수출을 이행할 수 있게 된다. 이런 여유로 무역거래에서 수출자가 가장 선호하는 대금결제방법이 신용장을 이용하는 것이다.

② 신용장의 추상성

신용장의 추상성은 신용장의 당사자들은 서류상의 거래를 한다는 의미이다. 수출자와 수입자는 구체적인 상품을 거래한 것이지만 은행은 상품을 대표하는 서류만 가지고서 모든 판단을 한다는 것이 신용장의 추상성이다. 은행은 상인들 간 거래되는 상품에 대해서는 전문적인 지식이 없을 뿐만 아니라, 또한 은행이 직접 상품을 확인하고 계약의 이행 여부를 판단하려면 많은 시간과 비용이 들기 때문이다.

이에 따라 수출자가 제시한 환어음을 지급, 인수 또는 매입하는 은행은 어디까지나 제시된 서류가 신용장의 요건을 충족시켰는가는 서류상으로만 확인하고 수출대금을 결제해야 한다. 마찬가지로 개설은행도 서류상 아무런 하자가 없으면 대금을 상환해야 할 의무가 있다.

수입자도 신용장의 추상성에 따라 서류만 확인하고 수입대금을 개설은행에 지급해야 한다. 만약 거래물품을 직접 확인한 후 서류를 인수하겠다고 주장하게 되면, 이것은 명백히 신용장의 추상성에 위배되기 때문에 이러한 주장은 성립되지 못한다.

(5) 신용장 통일규칙

신용장 거래에서는 필연적으로 수출자와 수입자인 매매당사자와 은행이 개입되므로 상호간의 의무와 권리를 규정해 둘 필요가 있다. 특히 국가 간 거래에서 문제가 발생할 경우 각 당사자는 자국의 법을 중심으로 이를 유리하게 해결하려는 경향이 있기 때문에 신용장 거래에는 반드시 준거법이 있어야 한다.

이에 따라 1933년 국제상업회의소에서 처음으로 신용장 통일규칙을 제정하였다. 그 후 상관습의 변모에 따라 몇 차례의 개정작업을 거쳐 현재 사용되고 있는 것은 2007년에 개정된 ICC Publication No.600인 제5차 신용장 통일규칙(Uniform Customs and Practice for Documentary Credits: UCP)이다.

신용장 통일규칙은 신용장 거래의 준거법으로서 신용장의 기본원리와 각 당사자들 간 권리와 의무를 규정하고 있다. 그러나 신용장 통일규칙은 강행법규가 아니고 임의법규이기 때문에 관계당사자의 합의에 의해서 사용되며 만약 다른 특약이 있게 되면 그 특약에 따라야 한다.

오늘날 발행되는 모든 신용장에는 신용장 통일규칙이 신용장의 준거법임을 명백히 하고 있다. 따라서 달리 명시적인 규정이 없으면, 신용장 거래의 모든 당사자들은 이 신용장 통일규칙의 구속을 받게 된다.

(6) 신용장의 종류

① 화환신용장

화환신용장(documentary credit)은 물품의 대금을 지급하기 위해서 사용되는 신용장을 말하며 이 신용장 상에는 수입자가 물품을 정확하게 입수하기 위해 선하증권, 보험증권 등의 운송서류가 구체적으로 명시되어 있다. 수출자는 신용장 상에 명시된 운송서류를 정확하게 구비해야만 수출대금을 찾을 수 있다.

② 취소불능신용장

신용장은 개설은행의 지급약정이 취소가능한가 불능인가에 따라서 취소가능신용장과 취소불능신용장으로 구분될 수 있지만 현행 신용장통일규칙 제2조(신용장의 정의)에 의하면 개설은행의 지급약정은 취소 불능한 것이어야 하므로 취소 가능한 신용장은 신용장으로서 인정될 수 없다. 그리고 제3조에 따르면 신용장은 설령 취소 불능이라는 표현이 없을 경우에도 취소 불능한 것으로 해석되므로 신용장의 취소 가능 여부는 오늘날 전혀 문제가 되지 않고 모든 신용장은 당연히 취소불능신용장(irrevocable credit)으로 간주된다.

취소불능신용장은 신용장이 일단 개설되면 그 유효기간 내에 수익자와 개설은행(만약 신용장이 확인은행에 의해 확인되었으면 확인은행 포함)의 합의가 없이는 내용변경이나 취소가 불가능하다(현행 신용장통일규칙 제10조 a).

③ 매입신용장

매입신용장(negotiation credit)은 신용장하에서 발행되는 환어음이 매입될 것을 예상하고 개설은행이 환어음의 발행인(수출자)을 비롯하여 모든 선의의 소지인에게 지급을 약속하는 신용장이다. 따라서 수출자는 환어음과 운송서류를 제3자에게 매각할 수 있는데, 이 당사자는 환어음의 선의의 소지인으로서 바로 매입은행이 된다. 매입은행은 수출자가 발행한 환어음을 자기 자금으로 매입하고, 이를 지급인(통상적으로 개설은행)에게 제시하여 환어음의 지급을 받게 된다.

④ 제한신용장 · 보통신용장

앞의 매입신용장에서 매입은행이 신용장상에 특정 은행으로 지정되어 있는 경우를 제한신용장(restricted credit)이라 하며, 그렇지 않고 어떠한 은행도 매입을 할 수 있는 신용장을 보통신용장(general credit) 또는 자유매입 신용장이라 한다.

⑤ 일람불신용장 · 기한부신용장

수출자와 수입자가 매매계약을 체결할 때 상품대금을 즉시 지급하느냐 그렇지 않으면 일정기간 후에 지급하느냐에 따라 일람불신용장(sight credit)과 기한부신용장(usance credit)이 개설된다.

일람불신용장은 상품대금을 즉시 지급하는 조건의 신용장이며, 수출자는 환어음을 일람불(at sight)조건으로 발행한다. 따라서 환어음상의 지급인은 이 환어음을 일람하는 즉시 지급해야 한다.

기한부신용장은 수입자가 상품의 대금을 일정기간 후에 지급하는 조건의 신용장이다. 즉, 수입자가 외상으로 수입할 경우 기한부신용장이 이용된다. 따라서 수출자는 환어음을 발행할 때, 매매계약에서 약정된 기간 후에 지급을 받을 수 있는 기한부어음을 발행하게 된다.

기한부어음에서는 약정된 일정기간(환어음상의 용어로는 만기일) 후에 지급할 것을 약속하는 지급인의 서명행위 즉 인수(acceptance)가 따르며, 그러한 인수를 행한 은행을 인수은행이라 한다.

⑥ 양도가능신용장

양도가능신용장(transferable credit)은 수익자가 신용장의 금액의 전부 또는 그 일부를 제2의 수익자에게 양도할 수 있는 신용장을 의미하는데 반드시 신용장상에 'transferable'이라는 문구가 기재되어야 한다. 이런 표시가 없는 신용장은 양도불능신용장이다.

양도가능신용장에 의한 양도는 달리 합의된 사항이 없으며 1회에 한하여 양도될 수 있다. 신용장의 내용은 변경되어서는 안 되는데 이는 수입자를 보호하기 위해서이다. 그러나 수입자에게 지장을 주지 않는 신용장 금액 또는 단가의 감액, 선적기일 또는 유효기일의 단축, 보험금액의 증액은 가능하다.

2. D/A · D/P 방식에 의한 결제

(1) D/A·D/P의 개념

이 방식의 거래는 은행의 지급확약 없이 당사자들 간 매매계약에 의해서 수출자가 어음을 발행하여 수입자로부터 수출대금을 추심하는 결제방식이며 운송서류의 인도조건에 따라 지급도조건과 인수도조건으로 구분된다.

① 인수도조건

인수도조건(documents against acceptance: D/A)은 수입자가 환어음에 대한 서명(인수)만으로 운송서류를 찾아갈 수 있는 조건이다. 즉 이 조건에서는 수출자가 기한부어음을 발행하고 수입자는 어음에 대한 지급의 약속으로 서명날인만 함으로써 운송서류를 인도받을 수 있으며 만기일에 수입대금을 추심은행에 지급한다.

따라서 인수도조건은 기한부 거래에 해당되며 수입자는 인도받은 운송서류로 화물을 찾아 판매하여 그 대금으로 어음기일 내에 결제하면 된다. 수출자는 만기일 후 수출대금을 추심은행을 통해서 지급받는다.

② 지급도조건

지급도조건(documents against payment: D/P)은 수출대금의 지급과 상환하여 운송서류를 수입자에게 인도하는 조건이다. 지급도조건은 수출자가 매매계약에 따라서 선적을 완료한 후 일람불어음을 발행하여 운송서류와 함께 수입자의 거래은행(추심은행)으로 하여금 수출대금의 추심을 의뢰하면 추심은행은 수입자에게 어음을 제시하여 어음금액의 일람지급을 받고 운송서류를 인도하는 방식을 말한다.

(2) 추심 과정

환어음의 추심 과정을 살펴보면 [그림 13-6]과 같다.

① 무역계약의 체결: 수출자와 수입자는 무역계약을 체결하면서 대금결제

[그림 13-6] D/A·D/P에 의한 결제과정

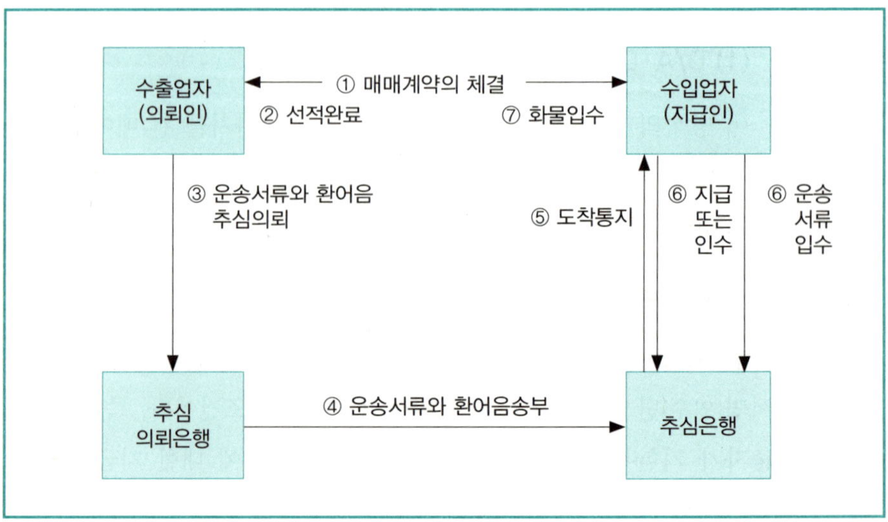

방법은 D/A 또는 D/P 조건으로 한다.

② 계약물품의 선적과 선하증권의 입수: 수출자는 수입자의 선적지시에 따라 계약물품을 선적하고 선박회사로부터 선하증권을 교부받는다(이는 계약물품을 해상으로 운송하는 경우를 말한다).

③ 환어음의 추심 의뢰: 수출자는 계약에서 약정된 운송서류와 환어음을 발행하여 거래은행(추심의뢰은행)으로 하여금 수입자로부터 수출대금을 추심해 줄 것을 요청한다.

④ 추심의뢰은행의 서류 송부: 추심의뢰은행은 아무런 책임 없이 수입자가 위치하는 곳에 있는 은행(추심은행) 앞으로 운송서류와 환어음을 보내어 추심을 의뢰한다.

⑤ 추심 통지: 추심은행은 수입자에게 운송서류와 환어음이 도착한 사실을 통지한다.

⑥ 추심 완료 및 수출대금의 상환: 지급인인 수입자는 매매계약서에서 만약 수입대금을 즉시 지급할 것으로 약정하였다면 이를 지급하고 운송서류를 입수한다. 그러나 수입대금을 일정기간 후에 지급할 것으로 약정하였다면, 일정기간(만기일) 후 대금을 지급할 것을 약속하는 서명행위(인수)와 상환으로 운송서류를 입수해 간다.

⑦ 계약물품의 입수: 수입자는 추심은행으로부터 입수한 운송서류 중 선하증권을 가지고서 계약물품을 찾는다.

(3) D/A·D/P 거래의 당사자

① 추심의뢰인

추심의뢰인(principal)은 거래은행에 수출대금의 추심을 의뢰하는 수출자를 말한다. 수출자는 추심을 의뢰하면서 환어음을 발행하기 때문에 발행인이며 또한 수입자에 대해서 채권을 주장할 수 있는 채권자이기도 하다.

② 추심의뢰은행

추심의뢰은행(remitting bank)은 수출자로부터 추심을 의뢰받은 수출국에 있는 은행을 말한다. 이 은행은 수출자가 제시한 환어음과 운송서류를 수입자가 위치하는 추심은행 앞으로 보내어 수출대금의 추심을 의뢰한다.

③ 추심은행

추심은행(collecting bank)은 추심의뢰은행으로부터 송부되어 온 운송서류와 추심지시서를 수입자에게 제시하여 수입대금을 징수하는 은행을 말한다. 특히 수입자에게 직접 운송서류를 제시하는 추심은행을 제시은행이라고 한다.

④ 지급인

지급인(drawee)은 수입자를 말한다. 수입자는 추심지시서에 따라 어음의 제시를 받게 되며 채무자로서 수출자가 발행한 환어음에 대해서 지급할 의무가 있다.

3. 송금방식의 결제

(1) 송금방식에 의한 결제과정

송금(remittance)은 수입자인 채무자가 수출자인 채권자에게 수입금액을 지급하기 위해 외국환은행에 원화 또는 외화를 지급하고 이를 수출자 앞으로 송금해 줄 것을 위탁하는 경우를 말한다. 무역거래에서 주로 사용되는 송금환은 전신송금환이며 이를 이용해서 결제하는 경우를 'T/T base'라 한다.

대금결제과정이 수입자가 수출자의 계좌번호로 입금하는 아주 단순한 방식이기 금융비용을 절약할 수 있어 최근 우리나라의 무역거래에서 많이 활용되고 있다. 전신송금환에 의한 결제과정을 살펴보면 [그림 13-7]과 같다.

① 수입자가 수입대금을 결제하기 위해 일정 금액을 수출자에게 송금해 줄 것을 거래은행(송금은행)에 의뢰한다.

② 송금은행은 수출자가 소재하는 지역의 환거래은행을 지급은행으로 지정하여 수출자에게 일정 금액을 지급할 것을 전신으로 지시한다.

③ 지급은행은 수출자에게 송금도착통지를 한다.

④ 수출자는 송금도착통지를 받는 즉시 수출대금을 회수할 수 있다.

[그림 13-7] 전신송금환에 의한 결제과정

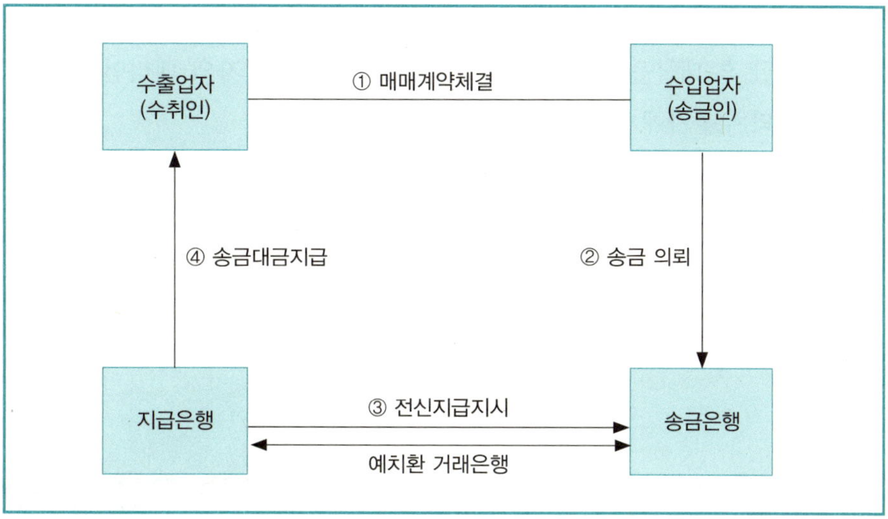

(2) 송금방식의 유형

① 사전송금방식

송금방식의 결제는 송금시기에 따라 사전송금방식과 사후송금방식으로 구분된다. 사전송금방식은 수입자가 선적 전에 수입대금 전액을 수출자에게 송금하는 전불하는 방식(cash in advance)이다. 이 방식은 수출자에게 아주 유리한 방식으로서 보통 선적일자가 확정되면 수출자가 일주일 전 쯤 이를 수입자에게 통보하면 수입자가 수출자의 계좌번호로 대금을 입금시킨다.

② 사후송금방식

사후송금방식은 수입자가 수입물품의 인도와 동시에 또는 일정 기간이 지난 뒤에 수입대금을 송금하는 방식이며 우리나라에서는 이를 대금교환도조건이라 한다. 대금결제기간은 수출자가 자율적으로 결정하며 본지사간의 거래에서는 1년 이내이어야 한다. 이 방식은 대금교환의 대상에 따라 현물상환방식과 서류상환방식으로 구분된다.

현물 상환방식(cash on delivery: COD)은 물품과 현금을 직접 서로 바꾸는 결제방식을 말한다. 통상적으로 수출자가 물품을 선적한 후 수입자 소재지에 있는 자신의 지사나 대리점 앞으로 선적서류를 보낸다. 그러면 대리인은 이 선적서류를 받아 상품을 수입통관하고, 수입자는 현지에서 물품의 품질을 확인한 후 대금을 지급하고 물품을 찾아간다. 수출자의 대리인은 이 대금을 본국의 수출자에게 송금하게 된다.

서류 상환방식(cash against documents: CAD)은 물품 대신 물품을 찾을 수 있는 서류와 상환하여 대금을 지급하는 방식을 말한다. 수출자가 물품을 선적하고 수입자 또는 수출국에 소재하는 수입자의 대리인이나 지사에게 선하증권 등 운송서류를 제시하면 서류와 상환하여 대금을 결제한다.

제 3 절 수출대금의 회수

수출실무에서 마지막 단계는 수출자가 수출대금을 최종적으로 회수하는 과정인데 이 과정은 대금결제 방식에 따라서 차이가 난다. 수출대금의 회수 과정을 대금결제조건(신용장, D/A·D/P, 송금)으로 구분하여 살펴보면 다음과 같다.

1. 신용장 방식에서의 수출대금 회수

(1) 운송서류의 구비와 환어음의 발행

신용장 방식에서 수출자가 수출대금을 회수하기 위해서는 먼저 신용장 상에 명시되어 있는 운송서류를 완벽하게 구비해야 한다. 신용장 거래는 독립·추상성이라는 독특한 성질로 인해 모든 거래는 서류에 의해서 판단된다. 실제 선적된 화물이 어떤 상태이든 상관없이 서류만 요건에 따라 갖추게 되면 수출자는 수출대금을 찾을 수 있고 반면 아무리 매매계약과 일치된 화물을 선적했다 하더라도 서류가 신용장 상의 구비요건과 일치하지 않으면 수출자는 수출대금을 찾을 수 없게 된다.

신용장 방식의 거래에서 보통 요구되는 운송서류는 상업송장, 선하증권(복합운송증권 등), 보험서류, 포장명세서, 원산지증명서 등이고 이 중 상업송장과 선하증권은 필수운송서류이다. 하지만 FTA 체결국가와의 거래에서는 원산지증명서류도 필수운송서류가 된다.

수출자는 신용장 상에서 요구하는 운송서류를 구비한 후 환어음을 발행하여 수출대금을 회수하게 되는데 환어음의 발행 여부는 신용장의 결제유형에 따라서 결정된다. 신용장은 결제유형에 따라 지급신용장, 연지급신용장, 인수신용장 및 매입신용장으로 구분되는데 인수신용장 및 매입신용장인 경우 환어음이 필요하고 지급신용장 및 연지급신용장인 경우에는 환어음을 필요로 하지 않는다.

유럽 대륙 국가들은 보통 환어음을 사용하지 않기 때문에 우리나라가 EU 등과의 거래에서 사용하는 신용장은 대부분 지급신용장 혹은 연지급신용장이다. 이 경우 수출자는 신용장 상에서 요구하는 운송서류를 갖추어 이를 지정된 지급은행이나 연지급은행에 제시하면 수출대금을 찾을 수 있게 된다.

반면 미국, 중국, 일본 등과의 거래에서는 환어음이 사용되기 때문에 개설되는 신용장도 매입 혹은 인수신용장이고 수출자도 운송서류를 구비한 후 환어음을 발행하여 수출대금을 회수해야 한다. 특히 이들 국가는 우리나라와의 교역량이 많은 국가들이기 때문에 아직도 무역거래에서는 환어음의 발행이 주류를 이루고 있다.

(2) 외국환거래약정의 체결

수출자가 처음으로 외국환은행과 매입거래를 하려면 먼저 매입은행과 외국환거래약정을 체결해야 한다. 외국환거래약정은 수출자와 매입은행간의 계약으로서 매입에 따른 제반 사항을 약정하는 것이지만 주로 주요 약정사항은 매입은행의 담보확보와 은행의 면책사항 등이다.

현재 우리나라에서는 전국은행연합회에서 제정한 외국환거래 약정서를 사용하고 있다. 이 약정서는 무역업자와 은행 간의 수출입거래, 내국신용장 발행, 내국신용장어음 매입(추심) 거래에서 공통으로 사용된다.

외국환거래약정 중 수출거래와 관련된 주요 사항을 다음과 같다.

① 수출자는 수출물품 및 관련 서류를 매입과 관련된 모든 채무를 위한 담보로서 은행에 양도한다.
② 수출자는 매입은행의 채권보전을 위해 백지로 약속어음을 연대보증인과 공동 발행하여 매입은행에 제공한다.
③ 수출자는 매입과 관련하여 발생하는 모든 수수료, 이자, 할인료, 지연배상금, 손해배상금 등을 부담한다.
④ 수출자는 환어음의 지급이 이루어지지 않으면 매입대금의 상환의무를 지고 곧 매입은행에 변제한다.

(3) 운송서류의 지급 혹은 연지급

신용장의 결제 유형이 지급 혹은 연지급일 경우 수출자는 지정된 은행에 가서 운송서류를 제출하고 수출대금을 지급 혹은 연지급을 요청하게 된다. 지급신용장인 경우 신용장 개설은행이 수출지역의 특정 은행을 지급은행으로 지장해 두고 개설은행을 대신하여 수출대금을 지급할 것을 지시하는 것이 보통이다. 이 경우 수출자는 지급은행에 운송서류를 제시하면 곧 수출대금을 찾을 수 있다. 한편 연지급신용장인 경우 수출자가 수출대금을 일정 기간 후 받는다고 계약을 체결했기 때문에 수출자가 지정된 연지급은행에 운송서류를 제시하면 연지급은행은 약정된 기간 후 수출대금을 지급할 것을 약속하는 연지급약정서를 발급해 준다. 수출자는 이 약정서를 가지고 있다가 만기일에 연지급은행으로부터 수출대금을 찾을 수 있고 혹 자금이 부족할 경우에는 만기일까지의 이자를 공제하고 수출대금을 미리 찾을 수도 있다.

(4) 운송서류의 매입 혹은 인수

신용장 결제 유형이 매입 혹은 인수일 경우 수출자는 환어음을 발행하여 운송서류와 함께 매입 혹은 인수를 요청하고 수출대금을 찾아간다. 무역거래에서 매입은 수출자가 발행한 환어음과 운송서류를 관련 은행이 자기 자금으로 매입하는 것을 말한다. 이 과정을 수출자의 입장에서 보면 수출대금을 지급받는 과정으로 볼 수 있지만 은행의 입장에서 보면 환어음과 운송서류를 다른 곳으로 보내어 대금을 상환 받을 수 있다는 가정 하에 자기 자금으로 사주는 것을 의미한다.

기한부신용장일 경우 수출자는 관련 서류와 환어음을 인수은행에 제시하고 환어음의 인수를 요구한다. 인수은행은 이미 개설은행으로부터 지시를 받았기 때문에 수출자가 제시한 환어음 상에 만기일에 지급할 것이라는 서명을 하고 환어음을 수출자에게 돌려준다. 수출자는 이 환어음을 가지고 있다가 만기일에 대금을 받을 수 있고 만약 자금이 핍박할 경우에는 만기일까지의 이자를 공제하고 즉시 대금을 회수할 수도 있다.

매입은행은 수출자가 제출한 환어음 및 운송서류 등이 신용장 조건과 일치하는지, 운송서류 상호간의 모순이 없는지 등의 여부를 면밀히 검토하여 매입을 결정한다. 일단 매입이 결정되면 매입은행은 신용장 뒷면에 매입일자, 매입전호, 금액, 은행명 등을 기재한 후 신용장과 함께 매입대금을 지급한다.

매입대금은 매입당일의 전신환매입율(T/T buying rate)로 환산한 원화에서 환가료, 대체료, 우편료, 전신료, 무역금융 융자액 등을 공제한 잔액이다.

전신환매매율은 환어음을 전신으로 결제할 경우 적용되는 환율로서 환어음의 결제가 1일 이내에 완료되므로 우송기간에 대한 이자가 공제되지 않는다. 외국환은행이 일반 고객(수출자)로부터 전신환을 매입할 때 적용되는 환율이 외국환은행 대고객전신환매입율(telegraphic transfer buying rate)이며 일반고객(수입자)에게 전신환을 매도할 때 적용하는 환율은 외국환은행 대고객전신환매도율(telegraphic transfer selling rate)이다.

환가료(exchange commission)는 환어음이 개설은행으로 우송되는 기간에 해당하는 이자를 말한다. 매입은행이 수출자에게 매입대금을 지급하면 환어음과 운송서류가 개설은행으로 송부되어야 그 대금을 돌려받을 수 있기 때문에 매입시점과 개설은행의 상환시점 사이에는 환어음이 우송되는 기간만큼 이자를 수출대금에서 공제한다.

대체료는 수출대금을 외화로 인출할 때 매입은행에서 징수하는 수수료이다. 동종통화로 매입하면 외화매매율 차에 따른 수수료가 없기 때문에 대체료를 징수한다.

(5) 운송서류의 조건부 매입

수출자가 매입 의뢰한 운송서류상에 하자사항이 발견되면 매입은행은 원칙적으로 매입을 거절하지만 수출자의 신용상태, 거래관계 등을 감안하여 일정 조건하에서 매입한다.

① 추심 후 매입의 경우 개설은행 또는 수입자로부터 추심이 완료된 수 수출대금을 결제한다.

② 조회 후 매입의 경우 매입은행이 개설은행에 전신으로 서류상의 하자 사항을 문의한 후 개설은행의 동의가 있을 경우 매입한다.

③ 조건변경 후 매입의 경우 신용장의 조건을 준비된 서류에 맞도록 변경하여 매입한다. 이 경우의 매입은 정상적인 매입이다.

④ 하자부 매입의 경우 하자사항에 대한 모든 책임을 수출자가 부담한다는 일종의 보증장(letter of guarantee)을 첨부하여 매입하는 방법이다. 하자부 매입에 따른 모든 책임과 비용은 수출자가 부담한다. 주로 신용장 유효기일이 얼마 남아 있지 않거나 자금이 급히 필요한 경우 이용된다.

2. D/A · D/P 방식에서의 수출대금 회수

D/A · D/P(화한추심어음) 거래는 수출자가 수입자의 신용을 토대로 계약물품을 먼저 선적해 보내기로 하는 선수출계약서를 작성함으로써 시작되는데 구체적 실무 내용을 살펴보면 다음과 같다.

(1) 수출자의 환어음 발행

선수출계약에 따라 수출자는 약정된 기일 내에 계약물품을 선적하고 선박회사로부터 선하증권을 입수해야 한다. 선하증권은 선수출계약서에 명시된 내용과 일치해야 하며, 만약 상업송장, 포장명세서, 원산지증명서 등과 같은 다른 운송서류의 구비가 명시되어 있으면 수출자는 그러한 서류도 준비해야 한다. 계약서에 명시된 운송서류가 구비되면 수출자는 환어음을 발행한다.

수출자가 발행하는 환어음은 다음과 같은 특징을 지닌다.

① 환어음 상의 지급인(drawee)은 수입자가 된다. 따라서 추심조건부 환어

음은 개인어음(private bill)이 되고, 이 점이 개설은행을 지급인으로 발행되는 신용장 조건부 환어음과 구분된다.

② 환어음의 금액은 수출가액(물품가액)이 되는데 보통 계약서에는 '송장금액의 100%' 식으로 표시된다.

③ 마지막으로 환어음의 만기일은 지급도방식인 경우에는 수입자가 환어음을 일람하는 즉시 지급하는 일람출급(at sight)조건이고, 인수도방식인 경우에는 약정 기일이 경과한 후 지급하는 기한부(usance)조건이다.

(2) 수출자의 추심 신청

선수출계약서에 명시된 조건에 따라 환어음을 발행하고 기타 운송서류를 구비한 수출자는 통상적으로 자기가 거래하는 은행에 수출대금을 추심해 줄 것을 신청한다. 이에 따라 수출자는 추심의뢰인(principal)이 되고, 추심의뢰요청을 받은 수출자의 거래은행은 추심의뢰은행(remitting bank)이 된다.

(3) 추심의뢰은행의 추심 의뢰

추심의뢰은행은 주로 수입자가 소재하는 지역에 있는 은행을 추심은행(collecting bank)으로 선정하여 추심지시서와 함께 관련 서류를 송부하고 추심을 의뢰한다. 이때 추심의뢰은행은 추심의뢰인이 제출한 추심신청서의 내용과 제출한 운송서류가 일치하는지 등 서류를 검토해야 한다. 또한 추심의뢰은행은 추심은행에 추심을 의뢰할 때 추심지시서(collection instruction or order)를 작성하고 이를 관련 운송서류와 함께 추심은행에 송부한다. 추심의뢰은행이 추심은행으로 직접 송부할 수 있으며, 또는 다른 중개은행을 통하여 송부할 수도 있다.

(4) 추심은행의 추심완료

추심은행은 서류와 추심지시서가 도착되면 지급인에게 지체 없이 도착통지와 함께 서류를 제시하여야 한다. 그리고 추심은행은 지급인으로부터 지급 받은 추심금액(해당되는 경우, 수수료, 지출금 또는 비용을 공제하고)을 추심지시서와 조건에 따라 추심지시서를 송부한 당사자에게 지체 없이 송금하여야 한다.

(5) 추심의뢰은행의 수출대금 지급

추심의뢰은행은 추심은행이 송금한 추심금액에서 추심수수료 등 관련 비용을 공제한 금액을 수출자 즉 추심의뢰인에게 지급한다. 추심의뢰은행의 입장에서는 추심이 완료된 것이며, 수출자의 입장에서는 비로소 수출대금을 회수한 게 된 것이다.

신용장의 경우 개설은행이 지급을 확실히 약속하고 있기 때문에 매입은행은 개설은행으로부터 대금을 받기 전에 미리 수출자에게 자가 자금으로 대금을 지급하는 추심 전 매입이 가능하다. 하지만 화환추심어음방식의 경우에서는 수입자의 신용을 바탕으로 모든 거래가 이루어지기 때문에 수입자가 추심은행에 수입대금을 지급하고 추심은행이 이 금액을 추심의뢰은행에 송금해야만 수출자는 비로소 수출대금을 찾을 수 있는데 이런 경우를 추심 후 지급이라 한다.

3. 송금 방식에서의 수출대금 회수

(1) 사전송금방식의 경우

매매계약을 체결할 때 수입자가 대금을 선적 전에 송금하기로 했을 경우에는 보통 수출물품의 선적이 예정되는 시기 일주일 쯤 수출자가 선적 시기를 통보하면 수입자가 송금을 하는 것이 관례이다. 그리고 수출자는 수출대금의 입금을 확인한 후 관련 운송서류를 신속히 수입자에게로 우송한다.

(2) 사후송금방식의 경우

사후송금은 수출물품 혹은 운송서류의 인도와 동시에 또는 인도 후 일정 기간 이내에 수출대금 전액을 외국환은행을 통하여 송금 받는 거래이다.

수출물품과 수출대금을 서로 교환하는 거래는 주로 귀금속 등 고가품으로서 직접 물품을 검사하기 전에는 품질을 정확히 파악하기 어려운 경우 이루어진다. 이런 거래는 통상 수출자가 수입자 지역에 상주하는 수출자의 지사나 대리인에게 운송서류를 우송하고, 지사나 대리인이 그 운송서류를 이용해서 화물을 찾으면 수입자와 함께 화물을 검사한 후 수출대금을 회수하게 된다.

운송서류와 수출대금을 서로 교환하는 경우이면 수출자가 운송서류를 수입지에 있는 수출자의 지사 혹은 대리점으로 우송하면 지사 혹은 대리점이 직접 이를 수입자에게 제시하고 수출대금을 영수한다.

만약 수출물품을 인도한 후 일정 기간 이내에 수출대금을 받기로 외상 수출계약을 체결하였을 경우에는 수출자는 먼저 수출물품을 찾을 수 있는 운송서류를 수입자에게 보내야 한다. 그런 후 약정된 기일이 도래하면 수입자로 하여금 수출대금을 송금해 줄 것을 요구한다. 그런데 이런 외상 수출거래에서는 보통 수출자가 거래은행과 수출채권에 관한 양수도 계약을 체결한 후 이루어지기 때문에 수출자는 수출채권을 거래은행에 매각하는 경우가 많다. 그러면 수입자는 수입대금을 약정된 채권양수은행에 입금하게 된다. 이러한 거래를 O/A(open account) 방식이라 한다.

제 4 절 수입대금의 결제

1. 신용장 방식에서의 수입대금 결제

(1) 외국환거래 약정

신용장 결제방식으로 수입할 경우 수입자는 개설은행(issuing bank)과 신용장거래에 따른 약정을 체결해야 한다. 현재 우리나라에서는 전국은행연합회가 작성한 외국환거래 약정서가 사용되고 있는데, 인쇄된 약정서의 내용에 대해서 수입자(개설의뢰인)가 서명·날인함으로써 동의하는 형식을 취한다. 신용장거래에 따른 약정내용은 주로 수입자와 개설은행간의 채권 및 채무관계이다.

(2) 운송서류 심사

무역계약에 따라 신용장을 개설한 수입자는 수입화물을 인수하기 위하여 운송서류가 도착하기를 기다린다. 운송서류는 수출지의 지급, 연지급, 인수 혹은 매입은행을 거쳐서 개설은행에 도착하게 되는데, 통상적으로 은행은 분실, 파손 등의 우려를 염려해서 운송서류를 원본과 부본으로 구분하여 개설은행에 송부한다.

개설은행은 운송서류가 도착하면 즉시 이 사실을 수입자에게 알리고 운송서류가 신용장상의 요건과 서류상 일치하는가의 여부를 검토하여 이를 수리할 것인지 또는 거절할 것인지를 결정한다. 이 때 개설은행은 운송서류가 문면 상 신용장조건과 일치하는지 여부에 대해서 상당한 주의를 가지고 심사해야 한다(신용장통일규칙 제16조). 그리고 신용장에 명시되지 않은 일반조건은 신용장통일규칙에 따라 심사한다.

개설은행은 은행영업일(banking days)로 5일 이내에 수리 여부를 결정해야 하며 만약 모든 운송서류가 신용장조건과 일치하면 즉시 서류를 수리하고 매입은행에 대금을 상환해야 한다. 개설은행은 신용장의 독립·추상성에 따라 신용장조건과 일치하는 서류에 대해서는 무조건 신용장대금을 상환해야 할 의무가 있다(신용장통일규칙 제16조).

만약 운송서류를 심사한 결과 서류 상호간에 모순이 있거나 신용장상의 요건과 일치하지 않을 경우 개설은행은 전신 또는 신속한 방법으로 운송서류의 수리거절을 매입은행에 통보해야 한다. 개설은행은 독자적 판단에 따라 운송서류의 수리 여부를 결정해야 하지만 일단 수입자에게 운송서류를 서류상의 하자에도 불구하고 인도받을 지의 여부를 문의하는 것이 바람직하다. 왜냐하면 수입자는 시장상황에 따라 꼭 필요한 수입인 경우 서류상의 조그만 하자에도 불구하고 운송서류를 인수할 수 있기 때문이다.

(3) 수입대금 지급절차

수입자는 운송서류가 상호 모순이 없고 신용장의 내용과 일치하면 개설은행에 수입대금을 지급하고 운송서류를 인수한다. 만약 신용장조건이 일람불이면 수입자는 대금을 지급하는 즉시 운송서류를 인수할 수 있다. 그러나 기한부조건으로 수입한 경우에는 수입대금을 당장 지급할 필요가 없기 때문에 운송서류 인수증만 제출하고 운송서류를 인수할 수 있다. 수입자는 환어음의 만기일에 이자를 추가하여 결제해야 한다.

그러나 수입자가 정해진 기간 내에 운송서류를 찾아가지 않으면 개설은행은 별도의 이자를 징수한다. 예를 들어 일람불신용장일 경우 수입자가 운송서류 도착일로부터 3일 이내에 수입대금을 결제하면 추가이자를 부담하지 않지만 4일 이후 7일 이내에 결제하면 10일간의 환가료를 부담해야 한다. 그리고 수입자가 이 기간도 초과하면 개설은행은 수입대금의 변제시점까지 외화연체이자를 징수하고 운송서류를 인도하지 않는다.

2. D/A · D/P 방식에서의 수입대금 결제

(1) 외국환거래 약정

화환어음 추심방식으로 수입할 경우 수입자는 운송서류를 제시하는 추심은행(collecting bank)과 외환거래가 발생하게 되므로 외국환거래약정을 체결하고 화환어음의 인도 및 지급에 관한 당사자 간의 권리와 의무를 명확히 한다.

(2) 운송서류의 심사와 인수

만약 결제가 지급도 조건(D/P)이면 수입자는 추심은행이 제시하는 운송서류를 면밀히 검토하여 계약의 내용과 일치하면 수입대금을 지급하고 운송서류를 찾아간다. 그런데 인수도 조건(D/A)일 경우는 수입자는 추심은행이 제시한 화환어음 상에 만기일 지급을 약속하는 인수 서명을 하고 운송서류를 찾아간다.

3. 송금 방식에서의 수입대금 결제

(1) 외국환거래 약정

송금 방식으로 수입할 경우 수입자는 수출자 계정으로 수입대금을 직접 송금하고, 수출자는 관련 운송서류를 수입자에게 우송하므로 수입대금의 결제와 운송서류의 입수가 매우 간단하지만 수입자는 거래은행과 외국환거래를 하게 되므로 외국환거래약정을 체결한다.

(2) 수입대금 송금 및 운송서류의 인수

선적 전 사전 송금 방식으로 수입계약을 체결했으면 수입자는 약정 기일 내 수출대금을 수출자가 선적하기 전에 송금하고 운송서류를 기다린다. 보통 수출자가 선적 예정일을 통보하면 수입자가 수입대금을 송금한다. 그런데 사후 송금 방식일 경우에는 수출자가 먼저 운송서류를 수입자에게로 보내준다. 그리고 일정 기간 후 수입자는 수입대금을 수출자 앞으로 송금하게 된다.

주요용어

- 환(exchange)
- 외국환
- 내국환
- 송금환
- 추심환
- 매도환
- 매입환
- 보통환
- 전신환
- 환어음
- 화환어음
- 일람불어음
- 기한부어음
- 신용장
- 개설은행
- 통지은행
- 확인은행
- 매입은행
- 신용장의 독립성
- 신용장의 추상성
- 화환신용장
- 취소불능신용장
- 매입신용장
- 제한신용장
- 보통신용장
- 일람불신용장
- 기한부신용장
- 인수도조건
- 지급도조건
- 송금
- T/T base
- 대금교환도조건

연습문제

01. 환거래의 개념을 채권자, 채무자 관계를 활용하여 설명하시오.

02. 외국환 중 송금환과 추심환의 차이점에 대해 설명하시오.

03. 무역거래에서 환어음의 발행인과 지급인 당사자와 역할에 대해 설명하시오.

04. 무역거래에서 신용장 수익자와 발행인의 당사자와 역할에 대해 설명하시오.

05. 신용장거래 당사자 중 확인은행과 매입은행의 역할에 대해 설명하시오.

06. 신용장의 특성 중 독립성과 추상성의 개념에 대해 설명하시오.

07. D/A, D/P 방식의 차이점과 공통점에 대해 설명하시오.

08. COD, CAD 방식의 차이점과 공통점에 대해 설명하시오.

09. 무역 관련 다양한 위험과 신용장방식의 역할에 대해 토의하시오.

10. 현재 무역거래 대금결제수단 중 가장 큰 비중을 차지하고 있는 방식과 폭 넓게 활용되는 이유에 대해 토의하시오.

제 14 장

클레임 및 상사중재

무역 이야기

중재, 어떻게 신청하나?

상사중재를 신청하려면, 거래 전 체결한 계약서에 '분쟁 발생 시 중재로 해결한다'는 조항을 포함하거나, 분쟁 발생 후 '기존 분쟁을 중재로 해결한다'는 사후 중재 합의를 해야 한다. 분쟁 해결의 가장 기본적이고 공식적인 수단은 소송이기 때문에, 이러한 중재 합의가 없는 경우에는 중재 절차를 진행할 수 없다. 특히 한국을 포함한 대부분 국가에서는 서면주의를 채택하고 있으므로, 중재 합의는 반드시 서면으로 이루어져야 한다.

상대방과 중재에 합의했다면, 중재신청을 통해 절차를 시작할 수 있다. 신청이 접수되면 소송의 재판부에 해당하는 중재 판정부가 구성되며, 일반적으로 중재인은 1명 또는 3명으로 구성된다. 중재인은 신청인이 지정하거나, 양 당사자가 합의해 선정할 수도 있고, 또는 전문 중재 기관이 임명할 수도 있다. 이후 중재 심리가 진행되고, 판정이 내려지게 된다.

중재를 진행하고자 할 경우, 대한상사중재원에 중재 신청서를 제출해야 한다. 보통 중재인이 1명인 경우 3부, 3명인 경우 5부의 신청서를 제출한다. 중재신청서는 중재인이 해당 사건에 대해 아무런 사전 지식이 없다는 전제로 작성해야 하며, 중재인은 오직 제출된 서류를 통해 사건을 판단한다. 따라서 중재신청서는 사건에 대한 '첫인상'을 결정짓는 문서로, 객관적인 시각에서 사실을 바탕으로 자세하고 설득력 있게 작성해야 한다.

중재신청 시에는 서류뿐만 아니라 신청요금도 함께 준비해야 한다. 이 비용은 중재 관할권 적정성, 서류 작성의 완비 여부 등을 심사하는 데 사용되는 일종의 심사비용이다. 대한상사중재원의 경우 부가가치세를 포함해 110만 원의 신청비를 부과하며,

2억 원 미만의 클레임에 대해서는 면제될 수 있다.

소송에서는 원고가 인지대 및 소송비용을 전액 부담하는 반면, 중재에서는 일반적으로 중재 비용을 양측이 균등하게 분담하는 것이 원칙이다. 다만, 이는 강제 규정이 아니며, 중재 비용이 모두 납부되어야 절차가 개시되기 때문에 긴급한 당사자가 전액을 부담하는 경우도 있다.

자료: 무역뉴스(2021. 5. 7.) 일부 발췌 및 수정.

제 1 절 무역 클레임

1. 무역 클레임의 개요

(1) 클레임의 의의

무역거래의 마지막 단계는 클레임의 제기와 이를 해결하는 것이라 할 수 있다. 물론 모든 무역거래에서 클레임이 제기되는 것은 아니지만, 문화, 관습, 법체계 등이 다른 국가와 거래를 하다보면 여러 마찰이 생길 수 있다. 특히 무역거래에서는 당사자들이 서로 만나 품질, 수량, 선적 등을 직접 확인하는 것이 아니고 모든 것을 서류로 결정하기 때문에 품질 불량, 수량 부족, 선적 지연 등 여러 요인으로 클레임이 제기될 수 있다.

클레임(claim)의 본래 의미는 당연한 권리를 요구, 청구 또는 주장할 수 있는 것을 의미하지만 일반적으로 무역거래에서 클레임은 피해자가 가해자에게 손해배상을 청구하는 것을 말한다. 즉 무역거래 당사자 중 일방이 매매계약을 이행하는 과정에서 고의나 과실로 계약의 일부 또는 전부를 이행하지 않음으로써 발생된 손해를 구제받기 위해서 상대방이 손해배상을 청구하는 것을 클레임이라 한다.

무역거래에서 클레임의 대부분은 주로 상품의 품질 불량, 선적 지연, 선적

불이행 등을 이유로 수입업자가 수출업자에게 제기하는 경우이며 수출업자가 수입업자에게 클레임을 제기하는 경우는 대금결제와 관련되는 것 외에는 별로 없다. 때때로 어느 일방이 고의적으로 클레임을 제기하는 경우도 있으나 대개는 당사자 중 일방이 부주의로 인해 무역계약을 이행하지 않거나 이행을 지체함에 따라 클레임이 발생하는 경우가 많다.

(2) 클레임의 원인

무역거래에서 종종 제기되는 클레임의 원인을 살펴보면 다음과 같다.

① 상품에 대한 클레임

수입업자가 제기하는 클레임은 대부분 품질 불량, 규격 상이, 수량 과부족 등 거래상품의 하자에 관한 것이다.

가. 품질 불량

클레임 중에 제일 많이 일어나는 것으로 계약상품과 다른, 즉 저질의 상품이 도착했을 경우 제기되는 클레임이다. 대개 계약 시에 견본을 교환하여 계약서에도 'as per sample'과 같은 단서를 삽입하나 대량생산을 하다 보면 원료도 꼭 같은 것을 못 구할 수 있고, 운송 도중에 퇴색, 변질 및 파손되는 경우도 있다. 또한 기술자의 부주의로 저질품이 생산될 수도 있으며, 아니면 수입업자의 단순한 주관적인 판단으로 이루어질 수도 있는 것으로 무역에서 가장 빈번히 일어나고 제일 해결하기 까다로운 클레임이다.

나. 규격 상이

계약 시에 상품의 규격에 대해서 정확히 명시를 하지만 실제로 많은 양의 상품을 다루다 보면 계약규격과 조금씩 다른 규격이 선적되어 클레임을 당하는 수가 있다.

다. 수량 과부족

계약된 상품의 수량과 실제로 도착한 수량과의 차이로 야기되는 클레임 건

수도 상당히 된다. 상품에 따라서는 수송 도중에 감량이 되는 것이 있고, 증량되는 것도 있기 때문에 계약 시 선적수량조건 혹은 양륙수량조건을 명백히 해두는 것이 좋다. 그리고 상품의 단위는 매우 적으나 그 총수량이 워낙 많은 상품을 거래할 경우에는 '과부족용인조건'(more or less clause)을 활용하면 어느 정도 수량의 차이는 인정받을 수도 있다.

② 포장에 관한 클레임

국제무역에서는 상품의 장거리 수송이 반드시 뒤따르기 때문에 방수되고 견고한 자재로 상품을 포장하여야 한다. 또한 중간에 환적이 되거나 여러 형태의 운송수단이 이용되는 경우에는 상품이 손상되지 않도록 특별히 견고한 포장을 하여야 한다. 포장에 대한 클레임으로는 불량 포장, 부정 포장, 포장 결함 등을 들 수 있다.

③ 선적에 관한 클레임

선적에 관계된 클레임은 선적 지연(delay)과 선적 불이행(non-delivery)이 대표적인 원인이다.

가. 선적 지연

계약상이나 신용장상에 명시된 선적일 내에 선적을 하지 못하고 지연되어, 즉 명시된 선적일이 경과한 후에 선적된 것에 대한 클레임으로 상품에 따라서 클레임의 정도가 다르다. 계절을 타지 않는 상품에 대해서는 다소 지연되어도 계약상품이 도착하면 별 문제가 없으나 계절적인 상품은 일정한 기간 내에 도착하지 않으면 판매기회를 상실하게 되어 1년간 재고로 남게 되며, 또 1년 후에 유행이 바뀌면 완전히 상품의 가치를 상실하게 되므로 클레임이 제기된다.

나. 선적 불이행

선적 불이행은 계약 당시보다 상품의 시세가 올랐거나, 원자재 가격이 폭등하여 채산이 맞지 않을 경우, 혹은 불가항력에 의해 수출업자가 계약물품을 선적하지 않은 것인데 불가항력에 의한 선적 불이행은 대부분 수출업자의 면책이 인정된다.

④ Market Claim

이는 시장 상황이 좋지 않을 경우 수입업자가 사소한 하자를 잡아 클레임을 제기하는 것이다. 특히 계약 당시에 비해 수입국의 시장가격이 폭락할 경우 수입업자는 운송서류상 사소한 하자만 발견되어도 대금지급을 거절하는 경우가 많다.

⑤ 운송에 관한 클레임

상품의 운송 도중에 발생하는 하자에 대한 클레임도 자주 제기된다. 특히 자연조건인 풍랑, 기온의 변화가 상품에 상당한 피해를 주는 경우가 많은데 항해 중에 일어날 수 있는 위험으로는 누손 위험, 증발 위험, 혼합 위험, 기름의 위험, 빗물 및 담수의 위험, 땀과 열의 위험, 곰팡이의 위험 등이 있다. 이러한 위험들은 대부분 해상보험에 의해 보상이 되지만 수출업자는 이것이 운송 도중에 발생했다는 사실을 입증해야 한다.

⑥ 결제에 관한 클레임

수출업자가 제기하는 클레임의 대부분은 지급 지연이나 대금미회수와 같은 결제에 관한 클레임이다. 신용장거래에서는 수입업자 대신 개설은행이 지급을 확약하고 있어 이와 같은 클레임이 제기되는 경우는 별로 없으나, 사후 송금방식이나 화환어음 추심방식(D/A·D/P)에서는 오로지 수입업자의 신용을 믿고 거래하는 것이기 때문에 수입업자의 파산, 재정상태의 악화 등으로 인해 대금지급이 지연되거나 회수가 불가능한 경우가 발생한다.

(3) 클레임의 청구내용

무역거래에서 클레임을 제기할 때 피해자가 청구하는 손해배상의 내용은 대략 다음과 같다.

① 손해배상금의 청구

이는 피해자가 상대방의 고의나 과실로 인해 입은 손해를 금전으로 보상해 줄 것을 요구하는 것이다. 환차손, 운임의 미회수, 수수료 등의 미지급과 같은 클레임에서는 금전 외 다른 대체보상이 불가능하고, 설령 하자 물품 대신 새로운 물품으로의 대체가 가능한 클레임일지라도 수입지에서의 시장상황이 좋지 않아 새로 수입해도 별 전망이 없을 경우 금전 보상을 요구한다. 이런 이유 때문에 무역거래의 클레임은 금전보상이 대부분을 차지하고 있다.

② 대체품의 청구

수입상품의 품질이 계약하고 다를 경우, 혹은 수량이 부족한 경우의 클레임 시에는 계약내용하고 다른 만큼의 대체품을 별도로 요구한다든지 추후 선적분에서 부족한 수량만큼을 추가하여 선적해 줄 것을 요청한다. 이와 같은 물품의 대체는 단골거래선 간이나 수입상품의 경기가 좋을 경우 수입업자들이 많이 요구한다.

③ 매매계약의 취소·해약

이는 매매계약을 완전히 취소하거나 잔여계약을 해약시키는 것이다. 약정된 선적기일이 경과하여도 선적이 제대로 이행되지 않으면 선적중지요청과 함께 계약 자체의 취소를 요구하고 계약불이행에 대한 손해배상금을 별도 청구할 수 있다.

할부선적(installment shipment)의 경우 수출업자가 할부선적기간을 준수하지 않으면 당해 할부부분은 물론 그 이후의 모든 할부부분이 자동으로 무효가 될 수 있다. 만약 먼저 선적한 부분에 하자가 있을 경우 이에 대한 손해배상을 청구함은 물론 나머지 부분을 해약하는 클레임을 제기할 수 있다.

④ 대금지급의 거절

이는 수입업자가 수입상품을 확인한 후 하자가 있을 경우 그 대금지급을 거절하는 것이다. 이런 클레임은 신용장방식의 거래에서는 제기될 수 없고 간혹 인수도조건(D/A)과 같이 수입업자의 신용으로 수입하는 거래에서 제기되기도 한다. 신용장거래에서는 독립·추상성에 의해 수입업자가 반드시 대금을 지급해야 화물을 찾을 수 있으므로 대금지급거절과 같은 클레임은 제기될 수 없다. 그러나 인수도조건은 수입업자가 약정한 기한에 수입대금을 지급할 것을 약속하고 운송서류를 찾아 화물을 입수하기 때문에 종종 수입 화물에 하자가 있거나 잘 팔리지 않을 경우 이런 클레임을 제기할 수 있다.

2. 클레임의 제기와 해결

(1) 클레임의 제기

클레임은 합의된 기간 내에 적절한 절차에 따라 제기되어야만 법률적인 보장을 받을 수 있다. 무역계약 체결 시 클레임의 제기, 해결 방법 등을 약정했을 경우에는 약정된 사항에 따르고, 그렇지 않은 경우 클레임은 국제상관습, 국제규칙, 국내법 등에 따라 합법적이고 적절한 시기 내 제기되어야 한다.

① 클레임 상대방(가해자)의 확정

클레임 제기 시 가장 중요한 것은 누구에게 클레임을 제기해야 하는가? 즉 클레임 상대방인 가해자를 확정하는 것이다. 만약 상대방을 잘못 선정하여 클레임을 제기하면 아무런 효력도 없을 뿐만 아니라 그 후 가해자를 찾았다 하더라도 클레임 제기 시효를 놓칠 수도 있다. 따라서 피해 사항을 철저히 분석하여 그에 따른 책임소재가 누구에게 있는가를 파악해야 한다.

무역거래에서 클레임의 상대방은 계약 당사자이므로 대부분 수출업자 또는 수입업자가 된다. 그러나 운송 도중 운송인의 과실이나 천재지변 등으로 화물 손상이 발생했을 경우 선박회사 혹은 보험회사도 클레임의 직접적인 당사자가 될 수 있다. 경우에 따라서는 은행의 과실로 운송서류를 잘못 전달하여 화물이 엉뚱한 제3자에게 인도되었을 경우에는 관련 은행도 클레임의 당사자가 될 수 있다.

② 클레임 제기기간

클레임은 그 제기시기를 놓치면 시효에 걸릴 뿐 아니라 증거를 상실하게 되어 해결에 많은 어려움이 따르므로 반드시 약정된 기간 내에 제기되어야 한다. 클레임 제기기간은 보통 매매계약서 상에 다음과 같이 구체적으로 명시되어 있다. 즉 "화물이 목적지에 도착한 후 10일 이내에 전신 등 빠른 통신 수단을 이용하여 클레임을 제기한다는 의사를 표시하고, 의사표시 후 15일 이내 클레임에 관한 자세한 내역서 등을 항공등기우편으로 보낸다"와 같이 클레임 제기일자를 분명히 해둔다.

"Any claim or complaint by buyer of whatever nature arising under this contract, shall be made in cable within then days after arrival of the cargo in the destination port. Full particulars of such claim shall be made in writing and forwarded by air mail to seller within 15 days after cabling. Buyer must submit with such particulars as Korea Public Surveyor's Report, when the quality and/or quantity of merchandise is in dispute".

"본 계약 하에서 매수인이 제기하는 어떠한 클레임 또는 불만은 물품이 목적항구에 도착한 후 10일 이내 전신으로 통지하기로 한다. 전신 통지 후 15일 이내 클레임에 관한 상세한 내역서가 서면 작성되어 매도인에게 우송하기로 한다. 매수인은 품질 및/또는 수량 상에 하자가 있을 경우 한국공증검사보고서와 같은 내역서를 제출해야 한다."

만약 클레임 제기기간에 대한 약정사항이 없으면 국제관습, 국제규칙 또는 각국의 법률에 따르지만 이에 대한 규정이 모두 다르기 때문에 클레임처리조항에 제기시기를 명확히 규정해 두는 것이 바람직하다. 참고로 클레임 제기기간에 대한 각국의 입법 예를 살펴보면 다음과 같다.

[표 14-1] 클레임 제기기간에 관한 입법 예시

구 분	클레임 제기기간
한국 상법	발견즉시 통지(발견이 곤란한 경우 6개월의 기간 인정)
일본 상법	즉시검사, 하자발견 즉시 통지
미국 통일상법	합리적 기간 내 물품검사 및 하자통지
영국 물품매매법	합리적 기간 내 물품검사 및 하자통지
Warsaw-Oxford Rules	합리적 검사 후 3일 이내 통보
비엔나 협약	단기간 내 검사 합리적 기간 내 통지(최대소멸시효기간 2년)

③ 클레임의 통지

클레임 사유가 확정되면 클레임제기 의사표시, 클레임의 주요 내용 등을 요약한 클레임 통지서를 전신 등 빠른 수단을 이용해서 보낸 후 곧 이어 클레임 제기서장을 작성해서 항공등기우편으로 보내야 한다. 앞에서 예를 들은 클레임처리조항에서는 전신으로 클레임을 통지한 후 15일 이내 우편으로 클레임에 관한 상세한 내용을 적은 클레임 제기서장을 보내도록 규정하고 있다.

클레임을 제기할 때 보통 클레임진술서, 손실명세서, 검사보고서, 기타 청구서나 증빙서류가 필요하다. 클레임진술서에는 클레임의 대상이 되는 거래내용, 클레임의 원인, 클레임의 해결방법 등을 명시한다. 그리고 손해배상을 청구할 경우에는 손실명세서를 작성하여 상대방에게 송장가격과 배상금액을 표시하고 실제 손실의 내역과 부대비용도 명시한다. 더 나아가 클레임의 정당성을 주장하려면 국제적으로 권위 있는 검정기관에서 발급한 검사보고서와 같은 증빙자료를 첨부하는 것도 효과적이다.

(2) 클레임의 접수

무역거래 당사자로부터 클레임이 제기되면 클레임의 제기내용을 검토하고 상대방에게 자신의 입장과 해결방안을 통보한다.

① 클레임 제기시기의 검토

클레임의 통지를 받으면 클레임이 약정된 기간 내에 제기되었는가를 검토한다. 만약 클레임처리조항에서 약정된 기간이 지난 뒤 제기된 클레임은 법적인 시효를 상실한 것이므로 클레임을 거절해도 상관없다.

② 클레임내용 조사

합법적인 기간 내 제기된 클레임에 대해서는 클레임 진술서에 기재된 내용을 면밀히 확인하여 클레임의 정당성 여부를 검토하는데 보통 다음과 같은 사항을 우선적으로 조사하는 것이 바람직하다.

- 본인이 클레임의 책임당사자인지의 여부
- 클레임이 적법한 절차에 따라 제기되었는지 여부
- 클레임이 계약조건의 미비에 인한 것인지 여부
- 하자를 입증하는 객관적인 증빙자료의 제시 여부
- 공인검정기관이 인정한 물품검사인지 여부
- 하자의 정도가 계약상 또는 관습상 허용되는지 여부

- 손해배상청구액은 합리적인 산출근거에 의한 것인지 여부
- 해당 계약의 특성을 충분히 감안했는지 여부

③ 해결방안 통보

클레임의 내용을 면밀히 조사한 후 이에 대한 자신의 입장을 빠른 시일 내에 전달해야 한다. 무역클레임의 해결과정에서 첫 응답은 향후 분쟁해결의 방향을 설정하는 것이기 때문에 매우 중요하므로 자신의 입장을 명확히 해야 한다.모든 클레임은 당사자 간의 합의에 의해서 해결한다는 원칙하에 각 개별거래의 특성을 감안하여 대응한다.

만약 클레임 제기자가 지속적으로 거래할 당사자일 경우나 거래관계를 계속 유지하고 싶은 상대라면 가능한 우호적 해결자세를 지니는 것이 바람직하다. 클레임 액수가 적을 경우에는 즉시 배상 조치해 줌으로써 상대방의 호감을 살 수도 있어 오히려 앞으로의 거래를 더 우호적으로 발전시킬 수 있는 계기가 될 수 있다. 혹은 당사자 간에 자주적으로 교섭하고 양보하여 서로 납득할 수 있는 타협점을 찾을 수 있다. 만약 타협을 통해서 클레임의 청구내용을 합의하면 타협계약서를 작성하여 클레임을 종결한다.

그러나 상대방의 의도가 불분명하거나, Market Claim과 같이 사소한 하자를 이유로 클레임을 제기할 경우에는 여기에 따른 반대 자료를 첨부해서 항변해야 한다. 특히 배상할 용의가 있다든지, 계속 거래를 통하여 해결하겠다는 등의 애매모호한 표시는 상대방에게 클레임을 인정한다는 의사표시가 될 수 있으므로 삼가야 한다.

제 2 절 상사중재

분쟁을 해결한다고 하면 곧 법정 소송을 생각하기 쉽지만 소송에 의한 판결은 우리나라의 재판권이 상대국까지 미치지 못하므로 외국에서의 승인 및 집행이 보장되지 않는다. 따라서 국가 간에 이루어지는 무역거래에서는 소송을

통해 분쟁을 해결하는 것은 불가능하고 알선, 조정 혹은 중재 등과 같은 비사법적 분쟁해결방안(Alternative Dispute Resolution: ADR)에 의해 최종적으로 해결된다.

1. 알선

(1) 알선의 의의

알선(intermediation)은 공정한 제3자가 클레임에 개입하여 당사자 간에 원만한 타협이 이루어지도록 조언함으로써 분쟁을 해결하는 방법이다. 제3자는 당사자의 일방 또는 쌍방의 의뢰에 의해 클레임에 개입하지만 형식적 절차를 거쳐 선정되지는 않는다. 그리고 제3자의 조언은 법률적인 구속력이 전혀 없으며 양 당사자 모두가 받아들일 경우에만 효력이 있다.

이와 같이 알선은 어디까지나 양당사자의 자발적인 합의를 통해서 분쟁을 해결하는 것이기 때문에 쌍방이 협력하지 않으면 실패할 가능성이 크다. 하지만 제3자가 제시하는 안은 앞으로의 분쟁 해결에 참고 자료로 활용될 수 있어 분쟁 해결에 상당한 영향력을 미칠 수 있다. 실제 대한상사중재원에 의뢰된 클레임 중 상당수가 알선단계에서 해결되고 있다. 대한상사중재원은 우리나라에서 무역거래를 비롯한 국내외 거래에 따른 분쟁을 알선, 조정, 중재 등 비사법적인 방법으로 해결하는 대표적인 ADR 기관으로 1966년 설립되었다.

알선은 대개 분쟁 해결을 위한 공식적 절차에 앞서 이루어지는데 우리나라에서는 분쟁해결의 경험과 지식이 풍부한 대한상사중재원의 직원이 개입하여 양당사자의 의견을 듣고 해결합의를 위한 조언을 하거나 타협을 권유한다. 알선절차에 소요되는 모든 경비는 무료이다. 알선이 성공할 경우에는 당사자 간에 비밀이 보장되고 거래관계를 계속 유지할 수 있다.

알선은 국내기업간의 클레임을 해결하는 국내알선, 국내기업이 외국기업에 대하여 신청하는 대외알선 및 외국기업이 국내기업에 대하여 신청하는 대내알선으로 구분된다.

(2) 온라인 알선

알선은 일반 알선과 온라인 알선으로 구분되는데 일반 알선은 알선의 접수만 온라인으로 가능하고 진행은 오프라인으로 이루어진다. 일반 알선은 국내, 국제 사건 모두 신청이 가능하다.

반면 온라인 알선은 기존의 알선과는 달리 알선의 신청 및 답변과 같은 일련의 알선절차 전부 혹은 일부를 온라인상에서 수행하는 사이버 알선을 말한다. 신청인은 대한상사중재원 홈페이지에 등재되어 있는 사이버 알선 신청하기 프로그램을 통하여 사이버 알선을 신청하게 되며 이를 이메일을 통하여 피제기자에게 통지하여 피제기자가 사이버 알선에 동의하면 알선이 개시된다. 만약 피제기자가 사이버 알선을 원하지 않는 경우에는 일반적인 알선 절차로 전환되어 진행된다. 현재 사이버 알선은 국내건(국내기업 간 클레임)에 한하여 신청이 가능하다.

2. 조정

(1) 조정의 의의

조정(conciliation)은 당사자 일방 또는 쌍방의 요청에 의해 공정하고 중립적인 제3자를 조정인으로 선정하고 조정인이 제시하는 조정안을 양 당사자가 합의함으로써 클레임을 해결하는 방법이다. 알선은 제3자를 선정하는데 형식적 절차가 필요 없지만 조정은 반드시 조정인을 선정해야 하는 절차를 거쳐야 한다. 하지만 조정인이 제시한 조정안은 알선의 경우와 마찬가지로 법적 강제력은 없다.

조정인은 해당 분야에 대해 경험이 풍부하고, 전문적 지식을 갖춘 전문가로 구성되는 것이 보통이다. 조정인은 거래관행, 상관습 등을 반영하여 양 당사자 모두 만족할 만한 조정안을 제시하지만 이 조정안은 반드시 양 당사자가 합의해야만 효력이 있고 어떠한 구속력도 가지고 있지 않다. 그러나 조정안은 대체로 당사자의 입장을 수용한 것이기 때문에 이를 받아들이는 경우가 상당히 많은 편이다.

조정이 지니고 있는 장점을 살펴보면 다음과 같다.

첫째, 조정은 신속히 끝날 수 있다. 조종 절차가 비교적 간결하고 조정인이 선정된 날로부터 일정 기일 내에 조정이 끝나도록 되어 있어 조정은 신속히 끝날 수 있다.

둘째, 조정은 비공개이다. 조정은 분쟁 당사자의 영업비밀, 사생활보호를 위해 절차가 비공개로 진행된다. 아울러, 조정 중에 당사자의 진술 또는 제출한 자료는 소송절차 등에서 원용하지 못하도록 되어 있다.

셋째, 전문가의 조력을 받을 수 있다. 무역 분야의 전문가로 구성된 조정위원회가 거래관행 및 전문적 지식에 근거하여 적절한 조정안을 제시한다.

넷째, 거래관계를 유지할 수 있다. 조정은 당사자가 조정인의 조력을 받아 우호적으로 분쟁을 해결하는 제도이므로 분쟁 해결 후에도 계속적인 거래관계를 유지할 수 있다.

마지막으로 분쟁당사자의 의견을 존중한다. 당사자가 분쟁해결 전문가인 조정인의 도움을 받아 스스로 분쟁해결책에 대하여 결정을 내릴 수 있도록 하고 있고, 아울러 절차진행에 있어서도 당사자의 의견을 충분히 반영한다.

현재 대한상사중재원에서는 대외무역법에 따른 무역분쟁조정과 「부품·소재전문기업 등의 육성에 관한 특별조치법」에 따른 신뢰성분쟁조정을 시행하고 있다.

(2) 무역분쟁조정

무역분쟁조정은 우리나라 대외무역법에 따라 다음과 같은 분쟁이 발생한 경우 대한상사중재원에서 조정위원회를 구성하고, 이 조정위원회에서 분쟁에 관한 적절한 조정안을 제시함으로써 분쟁을 신속하고, 공정하게 처리하는 절차를 말한다.

① 무역거래자 상호간 또는 교역상대국의 무역거래자와 물품 등의 수출, 수입과 관련하여 분쟁이 발생한 경우(대외무역법 제44조)

② 선적 전 검사와 관련하여 수출업자와 선적 전 검사기관간에 분쟁이 발생한 경우(대외무역법 제45조)

무역거래에서 간혹 우리나라 제품의 품질을 믿지 못하거나 품질에 대한 정확한 검사가 필요한 경우 수입업자는 검사기관을 지정하여 선적 전 검사를 맡도록 한다. 그런데 이런 선적 전 검사는 자취 심각한 무역장벽이 될 수 있고 검사기관의 기준과 수출업자의 기준이 다를 수도 있기 때문에 분쟁이 생길 여지가 있다. 이에 우리나라 대외무역법(제45조 2항)에서는 수출업자와 선적 전 검사기관 간에 분쟁이 발생할 경우 산업통상자원부장관이 조정을 명할 수 있도록 규정하고 있다.

(3) 신뢰성분쟁조정

우리나라 산업구조 상 취약한 분야 중 하나가 핵심 부품 산업이라 할 수 있는데 아무리 많은 자본을 투입해서 핵심 부품을 개발하더라도 이에 대한 신뢰도가 떨어져 우리나라 수출업자들이 과감하게 이를 사용하려고 하지 않고 있다. 이에 우리나라 부품이나 소재를 사용하는 기업이 이들 제품의 결함으로 인해 대내외적으로 입을 수 있는 재산상의 피해를 담보하는 신뢰성보험 등 신뢰성보장사업 등이 실시되고 있다.

하지만 신뢰성이란 주관적 관점에 따라 달라질 수 있고 이로 인한 피해액을 정확히 산정하는 것이 어렵기 때문에 신뢰성과 관련된 분쟁이 자주 발생하게 된다. 이와 같이 신뢰성인증을 받은 부품·소재를 이용하여 제품을 생산하거나 생산된 제품을 사용한 자가 그 부품·소재의 하자로 인하여 손해를 입은 경우, 신뢰성보장사업자, 피보험자, 지정인증기관, 지정평가기관 혹은 그 밖의 이해관계자간에 발생하는 분쟁을 신뢰성분쟁이라 한다.

신뢰성보장사업과 관련된 분쟁은 전문성을 요함으로 가급적 조정에 의해 신속히 해결하도록 유도하고 있다. 우리나라 「부품·소재전문기업 등의 육성에 관한 특별조치법」에 따라 신뢰성보장사업과 관련한 분쟁은 대한상사중재원에서 조정에 의해 해결하도록 규정하고 있다. 이에 따라 신뢰성분쟁이 발생한 경우, 전문적 지식을 갖춘 공정한 조정인이 분쟁에 대한 의견, 조언, 대안모색, 조정안제시 등 조정절차를 통해 해결되고 있다.

3. 중재

(1) 중재의 의의

중재(arbitration)는 분쟁당사자들의 합의와 신청에 의해 사법인이 아닌 제3자를 중재인(arbitrator)으로 선정하고 중재인의 판정에 최종적으로 복종함으로써 분쟁을 해결하는 민간인에 의한 자주적인 분쟁 해결 방법을 말한다.

중재의 특성을 구체적으로 살펴보면 다음과 같다.

첫째, 중재는 반드시 양 당사자 간의 합의에 의해 성립된다. 조정은 분쟁당사자 중 일방이 신청해도 가능하지만 중재는 반드시 양 당사자 간에 합의된 중재계약에 의해서만 성립된다.

둘째, 중재는 직소 금지를 원칙으로 한다. 중재는 당사자들이 법원의 소송절차에 의하지 않고 자신들이 클레임을 해결하는 것이므로 중재계약이 성립되기 위해선 먼저 재판을 받을 수 있는 권리를 포기해야 한다.

셋째, 중재는 민간인에 의한 자주적인 분쟁해결방법이다. 중재판정을 담당하는 중재인은 사법인이 아닌 민간인으로서 해당 분야에 대한 전문지식을 갖춘 전문가들이고 분쟁당사자들은 자신들의 실정에 맞는 중재인을 직접 선정할 수 있다.

넷째, 중재인의 중재판정은 최종적이다. 즉 중재는 일심제이고 정해진 기간 내 중재판정이 이루어지므로 당사자들은 분쟁해결에 많은 시간과 비용을 절약할 수 있다.

다섯째, 중재판정의 효력은 법원의 확정판결과 동일하고 국제협약에 따라 외국에서의 승인 및 집행이 보장된다. 이에 따라 중재는 무역거래의 적합한 분쟁해결방안으로 인정받고 있다.

여섯째, 중재는 비공개리에 진행될 수 있다. 이에 따라 사업상의 비밀이나 회사의 명성을 그대로 유지할 수 있다.

마지막으로 중재는 중재절차를 관리하는 국가 중재기관에 의하여 수행된다. 일반적으로 중재기관에는 상설기관과 임시기관이 있지만 두 기관의 판정 효력은 동일하다. 우리나라의 경우 상설중재기관으로서 대한상사중재원이 운영되고 있다.

(2) 중재의 대상

중재의 대상은 당사자가 자유로이 처분할 수 있는 사법상의 분쟁으로서 현재 또는 장차에 발생할 수 있는 모든 분쟁이다. 당사자가 자유로이 처분할 수 있는 분쟁은 절차의 개시, 심판의 대상, 절차의 종결 등에 대하여 당사자에게 주도권을 주어 그 처분에 맡기는 분쟁을 말한다. 그리고 중재는 상거래에서 발생한 분쟁뿐만 아니라 민사 분쟁도 대상이 될 수 있다.

중재의 대상이 될 수 있는 분쟁을 구체적으로 살펴보면 다음과 같다.

① 거래양태별: 매매(동산, 부동산, 유가증권 및 기타재산), 대여금, 임대차, 고용, 제조, 가공, 수선, 공급, 도급, Management 계약(연예인, 운동선수 등), 광고, 보증 등

② 거래행위별: 상행위, 대리, 중개, 위탁매매, 운송, 신탁, 보험 등

③ 거래외형별: 무역, 합작투자, 기술제휴, 건설, 해운, 특허, 대리점, 수출입알선, 부동산매매, M&A, 건물전세, 상품제조판매, 도소매 등

(3) 중재합의

중재는 반드시 분쟁당사자들이 모든 분쟁은 최종적으로 중재에 의해 해결한다고 합의한 중재합의가 있어야만 성립된다. 이런 중재합의가 없을 경우 분쟁은 알선, 조정, 소송 등에 의해 해결된다. 중재합의는 어떤 지역에서, 어떤 법에 의해, 어떤 중재기관에 의해 중재에 임한다는 점, 법정소송을 배제하는 점, 중재인의 중재판정은 법적 구속력이 있고 당사자들은 이에 복종한다는 점 등을 합의한다.

그리고 중재합의는 반드시 서면으로 작성되어야 효력이 발생한다. 우리나라도 중재합의 서면주의에 의해 중재합의 내용은 당사자들이 서명한 문서에 포함되어 있거나, 혹은 서신·전보·전신 등 기타 통신수단에 의하여 교환된 문서에 포함되어 있어야만 한다(중재법 제8조 제3항).

중재합의의 형식은 매매계약서에 중재조항(arbitration clause)을 삽입하여 사전에 약정하는 방식과 클레임이 발생한 후에 중재를 합의하는 중재부탁계약(submission to arbitration)을 체결하는 방식이 있다. 그러나 클레임이 발생한 후에는 불리하다고 판단하는 당사자가 중재부탁계약의 체결에 선뜻 동의하지

않기 때문에 매매계약을 체결할 때 중재합의 내용을 계약서에 삽입해 두는 것이 바람직하다.

(4) 표준중재조항

중재합의에 필요한 법적 요건을 충족시키기 위해서 우리나라에서 작성되는 모든 매매계약서는 만일 분쟁이 발생하면 대한상사중재원의 중재에 회부할 것을 골자로 하는 표준중재조항(standard arbitration clause)의 삽입을 권고하고 있다.

① 국내중재조항

국내 매매거래 등에서는 다음과 같은 표준중재조항을 삽입함으로써 분쟁을 중재에 의해 신속히 해결할 수 있다.

> **국내중재조항**
>
> 이 계약으로부터 발생되는 모든 분쟁은 대한상사중재원에서 국내중재규칙에 따라 중재로 최종 해결한다.

② 표준 국제중재조항

국제중재조항에는 중재를 행할 중재지역, 중재를 담당하는 중재기관, 적용할 준거법 등이 구체적으로 명시되는데 우리나라 대한상사중재원에서 권고하는 표준중재조항을 단독중재인인 경우와 3인 판정부의 경우로 나누어 살펴보면 다음과 같다.

[단독 중재인의 경우]

> All disputes which may arise between the parties, in relation to this contract, shall be finally settled by arbitration in Seoul, Korea in accordance with the Domestic(International) Arbitration Rules of the Korean Commercial Arbitration Board and under the Law of Korea. The dispute shall be decided by a sole arbitrator appointed by agreement of both parties.

이 계약과 관련하여 당사자 간에 발생하는 모든 분쟁은 대한민국 서울에서 대한상사중재원의 국내(국제)중재규칙과 대한민국 법에 따라 중재에 의하여 최종적으로 해결한다. 중재판정부는 양당사자들의 합의에 따라 1인으로 구성한다.

[3인 판정부의 경우]

All disputes which may arise between the parties, in relation to this contract, shall be finally settled by arbitration in Seoul, Korea in accordance with the Domestic(International) Arbitration Rules of the Korean Commercial Arbitration Board and under the Law of Korea. The arbitral tribunal consists of three arbitrators, each party shall appoint one arbitrator and the two arbitrators chosen by them shall appoint a third arbitrator, as a presiding arbitrator.

이 계약과 관련하여 당사자 간 발생하는 모든 분쟁은 대한민국 서울에서 대한상사중재원의 국내(국제)중재규칙과 대한민국 법에 따라 중재에 의하여 최종적으로 해결한다. 중재판정부는 3인으로 구성하되 각 당사자는 각자 1인의 중재인을 선정하고, 이에 따라 선정된 2인의 중재인들이 합의하여 의장중재인을 선정한다.

③ 기타 국제중재조항

무역거래에서 실제 분쟁이 발생하더라도 수출업자는 자국에서 자국의 중재기관에 의해 중재할 경우 여러 가지 편리하지만 반면 수입업자도 역시 자국에서 자국의 중재기관에 의하는 것이 편리하다. 따라서 무역계약을 체결하면서 당사자 간에 중재를 행할 지역이나 중재기관을 서로 자기 지역으로 주장하는 바람에 계약이 지연되거나 아예 성사되지 않는 경우가 있다.

이런 문제점을 해결하기 위해 중재 지역을 중재 신청인의 국가, 중재 피신청인의 국가 혹은 제3국으로 지정하는 중재조항을 활용할 수 있다. 만약 당사자들이 신청인주의나 피신청인주의에 의한 중재합의에 실패하고 국제기구 내

중재기관을 활용하려는 중재합의를 하였다면 그 중재기관이 권장하는 중재조항을 인용하는 것이 바람직하다.

[예 1] 신청인 국가에서 중재할 경우 한·중기업 간의 중재조항

All disputes in relation to this contract shall be finally settled by arbitration in the country of the claimant. In case the claimant is (a Korean enterprise), the arbitration shall be held at the Korean Commercial Arbitration Board. In case the claimant is (a Chinese enterprise), the arbitration shall be held at the China International Economic and Trade Arbitration Commission.

이 계약과 관련하여 발생하는 모든 분쟁은 신청인의 국가에서 중재로 최종 해결한다. 만일 신청인이 (한국기업)일 경우 대한상사중재원에서, 만일 신청인이 (중국기업)일 경우 중국국제경제무역중재위원회에서 진행한다.

[예 2] 피신청인 국가에서 중재할 경우 한·일 기업 간의 중재조항

All disputes related to this contract shall be finally settled by arbitration in the country of the respondent. In case the respondent is (a Korean enterprise), the arbitration shall be held at the Korean Commercial Arbitration Board. In case the respondent is (a Japanese enterprise), the arbitration shall be held at the Japan Commercial Arbitration Association.

이 계약과 관련하여 발생하는 모든 분쟁은 피신청인의 국가에서 중재로 최종 해결한다. 만일 피신청인이 (한국기업)일 경우 대한상사중재원에서, 만일 피신청인이 (일본기업)일 경우 일본상사중재협회에서 진행한다.

[예 3] 국제상업회의소 부설 국제중재법원을 활용할 경우 중재조항

All disputes arising out of or in connection with the present contract shall be finally settled under the Rules of Arbitration of the International Chamber of Commerce by one or more arbitrators appointed in accordance with the said Rules.

현존하는 계약으로부터 또는 관련하여 발생하는 모든 분쟁은 국제상업회의소 중재규칙에 따라서 선임된 1인 또는 그 이상의 중재인에 의하여 동 규칙에 따라서 최종적으로 해결된다.

(5) 중재 절차

① 일반적 절차

중재 절차는 중재계약으로 정할 수 있으나 당사자 간의 합의가 없거나 당사자의 의사가 분명하지 아니한 경우에는 상사중재규칙에 의한다.

[그림 14-2] 중재절차

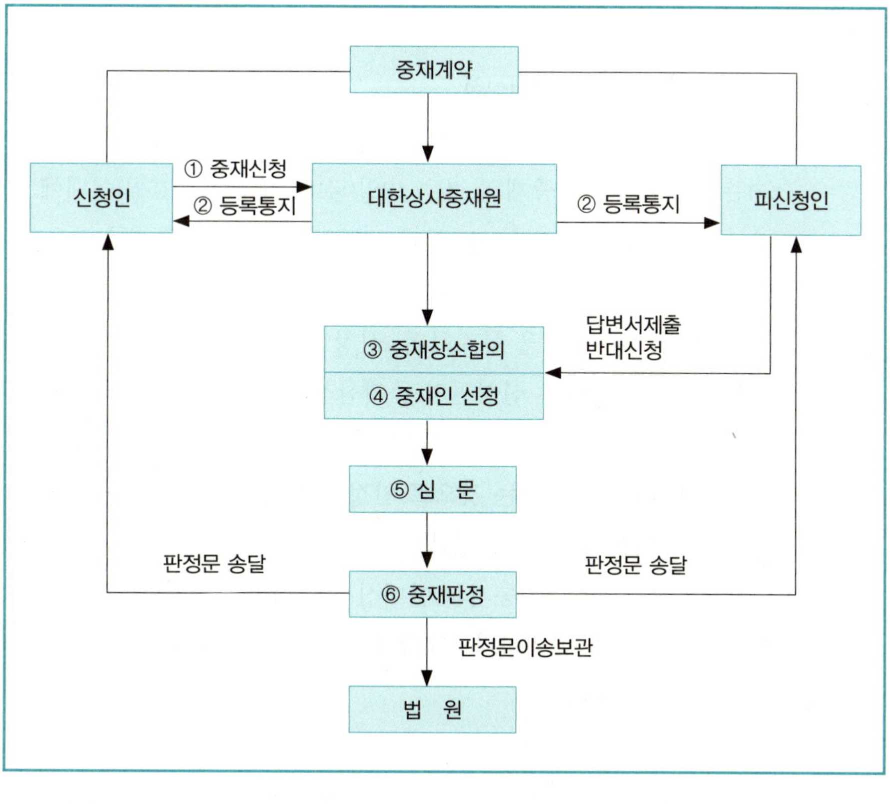

우리나라에서의 중재는 [그림 14-2]와 같은 절차를 거친다.

가. 중재신청

클레임을 제기하는 당사자(신청인)는 중재계약에서 정하는 바에 따라 대한상사중재원(사무국)에 중재를 신청한다. 중재신청 구비서류는 중재신청서에 중재합의서 또는 중재조항이 포함되어 있는 계약서, 청구의 근거를 입증하는 서류, 중재비용 예납영수증 등이다.

나. 중재신청의 접수 통지

사무국은 일방당사자가 중재신청서를 제출하는 경우 당해 신청이 대한상사중재원 중재규칙 제10조의 규정에 적합한 것인지의 여부를 확인하고 적합한 경우에는 이를 접수한다. 사무국은 양당사자에게 중재신청이 접수되었음을 통지함과 동시에 중재인 선정을 의뢰함으로써 중재절차는 개시된다. 이때 피신청인 측에 중재신청서 1부를 보낸다.

다. 답변서 제출 및 반대신청

피신청인은 신청인의 중재신청서를 검토한 후 중재신청 접수통지의 수령일(기준일)로부터 국제중재의 경우 30일(국내중재의 경우 15일)이내에 사무국에 답변서를 제출하여 답변할 수 있다. 사무국은 답변서를 제출받음과 동시에 그 답변이 적합한 것인지의 여부를 확인하고 적합한 경우에는 이를 접수하고 양당사자에게 접수사실을 통지하며, 신청인에게는 답변서 1부를 보낸다.

그리고 피신청인은 신청인의 중재신청에 대하여 반대의 중재 신청을 할 수 있다. 그러나 중재판정부는 반대신청이 늦어 상대방의 이익을 해하거나 절차의 완결을 지연하게 하는 것으로 인정하는 경우에는 직권 또는 상대방의 신청에 의하여 이를 불허할 수 있다.

반대신청의 접수 및 통지와 반대신청에 대한 답변 등 반대신청의 절차는 중재신청의 절차와 동일하다. 그리고 피신청인의 반대신청은 신청인의 중재신청과 병합심리한다.

라. 중재인 선정

중재판정부는 사무국에 접수된 중재사건을 심리하고 판정을 내리는 업무를 수행하며, 1인 혹은 수인의 중재인으로 구성된다. 중재판정부는 당사자의 중재합의로 정해질 수 있지만 사무국에 의해 선정될 때에는 당사자가 반송한 중재인후보자 선정명단의 당사자 선정희망순위에 따라 선정된다.

마. 심리절차

중재판정부는 심리의 일시, 장소와 방식을 결정하고, 사무국은 당사자에게 국내중재의 경우 10일, 국제중재의 경우 심리개시 20일전까지 이를 통지한다. 심리절차는 비공개를 원칙으로 하고 당사자 이외의 사람은 중재판정부의 허가를 받아야 심문에 출석할 수 있다. 중재판정부는 증인의 증언 중에 다른 증인의 퇴석을 요구할 수 있다. 중재판정부는 당사자를 직접 심문하지만 당사자의 서면합의가 있으면 서면심리에 의한 중재 심리로 대체할 수 있다.

바. 중재판정

중재판정은 신속히 하여야 하며, 당사자의 합의 또는 법률의 규정 중 다른 정함이 없는 한 심리종결일로부터 30일 이내에 판정을 내린다. 그리고 판정의 범위는 중재계약의 범위 내에서 계약의 현실이행 뿐만 아니라 공정하고 정당한 배상이나 기타의 구제를 명할 수 있다.

당사자 간의 합의가 있으면 중재판정의 일부 또는 특정쟁점의 해석에 대하여 당사자는 중재판정의 정본을 받은 날로부터 30일 이내에 신청하면 신청을 받은 날로부터 30일 이내에 이에 대하여 판단해야 하며, 중재절차 시 주장되었으나 중재판정에 포함되지 아니한 청구에 대한 추가 판정은 당사자의 신청을 받은 날로부터 60일 이내에 추가판정을 한다. 사무국은 판정의 정본을 당사자 또는 대리인에게 송부하고, 원본은 송부사실을 증명하는 서면을 첨부하여 관할법원에 송부한다.

② 신속절차

신속절차는 중재제도의 강점을 최대로 살려 국내외 상사분쟁을 보다 더 신속·저렴하게 해결함으로써 중재 이용자들에게 편익을 제공하는 중재제도이다. 당사자 간에 신속절차에 따르기로 하는 별도의 합의가 있는 중재사건 또는 신청금액이 1억 원 이하인 국내중재의 경우 신속절차를 이용할 수 있다.

신속절차를 이용할 경우 중재인은 당사자 간에 별도의 합의가 없으면 사무국에서 1인 선정된다. 중재판정부는 심리일시와 장소를 결정하며, 사무국은 이를 심리개시 3일전까지 구술, 인편, 전화 또는 서면 등 적합한 방법으로 당사자에게 통지하는데 심리는 1회로 종결함을 원칙으로 하나 중재판정부는 상당한 이유가 있다고 인정하는 경우에는 심리를 재개할 수 있다.

신속절차에서도 피신청인은 심리종결 전까지 반대신청을 할 수 있다. 그리고 중재판정부는 심리종결일로부터 10일 이내에 판정하여야 하며, 당사자가 합의하면 판정이유의 기재를 생략할 수도 있다.

주요용어

- 클레임
- 타협
- 알선
- 과부족
- 선적 지연
- 선적 불이행
- 손해배상
- 매매계약의 취소
- 매매계약의 해약
- 대금지급 거절
- 상사중재
- ADR
- 알선 조정
- 무역분쟁조정
- 신뢰성분쟁조정
- 중재판정

연습문제

01. 무역 관련 클레임의 제기 절차에 대해 설명하시오.

02. 중재(arbitration)제도의 장단점에 대해 설명하시오.

03. 상사중재(commercial arbitration)의 절차에 대해 설명하시오.

04. 중재판정 관련 판정의 효력과 집행에 대해 설명하시오.

05. 중재 절차 중 신속 절차의 요건과 방법에 대해 설명하시오.

06. 무역 관련 클레임의 원인과 해결방법에 대해 토의하시오.

07. 무역 관련 클레임 해결방법 중 중재(arbitration)와 소송(litigation)의 특징에 대해 토의하시오.

참고문헌

국내 문헌

구종순(2019). 「무역실무(제8판)」, 박영사.

구종순(2021). 「무역개론」, 유원북스.

김보경(2016). "해외 IoT기술 접목 스마트 제품의 성공전략", 「Trade Brief」, Vol.8, 국제무역연구원, pp.1-14.

박지문(2025). "4차 산업혁명시대의 디지털 전환을 통한 디지털무역 활성화에 방안에 관한 고찰" 「지역산업연구」, 제47권 제3호, pp.191-213.

브랑코 밀라노비치(2017). 서정아(역), 「우리는 왜 불평등해졌는가」, 21세기북스.

산업통상자원부(2021. 5). "2021년 무역통상진흥시책", 산업통상자원부.

오근엽·유진만(2020). 「국제무역론」, 법문사.

유창근(1993), "내생적 기술변화와 기술격차 하의 무역과 성장," 서울대학교 대학원 박사논문.

이병문·정희진·박광서(2017). "4차 산업혁명이 무역에 미칠 영향과 이에 대비한 수출 촉진전략", 「무역학회지」, Vol.42 No.3, pp.1-24.

이우기(2013). "국제산업연관표를 이용한 우리나라의 Global Value Chain 분석", 한국은행.

이장로·문희철·이춘수(2019). 「무역개론」, 무역경영사.

이장로·문희철·이춘수(2022). 「국제마케팅」, 제8판, 한빛아카데미.

조혁수(2013). 「글로벌시대의 국제통상환경과 무역실무」, 유원북스.

클라우스 슈밥(2016). 송경진(역), 「제4차 산업혁명」, 새로운 현재.

한국무역협회(2020). 「우리 수출의 부가가치 및 고용창출의 구조 변화」, 한국무역협회.

한국은행(2016). 「우리나라 국제수지 통계의 이해」, 한국은행.

한스 페터 마르틴·하랄트 슈만(2003). 강수돌(역), 「세계화의 덫」, 영림카디널.

현대경제연구원(2016). "4차 산업혁명의 등장과 시사점", 「한국경제주평」, Vol.705, pp.16-32.

국외 문헌

Kindleberger, C. and Aliber, R.(2005). *Manias, Panics, and Crashes: A History of Financial Crises*, 5th Edition, Hoboken, USA, Wiley.

Lewis, K. K.(1999). "Trying to Explain Home Bias in Equities and Consumption," *Journal of Economic Literature*, Vol. 37, No. 2, pp.571-608.

Niehans, J.(1994). *A History of Economic Theory: Classic Contributions*, 1720-1980, Baltimore, USA, Johns Hopkins University Press.

OECD, WTO and IMF(2020). *Handbook on Measuring Digital Trade* (Version 1), OECD, WTO and IMF.

Rugman, A. M.(1980). *Multinationals in Canada : Theory, Performance and Economic Impact*, Boston, Mass.: Martinus Nijhoff, p.25.

Rugman, A. M. Lecraw, D. J. and Booth, L.O.(1985). *International Business: Firm and Environment*, New York: McGraw-Hill.

Schrimpf, A. and V. Sushko(2019). "Sizing Up Global Foreign Exchange Markets," *BIS Quarterly Review*, pp.1-18.

인터넷 자료

더클회계법인 세무자문본부 블로그 (https://blog.naver.com/theclitos/222354508968)

무역뉴스, "알아두면 쓸모 있는 무역사기 사례들"(2021. 1. 15.). (https://www.kita.net/board/totalTradeNews/totalTradeNewsDetail.do?no=61695)

무역뉴스, "코로나19로 무역분쟁 생기면 국제중재 적극 활용하라"(2021. 5. 7.). (https://www.kita.net/board/totalTradeNews/totalTradeNewsDetail.do?no=63185)

무역위원회 (https://www.ktc.go.kr).

미 연방은행 세인트루이스 지점 통계사이트 (fred.stlouisfed.org)

아시아경제, "경제허리 받친다 … 해외진출 지원할 중견기업 305곳 선정"(2021. 3. 21.). (https://www.asiae.co.kr/article/2021022812113313894)

통계청 (kostat.go.kr)

한겨레, "FTA 집중탐구"(2006. 7. 2). (https://www.hani.co.kr/arti/economy/economy_general/137777.html)

한겨레, "머스크의 '변덕', 이쯤되면 상습범"(2021. 5. 13.). (https://www.hani.co.kr/arti/international/international_general/995051.html)

한국무역보험공사 (https://www.ksure.or.kr/insur/sei_shipment01.do)

한국무역신문, "디지털무역 시장 선점할 '골든타임' 놓치지 말아야"(2020. 10. 26). (https://www.weeklytrade.co.kr/main/index.html)

한국무역협회 무역통계 (https://stat.kita.net/main.screen)

한국은행 경제통계시스템 (http://ecos.bok.or.kr/)

BIS 3년 주기 중앙은행 통계조사(BIS Triennial Central Bank Survey) (https://www.bis.org/statistics/rpfx19.htm?m=6%7C381%7C677)

Cello Square 전문가 칼럼, "국제 해운 네트워크 초크포인트(Choke Points) 위기 요인과 영향 분석"(2025.2.21.). (https://www.cello-square.com/kr/blog/view-1644.do?utm_source=chatgpt.com)

Global Trade Magazine "Digital Trade Finance: The Role of Blockchain in International Commerce"(2025.5.19.). (https://www.globaltrademag.com/digital-trade-finance-the-role-of-blockchain-in-international-commerce/?utm_source=chatgpt.com)

Our World in Data (https://ourworldindata.org/trade-and-econ-growth)

uTradeHub (http://www.utradehub.or.kr)

Wall Street Journal, "A Starbucks Coffee Costs What?"(2017. 11. 9.). (https://www.wsj.com/articles/whats-a-dollar-worth-1510234254)

국문색인

영문색인

저자약력

문 희 철

서강대학교 무역학과(상학사, 상학석사)
고려대학교 대학원 무역학과(경영학박사)
한국무역학회 회장, 통상정보학회 회장, 한국경영경제학회 회장
현, 충남대학교 무역학과 명예교수

〈주요 저서 및 논문〉
국제마케팅(공저, 무역경영사)
전자무역의 이론과 실무(공저, 궁미디어)
"GVC 참여가 제조업과 서비스업 수출경쟁력에 미치는 영향 비교분석", 2020 외 다수

오 근 엽

서울대학교 무역학과(경제학사, 경제학석사)
미국 오하이오주립대학교 경제학과(경제학 석사·박사)
현, 충남대학교 무역학과 교수

〈주요 저서 및 논문〉
세계화와 아시아의 빈곤, 2020(대우학술총서)
국제무역론, 2020(학현사)
"Exports and Inequality" 2021 외 다수

조 혁 수

계명대학교 무역학과(무역학사)
Washington State University, Carson College of Business(MBA, 경영학 박사)
한국무역학회 부회장, 한국무역통상학회 부회장
현, 충남대학교 무역학과 교수

〈주요 저서 및 논문〉
글로벌시대의 국제통상환경과 무역실무(유원북스)
무역실무와 전자무역아키텍처(공저, 범한)
"Determinants of Green Technology Diffusion and Green Trade", 2024 외 다수

김 종 혁

서강대학교 경제학과(경제학사)
콜로라도대학교 대학원 경제학과(경제학 석·박사)
현, 충남대학교 무역학과 교수

〈주요 저서 및 논문〉
"The Effect of Heterogeneous Wage Contracts on Macroeconomic Volatility in a Financially Fragile Economy", 2017
"한·미 금리동조화 현상과 금융 안정", 2020 외 다수

[제2판]

글로벌 무역의 이해

2021년 8월 30일 초판 발행
2025년 8월 30일 제2판 발행

저 자 문희철 · 오근엽 · 조혁수 · 김종혁
발행인 배 효 선

발행처 도서출판 法 文 社

주 소 10881 경기도 파주시 회동길 37-29
등 록 1957년 12월 12일 제2-76호(윤)
TEL (031)955-6500~6 FAX (031)955-6525
e-mail (영업) bms@bobmunsa.co.kr
(편집) edit66@bobmunsa.co.kr
홈페이지 http://www.bobmunsa.co.kr
조 판 (주) 성 지 이 디 피

정가 30,000원 ISBN 978-89-18-91624-8